U0142278

永續海運

Sustainable Marine Shipping

華健　編著

五南圖書出版公司 印行

作者序

　　一般解釋「君子愛財，取之有道」這句話，大致上是：君子要走正道得到財物，不要不義之財。或是勸勉經商之道，在於公平競爭，以誠信交易為原則；商人要秉持貨真價實，童叟無欺，賺良心錢。我們面對當今全球各種問題，更可發現這句話相當實用。而我們更可擴大將此「道」應用在包括海運在內的企業，共同追求兼顧經濟、環境及社會的永續前景。

　　爾來碳中和（carbon-neutral）及碳足跡（carbon footprint）等和永續（sustainability）相關的名稱，已成為通用詞彙。海運可謂全球經濟的命脈，負責載運八成全世界貿易量。儘管就碳排放來說，以海路運送貨物，相較於卡車、火車和飛機，都要有效率得多，其溫室氣體排放確實相當可觀。

　　為了追求永續，各產業都正重寫規則，海運業也不例外。海運業者傾向採取能達到更安全及更有效率的運作，而整個海運版圖也將因面對永續挑戰而變動。新的法規、技術及創新商業模式，都將對海運業構成深遠的影響。而經營者的存續與獲利，則取決於對永續性的相應策略。

　　在此同時，消費者也越來越清楚，汙染對於健康與環境的影響，且也都要求其日常生活當中各產品與服務，都要更透明。而隨著全球人口成長、傳播技術發展，加上供應鏈當中各成員皆須符合消費者需求，此一社會趨勢也將持續。

　　源自船運的大氣排放在全球排放當中占相當分量，而就未來發展趨勢來看，船運無論是能源消耗量或排放量都將有重大增長。根據國際海事組織的預估，若不採取行動，海運溫室氣體排放到 2050 年之前將增加250%。此外，源自國際海運的硫氧化物、氮氧化物及懸浮微粒等汙染物

的排放，對人體健康與環境同樣可帶來嚴重負面影響。

　　特別值得注意的是，最近幾年貨櫃運輸及亞洲地區航運的大幅成長，改變了船舶排放的地理分布情形。因此，相對於其他運輸部門或其他產業，無論就對氣候影響的量化，或所採取的因應規範與誘因而言，未來海運排放的發展實屬舉足輕重。合理的預期為，能源價格、相關法規、海運需求、技術與運轉改進、以及替代燃料與船舶推進系統的引進，皆可決定船舶未來數十年的能源使用與排放的發展。

　　本書在於從中立的觀點討論，目前既有綠船運技術與發展以及其對於環境、經濟及社會的影響。此外，我們也在書上討論，目前整合到船上的技術，如何可能超越目前規範要求，進一步追求永續發展。

目　錄

表目錄

圖目錄

縮寫名稱

AHP　Analytic Hierarchy Process 層級分析法

AIS　Automatic Identification System 自動辨識系統

ATA　Actual Time of Arrival 實際抵達時間

BDN　Bunker Delivery Note 燃油交付單

BMEP　Brake Mean Effective Pressure 制動平均有效壓力

BPO　Baltic Ports Organisation 波羅的海港口組織

BWM　Ballast Water Management 壓艙水管理

CAAP　Clean Air Action Plan 清淨空氣行動計畫

CARB　California Air Resources Board 加州空氣資源局

CCS　Carbon Capture and Storage 碳捕集與儲存

CFC　Chlorofluorocarbons 氟氯碳化物

CH₄　Methane 甲烷

CI　Compression Ignition 壓縮點火

CNG　Compressed Natural Gas 壓縮天然氣

COP　Conferences of the Parties 締約方會議

CO　Carbon monoxide 一氧化碳

CO₂　Carbon dioxide 二氧化碳

CSI　Clean Shipping Index 清淨海運指標

DI　Direct Injection 直接噴射

DO　Dissolved Oxygen 溶氧

DNV　Det Norsk Veritas 挪威船級協會

DWT　Dead Weight Tonnage 載重噸

EC　European Commission 歐洲執委會

ECA Emission Control Area 排放管制區

ECASBA European Community Association of Ship Brokers and Agents 歐洲共同體船舶經紀與代理人協會

ECSA The European Community Shipowners' Associations 歐洲共同體船東協會

EEA European Environment Agency 歐洲環境局

EEDI Energy Efficiency Design Index 能源效率設計指標

EEOI Energy Efficiency Operational Indicator 能源效率運轉指標

EES Engineering Equations Solver 工程方程式解算器

EGCS Exhaust Gas Cleaning Systems 排氣清淨系統

EGR Exhaust Gas Recirculation 排氣再循環

EIA US Energy Information Administration 美國能源資訊局

Elec-H$_2$ Hydrogen from electrolysis based on renewable electricity 源自再生能源電力的電解氫

Elec-NH$_3$ Ammonia from electrolysis based on renewable electricity 源自再生能源的電解氨

EMAS Eco-Management and Audit Scheme 生態管理與盤查制度

EMEC European Marine Energy Centre 歐洲海運能源中心

EMS Environmental Management System 環境管理系統

EMSA European Maritime Safety Agency 歐洲海事安全署

END Environmental Noise Directive 環境噪音令

EPA US Environmental Protection Agency 美國環保署

EPI Environmental Performance Indicator 環境績效指標

ESI Environmental Ship Index 環保船舶指標

ESPO European Sea Ports Organisation 歐洲海港組織

EU European Union 歐盟

F/A Air Fuel Ratio 空氣燃料比

FC Fuel Cell 燃料電池

FEPORT　Federation of European Private Port Operators 歐洲私有港營運聯合會

GA　Green Award 綠獎

GET　Global Energy Transition Model 全球能源轉型模式

GHG　Greenhouse Gas 溫室氣體

GRT　Gross Register Tonne 註冊總噸位

GT　Gross Tonne 總噸位

GWP100　Global warming potential over 100-year time horizon 百年期全球暖化潛勢

H_2　Hydrogen 氫

HCFC　Hydro Chloro Fluoro Carbons 氫氯氟碳化物

HDT　Heavy Duty Trucks 重型卡車

HFO　Heavy Fuel Oil 重燃油

HP　High Pressure 高壓

HVO　Hydrotreated Vegetable Oil 氫處理蔬菜油

IAPH　International Association of Ports and Harbors 國際港灣協會

ICE　Internal Combustion Engine 內燃機

IEA　International Energy Agency 國際能源總署

ILO　International Labour Organisation 國際勞工組織

IMO　International Maritime Organisation 國際海事組織

IPCC　Intergovernmental Panel on Climate Change 氣候變遷跨政府委員會

ITOPF　International Tanker Owners Pollution Federation 國際油輪汙染聯盟

IVC　Intake Valve Closure 吸入閥關閉

JI　Jet Ignition 噴射點火

JIT　Just in Time 即時抵達

KPI　Key Performance Indicator 關鍵績效指標

LBG　Liquefied Biogas 液化生物氣

LEED　Leadership in Energy and Environmental Design 能源與環境設計領導認證

LH Liquefied Hydrogen 液化氫

LHV Lower Heating Value 低熱值

LNG Liquified National Gas 液化天然氣

MCA Multi-Criteria Analysis 多準則分析

MCDA Multi-Criteria Decision Analysis 多準則決策分析

MDO Marine Diesel Oil 海運柴油

MeOH Methanol 甲醇

MEPC Marine Environment Protection Committee 海洋環境保護委員會

MGO Marine Gas Oil 船用輕柴油

MMBTU million British Thermal Units 百萬英熱單位

MRV Monitoring, Reporting and Verification 監測、報告及查核

MS Member State 會員國

N₂O Nitrous oxide 氧化二氮

NECA Nitrogen Emission Control Areas 氮排放管制區

NG Natural Gas 天然氣

NG-H₂ Hydrogen from natural gas 源自天然氣的氫

NG-MeOH Methanol from natural gas 源自天然氣的甲醇

NG-NH₃ Ammonia from natural gas 源自天然氣的氨

NH₃ Ammonia 氨

NMVOC Non-Methane Volatile Organic Compounds 非甲烷揮發性有機化合物

NMFS National Marine Fisheries Service 美國國家海洋漁業署

NOAA National Oceanic and Atmospheric Administration 國家海洋與大氣局

NOx Nitrogen Oxides 氮氧化物

NTU Nephelometric Turbidity Unit 標準濁度單位

ODS Ozone-Depleting Substances 臭氧耗蝕物質

OECD Organisation for Economic Co-operation and Development 經濟合作發展組織

OGV　Ocean Going Vessels 遠洋船舶

OPS　On-shore Power Supply 岸電供應

PEM FC　Proton-Exchange Membrane Fuel Cell 質子交換模燃料電池

PERS　Port Environmental Review System 港口環境審查系統

PFI　Port Fuel Injection 進氣道燃料噴射

PI　Positive Ignition 強制點火

PM　Particulate Matter 微粒

PSSA　Particularly Sensitive Sea Area 特別敏感海域

R&D　Research & Development 研究與發展

RO　Recognized Organization 經認可組織

SCR　Selective Catalytic Reduction 選擇性催化還原

SDM　Self-Diagnosis Methodology 自動診斷方法

SEA　Significant Environmental Aspect 重大環境問題

SECA　Sulphur Emission Control Area 硫排放管制區

SEEMP　Ship Energy Efficiency Management Plan 船舶能源效率管理計畫

SI　Spark Ignition 火花點火

SO$_2$　Sulphur dioxidse 二氧化硫

SOFC　Solid Oxide Fuel Cells 固態氧化物燃料電池

SOx　Sulphur Oxides 硫氧化物

SSS　Short-Sea Shipping 近洋船運

ST　Ship Tonnage 船舶噸數

TAF　Turbine Air Fuel ratio 渦輪機空燃比

TAP　Technology Advancement Program 技術升級計畫

TBT　Tributyltin 三丁基錫

TDC　Top Dead Center 上死點

TDI　Turbo Direct Injection 渦輪直接噴射

TEN-T　Trans-European Transport Network 全歐交通路網

TEU Twenty-foot Equivalent Unit 二十呎當量單位

TUP Tariff for Use of the Port 港口使用費

UNCTAD United Nations Conference on Trade and Development 聯合國貿易暨發展會議

UNFCCC United Nations Framework Convention on Climate Change 聯合國氣候變遷綱要公約

UNEP United Nations Environment Programme 聯合國環境計畫

VECS Vapour Emission Control System 蒸氣排放管制系統

VLCC Very Large Crude Carrier 大型油輪

VOC Volatile Organic Compounds 揮發性有機化合物

VSR Vessel Speed Reduction 船舶減速

WHO World Health Organisation 世界衛生組織

WPCI World Ports Climate Initiative 世界港口氣候倡議

第一章

海運永續性

1. 永續海運

1.1 三大支柱

永續性（sustainability）包括三大支柱：環境、社會及經濟。永續運輸（sustainable transportation）堪稱本世紀的最大挑戰。而永續海運（sustainable shipping）的發展，也勢將在環境、社會及經濟這三項永續性的支柱上，齊頭並進。

換言之，永續海運為追求永續發展過程中，整合環境與社會責任（social responsibility），應用在海運部門上的一套整體管理（holistic management）觀念。而儘管船運，相較於其他運輸模式，算是安全且乾淨，其仍可對環境造成重大衝擊。因此社會也就必然會要求海運，在環境上表現得更為永續。

在海運當中的永續性，會受到諸如社會經濟規範因子、市場相關與人因等不同因素所影響。其合起來，便會對上述三大支柱帶來不同方式的發展。由於涉入此過程的有許多不同的利害相關成員（stakeholders），因此，了解所有成員的顧慮、需求及期待，實為維繫永續海運的一項關鍵因子。而具建設性的對話、夥伴關係的建立、協同作用（synergies）、研發合作，皆為發展永續海運的關鍵工具。

近幾年來，有愈來愈多的船運業者戮力符合永續發展的管理觀念。難道這單純只是因為新法規的推展，所帶來的壓力？或者，這是因為社會經濟因素和市場相關等方面所導致？本章將探討，當今船運業所屬永續性的實際價值。

1.2 海運永續的價值

如今歐盟（European Union, EU）已宣布，將朝向比國際海事組織（International Maritime Organization, IMO）所訂，在 2050 年之前將海運年度總溫室氣體（Greenhouse Gases, GHGs）排放至少減半（相較於 2008 年）更「綠」的目標努力。而世界最大貨櫃航運公司之一 MAERSK，則正追求

以永續能源為目標。其允諾在 2050 年之前，達成「二氧化碳淨零排放」（net-zero CO_2 emissions）。

根據經濟合作暨發展組織（Organization for Economic Cooperation and Development，OECD）國際運輸論壇（International Transport Forum），全世界貨物吞吐量最大的 100 個港口當中有 28 個，為降低 GHG 排放，對較綠的船舶，提供例如差別費率等財務誘因。該綠港費（green port fees）依據的是用以針對個別船舶的環境表現的，諸如環保船指標（Environmental Ship Index）、綠獎（Green Award）、潔淨船運指標（Clean Shipping Index）及額定 GHGs 排放（GHG emission rating）等。

追求綠海運需要對船舶、海運設施及創新等作大筆投資，而如今已有多家歐洲銀行表達支持。例如歐洲投資銀行（European Investment Bank, EIB）已和 Société Générale，ABN AMRO 及 ING 簽訂架構合約，針對永續海運提供 7.5 億歐元，用以促進包括新船與現成船改裝，採用液化天然氣（Liquefied Natural Gas, LNG）等替代燃料及壓艙水（ballast water）處理技術。

法國巴黎銀行（BNP Paribas）對環境、社會與治理（Environmental, Social and Governance, ESG）分數進步的船運客戶，提供低率表現誘因貸款。世界最大的船舶金融業者德國復興信貸銀行（KfW IPEX-Bank），則採納船舶回收責任標準（Responsible Ship Recycling Standards），對德國第一艘以 LNG 驅動船舶，提供 8,100 萬美金的設備。

過去相當長時間以來，在各個不同利害相關團體參與下，IMO 所屬的海洋環境保護委員會（Marine Environment Protection Committee, MEPC）利用規範與指南等各種立法工具，持續追求更為永續的船運。在 MEPC 72 當中所訂初步策略，多達 100 位 IMO 成員國代表，決定在 2030 年之前將船舶效率提升 40%，並在 2050 年之前提升 50 至 70%。僅兩國反對這項決議：美國與沙烏地阿拉伯。

圖 1.1 所示，為船運業者的各項經濟驅動力。從圖上可看出，對的思維與資源投入，為一具有價值的永續海運所不可或缺。而既然在此過程中有許

多不同的利害關係者涉入其中，維繫此永續海運的一項關鍵因子，便在於了解所有成員所關切、需求及期待的。而追求綠海運，須從幾個因子來看：

- 永續生產：船舶建造生產；
- 永續運轉：燃料及及各項和船舶運轉有關的事情；
- 岸上永續運轉：裝卸貨、貨櫃、所有液體；及
- 使用優化：一如路上的汽車，車輛共享，以提高使用率。

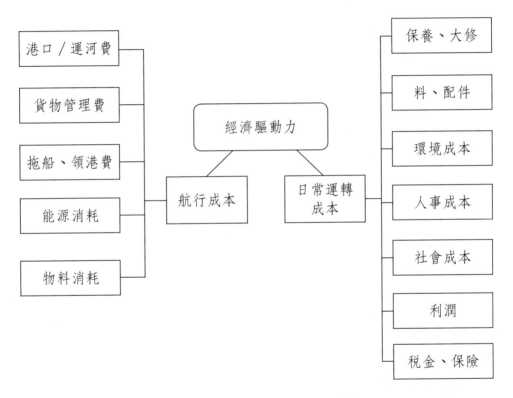

圖 1.1　船運業者的各項經濟驅動力

2. 綠海運與永續海運

2.1 綠海運

綠海運（green shipping）為結合環境與社會責任的永續發展概念。過去幾十年來，IMO 和各航運公司都將環保列為重要議題，然大致上注意力也僅針對防止油汙染與垃圾海拋及淘汰毒性船殼油漆等問題。而從大約十幾年前開始，海運環保議題擴大到，包含硫氧化物、氮氧化物、微粒等所造成的空氣汙染、侵入性物種透過壓艙水傳輸、船殼生物汙損、全球氣候變遷及船舶生命週期結束時的回收及對有害材質的處理。

雖然海運業者基本上面對的環保挑戰，和其他如航空、陸運及發電等業者無異，其反應卻比陸上業界落後。海運不僅在環保標準上不及陸上的，至於「永續」一詞，也僅存在於少數主要海運公司。

而即便如此，不同於於航空及汽車業者，多數這些海運業要角，對於迎接這個「新世界」仍尚未做好準備。實際上海運是能源效率最高的運輸方式，然假若業者無法藉創新以削減成本，同時降低其對環境的衝擊，則其任何維持成長的利潤都將屬非永續（unsustainable）。

根據 OECD 的一份報告，若能結合以下三選項，則海運界有可能在 2035 年之前達成整體脫碳（total decarbonization）。

- 在技術措施上，透過改進能源效率與能源儲存；
- 在運轉措施上，包括船舶航行減速；
- 再生能源方面，藉由開發生物燃料或風能使用。

2.2 能源與綠海運

能源製造出各種問題，例如，能源趨勢可謂氣候變遷的最大罪人。我們首先有風帆，接著有了了不起的蒸汽機輪船，但也讓我們仰賴化石燃料，而對氣候帶來可怕後果。長此以往，氣候終將難以自我調節。在能源趨勢上我們需要做的也就是回到再生能源。但如今各種使用的再生能源，也都各有問題。

　　未來要解決問題，仍得靠再生能源，如今用得最多的，便屬太陽能、風電及水力發電，但這些卻都會隨時波動。也許有人認爲核能算得上是永續能源，但它仍存在著例如核廢料無處去等，至今尚無解方的問題。丹麥常常被提起，其在某一段時日確實已可透過風機，產生超過所需能量，然整個平均下來，卻僅約占整體 50%，而必須找出能加以穩定的方法。

　　近年來有一稱作電燃料（E-fuels）的新概念。自從電可儲存以來，此概念就被社會上，包括海事在內的業者認眞考慮。透過電解，水分成了氫與氧，該氫爲能源載具（energy carrier）。似乎如此一來可改變整個社會使用能源的方式。

　　但其中的問題在於，儘管我們已找到一些諸如綠碳（green carbon）等，堪稱具永續來源的能源，但這些都各有其問題，例如，綠碳的量夠用嗎？解決這些問題，首先在於讓船達更大的能源效率，同時讓我們對船的利用，達最佳程度。

3. 海運企業社會責任

3.1 何謂企業社會責任？

　　圖 1.2 爲 Carroll 於 1996 年即提出的企業責任概念。海運業的企業社會責任（Cooperate Social Responsibility, CSR）迄今仍爲一尚無明確定義的觀念。

　　CSR 在於結合理論，以影響某公司自願，對其股東與利害關係人，負責任的經營。CSR 的歷史可追朔到，1950 年代的一些陸上公司。然而對於海運業界而言，CSR 的觀念還相當新。

　　EU 於 2001 年將 CSR 定義爲：公司自發性地將對社會與環境的關切，整合到其業務的運作，以及其和利害關係者（stakeholders）之間的互動當中的一種觀念。到了 2011 年，EU 將對於 CSR 的理解，藉著提出「CSR 即爲企業對於其對社會所造成影響的責任」，加以更新。

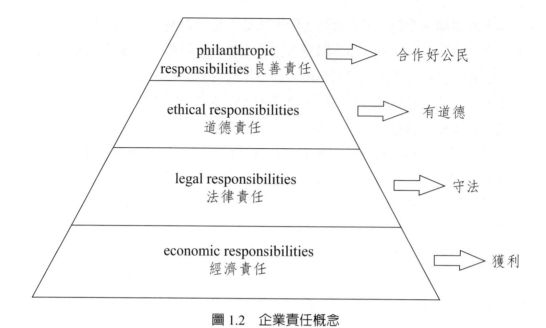

圖 1.2　企業責任概念

　　此新定義，讓企業得以與其利害關係者合作，在將社會、環境、道德、人權及消費者意識，整合到其業務運作上，期能有更多發揮的空間。

　　雖然一企業最重要的合法與合作任務在於產生利潤，然而證據顯示，一公司的長期財務成就，和其在社會責任、環境管理及企業道德方面的紀錄，是緊密相關的。而一公司更可透過 CSR 達到永續成長。

　　因此，對於陸上業者或海運業者而言，CSR 在根本上是相同的：在生意和利害關係者之間維持平衡，以使生意盡可能永續。

　　自 2000 年初期以來，要求國際海運界對社會與環境議題透明化的聲音持續升高。CSR 政策，可定義為將經濟、社會、及環境活動，整合到企業的核心業務當中。如今在歐洲、北美和亞洲已有許多海運公司，制定其CSR 政策並提出報告。

　　隨著 CSR 的規範在海運公司之間擴散，不僅有更多的海運公司正進行CSR 報告，同時在這些海運公司的 CSR 報告裡，所提供的資訊及涵蓋的措施數量，也持續增加。而也因此，相關研究主題也持續發展。

3.2 CSR 對航運的效益

　　雖然迄今遵守 CSR 的要求尚非義務，但在航運方面有效落實 CSR，可幫助行業利益相關者參與最佳實踐（best practice）。如此，可認清自己作為社會一分子的責任，及對環境永續貢獻的組織採取作為，在整體運作的行業中向前邁進，並取得實質進展。

　　在諸多好處當中，CSR 的落實對於船員福利、海洋環境保護、培養商業道德、尊重人權及道德貿易（ethical trading），皆具積極影響。所有這些，都為可組織本身、員工忠誠度、利益相關者的參與與承諾，贏得良好聲譽。此即 CSR 報告至關重要的原因：它進一步提升了利益相關者的溝通和參與地位。利益相關者的參與，在整個報告過程中至關重要，因其觀點與利益有助於確保，報告對外部造訪者的關聯性、可及性和可信度。

　　在一篇文章題為 Seabirds matter more than us! 的文章當中，Sampson 特別強調了船員的健康與福利狀況。由於船上的職業風險高過許多岸上的工作，船員的健康與福利議題，一直都受到關注。聯合國的國際勞工組織（International Labour Organization, ILO）即於 2006 年通過的海事勞工公約（Maritime Labour Convention, MLC）規定：(a) 船員在船上工作的最低要求，(b) 雇用情況，(c) 住宿、休閒設施、食物及餐飲，(d) 保健、醫療、福利及社會安全保障，以及 (e) 遵循與執行。該公約自 2013 年生效，然迄今諸如疲勞、抑鬱及死亡等一些職業風險等職業風險，仍超出海運的限度。

　　根據 Sampson 的研究，海運業者對於環保的關切程度，更甚於其對船員的健康與福利。

　　以船舶壽終後的拆解與回收議題為例，世界最大船運公司 A.P. Moller-Maersk 於 2016 年決定將其壽終船舶，多年來在中國大陸與土耳其進行拆解回收，改到印度，而引發討論。

　　中國大陸和土耳其的船舶回收場，一般被認為在社會與環境上都較符合永續，尤其是其一般都在乾塢內進行船舶回收。而同時，在巴基斯坦、印度及孟加拉等地進行船舶回收，一般都因其採用開放且難以管制狀態的搶灘（beaching）方式，而被詬病是在對社會與環境，都具危害的情況下進行。

Maersk 的決定，似乎反映出目前海運業所存在，在接下來數年間，嚴重超容量的隱憂。在印度 Alang 海灘回收船舶，可望爲 Maersk 省下很多錢。據估計，在中國與土耳其進行船舶回收，每艘船要額外支出 1 至 2 百萬美元。但另一方面，或許 Maersk 可藉此提升印度 Alang 的社會與環境狀況，而成爲在海運業內，提升船舶回收的社會與環境水準的第一步。

總的來說，國際海運界近年來 CSR 報告的成長，帶動了社會與自然科學家的興趣與研究。而這些研究可望對海運界各公司及海事政策制定者，提供有價值的投入，使其在未來可爲國際海運業，導引出更永續的航向。

3.3 海運業落實 CSR 的困難

相較於陸上產業，海運業有一些內部歧異，使其更難以落實 CSR。首先海運當中的要角，一艘船和船上的船員，並沒有一個永久的運轉與工作地理位置。一艘船在造訪不同國家與港口過程中，會接觸新的、不同的利害關係者。其各有不同的社會需求。同時該船在造訪時，即在當地帶來新的社會問題。這些包括源自船舶的環境問題，以及船員上岸時，與當地社會互動而產生的問題。

如圖 1.3 所顯示海運業責任鏈（chain of responsibility），不同的利害關係者，對船舶造訪其港口的航運公司，各有其不同的優先次序及需求。船舶造訪的國家各有不同的 CSR 要求，其和例如海洋環境或是上岸的船員權益相關。因此，航運公司也就很難在保護其利益，和滿足全球利害相關者的 CSR 需求之間，取得平衡。

由於船員同時在船上工作和生活，使得航運業更爲複雜。也因爲這樣，船員的社交生活，很可能對其在船上的安全與海洋環境，構成直接影響。而船員的社交生活，也就成爲航運業 CSR 的要素。

如前所述，CSR 爲業者在顧及其股東業務的一般責任之外，需自發性採行的。然而，在一般航運公司並非如此。航運業界的 CSR 要求，部分都由 IMO 和 ILO 規範。如表 1.1 所列，航運業的經營受到包括 CSR 在內的，四個主要支柱的治理。

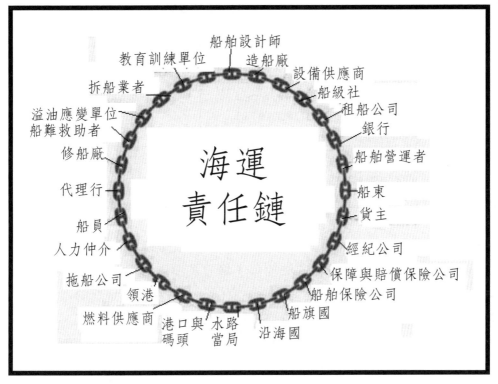

圖 1.3　海運業之責任鏈

資料來源：Poulovassilis and Meidanis, 2013

表 1.1　治理海運 CSR 的四大支柱

公約	公約全名	主管機關	關鍵議題
SOLAS	海上人命安全國際公約（International Convention for Safety of Life at Sea（SOLAS），1974	IMO	要求船旗國（flag states）確保其船舶符合在結構、設備及運轉的最起碼安全標準。當中包含針對海事保全的 ISPS code。
STCW	船員訓練、認證及當值國際公約（The International Convention on Standards of Training, Certification and Watch Keeping for Seafarers, STCW），1978	IMO	針對船員的訓練、認證及當值，建立基本要求。

公約	公約全名	主管機關	關鍵議題
MARPOL	防止源自船舶汙染國際公約（International Convention for the Prevention of Pollution from Ships, MARPOL 73/78）1973 modified 1978	IMO	為將包括海拋、油及廢氣等海洋汙染減至最輕而設計。
MLC	海事勞工公約（The Maritime Labor Convention, MLC），2006	ILO	訂定在船上工作的船員的最起碼要求，包括最低年齡到雇傭條件、工作時數與休息及社會保全。

　　海事保全（maritime security）和人為風險，例如針對海事邊界與資源的爭端、海盜、恐怖主義、非法捕魚、偷渡及海洋環境破壞等衝突行動有關。海事安全事件（maritime safety incidents）所指，則是關於意外事故、危險或具潛在危險性的，例如海洋汙染及對船員構成危險等事件。

　　根據以上討論，顯然船員的福利及海洋環境，同樣皆屬海事安全與海事保全所關切。儘管有證據顯示，船員的社交生活（social lives）及海洋環境的安全，具相當強的正相關，社會與環境層面，皆為海運業 CSR 的重要特徵。

　　例如國際運輸勞工聯盟（International Transport Worker's Federation, ITF）所提出的報告，即建議在船上缺乏社會生活的指標疲勞（fatigue）正在殺害船員。長時間過勞及人員編制，會造成撞船與沉船、奪取生命、殘害船員健康，並危及環境。

　　其並指責船運業試圖消費船員，以改進其形象。依此研究報告，海洋環境與船員的社會生活，將用來衡量航運業者的 CSR。

3.4 海洋環境與 CSR 案例

　　既然海運業需面對，例如艙底水、壓艙水及防汙漆等和船舶有關的環境議題，因此諸如次標準船（substandard ships）與拆船政策等，皆有可能損及海洋與陸上環境，以及船員的權益。

　　例如船公司原本被要求雇用擁有熟練技能與具競爭力的船員，以降低因會輕忽導致海洋汙染的風險。然而，船公司，尤其是透過開放註冊的權宜船（Flags of Convenience, FOCs），往往會為了圖利而雇用廉價且不夠格的船員。其結果，掛國際旗（international flags）的船，往往正是最主要造成海洋汙染的元凶。

　　多年來，船員的疲乏被認定為海事意外事故的關鍵肇因，其中有些即因為溢油等汙染，而對海洋環境造成極嚴重的衝擊。而最終，船員往往被定罪並須對發生的海洋汙染，負起大部分責任。過去有許多船長和高階船員為了汙染事件，而被判刑且坐牢。船員不像船東可以躲在 FOC 的護身符之後，而往往成為重大事故發生之後的最佳目標。船員可能因海洋汙染、海事保全威脅，或未確保航行安全而被逮捕。

■案例一、威望輪（The Prestige）溢油

　　例如，在威望號溢油的法律案件中，船長 Apostolus Mangouras 與輪機長 Nikolaus Argyropulos，被控怠忽職守導致 2002 年 11 月 13 日西班牙海岸外發生海洋汙染事故，被西班牙當局無辜拘留兩年。

　　儘管這次事故，部分原因其實是法國、西班牙和葡萄牙沿海國家當局，不合時宜的錯誤決定，海員仍被定為刑事犯罪。在受到 11 年的創傷並停職之後，西班牙法院於 2013 年 11 月 13 日還了這兩名海員的清白，稱他們已盡一切可能在崗位上努力防止這場災難（Govan, 2013）。

■案例二、塔斯曼精神輪（The Tusman Spirit）溢油

　　2003 年 7 月 27 日，單殼油輪 The Tusman Spirit 在巴基斯坦卡拉奇港（Karachi port）入口處擱淺，後來斷成兩截，溢出 3 萬多噸油到海灘上。後來發現，船長使用的海圖所示水深有誤，並非實際航道深度。結果船上的 8 名船員被巴基斯坦扣押，以換取支付給巴基斯坦的 70 億美元賠償。船員在被囚禁九個月後，被判無罪釋放。

　　研究這兩個案例，海員都是完全無辜，卻要承擔別人的過錯。這是海員以海上安全與保安的名義，遭受磨難的許多實際情況之一。

3.5 船員的社會生活

船員是船公司的主機,他們幾乎全部時間都在船上,遠離家鄉和家庭。通常有關船員社會生活(social life)的議題,除了 ITF 等施壓團體之外,皆由 2006 年的 MLC 規範。

MLC,俗稱「海員權利法案」(seafarers' bill of rights),是聯合國 ILO 為改善海員工作條件而制定的。MLC 旨在確保:

a)符合安全標準的安全工作場所,

b)公平的就業條件,

c)船上不錯的工作與生活條件,包括岸上休假,以及

d)保健、醫療保健、福利措施及其他形式的社會保護(ILO, 2012)。

然而,有 MLC 規定的最低指導是一回事,公司是否合規,則是另一回事。

世界各地許多航運公司,往往藉著雇傭廉價、不熟練的船員,來降低運營成本。如此一來,也就對船員與社會帶來,諸如低工資、健保差、契約奴役("indentured servitude")、列入黑名單、欠代理費、遺棄及起訴等有害影響(Naeef, 2012)。

業者往往被指責只願意做到,略微高於 IMO 和 ILO 的最低標準。這與企業社會責任,要求公司自願超越最低要求的理念,背道而馳。

3.6 ISO 26000 倡議與 CSR

根據 SAFETY 4SEA 的「運輸 CSR500 調查」(Shipping CSR500 Survey)顯示 CSR 實踐為產業組織帶來諸多好處,包括認清自己為社會盡到的責任,同時也有助於於環境永續,而得以持續向前邁進。表 1.2 所列,為此調查根據 ISO 26000,為適應與遵守產業的活動與關切,所選擇的因素類別。相關組織類型包括:石油公司、LNG 營運商、船廠、鑽井公司、油輪—LPG 營運商、貨櫃營運商、郵輪營運商、PSC、P&I 俱樂部、Ro-Ro 船營運商、供應商、散裝船營運商、港口及協會。

表 1.2　根據 ISO 26000 因子分類

項次	CSR500 指標因子（Index Factors）	ISO 26000 核心主旨
1	政策公告在網路上	企業治理 corporate governance
2	年度 CSR 報告	
3	健康與安全（OHSAS 18001/ ISO 45001）	人權 human rights
4	教育與認知	勞工條例 labor practices
5	ISO 14001	環境 environment
6	ISO 50001	
7	反貪腐	公平營運活動 fair operating practices
8	行為守則——透明度——一般資料保護 Code of Conduct-Transparency-General Data Protection	
9	ISO 9001	消費者問題 consumer issues
10	公益活動與捐獻 Pro-Bono Activities and Donations	社會參與 community involvement

　　表 1.3 所列，為 ISO 26000 的核心主題及議題。根據 ISO 26000，CSR 為透過透明且有道德的行為，對於其活動對社會與環境所構成影響的責任，期能：

- 對包括社會的健全與福祉的永續發展作出貢獻；
- 將利害關係人的期許納入考慮；
- 符合適用的法律，並與國際行為準則一致；以及
- 將組織作全面整合，並在其關係內落實。

表 1.3　ISO 26000 的核心主題及議題

核心主題（Core Subjects）	議題（Issues）
機構治理（organizational governance）	
人權（human rights）	1. 盡職調查（due diligence） 2. 處理風險處境（risk situations） 3. 避免同流合汙（avoidance of complicity） 4. 不得歧視弱勢社群（discrimination and vulnerable groups） 5. 處理申斥（resolving grievances） 6. 保障民事及政治權利（civil and political rights） 7. 保障經濟、社會及文化權利（economic, social and cultural rights） 8. 保障基本工作權利（fundamental rights at work）
勞工準則（labour practices）	1. 促進就業及僱傭關係（employment and employment relationships） 2. 照顧工作條件及社會保障（conditions of work and social protection） 3. 保持社會對話（social dialogue） 4. 顧全工作安全及健康（health and safety at work） 5. 參與人類發展（human development）
環境（the environment）	1. 預防汙染（prevention of pollution） 2. 永續地使用資源（sustainable resource use） 3. 緩和及適應氣候變遷（climate change mitigation and adaptation） 4. 保護及恢復自然環境（protection and restoration of the natural environment）
公平營運活動（fair operating practices）	1. 反貪腐（anti-corruption） 2. 負責政治參與（responsible political involvement） 3. 公平競爭（fair competition） 4. 在價值鏈當中推動社會責任（promoting social responsibility in the value chain） 5. 尊重財產權（respect for property right）

核心主題（Core Subjects）	議題（Issues）
消費者問題（consumer issues）	1. 實行公平營銷、資訊及合約作法（fair marketing, information and contractual practices） 2. 保障消費者安全及健康（protecting consumers'health and safety） 3. 支持永續（support sustainable consumption） 4. 提供消費者服務、支援及糾紛排解（consumer service, support, and dispute resolution） 5. 保護消費者個資與私隱（consumer data protection and privacy） 6. 保障享用服務權（assess to essential services） 7. 教育及提高意識（education and awareness）
反貪腐（anti-corruption）	1. 負責參政（responsible political involvement） 2. 公平競爭（fair competition） 3. 在影響範圍內推廣社會責任（promoting social responsibility in the sphere of influence） 4. 尊重產權（respect for property rights）
社區參與及發展（community involvement and development）	1. 社區參與（community involvement） 2. 社區投資（social investment） 3. 創造就業（employment creation） 4. 發展科技（technology development） 5. 幫助增加財富及收入（wealth and income） 6. 推廣教育及文化（education and culture） 7. 推廣健康（health） 8. 負責任投資（responsible investment）

4. 海運的永續會計標準

　　以下摘要整理，2018 年永續會計標準委員會（Sustainability Accounting Standards Board）在永續產業分類系統（SICS），針對海運提出的永續會計標準（Sustainability Accounting Standard）TR-MT。

4.1 會計指標 GHG TR-MT-110a.1.──全球範疇一，排放總量

4.1.1 公司應揭露其全球範疇一 GHG 排放總量，《京都議定書》所涵蓋排放到大氣的七項 GHG：二氧化碳、甲烷、一氧化二氮、氫氟碳化合物、全氟碳化合物、六氟化硫及氮三氟化物。

所有 GHG 的排放公噸數，應以二氧化碳當量（CO_2-e）合併揭露，並根據已公布的 100 年時間內全球暖化潛力（Global Warming Potential, GWP）值計算。迄今為止，GWP 值的首選來源，為 IPCC 第五次評估報告（2014 年）。

排放總量是指排放到大氣中的 GHG，接著再考慮抵消、抵免或其他類似機制所減少或補償的排放量。

範疇 1 排放定義，應按照《GHG 議定書：公司會計與報告標準》（Greenhouse Gas Protocol: A Corporate Accounting and Reporting Standard）（GHG 協定）中所載的方法計算。

GHG 排放數據，應依照公司合併其財務報告數據的方法，進行合併與揭露。這些數據通常與《GHG 議定書》定義的財務控管，以及氣候揭露標準委員會（Climate Disclosure Standards Board, CDSB）架構中 REQ-07 環境資訊的方法一致。

4.1.2 公司可討論前一報告中排放量的任何變化，包括更改是否由於減排、撤資、收購、合併、產出變化和／或計算方法的改變。

若目前向 CDP 或其他單位（例如國家監管揭露計畫）報告的 GHG 排放量，在所使用的範疇和合併方法方面有所不同，公司可揭露這些排放。但主要揭露應遵循上述準則。

4.1.3 公司可討論其排放揭露的計算方法，例如數據是否來自連續排放監測系統（Continuous Emissions Monitoring Systems, CEMS）、工程計算或質量平衡計算（mass balance calculations）。

4.1.4 公司應討論其減排目標，並根據目標分析其績效，包括下列相關情況：

1. 減排目標的範疇（例如，適用目標的總排放量百分比）；

2. 目標是否基於絕對或強度，以及指標分母，如果是基於強度的目標；

3. 與基準年相比減少百分比，基準年代表爲評估排放量以實現目標的第一年；

4. 減少活動的時程表，包括開始年、目標年份與基年；

5. 實現目標的機制；及

6. 目標年或基準年排放量，可能經過反覆計算，或已重設目標或基年的任何情況。

4.1.5 公司應討論落實計畫和／或目標所需的活動和投資，以及可能影響計畫和／或目標實現的任何風險或限制因素。

相關活動和投資可能包括但不限於航線優化、替代燃料和能源的使用、系統改進、船舶運營的優化、通過船舶設計和推進系統（包括船體和螺旋槳改進）提高效率以及用新船升級船隊。

4.2 TR-MT-110a.3——(1) 能源消耗總量，(2) 重燃料油百分比，(3) 再生能源百分比

4.2.1 公司應以千兆焦耳（GJ）揭露 (1) 其作爲總數位消耗的能源總量。

能源消耗範疇涵蓋來自所有來源的能源，包括從公司外部來源購買的能源和公司本身產生的能源（自產）。例如，直接使用燃料、購買的電力及加熱、冷卻和蒸汽能源都包含在能源消耗範疇內。

能源消耗範疇，僅包括公司在報告期內直接消耗的能源。

在計算燃料和生物燃料的能源消耗時，該公司應使用高熱值（HHV），即總熱量值（GCV）。其直接由 IPCC、美國能源部（DOE）或美國能源資訊管理局（EIA）測量或獲取。

4.2.2 公司應當揭露 (2) 重燃料油消耗的能源百分比。

根據 EIA，HFO 符合 ASTM 規格 D 396 和 D 975 及聯邦規範 VV-F-815C。

百分比爲 HFO 消耗除以總能耗。

4.2.3 公司應當揭露再生能源所消耗能源百分比。

再生能源的定義爲源自，以高於或等於其所耗速度的能源（如地熱、風能、太陽能、水力發電及生物質能）作爲補充的能源。

再生能源百分比之計算爲再生能源耗量除以耗能總量。

再生能源的範疇，涵蓋公司消耗的再生燃料、公司直接生產的再生能源及公司通過再生能源購買協定（Power Purchase Agreement, PPA）購買的再生能源電力。該協定明確包括再生能源證書（Renewable Energy Certificates, RECs）或原產地保證（Guarantees of Origin, GOs）、綠能認證電力公司（Green-e Energy Certified utility）或供應商計畫，或是明確包含和電網電力搭配的 RECs 或 GOs。

對於在地產生的任何再生電力，須保留任何 RECs 與 GOs（即不出售），並代表公司進行除役或取消，以便公司仍可稱其爲再生能源。

對於再生的 PPAC 和綠電產品，協議必須明確包含並轉達已保留、更換、退休或取消的 RECs 與 GOs，以便聲稱其爲再生能源。

電網組合中不受公司控制或影響的再生部分，被排除在再生能源範疇之外。

就本次揭露而言，水力與生質能再生能源範疇限於以下：

1. 來自水力發電的能源僅限於經低影響水電研究所認證或符合國家可再生能源組合標準的能源；
2. 生物質能源僅限於符合第三方標準的材質，例如森林管理委員會（Forest Stewardship Council）、永續森林倡議（Sustainable Forest Initiative）、森林認證認可方案（Programme for the Endorsement of Forest Certification）或美國樹農系統（American Tree Farm System）。

4.2.4 公司應始終如一地對本次揭露當中報告的所有數據應用轉換因數，例如 HHV 之用於燃料（包括生物燃料）的使用及將千瓦小時（kWh）轉換爲 GJ（用於包括太陽能或風力發電在內的能源數據）。

4.3 TR-MT-110a.4. 新船平均能效設計指數（EEDI）：公司應揭露新船每海浬二氧化碳克數的 EEDI。

EEDI 值是裝置出力、燃耗率及碳轉換量，除以設計負荷下的可用容量與船速。

4.3.1 公司應將公司船隊所有新船舶的 EEDI 值，的簡單平均值納入報告。新船僅限 2013 年以後建造的船舶。

4.3.2 公司應遵循 IMO MEPC 66/21/Add.1 中 EEDI 計算方法指南計算。

以下空氣汙染物排放：(1) 氮氧化物（不包括 N_2O）、(2)SOx 和 (3) 顆狀物（PM10）。

4.3.3 公司應當揭露排放至大氣的各空氣汙染物公噸數。

揭露的範疇包括，與公司所有活動排放源相關的直接空氣汙染物，包括但不限於生產設施、辦公建築及運輸車隊等固定與移動源。

4.3.4 公司應揭露其所報告 NOx 的 (1) 排放量，包括 NO 和 NO_2，但不包括 N_2O。

4.3.5 公司應揭露其所報告 SOx 的排放量，包括 SO_2 和 SO_3。

4.3.6 公司應揭露其所報告直徑為 10 微米或以下（PM10）的粒狀物。

4.3.7 公司可討論其所揭露排放的計算方法，例如數據是否來自連續排放監測系統（CEMS）、工程計算或是質量平衡計算。

4.4 生態影響議題摘要

海運公司的運作及廢棄物處理方法可導致大量環境外部性，例如水汙染及對海洋生物的危害。航行船隻經常排放壓載水、艙底水和未經處理的汙水。而遵守旨在控管對生態影響的國際法規，可能需大量資本支出，以升級或安裝相關管理系統。非法排放艙底水等排放物，則可能導致巨額罰款。在受保護的區域（如 ECAs）與特別敏感海域（PSS）作業，可增加危及生態及違反環境法規的風險。

航行於海洋保護區或受保護狀態範圍內的期程。

4.4.1 公司應揭露航行於海洋保護區或受保護狀態範圍內的期程。

該期程爲旅行的部分時間的總和，包括停泊港期間。

海洋保護區爲根據國際自然保護聯盟（International Union for Conservation of Nature, IUCN）所界定，法定或其他生效手段保留的，潮間或亞潮任何區域，及其相鄰水域和與動、植物及歷史文物的所有封閉環境。海洋保護區包括 IMO 公約中建立與管制的區域及成員國在其國內建立的區域，例如：

- IMO《海上生命安全公約》（SOLAS ）第五章第 10 條規定要避開的區域；
- IMO SOLAS 的強制性船舶報告系統區；
- MARPOL 附則陸的 ECAs；
- IMO SOLAS 第五章所設立的禁錨泊區；
- IMO 海洋環境保護委員會（MEPC）指定的特別敏感海域（PSSAs）；及
- MARPOL 指定的特別海域（Special Areas）。

受保護區的範圍可列入世界保護區資料庫（World Database of Protected Areas, WDPA），並繪入地球受保護區域內，其定義爲：

在聯合國教科文組織（United Nations Educational, Scientific and Cultural Organization, UNESCO）人類與生物圈（Man and the Biosphere, MAB）計畫內；

- 國際自然保護聯盟（International Union for Conservation of Nature, IUCN）（第一至六類）（categories I-VI）保護區；
- 海洋保護區（marine sanctuaries）；
- 國家公園（national parks）；
- 海洋自然 2000 網站（Marine Natura 2000 sites）；
- 具國際重要性的拉姆薩爾濕地（Ramsar Wetlands of International Importance）；
- 符合自然保護聯盟（IUCN）對保護區定義的遺址；
- 聯合國教科文組織海洋世界遺產（UNESCO marine world heritage

sites）：及

‧排放受到限制或受當地協定約束的其他區域。

4.4.2 公司可討論其在海洋保護區及與對生物多樣性或生態系構成低風險，的保護區內的航運活動。

4.5 TR-MT-160a.2. 實施壓艙水 (1) 交換和 (2) 處理的船隊百分比

4.5.1 公司應揭露已實施壓載水交換的船隊比例。

壓艙水交換由《船舶壓載水和沉積物控制和管理國際公約》D1 條例（Regulation D1 of the International Convention for the Control and Management of Ships' Ballast Water and Sediments, BWM）定義，要求進行壓艙水交換的效率，至少達壓艙水量的 95%。壓艙水交換的三種公認的方法是順序法（sequential method）、流通法（flow-through method）和稀釋法（dilution method）。

該百分比應按公司船隊中已實施壓艙水交換的船舶數，除以船隊中船舶總數。

4.5.2 公司應揭露其船隊中，已實施壓艙水處理的百分比。

壓艙水處理包括實施由美國海岸防衛隊（US Coast Guard, USCG）或其他政府行政部門批准的壓艙水處理設備的集成系統，以滿足 BWM D2 條例中性能標準。

4.6 TR-MT-160a.3.(1) 溢出次數及 (2) 釋至環境的總量

4.6.1 公司應揭露，溢出次數及釋出至環境的總量。

溢出與釋出包括故意與意外的。

揭露的範疇包括根據美國聯邦法規 46 CFR 4.03-65 定義導致「對環境造成重大損害」的溢漏與釋出：

‧危險物質的數量等於或超過任何 24 小時內，美國 40 CFR 117 所確認的報告數量；

‧根據 MARPOL 附則二，嚴重危害（X 類）或輕微危害（Y 類）的有毒液體油，不包括：(a) 符合 MARPOL 附則壹規定的艙底水所含油

的排放：或 (b)MARPOL 附則壹及美國 33 CFR 第 151 所允許者。

4.6.2 公司應揭露 (2) 溢出與釋至環境立方米總量。

該體積應按釋至環境總量計算，而不計入隨後回收、蒸發或經其他途徑遺失的量。

相關情況下，公司可按類型提供釋出細目，例如：(1) 碳氫化合物、(2) 有害物質和 (3)MARPOL 附則貳有毒液體物質。

4.6.3 公司可提供釋出離岸的配比，例如：(1) 離岸 24 海浬內，及 (2) 離海岸逾 24 海浬的量。

4.7 會計指標 TR-MT-320a 員工健康與安全主題摘要

海員面臨諸如惡劣天氣和暴露在大型機械與重型貨物下的風險。其中最大的健康與安全風險來自港口裝卸貨物。船舶在必須快速、按時裝卸貨的壓力下，傷害風險、疲勞和壓力也跟著增加。而這些健康、福祉，和公司的安全績效的關係密不可分。安全管理系統不健全，無法確保員工健康與安全的公司，可能會面臨更高的營運成本額及更高的員工相關費用，包括保險費與醫療費用等。

時間損失事故率（Lost Time Incident Rate, LTIR）1 公司應揭露其因工傷與疾病，而導致時間損失的事故比率。

時間損失事故指的是，發生後導致缺勤的事故。比率計算：（時間損失事故）/（1,000,000 小時工作時間）。

4.7.1 公司可揭露其分類、識別及報告時間損失事故的過程。

國際航運商會（The International Chamber of Shipping）和 IMO 的《國際安全管理守則》（International Safety Management Code, ISM Code），為時間損失事故報告提供指南。

揭露範疇包括所有員工，無論員工所在為何。在一些國家，港口的商業道德主題摘要（Business Ethics Topic Summary Facilitation），便被視為有利於獲得許可、貨物清關及港口泊位的標準案例。而反賄賂法（anti-bribery laws）等法規的落實，則可能導致巨大的一次性成本（one-time costs）、

更高的持續合規成本（compliance costs），或影響公司運營的社會許可（social license），從而影響其資金成本。

4.8 TR-MT-510a.2 與賄賂或腐敗有關的法律訴訟造成的總金錢損失

公司應揭露，因為和賄賂、腐敗或其他不道德商業行為有關的法律程序，而遭受的金錢損失總額。

4.9 TR-MT-540a. 涉及大型船隻的事故或洩漏可能會對生命、財產和環境造成重大損失

為降低事故風險，公司應實施，諸如員工培訓計畫、定期維護及船級社的年度檢驗等廣泛的安全措施。

4.9.1 公司應揭露其船隊所涉及的海上傷亡總數。此傷亡的界定，根據的是 IMO《國際標準守則》（Code of International Standards）和《關於對海上傷亡或海上事故決議進行安全調查的建議實務》（Recommended Practices for a Safety Investigation into a Marine Casualty or Marine Incident Resolution）MSC 255（84）。

4.9.2 公司應揭露列為重大海上傷亡的海上傷亡比例。

非常嚴重的海上傷亡，定義為涉及船舶完全損失、死亡或對環境構成嚴重破壞的海上傷亡。

該百分比為非常嚴重的海上傷亡人數除以海上傷亡總人數。

注意 TR-MT-540a.1 該公司應描述海上傷亡及非常嚴重的海上傷亡，包括其根本原因、結果，及採取的任何因應糾正行動。

4.10 TR-MT-540a.2 船級條件或建議數

該公司應揭露其從掛旗政府或授權的公認組織（Recognized Organization, RO）收到的船級條件或建議數。包括但不限於：

- 與影響船級相關的損壞和／或換新（例如接地、結構損壞、機械損壞和超過允許限度的浪費）；
- 補充調查要求；及
- 臨時維修。

4.11 TR-MT-540a.3。港口國管制（Port State Control, PSC）(1) 缺點 （deficiencies）與 (2) 扣留（detentions）次數

公司應揭露從區域 PSC 收到的缺點數。

缺陷被定義為發現不符合以下一項或多個公約要求的條件：

- MARPOL 73/78 公約，
- SOLAS 公約，
- 載重線國際公約（ICLL），
- STCW 公約，
- AFS 公約，
- 船舶噸位測量國際公約（ICTMS），及
- ILO《海事勞工公約》（MLO）。

以及從區域 PSC 收到的扣船次數。

4.12 實踐永續關鍵作為

愈來愈多船公司正力圖朝向長遠的 CSR 實務。根據一份名為 "Shipping CSR500 Survey" 的研究所得到的結果，有效落實可使所有海事利害關係人獲益的 CSR，有以下十項關鍵作為：

1. 著眼於去碳目標（decarbonization targets）—— 首先制定減少環境足跡的策略目標與行動計畫，指導員工作出努力，為調整接下來的活動，並制定績效標準。

2. 為正式採取行動提供教育 —— 確保員工都熟悉公司的永續發展政策。透過組織培訓課程來宣傳您的政策，以更深入教育員工並調動行動。

3. 創新鬆綁（unleash innovation）—— 創造創新文化並非易事。組織創新意味著新的組織方法，業務實踐的改變，管理策略的改變，固定的季節性與其他週期性變化、兼併及併購。

4. 接受多樣性（diversity）—— 主要指增加婦女的參與。

5. 內化永續發展目標 —— 聯合國《2030 年永續發展議程》預定到 2030 年，消除全球的貧困，實現可永續發展。

6.要透明——透過與業界利益相關者之間的公開溝通共謀其利，靠的是清晰、準確和報告。其觀點與利益，有助於確保報告與外界的關聯性、可及性和可信度。

7.創造夥伴關係（partnerships）——整合不同的利益相關者並制定永續發展相關政策非常重要，但需引起潛在合作夥伴的參與與認同。此合作並有助於實現 2030 年議程目標。

8.朝向循環經濟（circular economy）——爭取獎項提名。

9.展望未來（envision the future）。

5. 從生命週期追求永續海運

　　永續性是將某產品的所有環境、經濟及社會因子皆一併納入考慮的整體措施。其同時涵蓋從搖籃到墳墓的所有壽命階段。過去幾十年裡，許多新的術語接連始出現，針對的是環境層面，接著擴及經濟和社會層面的相關因素。總結起來如圖 1.4 所示。

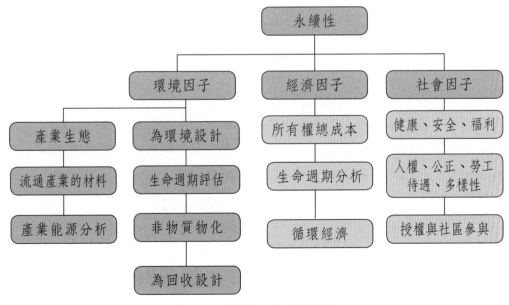

圖 1.4　永續模式及分支領域

5.1 生命週期評估概念

在許多針對產業活動較具整體性的環境作爲當中，最爲廣泛採納的，便是生命週期概念的引進。圖 1.5 所示，爲工業預生產階段的能源與環境關係。在工業生產引進此一概念之後，隨即引發所謂生命週期評估或分析（Life Cycle Assessment/Analysis, LCA）的方法。其對於提供產品的公司及相關業界力圖降低環境足跡，相當重要。

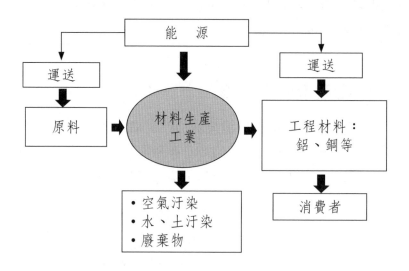

圖 1.5　預生產階段的能源與環境關係

圖 1.6 表示產品生命週期評估的主要概念。顧名思義，LCA 的目的在於評估某產品或某製程，在其整段生命歷程當中，對環境造成的衝擊。其方法，在於評估橫跨一系列領域，從用來生產該產品的原料開始，經過製造過程到產品的使用，乃至產品除役，對於環境造成危害的重要性與規模。

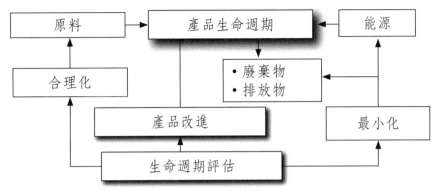

圖 1.6　產品生命週期評估主要概念

5.1.1 碳足跡概念

　　除了產品本身，GHG 排放也可能源自於產業當中、產業之間、以及國與國之間的供應鏈。和商品相關的 GHG 排放，可反映出該商品在整個生命週期當中所發生的製程、材質、及決策。生命週期 GHG 排放，爲該商品在產生、修改、運輸、儲存、使用、供應、回收或處置過程當中的，某部分所釋出。

　　現行國際間產品碳足跡計算準則，皆以 LCA 概念作爲發展基礎。而迄今國際間已經公告的規範包括英國的 PAS 2050 規範與日本的 TSQ 0010。PAS 2050 便是一個廣泛用來評估商品和服務生命週期 GHG 排放，以接著對包括消費者在內的關鍵成員，進行報告和溝通的工具。其乃透過既有的 ISO14040 和 ISO14044 當中 LCA 方法所建立。除此之外，世界永續發展協會的產品審計及報告標準，和國際標準組織的 ISO 14067 產品碳足跡準則也陸續公布。表 1.4 所列，爲產品碳足跡相關標準的比較。

表 1.4　產品碳足跡相關標準比較

標準	ISO 14040/14044	PAS 2050:2008	TSQ 0010:2009	GHG 議定書	ISO/CD 2 14067-1
名稱	生命週期評估——原則與架構／要求與指南	產品與服務生命週期 GHG 排放評估規範	產品碳足跡評估與標示一般原則	產品生命週期標準／範疇三標準	產品碳足跡量化
標準類型	國際標準	公開可獲得的規範	技術規範	自發性主張	國際標準
發行公司	ISO	BSI, Carbon Trust, Defra	JEMAI	WBCSD/WRI	ISO
引用標準	ISO 14040, 14044	ISO 14040, 14044	ISO 14040, 14025	ISO 14040, 14044	ISO 14040, 14044, 14025, 14064-1, 14065…
計算範疇	搖籃到墳墓、搖籃到門口、其他	搖籃到墳墓、搖籃到門口	搖籃到墳墓	搖籃到墳墓、搖籃到門口	搖籃到墳墓、搖籃到門口、其他
計算對象	各受到關心的環境議題的評估	IPCC 於 2007 年公告的 GHG 及 GWP 值	在京都議定書當中所規範的六種 GHG	在京都議定書當中所規範的六種 GHG 及 IPCC 於 2007 年公告的 GWP 值	IPCC 於 2007 年公告的 GHG 及 GWP 值

　　接下來的 LCA 更進一步研究某產品從原物料的取得，到生產乃至使用以至最終處置，亦即所謂的「從搖籃到墳墓」的整個生命過程當中，在環境方面的考量及其所帶來的潛在衝擊。其中考量的環境衝擊，通常不外資源的使用、人體健康、以及對生態的影響。LCA 除了有助於鑑別產品與服務在生命週期當中，在各細節上幫助改善環境的機會外，也有助於產業界、政府或非政府組織的決策（例如策略的規劃、優先次序的設定、產品與製程的設計或重新設計等）。

5.1.2 水足跡評估概念

　　繼 Hoekstra 於 2002 年提出水足跡（water footprint）的觀念之後，國際間廣泛對於將供應鏈當中的用水一併納入考慮的想法，開始產生興趣。水

足跡為一淡水資源利用的指標，同時兼顧消費者或生產者的直接與間接用水情形。某項產品的水足跡，指的是從整個供應鏈當中所量得，用來生產該產品的淡水量。其可顯示耗水量及水遭受汙染的量，而在總水足跡當中的各部分，又會分別呈現出其地理與時間特性。

水足跡能夠對消費者與生產者和淡水利用系統之間的關係，提供較佳且較廣泛的連貫。其所表達的是耗水與汙染的量，而並非對於當地環境造成衝擊的嚴重性。畢竟某個當地環境受到一定量耗水與水汙染的衝擊，仍取決於當地水系統究竟有多脆弱，以及同一水系統當中的用水者與汙染者的多寡。其可作為針對永續與均衡用水相關議題的討論，以及對當地環境、社會及經濟進行評估時的重要基礎。

某產品的水足跡指的是其所用淡水量，為整個生產鏈當中各項步驟用水加總，應兼顧時間和空間層面，亦即水是在何時及何處用掉的，因此分成綠、藍、灰水足跡。降低並且重新分配水足跡，固為永續發展關鍵，但其他相關因子亦不可忽略。

總的來說，進行水足跡評估的目的，在於探討某些人類活動或特定產品，和缺水與水汙染議題之間究竟有何關係，進而尋求如何讓這些活動與產品，能在水這方面更為永續。因此，水足跡評估應涵蓋：（一）某加工過程、產品、生產者、消費者的水足跡的量化與配置，或是在某特定地理區域內水足跡在空間與時間上的量化；（二）該水足跡在環境、社會及經濟各層面永續性的評估；以及（三）建立一套因應策略。

5.1.3 船運LCA概念

一艘船舶的生命週期，可從如圖 1.7 所示：設計、建造、運轉、維修及報廢四個主要層面進行評估（Aspen & Fet, 2010）。其中例如在建造與維修方面，針對的是在修造船廠內進行的活動對環境造成的衝擊，主要包括（Hayman 等，2000）：

- 排放含噴砂產物、防汙漆及其他塗料的廢水；
- 從例如焊接等來源，排放到空氣中的粉塵、噪音、粒狀物及氣體與氣味等；以及

·產生與處置的廢棄物，如金屬廢料、含油廢料、油漆及電纜等。

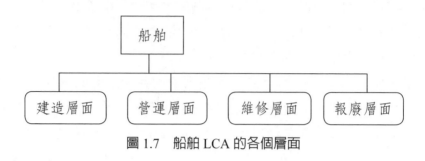

圖 1.7　船舶 LCA 的各個層面

　　接下來討論各階段所造成 CO_2 排放的評估方法。圖 1.8 所示，為傳統造船廠的生產過程。船運 LCA 亦強調如何藉著對一系列從船舶設計、建造、設備、運轉、維修乃至報廢，進行環境績效評估（performance evaluation），以了解船舶與船運如何有助於永續的一整套標準。因此我們也就需用到一套，可以比較在整體環境輪廓當中不同觀念與選項，的一套合理的方法。而這類評估程序也就可用以在所定義的問題之間，做一較量。

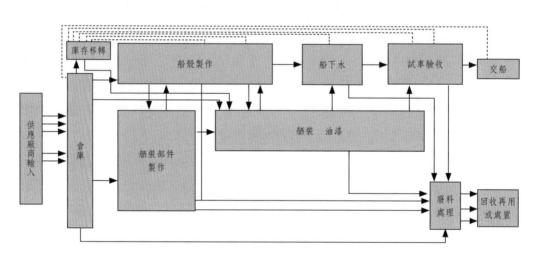

圖 1.8　傳統造船廠的生產過程

　　至於意外及風險，在傳統的 LCA 當中並不涵蓋意外所造成的影響。目前有一些針對船舶意外事故的環境風險評估方法：IMO 亦提供相關指南。

而要在整體環境成效評估當中納入意外事故所造成的環境衝擊，實為一大挑戰。

　　除此之外，原本對某生命週期進行環境績效評估的目的，便在於對所提出的建議和汙染防治選項，提供適當的決策基礎。因此環境評估也就須就指出的選項，額外進行後續的生命週期成本評估。

5.2 船運 LCA 方法

　　Leonardi 和 Browne 以歐洲海上貨運為對象建立了碳足跡評估方法。其以最長航程（>25,700 km）計算出，每公斤產品約排放 880 公克 CO_2 當量。紐西蘭林肯大學（Lincoln University）的 Agribusiness and Economics Research Unit（AERU）在最近的一項研究中發現，以貨櫃輪運送生鮮貨物所造成的 GHG 排放，比起特殊冷凍船的要高出 27%。而若進一步將在港活動造成的冷媒溢漏，以及從果園運送至港的部分一併納入計算，則源自貨櫃輪 GHG 排放，會比特殊冷凍船的，進一步提升到 36%。

　　圖 1.9 所示，為船舶生命週期內所累積的能源消耗與排放物。整體長遠來看，針對船舶及船運首在建立一套 LCA 標準方法，以作為海運的環境層面決策基礎。這包括：
- 評估建立 LCA 可行方法的可能性，
- 建立應用於 LCA 的系統邊界及其方法，
- 選擇合適的個案與情境，
- 建立計畫的國際觀點，及
- 與相關成員建立合作關係。

　　雖然目前針對一艘船完整 LCA 方法的應用實例仍十分有限，但卻不乏分別針對，從建造到運轉、維修各階段的個別分析；涵蓋報廢階段的則尚未見。至於用來作適當簡化所需要的數據和經驗也僅只片段，尚待進一步研究補足。

　　其評估應同時涵蓋環境與經濟層面的考量，需要靠環境影響評估（例如酸化等特定衝擊類型）及評量不同衝擊類型之間的衡量，接著得以預估排放

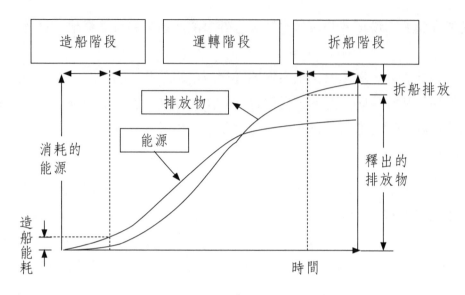

圖 1.9　船舶生命週期內所累積的能源消耗與排放物

的後果，進而排定需要防制或減輕的汙染的優先次序。

5.2.1 評估範疇

　　進行船運 LCA 需要一系列用於相關子系統、材料及其加工的數據。除了評估其資源消耗及對水與大氣排放造成的環境影響所用到的模型外，另外也須對這些評估模型的一整套相關環境影響類型，加以定義。大多數相關的方法與科學架構尚處開發階段。

　　可預見，以船舶系統之複雜，若欲徹底評估某船舶生命週期的每個細節，實極為困難。但首先可對該船舶可作以下描述：

- 某某輪於某年建於某國、某地、某造船廠；
- 假設該船的壽限為 30 年；
- 該船每年航行於甲港至乙港之間，共計若干次（或航行時間）；
- 該船每航次的航行距離為若干公里；
- 該船在某年當中載運貨量與乘客數；
- 該船依照其預定之維修計畫持續進行維修保養，且不影響其正常營

運。年度保養於某船廠進行，歷時若干天；以及

•該船預計在 30 年屆除役年齡後，航行至某地進行報廢等。

進行評估系統可針對於某一艘船。此船舶系統可分成幾個次系統（sub-system），這些次系統可在分成幾個系統元素（system element），接著再將其分成幾個過程或步驟（process）。評估初步，僅顧及船舶系統當中重要的次系統包括：

•船殼——包含船殼所用材料，並分成不同的系統元素；

•人員與相關設備——並分成系統元素；

•主機部件——進一步分成系統元素；以及

•船舶規範等一般資料、貨物用設備、船舶設備，不含主機部件在內的相關系統及船舶通用系統。

根據 ISO 14040 標準，系統邊界（system boundaries）在於決定應納入 LCA 當中的單元過程。決定系統邊界的因素包括，此評估用途、所作的假設、截斷準則、數據與成本限制、及可能的讀者。

進行船運 LCA 也須定義出其過程與系統的合理且一致的系統邊界。顯然，邊界涵蓋愈廣，評估的複雜性與成本也愈高。由於船舶可能在全世界各處建造並在不同地區營運，其實際對環境的影響也自然隨之改變。因此問題便在於在評估當中，如何對這些改變取得一致的處理。

評估的地理邊界在於顧及：搖籃至廠區大門分析（船舶航行範疇）、建造層面、運轉與維修層面、及報廢層面。除此之外，另外還需用到例如引擎所燃燒的燃料等，作為輸入到從搖籃到廠區大門分析的數據。

5.2.2 功能單位

ISO 14040 標準以功能單位（functional units）評量某生產系統功能輸出成效。其主要目的在於提供有關輸入與輸出的參考，進而以此參考透過 LCA 結果進行比較。某系統可以有數個可能的功能，而所選出者乃取決於該評估的目標與範疇。因此相關的功能單位必須明確且可評量。海運船舶系統具備以下功能：

・運送某類貨物與船員；及

・提供船員（或包含乘客）生活所需。

根據船舶的上述功能，其功能單位應定義爲：

在○○港和 XX 港之間，每年的（船員 ×km）+（貨物噸數 ×km）

因此該船的功能表現即爲「每年運送 xx 名船員及 xx 公噸 xx 貨物」。亦即，功能單位可簡化定義爲：每年在○○港和 XX 港之間運送噸 × km。

值得注意的是，若要將此船對環境造成影響的估計值和其他運輸模式比較，則此功能單位並不具代表性。因爲，本船的主要功能並不一定在於達到最大的運送量。

就海運而言，功能單位會隨著不同船型的營運目標而異，當妥爲定義，以用來和其他運送方式作一比較。但要決定出什麼是最佳功能單位並不容易。例如某船同時具備運送旅客和貨物的功能，照說其功能單位應在於評量每年運送的量及距離。然此功能單位其實並未涵蓋該船的全部功能，因此也就有可能無法提供該船正確的環境成效。

5.2.3 船舶設計與建造階段

造船工業減碳不僅在於彰顯本身追求環保的意願，同時亦可有效影響國際船運，進而帶動相關創新作爲，而在商業上受惠。造船對於環境的直接影響，涉及船舶的建造與維修當中的諸多過程。

造船過程中所用的許多材質不僅本身製程和使用當中可能對環境帶來重大風險，其在船舶維修運轉和拆解回收活動中，亦可能嚴重危及環境。而儘管造船業者對於船舶的運轉與最終解體回收對環境造成的衝擊毋需直接負責，然既然造船在於整合船舶的運轉與回收，其也就在此整體產業的環境表現上扮演著關鍵角色。

對於造船工業而言，透過船 LCA 應有益於其在整體船運產業當中所扮演的角色。造船層面包含船舶新造完成，第一次下水離港之前的所有部分。圖 1.10 所示，爲一般造船廠的輸入與輸出。此部分涉及造船廠內設備與廠房用電、焊接、切割、加熱、廠內運送鋼板與設備海上試車等所用

能源。根據 Kameyama 等所估計，因上述廠內活動所產生的 CO_2 占整體 11%，其餘89%歸因於生產鋼材。因此估算時可使用 $1.75 \times 11/89 = 0.216 \times$ 廠內加工鋼材噸數。為簡化數據蒐集，我們可先僅著眼於船殼、機器及人員用設備三個部分。

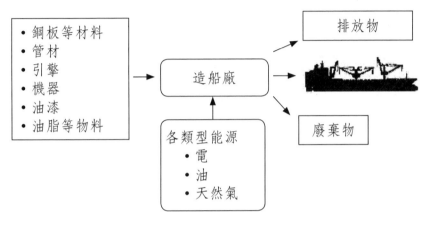

圖 1.10　造船廠的輸入與輸出

5.2.4 運轉階段

圖 1.11 為船舶營運和能源與環境的關係示意。船舶在運轉方面主要包括以下對大氣和水的排放：

- CFC、CO_2、CO、NO_x、SO_x、PM、鹵化 HC、非甲烷揮發性有機化合物（VOC）等。
- 艙底水、溢油、重金屬、油漆排放物、壓艙水、汙水等。
- 含油廢棄物、貨艙殘餘物等。

與陸上工業不同，船舶在運轉階段對環境造成的影響因地而異。從圖 1.12 則可看出，從船上不同來源對於環境可能造成的衝擊。因此在對船舶進行 LCA 時，有必要將其所處不同地理區域的不同環境狀況，納入考慮。例如圖 1.13 所示，即為船舶溢油事件的成因與後果。

此外，當今全世界各個不同的地理區域，也因個別環境狀況等因素，

而各有其不同的環境法規。不難預期，未來很有可能會有針對各不同地理區域，例如北海、歐洲內陸河道、及跨大西洋的船運，建立整套權重因子。

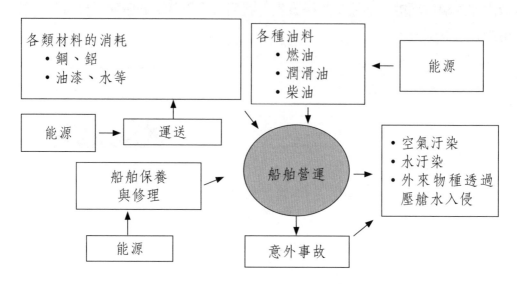

圖 1.11　船舶營運和能源與環境的關係

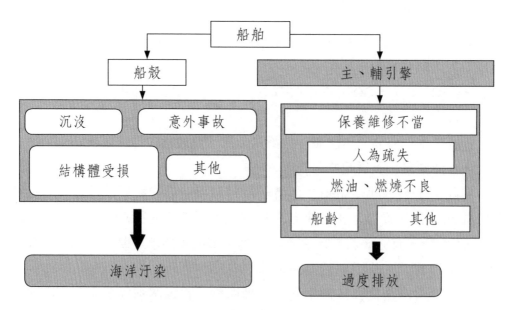

圖 1.12　船舶營運對環境可能造成的衝擊

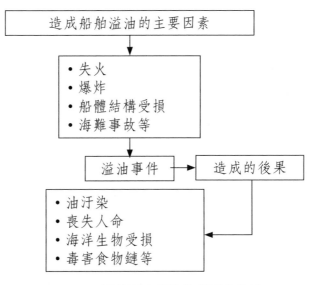

圖 1.13   船舶溢油事件的成因與後果

5.2.5 船舶報廢與回收

圖 1.14 為拆船階段和能源與環境的關係示意。拆解階段可對建造階段造成影響。當船體大部分都得以回收時，造船所用的原生鋼材量也就變得相當有限了。回收時所切割下的鋼板，可假設和清船等重。

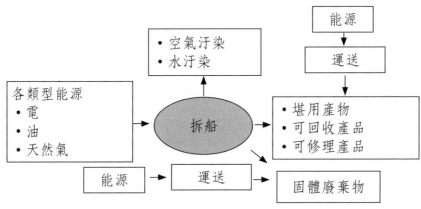

圖 1.14   拆船階段和能源與環境的關係

5.3 簡化船運 LCA

圖 1.15 所示，為一艘輪船的生命週期概念。而實際上，船舶從設計與建造開始的整個過程相當複雜，其必須同時從許多方面顧及各種限制。而且因為各項需求之間又往往需互相遷就，所採用的個別技術所能獲致的效益，也就往往無法加總成為整體的效益。目前進行船運 LCA 的挑戰，倒不在於建立新的方法，而在於力求將既有方法簡化並系統化，因而必須：

- 大幅降低進行此分析的資源需求，使分析結果能反映出使用者的掌控性，並將其方法加以系統化與簡化，以及
- 取得所要用的數據並力求標準化。

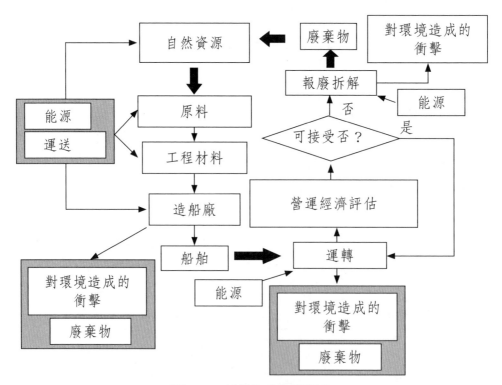

圖 1.15　船舶生命週期概念

建造層面包含船舶在建造期間，在初次下水離開船廠之前的各個部

分。為能減化數據的蒐集，我們一般將造船分成船體、機械設備及船員與旅客所用設施三個主要部分。

5.3.1 船體部分

例如船殼部分，包括由於生產鋼材及運送鋼鐵等原始材料造成的 CO_2 排放。鋼材於生產階段，每生產一噸鋼所產生的 CO_2 可假設為 1.75 噸。這僅包括煉鋼過程中所產生，而不含因為以下所產生的排放物：

- 粗料開採（鐵礦砂、煤、石灰石等）——這部分排放可能相當龐大；
- 將上項粗料運送至煉鋼廠（包括海運在內的各種模式），
- 從煉鋼廠運送鋼材製造船廠，
- 裁切與焊接鋼材及其他用於船舶成型的能源。

可預期採用 1.75 這一因數，很可能會低估這部分的排放。

針對運送造船所用鋼鐵，所需要的原料（包含鐵礦、石灰石等）而造成的排放，可採用 Worldsteel 所提供的原料因子 2.66，也就是說每生產一噸鋼，需用到 2.66 噸的原料。另外可假設這些原料都以船舶運送，平均運送 3,484 海浬（6,452 km）相當於從澳大利亞海德蘭港（Port Hedland）到韓國釜山。至此所運送的原料數量，相當於 60 年的超長生命週期。同時，我們也可假設運送這些原料的這艘船（假設為大型散裝船）的碳足跡為每噸一公里 4 公克。

至於切割鋼材主要消耗的是電能。根據 Johnsen 與 Fet 提供的數據，每切割一平方米大約要用電 8.5 MJ。而在此加工過程中，大約有 10 % 鋼會消耗掉。於此，絕大多數的輸入都可回溯到搖籃（亦即大自然）。至於輸出，排放至空氣和水等的非初級廢棄部分，則可不追蹤到墳墓（亦為大自然）。

針對噴砂過程，可採用 Renere produksjoni verfsindutrien i Møre og Romsdal 報告當中的假設值，至於生產砂則根據 Frischknecht 等的數據。在噴砂過程中每平方米鋼板需用掉 10 kg 砂，另一較佳選擇是以水取代砂。從過去某船經驗，在焊接 1,300 噸鋼板的過程中大約要焊 117,200 米。

根據 Johnsen 等所提供的數據，每米的電焊需 15.1 MJ 的電能。在焊接

過程中所消耗的焊條長度，可採用 Eriksson 等所提供的比率：90 米／每公噸鋼板，焊接每米需用電 15.1 MJ。

造船時，船舶水線以下的整個面積預計都要漆上底漆和防汙漆。過去並無針對船殼底漆與防汙漆等的 LCA 數據。根據 Fet 等所提假設，作此外殼保護，每噸船殼要漆上 0.0782 公升底漆、0.397 公升油漆及 0.284 公升防汙塗料。

而 Hempel 則進一步估算出每噸鋼板需用掉 0.147 kg 鋅，作為鋼板的陽極保護。船舶報廢後大部分鋼材皆可回收。因此，假若到了報廢拆船時，有 75% 的船殼都進入了回收管道，則在生產階段的原生鋼板需求也就省了近 25 ％。

若涉及回收層面，則可採用類似的計算方式。而從拆船場將拆解下的鋼材運到煉鋼廠，也會產生一些 CO_2，究竟這段排放量取決於距離。例如某船在孟加拉的 Chittagong 拆解後鋼材，運到中國大陸的大連港提煉，距離約為 4,136 海浬（7,760 公里）。

5.3.2 船舶機械部分

船機部分主要包括引擎、推進器、鍋爐等輔機、人員生活用設備。為簡化起見，可以引擎的重量作為其中鋼材重量。而此重量可粗估為 LSW 的 7.5 ％。推進器通常以青銅製成。一般青銅由大約 90％ 銅和 10％ 錫所組成。生產青銅的生命週期數據雖未知，但可以簡化採用生產銅和錫的數據。若推進器重量未知，則可粗估為 LSW 的 0.2 ％。

■引擎

引擎在未安裝到船上之前，其生命週期未知。引擎中鋼鐵的從搖籃到大門數據指的是在建造階段的。為簡化起見，可假設引擎與所用鋼鐵等重。若缺乏此數據，可假設其重量為 LSW 的 7.5%。

■推進器

推進器一般以青銅（bronze，90% 銅、10% 錫）製成。若其重量未知，可假設成 LSW 的 0.2%。

■鍋爐

可假設鍋爐與所用鋼鐵等重。若其重量未知，可假設成 LSW 的 0.7%。值得一提的是，鍋爐系統中含有相當多的隔熱材料，對於臭氧層會構成一定的影響。

同樣，爲簡化起見，可以鍋爐的重量當作其中鋼材重量。若鍋爐重量未知，則可粗估爲 LSW 的 0.7 %。值得一提的是鍋爐與汽、水系統的隔熱材料，因可能產生影響臭氧層的排放物等較嚴重的環境負荷，而不可忽略。不同船舶的人員生活所用設備可能大不相同。在此可使用例如各種塑膠、鋼鐵、紡織品等材料的既有 LCA 數據，以評估其造成的環境負荷。

5.3.3 能源使用

船舶在運轉層面對環境造成最大負荷的，便屬在運轉期間每日所用燃料的燃燒。船上的能源系統既複雜且交互牽連。針對各部件分析其機器系統與能量流通關係，可先建立一套簡化的能量流通模型，以及用以描述船上能源使用、能源轉換、各引擎與裝備之間能量流通、技術性布建及能源消耗等。

照說這套模型，在於盡可能讓船上整體能源系統最佳化，並減少能源消耗。如此應用，應可幫助找出能源損失或能源流通，而有助於降低能源使用或促進重複使用，提升整體能源效率。

船上所用任何燃料或能源，在各類型引擎當中燃燒的排放因子，皆已備載於文獻當中。另外，這套能源模組也應該可用以計算，在不同技術性和操作性解決方案下的能源需求。而尚須納入計算的，還包括和船上能源消耗相關的海運柴油與重燃油的生產及在船上的燃燒等。

目前已有現成的生產與使用重燃油和船用柴油的數據。Frees 等曾於 1998 提出柴油生產的數據。Frischknecht 等則曾提出柴油與重燃油從開採到提煉，乃至運送至儲槽的一連串數據，可供參考。理論上，所有這些輸入都可追溯回搖籃，至於輸出，排放至空氣和水等的非初級廢棄部分，則可不必追蹤到墳墓（亦爲大自然）。其他在運轉過程中也可能用到的，像是潤滑油、尿素等配合引擎運轉的消耗性物質，也分別有現成的 LCA 數據。

　　船上能源產生系統既已建立，在某特定運轉狀態下，一個或數個能源消費者（例如船舶推進、艙間通風、住艙空調等等）的耗能，亦得以建立。至於某耗能者所耗能源，則可以各個能量流（例如軸能、供電、源自於主機、輔引擎、鍋爐等的高／低溫流等）加總之。

　　針對一艘貨櫃輪在二港之間運輸，每公司產品的 GHG 排放（每公斤 gCO_{2e}），Leonardi 與 Browne 提出以下估算公式：

$$\frac{\left[\left(F_s \times D_s\right) + \left(F_p \times D_p\right)\right] \times 1000 \times 3553}{N \times L \times Q}$$

式中

F_s = 該船平均油（重燃油）耗（噸／海上航行日）

F_p = 該船平均油耗（噸／泊港日）

D_s = 該船在航程中海上航行日數

D_p = 該船在航程中泊港日數

N = 該船公稱容量，TEU 數

L = 裝載因子，公稱容量的 %

Q = 每一 TEU 的載重，kg

1000 = 每公噸換算每公斤 HFO

3553 = 每公斤 HFO 的排放因子，CO_2 公克當量。

　　另外，針對租用散裝貨輪直達航行的 GHG 排放，同理可透過以下公式計算：

$$\frac{\left(F_s \times D_s\right) \times 1000 \times 3553}{N \times L}$$

式中

F_s = 該船平均油耗（噸／海上航行日）

D_s = 該船在航程中海上航行日數

N = 該船公稱容量，TEU 數

L = 裝載因子，公稱容量的 %。

　　針對此船，我們或可先假設整年的運轉時間當中有 70% 在海上，剩下的 30% 在港內。另外可假設在海上和在港的每日燃料消耗量和航速皆爲已知，並假設在非運轉日（365 日減去運轉日數）當中無排放。

5.3.4 船舶維修

造船廠內的船舶維修活動一般包含：

- 船體表面清潔與處理，
- 油水傳輸，及
- 機器設備保養與修理。

至於在維修過程中，對環境造成的衝擊主要爲：

- 排放至水體的溢油、重金屬、油漆排放物、噴砂殘餘物，以及
- 噪音（主要來自噴砂、研磨等）

　　修船包含和船廠有關的切割、運送及船上替換鋼板焊接等活動。例如某船在船廠內直接排放的 CO_2，有大約 43% 是因海上試車產生，而剩餘的（57%）每噸鋼材有 $0.216 \times 0.57 = 0.123$ 噸 CO_2。此外，我們還需計入從船上切下舊鋼板的部分，假設和替換的鋼板等重。

　　從一些修船公司（例如 NAVEP Ltd）所提供的數據可看出，每切割一噸鋼大約要用掉 60 公斤的液態丙烷，可產生三倍重的 CO_2。所以切割所產生的 CO_2 可估計每切割一噸鋼板爲 0.18。因此修船的總 CO_2 可估爲每替換一噸鋼板 $0.123 + 0.18 = 0.303$ 噸 CO_2。

　　船舶運轉期間有可能僅在船殼上進行有限的施工，但也可能有較大規模的修理或改建。其實際上由船舶使用者（通常是船東）決定，在船舶生命週期當中有多頻繁和維修分量的多寡。若此項無法得知，則可假設在船舶生命期間增加了 10% 的鋼材量。

　　維護階段可採用和建造階段相同的數據。假設某船的設備替換數據無從得知，則可粗估在船舶生命期間，有半數建造階段的材料被替換掉。另

外，可假設每次進塢都有 50% 水線以下面積，會上底漆和防汙漆。只是這類保護材質的詳實數據仍待另外建立。如前所述，為維持船運容量，便須建造新船以取代陸續報廢的船隻。

　　在整個生命週期當中，建造、運轉、及保養維修一艘船舶所需成本，大致透過市場機制由社會吸收。Gratsos 與 Zachariadis 於 2005 年提出第一篇有關船舶 LCA 的研究論文指出，若將船舶在其設計生命當中的所有因子皆納入考慮，其生命週期成本，實低於用來維持其結構完整性的年度生命週期成本。

5.4 降低船運碳足跡

5.4.1 汙染影響

　　圖 1.16 所示，為導致船廠汙染的各種廢棄物對整體船廠汙染所造成影響的貢獻。圖右呈現的則是各個類別的平均影響。圖 1.17 所示，則為傳統造船廠與綠造船廠對環境的影響（CO_2 當量）比較；途中數值為負的部分表示對環境的正面貢獻。

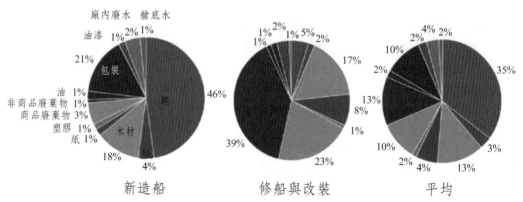

圖 1.16　某船廠產生的各種汙染來源所構成的衝擊分配

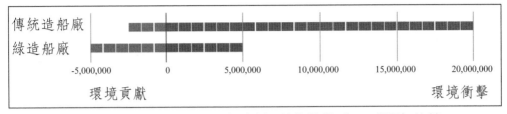

圖 1.17　傳統造船廠與綠造船廠對環境的影響（CO_2 當量）比較

　　繼日本在 IMO 會議當中提出（MSC 81/6/4）之後，希臘亦提出針對船舶生命週期 CO_2 排放的初步概略估算結果（MSC 81/6/17）。其結果顯示，由於一些新型船舶壽限較短，整體上為能滿足世界貨運容量，這類船舶的需求量將會多出 50%。而相較於這類船舶造成鋼鐵生產需求增大，耐用、壽命較長的船舶，實屬對環境較為友善者。總而言之，成功降低船運碳足跡的雙重作法包括：

- 對船上運轉能源效率措施的投資；
- 促進採用碳中和燃料；
- 建造層面減排；及
- 從設計建造顧及永續海運。

　　圖 1.18 所示，為運轉中綠船廠的輸入與輸出示意。造船公司與船東作為供應商與客戶，是造船市場的兩個參與者。運費決定船東的收入。船公司可藉著加速或推遲船舶的報廢拆解，以調整航運能力。但也會因為限於拆除設施，而受到限制。

　　在比較兩艘有不同設計（例如不同類型）的船舶，從搖籃到墳墓的 CO_2 排放時，應先建立一套比較架構，僅針對一些認為最重要，且計算起來也有把握的先行計算。於此我們先假設二類型船舶在一年當中都進行相同分量的運輸工作，以噸一公里表之。而二船每年運轉日數，可能因例如為甲船的進塢維修日數不同而有所不同。這時若要求得二船的噸一公里數相同，最顯而易見的作法便是調整船速。

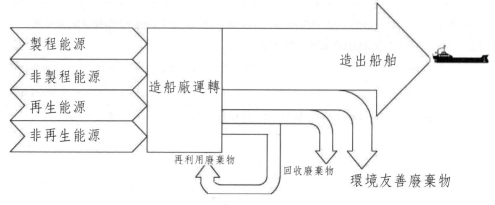

圖 1.18　運轉中綠船廠的輸入與輸出

　　但另一方面，為了維持二不同類型船舶的最小差異，二船船速（亦即裝設的動力場）可能仍須維持相同。亦即二船將維持在最高設計航速，或者依照經濟條件（燃油價格相對於運費）進行運轉。此時既然船速相同，也唯有在調整其船隊中的船數，才能維持一年當中相同的噸—公里數。

　　因此我們便須計算甲船需隨時增加（或是減少）多少船數，以求取二類型船舶一年內相同的總噸—公里數。而我們稱此為「額外船舶因子」（the additional ships factor）。此因子可以是帶小數，例如甲船是 1.001，表示 1,000 艘甲型船的船隊需增加一艘，以取得和 1,000 艘乙型船相同的噸—公里數。值得注意的是，此值僅反應隨時、隨地運轉中的船數，而並不受二類型船舶壽限可能同的影響。

小結

　　MARPOL 公約自 1978 年通過以來，早期僅止於傾向針對船在運轉當中的事故，所造成的海洋環境汙染。而近年來的努力已朝向，對船舶在其整個生命週期當中，從設計階段到除役拆解，進行規範與控管。

　　目前已不乏單獨針對一艘船舶的建造、運轉、或維修的個別研究，然針對船舶進行完整生命週期評估（Life-Cycle Assessment, LCA）的，則仍相當有限。至於針對船舶報廢拆解層面的環境評估則更少。從生意經的角度來

看，由於這套 LCA 提供了可幫海運業者找出成本有效，或產生附加利潤的方法，進而可改進其在環境當中的表現，殊屬重要。舉例而言，將 LCA 技術用在船上設備和系統上，可能會有助於決定出汙染防制選項，像是可能裝在船上的排氣清淨設備、燃油均質機、和其他防汙系統等。因此，未來需要作船運 LCA 的，可能會是：

- 需要比較各種運輸模式及相關法規與誘因，以調整朝向永續發展的，像是交通部、環保署等政府單位；及
- 需要代表其會員將船運的環境績效寫成文件，以增加在運輸市場當中的占有率，進而爭取降低對環境帶來的負面影響的經濟誘因的船東組織。

船舶 LCA 的挑戰在於將既有方法有系統的整理成一套簡易、好用的方法，其所需要的數據與經驗，例如船舶拆解及港口汙染與資源消耗等，仍待補足。未來仍需進一步針對船運 LCA 建立簡化方法與軟體等分析工具，並針對不同運輸模式的生命週期進行評估與比較。

接下來的問題在於，海運業界如何將 GHGs 排放，在 2050 年之前達到比 2008 年的減半。也因此，永續性的真實價值乃取決於符合此政策作為、控管其對社會與環境造成的影響，及改善運轉效率與自然資源經營，所付出的努力。亦即，永續性的價值，潛藏在長期效能增進之後。以下五項準則，應可彰顯一個符合永續海運的公司。

1. 在符合環境法規下航行

船舶營運者不僅須遵循新的環境法規及政策措施，尚須具開創性的和政策制定者合作，共同精修有助於支持前瞻性產業結構（forward-leaning industry structures），並對其潛能做最佳利用的法規。

2. 符合員工的期待

員工為某公司永續性最重要的一部分。有效的員工訓練計畫，工作與生活平衡的政策，以及尊重並保護人權，皆能確保長遠績效提升。

3. 增進效率與創新

開發新且「綠」的替代方案及成本有效的解方與服務，對於力圖減輕其本身永續足跡（sustainability footprints）的客戶，亦能帶來助益。比方說，減少對化石燃料的仰賴，以及增進能源效率，即象徵著對環境友善的海運前景。

4. 提升公司聲譽

擴大透明度並公開積極事蹟，為在海事業界建立公信力的兩個最重要方法。許多海運公司和大油公司所提出的永續報告，都有助於在其整個供應鏈當中的利益及夥伴關係，而提升公司聲譽，乃至增進其在社會經濟與環境方面的效益。

5. 獲利

儘管法規與環保是倡議的關鍵驅動力，但經濟底線終究居優勢地位，而需在提出任何永續海運標準時設為目標。

第二章

海運與環境

1. 海運環保議題

隨著諸如漁業資源驟減及海洋廢棄物（marine debris）等議題的報導與討論，海洋環境保護已成為當前全球共識。全球暖化、酸化及空氣品質惡化，皆為當前國際間重要環境議題。因此，各方也都針對各種導致這類環境衝擊的二氧化碳（Carbon dioxides, CO_2）、氮氧化物（Nitric oxides, NO_x）、硫氧化物（Sulfur oxides, SO_x）及微粒（PM）等人為排放，進行研究。

自 1990 年代以來，每公噸一公里的海運量，平均每年成長百分之四。國際間對於海運和港口對海洋環境所造成的衝擊，也愈發關切。在全球海岸地區，船舶所排放的 PM 與 SO_x，估計每年造成的提前死亡人數超過 60,000人。世界衛生組織（World Health Organization, WHO）於 2013 年將船舶的空氣排放，列入致癌戶外空氣汙染物清單當中。

近來更有倡議團體，要求針對海運對全球氣候變遷的貢獻，負起更大責任及加以規範。研究指出，源自於船舶的 CO_2、NO_x、SO_x 的排放，分別占全球人為總排放量的 2-3%、10-15% 及 4-9%。全球海運所排放的碳，約占全球人為總排碳量的百分之 3.3（超過十億公噸），而若不採取行動，估計此數字可在 2050 年增為三倍。

根據世界自然基金會（World Wildlife Fund, WWF）與綠色和平（Greenpeace International）於 2010 年提交聯合國海洋環境委員會（UN Marine Environment Protection Committee, MEPC）的聲明：海運為尚未受到規範的排放源。另外，儘管船舶大部分時間都在海上，世界各地仍分別提出許多，減輕海運對當地環境造成衝擊的要求。

例如香港政府便指出，海運船舶為當地空氣汙染問題的最大來源。美國民間則將美國最大的加州港口貼上「柴油死區」（diesel death zone）的標籤。其指出：源自船舶燃燒的劣質燃油含偏高微粒，其比卡車所用燃油高3,000 倍的硫含量。僅一艘船的排放，即相當於 12,000 輛汽車的（Graham, 2007）。

　　儘管氣候變遷（climate change）及降低大氣排放議題最受媒體關注，海運界尚須負起諸如船舶回收（ship recycle）及壓艙水控管（Ballast Water Management, BWM）等其他環境議題的責任。總括起來，海運與港口對海洋環境可能造成兩方面的影響。首先為意外事故，例如一般人所熟悉的船舶觸礁後的溢油事件（oil spill incident）。相關立法一方面在於降低相關風險，同時亦在於減輕事故後的影響。其次為「正常」運轉所造成的，例如三丁基錫（Tribual Tin, TBT）防汙塗料對海洋生物的毒性影響。這類影響皆已透過立法與落實，有效防制。

　　依國際間整體綠海運（green shipping）的發展趨勢可看出，船舶在世界各地所受到的環保規範，不僅項目趨於繁多，其限制亦趨於嚴苛。IMO於 2001 年四月，在倫敦總部召開的海洋環境保護委員會會議（MEPC 46）中，與會的 158 個會員國在針對進一步保護海洋環境，使免於受到汙染的幾個重要新措施上，達成一致看法。其中包括要在 2015 年之前，淘汰掉絕大多數單船殼油輪（single hull oil tanker）的時間表，並使所有在 1996 年之後建造的新油輪，皆具雙重船殼（double hull）。此一新的淘汰時間表，登錄在修訂後的防止船舶海洋汙染（MARPOL）公約第 136 章。該新規則於 2002 年九月實施，此為當年 MARPOL 公約所認可的最早可能時間。在同一個會議當中，MEPC 的其他關鍵環境議題還包括：

- 淘汰具毒性防止生物汙損的船用油漆；
- 防止或儘可能減少船舶壓艙水攜帶有害生物；
- 報廢船舶回收；
- 通過用來認定環境上屬重要地區為特別敏感海域（Particularly Sensitive Sea Areas, PSSA）的新方針草案，並原則上同意兩個新的 PSSA：佛羅里達珊瑚礁（Florida Keys）及馬爾貝婁島（Malpelo Island）；
- 繼 Erika 輪事故後之溢油應變（oil spill reponse）；以及
- 限制大氣排放。

近年來在諸多針對船舶的環境議題中，以壓艙水管理和船舶大氣排放減

量二項屬最迫切。以下先摘要列述國際間共同關注的船舶汙染議題。

1.1 油汙染

溢油屬最常被提起的源自船舶的汙染，然其量，卻遠低於船舶日常運轉（daily operation）所排放到海洋環境的。1989 年發生在美國阿拉斯加威廉王子灣（PrinceWilliam Sound）的艾克森瓦爾的茲（Exxon Valdez）油輪，堪稱最有名的溢油事件。儘管經過眾多科學家與志願者的努力，仍有超過400,000 隻海鳥，1,000 隻水獺及無數魚類死亡。

如圖 2.1 所示，根據國際油輪汙染聯盟（International Tanker Owners Pollution Federation, ITOPF）所保有，自 1970 以降的油輪溢油意外事故統計數據以來，大型溢油事故次數已明顯減少（ITOPF, 2009）。

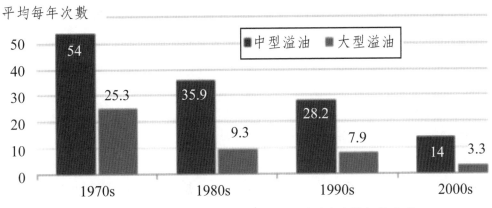

圖 2.1　1970 年至 2000 年全球中、大型溢油事件年均次數
資料來源：ITOPF, 2009

溢油事故一旦發生，對環境與社會都會構成立即性的巨大衝擊。其嚴重程度取決於溢出油的數量與種類、溢出的地理位置、季節、及當地的天候與海況。這些變數也同時決定了，能有效清除油汙的策略與方法，以及將各類型風險與損害減至最低的機會。亦即，一旦發生大型溢油事故，在某些情況下所構成的損害及其後續影響，仍可望低於小型溢油事故的。

一旦溢出油上了岸，其後果一般包括，大量像是海鳥、哺乳類動物、

爬蟲類、兩棲類等海洋生物死亡與中毒。長遠下來，此溢油還可汙染並損毀敏感的海洋與海岸基質（substrate）。如此可改變食物鏈、干擾動物孕育過程，並導致物種群的持久性改變或消失。此外，亦有也可因此對深海與沿近海漁業及觀光休閒，構成長遠的衝擊。

值得注意的是，一些持續性的含油廢水故意排放（intentional discharge），對環境構成的影響，可能並不亞於意外溢油的。例如在加拿大大西洋海岸，由於含油廢水持續排放，每年估計殺害海鳥達 30 萬隻（WWF, 2002）。而這些進入海洋的油，在蒸發過程中所產生的石油碳氫化合物會滯留在水團、水面及沉降到海底，而傷及仔稚魚與魚的生產、干擾底棲生物的成長與再生。

1.2 艙底水

在船上，從貨艙與機艙內機器在運轉當中漏出的水，或是從機器保養產生的油，會和水混合流至艙底成為艙底水（bilge water）。就算是少量的油，也可能對海洋生物構成非致死的慢性影響。以一般大型油輪為例，其每經過 24 小時運轉，平均可產生 8 公噸的含油艙底水。

為了確保該船穩度及減輕油氣可能構成的危害，艙底空間須定期沖洗並將水排空。雖然正常情形下，艙底水在排出船外之前，都會經過油水分離器（oil/water seperator）處理，然在該處理器發生故障等情況下，未經處理的艙底水便很有可能旁通，直接排入海中。近幾年來，國際間便有好幾艘郵輪，因為這類環保違規，遭受處罰。

由於艙底水當中含有各種汙染性與毒性物質，排放未經處理的艙底水入海，可對魚和其他海洋生物構成嚴重危害。若經由食物鏈讓人攝取了，也會對人體健康構成威脅。一些跡象顯示，由於大量未經妥適處理的艙底水持續被排入海中，其對環境所構成的傷害，比起前述溢油事件所造成的，尤有過之（ENS, 2009）。

1.3 汙水

■黑水

船上的黑水（或稱下水，blackwater），主要指的是源自於廁所馬桶（toilet）和醫務室（medical facility）的廢水，當中含有有害細菌、病原、病毒、腸道寄生蟲及有害營養質。黑水若未經妥適處理，含有有害細菌、病毒及腸菌等病媒，其排放可對魚類及甲殼魚海床構成汙染，以致對攝取這些食物來源的大眾健康構成威脅（Copeland, 2008）。

在汙水當中，例如氮與磷等養分，可促成藻類過度繁茂的優養化（eutrophication）情況，過度消耗水中溶氧（Dissolved Oxygen, D.O.），而危及魚類其他水生生物生命。估計一艘搭乘兩、三千旅客與船員的郵輪，每天所產生的黑水在 10 萬到 11.5 萬公升之間（OCEANA, 2003）。

■灰水

灰水（或稱中水，greywater）指的是源自水槽、浴室、洗衣房及清潔活動等非汙水（non-sewage）的廢水。其含有各種不同的汙染物質，包括糞便大腸桿菌（fecal coliforms）、清潔劑、油、脂、金屬、有機化合物、石油碳氫化合物、營養質、廚餘、藥品及醫療廢棄物（Copeland, 2008）。

汙水的量大致和船上的人數成正比，因此郵輪等客輪所面對的黑水與灰水挑戰，也比在貨輪上的要大得多。而更由於這類船一般都集中在特定海岸與港口運轉，其所構成的損害風險也相對較高。

灰水往往是郵輪所產生最大宗的液態廢棄物（約占全部的百分之 90 至 95）。估計每人每年可產生 110 到 320 公升灰水，相當於一艘 3,000 人郵輪每天可產生 330,000 至 960,000 公升。根據美國環保署（US EPA）與阿拉斯加州政府所作的調查，從郵輪排出尚未處理的灰水當中，含有不等嚴重程度的汙染物。其中可含有比起一般生活汙水高出好幾倍的大腸桿菌量。灰水也可因含有高濃度的營養質和其他耗氧物質，而對環境有負面影響。

黑水與灰水一般可藉由膜式生物反應器（membrane bioreactors），處理到可直接排放入海的程度（EMEC, 2009）。

1.4 固體廢棄物

固體廢棄物（solid waste）一旦經由各種途徑進入海洋，即成為海洋垃圾（marine debris）或簡稱海廢，進而對海洋哺乳類、魚類、海龜及海鳥的生命構成威脅。和汙水相同，固體廢棄物的數量也大致和船上人數成正比。因此，郵輪等客輪可產生大量垃圾，並且都集中在特定海岸與港口，其所面對的挑戰也大得多。而這類船舶，一般對海洋環境構成的損害風險，也相對較高。

例如以一艘郵輪平均每位乘客每天產生 1 至 3.5 kg 固體廢棄物估算，全世界這些船所產生的數量，占海上所有船隻產生量的約四分之一（Copeland, 2008；OCEANA, 2003）。郵輪所產生的固體廢棄物一部分會在靠岸時，送上岸進行處置或回收，大部分（估計約 75% 至 85%）會在海上焚化（OC, 2002），接著在海上棄置灰燼。

船上產生的固體廢棄物，主要包括玻璃、紙、厚紙板、鋁鐵罐、及塑膠。商船上一般都藉由結合源頭減量（source reduction）、廢棄物減量（waste reduction）以及回收（recycle）等作法，對固體廢棄物進行管理。以一艘乘載數千旅客的大型郵輪為例，其一週內可產生約 8 公噸固體廢棄物。估計全世界源自船舶的固體廢棄物當中，有 24% 源自郵輪。由於像是玻璃、鋁這類固體廢棄物，都無法在船上焚化，因此妥適的岸上收受設施，必然是大型郵輪港務的重要考量。

1.5 大氣汙染

世界公認空氣汙染是當今人類共同面對，最迫切需要解決的一大難題。源自船舶的廢氣（exhaust gas），為整體包括傳統空氣汙染物（air pollutants）及溫室氣體（Greenhouse Gases, GHGs）在內，的一項重要空氣汙染源。以郵輪為例，歐洲多數郵輪皆在歐洲專屬經濟區營運，大多屬嘉年華（Carnival Corporation & plc）與皇家加勒比海（Royal Caribbean Group）兩家公司。根據歐洲 Transport & Environment 2019 年的報導，光是嘉年華郵輪在 2017 年的空氣汙染，就超過所有歐洲汽車（總數超過 2.6

億輛）合起來的（Transport & Envionment, 2019）。

1.5.1 大氣排放的影響

在使用化石燃料所引發的各類型環境衝擊當中，危害空氣品質，恐怕是問題最嚴重的。釋入大氣的排放物，大多源自於燃燒化石燃料（fossil fuel）。源自煙囪和燃燒汽、柴油的車輛與設備排氣管的煙霧，大多顯而易見。然除了這些肉眼可看出的煙（visible smoke）之外，還有很多其他肉眼看不見的各類型汙染物，也都源自於燃燒來源。除此之外，大氣排放物也可能源自於化石燃料的擷取、輸送、提煉、和儲存過程。這些實例包括煤礦和火力電廠煤堆的煤灰，車輛在加油過程中蒸發的油霧，從管路和儲槽漏出的天然氣，以及燃燒後煙灰的逸散灰燼等。

19 世紀末 20 世紀初，人類從幾個空氣汙染事件（air pollution episodes）意識到空氣汙染問題的嚴重性。1873 年，實為空氣汙染的所謂倫敦「霧」（London "fog"），意外奪走了 268 性命。1930 年，比利時高度工業化的 Meuse Valley，在三天的空氣汙染事件當中，導致 60 人喪命及數百人送醫急救。1948 年，美國賓西凡尼亞州擁有許多煉鋼廠和化工廠的 Donora，在長達四日的空氣汙染事件中，其一萬四千人口當中的半數居民生病，其中 20 人喪生。

倫敦於 1952 年 12 月 5 日至 8 日，空氣汙染事件再度發生，死亡人數高達四千。這些死者絕大多數都有呼吸道與心臟疾病的病史。而這些事件，促使英國於 1956 年通過了清淨空氣法（Clean Air Act）。此法案的落實，加上英國大幅從燃煤轉為燃油，有效清淨了英國的空氣，而「倫敦霧」也從此成為難得出現的現象了。

美國參議院緊接著也在 1963 年，通過了其清淨空氣法案（Clean Air Act）。接著其餘已開發國家，也陸續立法限制了工廠等固定汙染源（stationary pollution），空氣品質也逐漸獲致明顯改善。只不過，此期間隨著汽、機車的普及，分散的移動汙染源（mobile pollution）卻日漸嚴重。台灣幾個快速發展的都市，皆有類似明顯實例。

1.5.2 空氣汙染物

■一般來源

我們可將空氣汙染物分成初級（或稱一次，primary）與次級（或稱二次，secondary）二大類。前者指的是直接從源頭排放出的，後者則是初級汙染物在大氣當中經過化學反應，轉換成的。初級汙染物的實例，包括二氧化硫（sulfur dioxide, SO_2）、氮氧化物、一氧化碳（carbon monoxide, CO）、有機蒸氣（organic vapors）、以及含有機物、無機物及碳元素在內的 PM。次級汙染物的實例，包括硫和氮的進一步氧化物、臭氧（ozone, O_3）、以及在大氣當中透過蒸氣凝結與初級顆粒凝聚所形成的 PM。

迄今絕大多數已開發國家，皆已針對源自排放源的各種汙染物的最大排放量設定限度，以此為排放標準（emission standards）。針對大排放源，此排放標準通常便是排放出的汙染物，在空氣中歷經一段距離的擴散後，仍不至於對人體健康和環境造成重大影響的程度。至於針對汽車等小排放源，此排放標準設定的原則，在於防止所有來源累積後，對健康造成不利影響。

為能有效保護人體健康和生物，許多國家同時針對各種汙染物，訂定了空氣當中的最大容許濃度（maximum tolerable concentrations）。此稱為大氣標準（ambient standards）。一旦超過此標準，政府可對肇因排放源開罰，甚至吊銷執照。

■船舶大氣排放

船舶的空氣汙染物排放主要來自主機（main engine）、發電機（auxiliary engine）及鍋爐（boiler），船舶航行時主機提供主要的動力，因此主機廢氣的排放是船舶航行時最主要的排放源。發電機則是提供例如生活用電、機具操作用電等，電力的來源。

航行時主機可提供部分電力，所以發電機的負載通常不大。但航行到港內時，主機通常降低負載，加上船舶在港內調度時可能會需要船舶推進器輔助調整方向。所以發電機在此時的負載通常最大，所排放汙染物也最多。此

發電機爲船舶航行時次要的排放源。

　　船舶需要產生熱能，提供船上各種用途所需。在航行時，這些熱能可由主機的廢氣節熱器（economizer）提供，但到了港內調度或停泊時，主機的廢熱已不足以提供船舶所需熱能，則需改由鍋爐來提供，因此鍋爐的廢氣排放，可歸類爲船舶廢氣排放來源之一。

　　柴油機的運作需要燃燒化石燃料，而燃料燃燒的過程會產生大量的汙染物，主要有 NO_x、HC、SO_x、CO_2、CO、CH_4 及 PM。CO_2 是造成地球溫室效應的主要氣體，NO_x 和 SO_x 是形成酸雨主要物質。

1.6 排氣洗滌廢水排放環境考量

　　有鑑於 IMO 力圖減少船舶燃料中硫含量，以及隨之而來的對採用海水洗滌塔（scrubber）清洗廢氣的興趣增加，迫切需要評估洗滌塔洗滌水排放對海洋環境的影響。此對於沿海地區與河口等水交換率偏低的水體而言，尤其重要。波羅的海在 2005 年被 IMO 指定爲 PSSA，由於其生物多樣性（biodiversity）低，交換水量有限及鹽度低的獨特組合，被認爲特別容易受到汙染。

　　在排放的洗滌水當中，包含微粒與硫及鉛、鎳、鋅等金屬汙染物。根據德國 UBA 在 2015 提出的報告：使用洗滌器會因爲短期與局部的酸鹼值降低及溫度與濁度提高等因素，導致環境惡化。有些國家政府基於這類關切，禁止在其港區水域排放洗滌水。聯合國的海洋環境保護專家小組警告：繼愈來愈多船舶在 2020 年之前使用洗滌器，有可能導致對海洋環境構成的風險提升等非預見後果。以下摘述一些文獻當中，針對洗滌器排水的相關研究所得到的結果。

　　Ytreberg 等（2019）針對洗滌器排放水，對波羅的海微浮游植物群落的影響進行研究。其觀察到，當該群落暴露在 10% 洗滌排水 13 天後，葉綠素甲、顆粒性有機磷（Particulate Organic Phosphorus, POP）、碳（POC）及氮（PON），都明顯增加。在英國也有針對開環式洗滌器，對於港區及封閉水域底泥造成影響的顧慮。其擔心排放在底泥中累積數年後，可能使接

下來的濬堞問題更趨複雜（British Ports Association, 2019）。

　　儘管採用洗滌塔的船舶增加了，但目前對於排放的洗滌水對海洋環境的潛在影響所知仍相當有限。採用開環洗滌器往往意味著，從大氣轉而進入海裡的廢棄物質，會更有效、更集中地且更局部的規模轉移到海洋環境中，從而產生暫時性，濃度更高的汙染物、富營養化及酸化物質。

　　有研究估計，船舶在海面排放的 SO_X 和 NO_X 會導致區域 pH 降低，程度接近 CO_2 所導致的海洋酸化。但是，酸化水（升高的 CO_2 水平）本身，似乎對天然波羅的海微浮游生物群落的影響較小（Olofsson 等，2018；Wulff等，2018）。應該指出的是，碳酸化（因 CO_2 增加）和酸化（pH 降低）的影響，可能不同且各自獨立（Shi 等，2019）。Shi 等（2019）在對三個浮游矽藻的研究中，測試了碳酸化和酸化的組合和單獨作用。總體而言，其分別或聯合觀察到，碳酸化及酸化對生長速率有正面影響或沒有影響。

　　目前，IMO 已針對酸度，多環芳烴（PAH）、硝酸鹽含量和濁度，制定了洗氣水排放標準，卻完全沒有金屬的排放標準。這很值得商榷，因為研究報告稱洗滌塔洗滌水中銅和鋅的濃度，分別升高到 $260 \mu g/ L$ 和 $537 \mu g/ L$（Hufnagl 等，2005；Kjølholt 等，2012；Turner 等，2017）。

　　一如關於洗滌塔的幾份報告所強調，這些金屬在洗滌塔洗滌水中的來源仍然未知（Hufnagl 等，2005；Kjølholt 等，2012）。潛在的金屬來源，可能包括燃料和潤滑油的燃燒，在海底門中使用外加電流陰極保護系統，以及從海水冷卻系統的管道材料中釋放金屬。在 Koski 等人（2017）的最新研究中發現，洗滌塔入口和廢水中銅的濃度很高，亦即此銅可能源自防汙塗料釋放的銅或管道結構，而非洗滌過程本身。

　　大量排放含高濃度金屬的酸性洗滌水，可能對海洋環境構成重大風險。因為低 pH 值會對金屬形態產生強烈影響，並導致向金屬離子化，生物利用率更高的部分轉變（Millero 等，2009）。在港口等半封閉環境中，這尤其令人擔憂，港口通常也從塗有銅基防汙漆的船舶上，接受大量金屬。

2. 船運與氣候變遷

2.1 全球氣候議題

　　地球暖化導致自十九世紀中期以來，地表年平均溫度上升了 0.5℃ 至 1℃。雖然聽起來微不足道，此溫升卻很有可能在二十一世紀結束前達到 2℃ 至 3℃，而確定將造成氣候變遷，以致對地球上的所有生物，造成不可預期的後果。

　　在 2100 年之前，CH_4，N_2O，及 CFC 等溫室氣體大約會對地球暖化，構成三分之一的貢獻，其餘三分之二則屬 CO_2 所導致。就 CH_4 的限制而言，主要的努力在於限制從天然氣井、輸送管路、儲槽、LNG 輪船、煤礦及其他人為 CH_4 來源的溢漏。而我們對於 N_2O 的產生則所知有限，因而難以限制其排放。至於 CFC，全世界已然淘汰，其終究會在大氣當中消失。因此無論在技術或經濟上，人類所共同面對最主要的議題，仍在於降低 CO_2 排放。

　　針對氣候變遷的議題，聯合國於 1992 年通過聯合國氣候變遷綱要公約（United Nations Framework Convention on Climate Change, UNFCCC）所訂定長期的目標。該公約自 1995 年起每年召開締約方會議（Conferences of the Parties, COP），以評估因應氣候變遷的進展。經過歷年來會議討論，各國達成了許多共識。2015 年 COP 21 所通過的巴黎氣候協定，便是在歷經了京都議定書、峇里島路線圖、哥本哈根協議等累積的成果基礎上，所通過有史以來最嚴格的氣候協議，並且定訂出更明確的減排目標及承諾，期望有效減緩全球暖化趨勢。

　　巴黎氣候協定之目標為：全球平均氣溫升高不超過攝氏 2 度，並朝向不超過攝氏 1.5 度的目標努力。船運雖一方面造成了氣候變遷等環境問題，但在未來，船運也可望成為各國乃至全世界，賴以解決氣候變遷問題的重要方案之一，並可望在低碳經濟發展過程中，提供所需要的重要服務。表 2.1 整理了氣候變遷議題和海運的關係。

表 2.1　氣候變遷議題和海運的關係

氣候變遷因子	潛在意涵	採行措施
• 氣溫上升 • 高溫 • 融冰 • 空間與時間上大幅變化 • 凍結與融化循環趨於頻繁	• 海運季拉長、新增海路 • 歐亞貿易距離縮短、燃料消耗減少 • 額外的支援服務與航行協助，例如破冰搜尋與救難 • 競爭與通行費降低，運輸成本減輕 • 新貿易，既有貿易、結構與貿易方向分支（間接透過對農、漁業及能源的影響） • 對基礎設施、設備與貨物造成損害 • 建造與維護成本增加 • 新的船舶設計與強化船殼 • 環境、社會、生態相關的與政治考量 • 港內能源消耗增加 • 海運與港埠服務需求與供給變動 • 對於服務可靠性的挑戰	• 採用高熱阻結構與材料 • 持續檢查與維修 • 監測基礎設施狀況 • 降低貨運負荷、船速及服務頻率 • 冷凍、冷卻與通風系統 • 隔熱與冷凍 • 過渡管理方案 • 北方區域航行規範 • 船舶設計及幹練人力與訓練需求
• 海平面上升 • 淹沒與積水 • 海岸地區侵蝕	• 對基礎設施、設備與貨物造成損害（海岸基礎設施、港埠相關結構、腹地連接） • 建造與維護成本增加，侵蝕與沉積 • 人與商業之遷移，勞力短缺、船廠關閉 • 海運與港埠服務供需模式變動（例如遷移） • 貿易的結構與方向改變（間接透過對農業、漁業及能源的影響） • 對於服務可靠性的挑戰 • 減少濬渫 • 安全性與適航狀況降低	• 海岸保護設計修改、重新設計與建造（例如海堤等基礎結構高度等） • 遷徙 • 保險

氣候變遷因子	潛在意涵	採行措施
• 極端天氣狀況 • 颶風 • 暴雨 • 淹水 • 降水量增加 • 風	• 對基礎設施、設備與貨物造成損害（海岸基礎設施、港埠相關結構、腹地連接） • 侵蝕與沉積、地層下陷、土石流 • 人與商業之遷徙 • 勞力短缺船廠關閉 • 安全性與適航狀況降低，對於服務可靠性的挑戰 • 海運與港埠服務供需模式變動 • 貿易的結構與方向改變	• 整合緊急疏散程序至營運當中 • 設置屏障與保護結構 • 遷移基礎設施，確保替代路徑之功能 • 增加對基礎設施狀況之監測 • 對低窪地區之開發與定居設限 • 建造滯洪池結構體 • 對延遲服務或取消預作準備 • 強化地基、升高碼頭高度 • 對於異常事件偵測之智慧型技術 • 更堅固船舶之新設計

資料來源：整理自 UNCTAD 文獻

2.2 航運 GHG 排放趨勢

　　源自海上運輸的碳排放量，目前大約占全球總排放量的 2.5%，除非採取有效的減排措施，到 2050 年時此排放量預計將成長 250%。這使得海運業必須面對，極具挑戰的減碳目標。

　　當今氣候變遷所構成的挑戰，可謂無所不在。2010 年 10 月在墨西哥坎昆舉行，爲協助窮國及開發中國家調適氣候變遷影響的 COP16 會議當中，涵蓋了海運與空運。儘管在 COP16 所達成的協議當中，並未提及海運，但在 IMO 的後續協調之下，仍可望加速推動海運議題。這主要是因爲海運在提升效率上，存在很大的潛力。

　　IMO 預估，若不採取行動，在 2050 年之前，源自海運的 CO_2 排放可升高百分之 50 至 250。IMO 在 2009 年完成的抑制源自海運 GHG 研究，作成如下結論：

　　• 船舶 CO_2 排放占全球總排放量 2.7%，若不採取行動，在 2020 年之前所占比例可上升至 6%；

・海運業可不增加成本，在 2020 年之前降低 20% GHG 排放，而透過
　船舶設計的改進，則可望降低 10-50% GHG 排放。

依據氣候變遷跨政府委員會（Intergovernmental Panel on Climate
Change, IPCC）針對國家 GHG 清查指南，未來源自船運 CO_2 排放的趨勢，
仍將高度取決於世界貿易的整體成長，以及該成長在各不同商品與區域間
的分配情形。而此排放成長，亦可能受限於技術上和運轉上的各項改進措
施。然而，船隊的長期更新比率，以及用於現成船的技術措施的長期落
實，對於短期間的排放減量所能收到的效果卻相當有限。

源自國際海運的 GHG 排放固然不容忽視，然海運，尤其是較大型貨
輪，相較於其他類型的運輸，無論就能源效率和對全球氣候影響而言，皆仍
屬正面。就每噸一公里而言，不同大小船舶所造成的不等 CO_2 排放，皆低
於其他運輸模式的。

圖 2.2 所示，爲各種不同運輸模式的碳排放比較。例如，以船舶取代飛
機運送國際貿易貨物，大約可降低 90% 以上的 CO_2 排放。例如同樣載運液

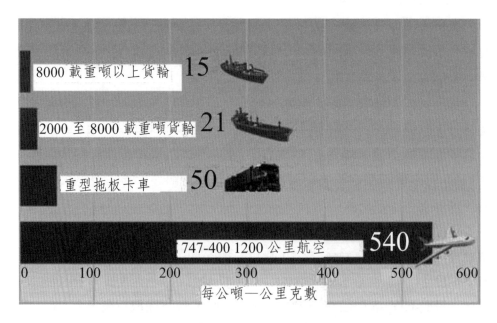

圖 2.2　各種不同運輸模式的碳排放比較

態散裝貨物，經由鐵路所造成的排放大約是輪船的三至四倍，至於經由公路和空運的，則分別大約是比海運要高出 5 至 150 倍及 54 至 150 倍。同樣的，例如一艘相當於 3700 只 20 英尺長貨櫃（Twenty-foot Equivalent Unit, TEU）貨櫃輪的單位運送燃油消耗，估計要比一架 747 貨機的少 77 倍，比大卡車少 7 倍，比火車少 3 倍。

全世界貿易當中逾九成靠船舶運送，而如前所述，海運可謂能源效率最高的貨運方式。不難預期，隨著未來愈來愈多的海運取代陸路與空運，全球 CO_2 排放可進一步降低。因此，在政策上與其僅止於狹隘的依許多人所主張，力圖降低食物里程（food miles），實應同時積極推動更有效率的，例如海運等運輸型態。船運公司 Maersk Line 已能透過對個別船舶排放的調查，自 2010 年 10 月起對其客戶提供可靠的 CO_2 排放數據（CO_2 Score-card），作為比較參考。

海運 GHG 排放議題在 IMO 的議程上通過了許多重大的決策，先前已經採取 GHG 減排措施，2011 年 IMO 採用了能源效率設計指數（Energy Efficiency Design Index, EEDI）和船舶能效管理計畫（Ship Energy Efficiency Managementplan, SEEMP），以提升船舶的能源效率。然而根據 IMO MEPC 的說法，由於世界經濟增長和相關運輸需求，這些技術和運營措施，並不能有效減少船舶 GHG 排放。

3. 壓艙水

油輪與散裝輪等大型船舶皆須藉著壓艙水（ballast water）以維持平穩。這些貨輪在運轉過程中，將水送入或送出特定壓載艙（ballast tank），理由包括：

- 減輕船殼上所承受的應力，
- 幫助平衡，
- 藉由調整推進器浸水以幫助推進，
- 藉由舵浸水及減少船殼表面暴露（在水中與風中）以改進操控性，以

及

• 補償因燃料與淡水消耗所減輕的重量。

　　舉例而言，一艘油輪在卸除船上的貨油（cargo oil）之後，在回程中會將海水泵送到其壓載艙（ballast tank）內，達到一定吃水（draft）以維持船舶穩度（stability）。接著，在抵達裝貨港之前，便將這些壓艙水泵入海中，以空出裝貨容量。

3.1 水生物入侵

　　水生物可透過許多途徑，從一處傳輸到另一處。過去我們認定侵害性水生物會藉著附著在木船殼傳輸，今日則咸信其主要透過壓艙水引進。就以斑馬殼菜蛤為例，其對於美國五大湖區在經濟與環境上所造成的嚴重危害，舉世皆知。而其大多源自於船舶壓艙水，也已在過去十幾年廣泛得到科學證實。

　　由於認定控制在大湖中已然建立的入侵勢力，難以有所作為，美國在政策上也只著眼於防範問題進一步擴大。基於國際間對於船舶壓艙水傳輸，所可能導致對於人體健康、經濟、及環境所造成威脅的共識，要求船舶進行壓艙水控管，也逐漸成為國際間致力減輕源自船舶汙染的一項重大議題。

3.2 入侵生物的危害

　　全球近八成貨物藉由船舶運送，過程中同時有龐大數量的壓艙水，隨之在各國水域間傳輸。一艘船在汲取壓艙水的同時，也不免吸入大量水生物，其中有些具有毒性，有些則因為從其當地生態系中移出，在從船上排出時帶進了另一個生態系，而可能有危害性。外來物種在沒有天敵的情況下能急速繁殖，造成巨大的傷害。

　　一個對航行於日本與美國奧勒岡州的船舶壓艙水所做的調查發現，單單一趟航程的壓艙水中即含有 367 種生物。若依此推估，全世界每天，隨船傳輸的物種恐怕不下三千。而根據國際海事組織的估計，每年在全球各處傳遞的壓艙水有一百億噸。

　　過去十幾年來的研究顯示，透過船舶傳輸，非原生物種入侵全世界各港

口及沿海地區，皆造成生態群落組成與機能上的明顯改變。根據美國內政部長巴比特，針對入侵到阿拉斯加威廉王子灣的物種表示，比較起 1989 年發生於同地的艾克森（Exxon Valdez）油輪溢油事件，入侵的首黃道蟹長期下來對於該海灣的永久性改變，有過之而無不及。

　　研究更顯示，光是斑馬貽貝、亞洲蛤、及綠蟹三種非原生水生物，每年即可導致 40 億美元的損失。其研究顯示，壓艙水會傳輸港口間的細菌、原生生物、鞭毛蟲、硅藻、浮游動物、底棲生物、以及魚。這些生物當中有些在釋入新環境後得以存活，並隨即建立其物種群。

3.3 壓艙水生物入侵議題

　　郵輪、大型油輪及散裝貨輪等各型商船，在輕載情況下通常會汲取海岸附近的水到船上作為壓載（ballasting），接著在下個造訪的裝載港口，將這些壓艙水排出。排出的壓艙水（ballast water），一般都含有較大的動、植物及微小的病毒與細菌。其中包含非原生、嫌惡的外來物種，可能對生態與經濟構成傷害，同時也可能對人體健康，造成嚴重威脅。可經由壓艙水攜帶，造成可疑生態影響的生物，數以百計。IMO 所列出的十種，最不受歡迎的物種為：

- 霍亂（Cholera Vibrio Cholerae）（各種菌株）
- 枝角水蚤（Cladoceran Water FleaCercopagis Pengoi）
- 毛蟹（Mitten Crab Eriocheir Sinensis）
- 毒藻，紅／棕／綠潮（Toxic Algae, red/brown/green tides）（各種物種）
- 黑口新蝦虎魚（Round Goby Neogobius Melanostomus）
- 北美櫛水母（North American Comb Jelly Mnemiopsis Leidyi）
- 北太平洋海星（North Pacific Seastar Asterias Amurensis）
- 斑馬貽貝（Zebra Mussel Dreissena Polymorpha）
- 亞洲海帶（Asian Kelp Undaria Pinnatifida）
- 歐洲濱蟹（European Green Crab Carcinus Maenas）

　　過去二十幾年來的研究顯示，非原生物種入侵在全世界各地區，皆造成生態群落組成與機能上的明顯改變。同時，非原生物種亦在許多淡水、河口及鹹水體系中，成了重要成員。例如在美國舊金山灣，至少形成了 234 個非原生物種，美國五大湖區至少有 113 種。而這些入侵的生態體系，接著又將成為其他區域，非原生物種的可能提供者。

　　有些水生物在釋入新環境後，得以存活並隨即建立其物種群。例如，至少有 57 種物種，被懷疑是經由壓艙水進入到美國的，而這些入侵情況當中，有些在生態與經濟層面，都造成重大衝擊。1999 年 Lovie 等人的研究顯示，在某船的混合航程中，總共有包含三個界（kingdoms）及九個門（phyla）的四十類（taxa），出現在壓艙水當中。

　　有關船舶壓艙水傳播有害水生物與病原體的問題，德國和澳大利亞更早即陸續以研究結果證明，此問題已相當嚴重，必須加緊解決。澳大利亞學者 Hallegraeff 於 1992 年報導，從船舶壓艙水中收集到的生物，光是雙鞭毛藻就有二十多種。據澳大利亞港口檢疫當局的 1993 年的報告，有三種有害的甲藻在澳洲東南的塔斯曼海水域出現。產生的甲藻毒素，經由食物鏈傳遞並累積在貝類體內，食用這樣的貝類會導致人體的麻痺性神經中毒，嚴重者會致人於死。對船舶壓艙水檢驗，確認這些甲藻是經由船舶壓艙水帶入的外來水生物。美國、德國、紐西蘭、祕魯等國家，也早已陸續向 IMO 提出了類似的研究報告。

　　以上證據使人們認識到，船舶壓艙水是不同地理位置水體間，傳播水生物和病原體的主要媒介。這樣的壓艙水如不控制，排放到港口國水域，將破壞水域的生態平衡，並對當地民眾與水中動植物，構生健康威脅。1991年，在祕魯爆發的流行性霍亂，據報導便是船舶壓艙水經由亞洲攜入的，血清型 Inafa 的霍亂弧菌所致。

　　在中國大陸，1988 年上海市民食用被病原體汙染的毛蚶，造成 A 型肝炎蔓延，人數達三十餘萬人。近幾年，在台灣城市亦不斷出現在本地早已絕跡的疾病，造成許多人死亡的情形。雖然至今沒有查出確鑿的病原體來源，但食用被海水汙染的海產貝類食物，已確信是最有可能的原因之一，而

海水中病原體的來源，則很可能是藉由船舶壓艙水從其他海域攜入的。

4. TBT防汙塗料

船體在一生中大部分時間都有一大部分淹沒在水中，因此很長一段時間內，船體容易被海洋生物與微生物（如藻類、藤壺和貝類）寄生。此寄生情形稱為生物汙損（biofouling），可增加船體航行阻力，導致額外燃耗，嚴重時甚可降低船舶的機動性，並損及船體。

4.1 船舶防汙塗料議題

船殼上長出的生物可導致航行額外受阻、減緩航行並增加燃料消耗，同時亦可能成為全世界有害物種入侵的傳輸工具。早期航海，為防止船殼上藻類與貝類等海生物附著，用來塗在船殼上的先是石灰，接著是砷。到後來，化工界開發出有效的金屬化合物防汙油漆，一般也都會在船殼塗以防汙油漆（antifouling paint）。

研究發現，這些逐漸析出進入海水的化合物，不只可殺死附著在船殼上的生物，其也可常存於海洋殺害其他生物、危及環境，並可能進入食物鏈。經研究證實，1960 年代所開發出最有效，含有 TBT 的防汙油漆，可造成牡蠣突變及蛾螺性畸變。

針對 TBT 防汙油漆的潛在衝擊所引發對於環境的關切，世界各國普遍提出相關法規措施。IMO/MEPC 於 1990 年通過決議案，建議各國政府針對限制 TBT 基防汙油漆的使用與釋出率，採取相關措施。迄今全世界相關規範，對於減輕環境中 TBT 濃度已具成效。但值得關切的是，若日後發現，替代塗料的防汙效果並不如原先的防汙技術，或其對整體環境的危害性並不亞於後者，則將導致社會、經濟及環境更嚴重的損害。

防止生物汙損機制的使用由來已久。1805 年英國納爾遜將軍即以銅片貼在船殼上以防止藻類成長，結果發現其船舶比起法國的要容易操縱得多，導致其在之後多次戰役中獲勝。

當船殼上沒長出像是藤壺、管蟲、貝、海藻、及軟體動物等海洋生物而既光又滑時，船在水裡不僅可以航行得較快，且燃料消耗也較少。早期的帆船，先是用石灰，後來用砷（砒霜）、汞等的化合物和 DDT 等塗在船殼上，作爲防止生物汙損系統。1960 年代，化工界開發出了有效且節省成本的防汙油漆，用的是金屬化合物，尤其是 TBT 有機錫化合物。自 1970 年代以降，TBT 便一直被用來作爲防汙油漆添加劑，而絕大多數在海上航行的船隻，也都在船殼塗上了 TBT 漆，以防止海生物附著。

早期所用的以有機錫爲基礎的防汙油漆，當中的活性成份散布在油漆的樹脂組成當中，而會由此漸漸滲入海水，殺死藤壺和其他也附著在船殼上的海洋生物。對於大型遠洋船舶，TBT 基油漆在防止汙損與燃料節約上，確能提供重大效益。但由於這些油漆尚屬自由的殺蟲劑，其釋出率無法受到控制，所以在初期會快速自油漆中釋出，而經過 18 至 24 個月之後，效果便逐漸減退。

4.2 TBT 在環境中的問題

國外有關 TBT 在環境中造成危害的研究，在過去十幾年當中大量出爐。例如，1998 年德國波昂大學研究人員 Akis 進行 TBT 對人腦與胎盤的影響研究後發現，TBT 的確會干擾人類性荷爾蒙系統的運作。這是首次證明化學品對人類荷爾蒙系統干擾的明顯事證，在波羅的海區域大量食用魚類的居民與船塢油漆工，皆爲 TBT 的高危險群，且此一研究結果顯示全面禁用 TBT 確有其必要。

最初以 TBT 作爲防汙油漆中的殺蟲劑時，經證明用於保持船殼光滑和乾淨，極爲有效。而在當時，其在油漆中被認爲，比起其他如 DDT 和砷等防汙系統中所用的農藥，較爲無害。然事實上，TBT 既是作爲殺蟲劑，便需具有一定毒性，以有效殺死可能附著在船殼上的生物。其主要問題乃在於，在海洋環境中的持久性。

隨著 TBT 廣泛用在油漆當中，科學家們亦開始發現，在像是碼頭、港灣等船舶密集處，TBT 濃度亦愈來愈高。2000 年希臘的雅典 ENS 根據環保

團體綠色和平組織委託的研究結果表示，在對比里夫斯及塞沙羅奈基港口及緊鄰薩拉米斯島海水浴場的海域的沉澱物測試中，發現了高含量的有毒TBT 及其他有機錫化合物。以下摘錄國外針對 TBT 在環境中所造成影響的相關研究結果。表 2.2 整理了國際間所作，TBT 在環境中所造成影響的研究結果。

表 2.2　TBT 在環境中所造成影響的研究結果

主題	結果
水及底泥	水中的 TBT 在光和微生物的影響下，能分解成較不具毒性的二或一丁基錫。其半衰期介於數日至數星期。然當 TBT 累積在底泥當中，缺氧時，其分解隨的減緩，半衰期可因而延長至數年。因此，底泥沉積嚴重的，像是港、灣、河口等水域，便有可能受 TBT 汙染長達數年之久。
殼變形	海中牡蠣因鈣的新陳代謝受到 TBT 干擾，造成殼變厚。
性畸變	在海蝸牛的紀錄是雌性長出雄性性徵。有性畸變紀錄的海洋物種多達 72 種。每公升水中僅需 2.4 奈克，即可對雌狗峨螺造成性別改變，以致不孕。
海洋哺乳類	在美國、東南亞、雅德利亞提克海（Adriatic Sea）、以及黑海的鯨、海豚、及海豹家族體內，都曾發現微量的 TBT。
感染抵抗力減弱	研究顯示，TBT 使得底棲且暴露於高度 TBT，尤其是具粉沙底泥的港灣及河口的比目魚（flounder）及其他扁魚（flatfish）等魚類的感染抵抗力減弱。

5. 聲響汙染

　　船舶產生的水下聲響噪音（vessel noise）汙染問題愈來愈受到重視。然而此一特殊汙染型態對於海洋環境的負面影響，至今尚不清楚，而船東與造船業者也就不太重視。船舶所產生的噪音可能有許多不同的來源，可大致分成三種類型（IFAW, 2009）：

- 螺槳，
- 船內機器設備，及
- 船殼在水中移動。

有關船舶噪音對海洋生物的影響，談得最多的，應屬海軍聲納與鯨魚群擱淺之間的關聯性（ASOC, 2005）。然而，儘管此軍事聲納的噪音對海洋動物造成的影響，已有許多可供結論的證據，然究竟該噪音的何種特性對海洋動物會構成重大影響，仍尚待決定。

和在陸地上的情況類似，晚近船舶所造成的噪音持續上升。船舶產生的噪音，可在水中傳送相當長的距離，而在水中的一些必須仰賴聲音，以判定方向、群落、覓食的物種，可因這些噪音受到傷害。

遷徙物種保育公約（Convention on the Conservation of Migratory Species）當中指出，海洋噪音會對海洋生物構成威脅。當鯨魚賴以互相溝通的能力受到破壞，將對其構成極大威脅，足以影響其生存能力。根據探索頻道（Discovery Channel）的專題 Sonic Sea Journeys Deep into the Ocean，在上個世紀內，源自商船、油氣鑽探、海軍聲納及其他來源的極大噪音，改變了海洋當中細膩的聲學棲地（acoustic habitat），進而對於海裡鯨魚等海洋生物的繁茂程度乃至存續的能力，皆構成挑戰。

隨著海運的成長，其產生的低頻噪音對於海洋物種的潛在負面影響，也逐漸受到關切。例如 Vakili 等（2020）便指出，在過去六十年內，北太平洋源自船舶的噪音強度便已倍增，需要透過科學方法蒐集數據，以正視其負面影響，進而考慮藉由政策與相關措施，對這類水下噪音（underwater noise）汙染，進行防制、舒緩及監測。

目前有一些研究，正朝向船舶靜音技術發展。但儘管其原本就是軍事船艦的重要技術，至今仍極少著眼於，減輕大型商船源自空蝕（即螺槳在轉動中形成氣泡）所產生噪音的研發。

加拿大北極和亞北極地區海冰迅速減少，航運量增加。研究發現，在屬於原始環境的四個關鍵區域，因交通量增加所產生的航運噪音，是原本的十倍。Aulanier 等（2017）開發並應用了一個名為 Ramdam 的概率建模與

製圖架構，其整合了航運噪音的內在變化及其對海洋生境的影響，並觀察到在航運噪音從目前偶爾的暫態，轉變為占主導地位的雜訊源區聲景的實質轉變。對重要生態與生物區內哺乳動物的影響研究顯示，航運噪音有可能在未來，引發行為反應與迴避。

6. 野生動物撞擊

海洋哺乳動物像是鯨魚和海牛（manatees）有遭船撞，導致死傷的風險。例如 IFAW Animal Rescue Program 的研究指出，一艘 15 節航速的船撞上一尾鯨魚，有 79% 的機會致其於死。一個有名的實例是瀕臨絕種，僅存不到 400 尾的北大西洋露脊鯨（North Atlantic Right Whale），所受到最大威脅，便是遭船撞傷。根據 Taylor 與 Walker 的研究（2017），在 1970 與 1999 年期間，35.5% 的有紀錄死亡，需歸因於遭船撞擊。在 1999 到 2003 年間，每年有一尾因撞船，導致嚴重受傷與死亡。而從 2004 到 2006 年，該數字增加到 2.6。

由於撞船致死可導致絕跡的威脅，美國國家海洋漁業署（National Marine Fisheries Service, NMFS）及國家海洋與大氣局（National Oceanic and Atmospheric Administration, NOAA）於 2008 年推出減少北太平洋露脊鯨撞船船速限制（Vessel Speed Restrictions to Reduce Ship Collisions with North Atlantic Right Whales），其已於 2013 年失效。然而，到了 2017 年突然又出現死亡事件，有 17 尾北大西洋露脊鯨，主要因撞船和遭漁網纏繞，而致死亡。

7. 造船

造船業對環境的直接影響，涉及船舶的建造、維護與修理。此外，造船雖然不須直接對商船的運營及最終回收對於環境造成的影響負責，但造船畢竟涉及這些活動，因此也成為改善整體業界環境績效的關鍵角色。而隨著航

運業對環境的影響在公共領域日顯重大，加強此類努力的必要性也就越來越大。

　　從氣候變遷的角度來看，由於船舶運輸貨物的高效能，因此具有許多優勢。然而造船業在許多其他領域，也會受其嚴重環境問題的影響。對水體、海洋生態系統和食物鏈排放有害汙染物，可歸因於造船產業的許多活動。由於這些環境為汙染物進入空氣、土壤和水，提供了直接途徑，該產業的露天工作環境和水岸位置，通常也就增加了環境損害的風險。

　　一般來說，迄今尚無充分資訊，可全面了解造船業的環境影響。亦即，該產業亟須提高其與環境關聯性的透明度。在許多情況下，由於許多造船與船舶回收活動，皆在衛生、安全及環境法規以及執法不嚴的國家進行，此需求更形迫切。

7.1 建造、保養及修理

　　造船對環境的影響，最直接的是由造船廠本身的活動造成的，另外還加上船舶的維修。這些過程本身就是一項重大任務，包含大量中間步驟，包括：

- 材料的處理—— 基本鋼件的製造與表面處理；
- 將製造部件連接與組裝成區塊；
- 經由安裝與焊接區塊，建造船舶結構：
- 船舶配備各種設備；
- 準備與安裝各種非結構性部件。

至於維修船舶活動則大致包括：

- 表面清潔與處理；
- 油的輸送；
- 機器設備拆裝與維修。

造船業屬高度能源密集型，大部分能源消耗皆為電力，其生產對環境與氣候變遷有相當的影響。雖然船廠在電力來源方面有時別無選擇，但造船業者仍應考慮盡可能使用再生能源。

　　造船與修船活動涉及大量有毒材質、煙霧及液體的生成與處理。例如，金屬工作和表面處理操作會產生粒狀物排放，並可能導致有毒化合物排放到土壤與水中。日常維護活動產生液壓油、潤滑油及防凍液等廢液，及燃燒與蒸發釋放到空氣中，加上大量使用地下儲櫃可能的漏洩風險，都可能使各種汙染物直接危及人體健康與水生生物。

　　此外，由於船舶身軀龐大，只有少數船廠有能力在建物覆蓋下，建造與修理船隻。此皆會導致周遭環境，受汙染的風險升高。然而，對於船廠來說，由於前述各種活動，分別在水面、內、下或周圍進行，形同額外增加了水體暴露在有毒和危險物質當中的通道。而雨水形成的逕流（run off），更進一步加劇了這種風險。因此，修造船活動直接構成的環境問題包括：

- 金工（metal working）活動，包括熱切割、焊接與研磨；
- 表面處理，包括噴磨、塗裝與油塗；
- 船體維修，如艙蓋與艙櫃清潔；
- 噪音。

7.2 金屬工作操作

　　造船業基本上爲金屬工業，建造大型船舶大致上爲鋼鐵的使用與成形，較小的船隻則可由鋁、木材或玻璃纖維等複合材料建造。多數船舶的結構骨架採用不同等級的輕質高強度鋼，而鋁和其他非鐵材料，則用於一些上層建築和其他具耐腐蝕特定要求的範圍。

　　金屬工作作業包括，金屬的切割、擠壓、烘乾、銑削、研磨及組裝，當中包括使用切削油與潤滑油，以冷卻高速工具與高溫作業。溶劑經常用於加工前後清潔／脫脂部件與工具，伴隨著大氣排放。金屬工作作業通常會帶來大量的殘餘廢物，包括切削油、潤滑油及脫脂溶劑，以及金屬碎屑。過程中也可產生含清潔溶劑與其他汙染物的廢水。

　　金屬的切割與焊接是造船業最重要的活動之一，爲建造船體結構的基礎。結合噴砂與船用塗料的使用，其也是最耗能的過程之一。

■熱金屬切割

金屬熱切割（thermal metal cutting）是一種使用極高溫技術切割金屬的過程。此過程通常包括氧燃料氣體切割與等離子電弧切割。近年來已進步到，採用鐳射與水噴射技術等新切割技術，得以避免在熱切割過程中所產生的金屬變形。

氧燃料氣體切割（oxyfuel gas cutting），通常也稱為火焰切割（flamming cutting），其採用氧氣與金屬基材的高溫外熱反應（exothermic reactions）切開金屬。此過程所涉及的環境問題，包括 PM 排放及有害煙霧空氣汙染物。此外，若用於切割的氧氣純度不足（99.5% 或更高），切割效率會顯著降低，導致切割時間延長，排放增加。

■焊接作業

一旦鋼板被切成所需形狀和尺寸，它們就會焊接在一起，以建造船的結構。焊接幾乎會在船廠的每個區域當中進行。先進的鐳射焊接技術正在開發中，以提高焊接的精度、深度和範圍，但這種方法尚未得到普遍應用。

焊接過程中，相鄰表面被加熱至極高溫度，並將它們與熔融填充物融合在一起。相鄰區域由電弧或氣體火焰加熱，並與熔融焊縫合，以電極、電線或棒的形式填充金屬。在造船過程中，電弧焊接極為普遍，所排放的有害氣體量也最多。

焊接產生的排放物當中包括 GHG、有毒化學品和標準空氣汙染物，包括臭氧（O_3）、PM、CO、NOx、SO_2 和鉛（Pb）等。

為確保焊接的強度，用弧形護罩阻隔大氣中的熔融金屬至關重要。加入一定量氣體，或二者的組合，經由消除連接金屬的氧化，便於焊接。在此過程中，依電極類型、金屬基材、電壓、電流、弧長、遮罩氣體、行進速率及電極角度，會釋出不同的汙染物，例如鎳、鈷、鉛、二氧化碳、一氧化碳、氮氧化物及臭氧等。

減輕焊接煙霧的方法之一，是採用捕集系統（capture system）。煙霧經過控制後，捕集系統經由過濾器（filter）、靜電集塵器（electrostatic precipitator, EP）、顆粒洗滌器及活性炭過濾器（activated carbon filter）

可收集各種化合物。在 GHG 方面，電焊會消耗大量電力，船廠可經由盡可能使用源自再生能源的電力，盡可能的降低 GHG 足跡。

■金屬研磨

金屬研磨（metal grinding）即使用研磨工具對金屬表面進行研磨。在此過程中，會從研磨工具與材料板排放氧化鋁、碳化矽、氧化矽及 PM 等汙染物。金屬研磨需耗費電力，而也可能與 GHG 排放有關。

各種捕集系統，包括真空除塵器、區域密封（例如篷布、簾隔板）及局部通風除塵器，可有效降低這類汙染。

■鋼材使用

鋼是造船的最重要材料。從環境生命週期的角度來看，造船廠擔負間接責任，可盡量減少船舶建造中使用的鋼材帶來的影響。這可透過建立綠色供應管理策略（green supply management strategies）加以落實。其著眼於取得原始材料的方法及生產鋼材的能源。經由與鋼鐵生產商合作，並優化鋼鐵本身的各種特性，得以改善環境績效。

鋼鐵生產是世界上最耗能的工業製程之一，通常又與一些環境問題有關，包括清潔與淬火作業產生的大量廢水、固體與危險廢物、各種空氣汙染物排放，以及採礦活動所產生的大量廢物。

然而，鋼鐵生產對環境的影響，很大程度取決於鋼鐵的生產方式。而鋼鐵生產方式中最常見的是高爐／基本氧氣爐（blast furnace/basic oxygen furnace, BF/BOF），占世界鋼鐵產量的近三分之二。這個過程依賴於粗鐵礦石（virgin iron ore）與焦炭，焦炭是高碳與硬煤生產的材料。因此，以這種方式生產的鋼鐵，不僅與冶煉過程中的 GHG 排放和其他汙染物有關，而且與煤炭和鐵礦石開採有關的許多環境問題有關。

另一製程即電弧爐（electric arc furnace, EAF），主要仰賴廢鋼。這不需要使用焦炭，而且通常比 BF/BOF 路線更具成本效益，對環境的破壞更小。然而，其很大一部分取決於廢鋼的供應與價格。

煉鋼業的另一個值得注意的進展，涉及超輕鋼與高強度鋼的發展。使用這類鋼材在於減輕重量，進而降低燃料消耗和排放。其還可提高船體的抗腐

蝕能力。根據船舶的生命週期分析結果，燃料消耗是造船對整體環境造成影響的最大因素。

■ 表面處理

表面處理是造船業最危險的作業一。清潔與塗裝所用化學品，包括重金屬、溶劑、銅與危險或易燃材質，和鉛、PM、揮發性有機化合物（volatile organic compounds, VOCs）、鋅及其他空氣汙染物排放相關。

許多船廠因此安裝了再生熱氧化劑（Regenerative Thermal Oxidisers, RTO）。藉由高溫熱氧化，RTO 可將 VOC 和有害空氣汙染物轉化為二氧化碳和水蒸氣，同時可重複使用產生的熱能，以降低運轉成本。

用於船體以防止海洋生物附著的油漆，含有劇毒化合物。此外，由於船舶定期進行包括船體清潔、油漆去除和塗層新油漆等處理，又會導致進一步的環境破壞風險。

■ 噴磨

噴砂研磨（abrasive blasting）是一種船殼表面處理技術，用於為塗層和油漆準備表面。該技術造船時會用到，船舶維修也用。修船時，會在船體、內部艙間上進行噴磨，以清除表面的舊油漆與塗料、鐵鏽、水垢、汙垢與鹽分等。

最常見的噴磨技術是乾噴磨，它依靠壓縮空氣以極高的速度將研磨材料，噴向施工表面。此過程會導致磨料及一些施工表面上，例如鐵鏽與油漆碎屑解體，產生 PM 排放等有害空氣汙染物。

由於噴磨通常依賴人工進行，因此對施工人員和附近的人員，都可構成重大健康威脅。噴磨同時還伴隨著各類大氣排放，以及空氣壓縮機、磨料衝擊及排氣通風系統等來源的嚴重噪音問題。

此外，噴磨還產生大量廢棄物，包括與油漆碎片、油及和毒性金屬等施工表面元素混合的廢磨料。當船廠與船塢區域被水淹沒或形成徑流時，這些廢料便會進入水體，而可能對周遭生態系統構成威脅。清理和處置這些廢物的成本可能相當可觀，尤其是在這些廢棄物已混入有害物質的情形。

噴磨產生的各類空氣汙染物的數量和影響，取決於用作磨料種類及施

工表面的狀況（見表 2.3）。最常見的磨料材質包括煤渣、銅渣、鋼砂、砂石、氧化鋁、石榴石、核桃殼及矽砂。

表 2.3　來自乾噴磨的潛在空氣汙染物

	潛在的空氣汙染物
• 基礎材料：（如鋼、不鏽鋼、鍍鋅鋼、鋁、銅鎳和其他銅合金）	• 鋁、鎘、鉻、銅、鐵、鉛、錳、鎳、鋅
• 表面塗料：（如施工前引物、防腐塗料和防汙塗料）	• 銅、氫、鎘、鉻、鉛、含錫化合物、鋅
• 噴磨材料：金屬（如鋼砂、鋼製噴射等），礦渣（如煤渣、銅渣、鎳渣），合成（如氧化鋁、碳化矽），天然氧化物（如二氧化矽砂）	• 砷、氫、無定形二氧化矽、鎘、鉻、鈷、晶體、二氧化矽、鉛、錳、鎳、銀、鈦

迄今一些船廠仍採用然傳統材料，如石英石、河砂等作為磨料。當噴磨時，這些材料產生二氧化矽粉塵，吸入人體，可導致矽肺病等疾病，長期下來可能致死。為此，許多船廠轉向使用非矽磨料，如煤渣和金屬砂礫等。

減少噴磨汙染的其他措施包括，使用受控噴磨環境及替代噴磨技術。例如，使用設計得當、密閉加上良好通風的噴磨空間，可有效改善工作狀況。替代噴磨技術，如濕噴磨、水力噴磨、乾冰顆粒噴磨、真空噴磨或超高壓水噴磨，同樣可減少粉塵與汙染物量。

此外，也可採用熱、化學及機械剝離等，進行更細膩的作業，以避免完全使用磨耗性噴磨。而噴磨壓力與和磨料進料率，也可影響噴磨作業的 PM 排放。因此，船廠可透過仔細優化噴磨的各項參數，一方面得以有效降低汙染防制成本，同時減輕對周遭環境與生態系的影響。

■ 塗裝與油漆

船舶內部與外部表面都有保護塗層，以保護鋼材，防止腐蝕，同時保護船體免受海洋生物汙損。塗裝活動會用到多種化學品，包括重金屬、溶劑、銅及危險或易燃材質，接著排放出各種空氣汙染物，包括鉛、PM、

VOC 及鋅。鉛化合物,如鉛鉻酸和紅鉛四氧化二氮,廣泛用於船用塗料作為防蝕,一些油漆含有高達 30% 的重金屬(OSHA, 2006)。

■噪音

造船與修船過程中的各類型作業是噪音的主要來源,例如金屬工作、使用重型設備與車輛、噴磨作業等。船廠工人在各類型的工作當中,可能會受到 85 至 105 分貝連續聲級的影響。在焊接、安裝和噴磨活動(OSHA, 2006)過程中,dBA 暴露率最高。若未作適當保護,暴露在這種聲響中可能導致聽力損失。

8. 船舶回收(ship recycle)

全世界每年有 200 到 600 大型商船進行拆解、回收,且預計在未來幾年內,隨著單殼油輪被雙殼船取代,而增多。平均而言,船舶有 96% 皆可回收或再利用,從船殼、機器設備、裝置到家具,幾乎可完全回收。重複使用日趨稀少的材料,可減輕船運對自然資源構成的壓力,同時改進船運業的環境永續性。

對於進行船舶回收的國家而言,可同時獲取其中資源,並提供就業機會,相當有利於國內經濟。然而目前的回收作業方式,卻存在著公安、勞安、環境汙染等問題,亟待建立標準並落實之。

近年來一些建議指出,造船業應更關心船舶壽終進行回收時的相關影響,而有所作為。例如,長遠來看,造船業可藉著從船舶拆解與回收的角度,選用更合適的材料,盡可能落實閉環生產結構,並進一步採用公認的永續製造作法。

ILO 認為船舶回收是世界上最危險的職業之一,同時還可導致嚴重的環境問題。船舶當中存在著諸如石綿與重金屬等有毒材質,很多船舶回收點都不具備處理設施,以致不僅危及工作人員的安全與健康,且也對自然環境造成汙染。這類船舶回收的風險首先在 1990 年代初期被提出,讓 IMO 在 2009 年通過了香港公約(Hong Kong Convention for the Safe and Environmentally Sound Recycling of Ships）。晚近，EU 發行了 Ship Recycling Regulation 2，旨在減輕掛 EU 會員國國旗船舶，所造成的負面衝擊。其中特別強調減輕船舶回收所帶來的危害，須在設計階段，即納入考量。

多數船壽終時，都會被拆解處理及回收。因爲船從船體、機械、設備、配件甚至家具，幾乎每個部分都可回收利用，而成了有價值材料的重要來源。據估計，一艘船的 95% 皆可回收（海珊和伊斯蘭，2006 年），其中大量優質鋼材便是重要的資源。經由適當措施，照說船舶回收可以是一項重要的經濟活動，並可兼顧人員健康及環境。當今全球進行船舶回收的主要地點，包括孟加拉國、印度、中國大陸、巴基斯坦、土耳其和緬甸。

然而，船舶回收會因規模及複雜的船舶組合而變得複雜。回收活動範圍從拆卸船上裝備，到實際拆解、切割船體，涉及繁重且高度勞動密集的工作。若徹底遵守兼顧人員與環境的完整且安全的措施，船舶回收成本可能相對較高。

8.1 船舶回收的風險

■環境影響

船舶報廢時，會經由將船體和其他結構部件切割成鋼板來回收鋼材。此過程可導致從鋼板釋出鉛、鎘、有機化合物、砷、鋅和鉻等汙染物。

船舶回收將不可避免，要先清除船上大量的有害物質，如石棉、防腐劑、貨物殘留物及數千公升油脂，包括引擎滑油、液壓及冷凍油與脂。油輪的貨油殘留量可達到 1,000 立方米。當今在南亞的船舶回收場，很少能夠防止水土汙染，其廢物收收設施也很有限，危險與有毒廢物的處理，也很少符合最低環境標準。因此，船舶回收活動不僅對勞工的健康直接構成巨大威脅，而且對周遭海洋環境構成巨大威脅，也不難想見。

目前關於拆船活動，所排放汙染物數量的數據，極爲有限。但據估計報廢船隻每年產生：

- 廢油量達 40 萬至 130 萬噸；
- 對環境有害塗料在 6000 至 12000 噸之間；

・TBT 防汙塗料在 170 至 540 噸之間；

・石棉在 1000 至 3000 噸之間；

與造船相同，有關船舶回收對周遭環境與水生生物的影響的研究很少。然這類活動無疑阻礙了水生環境的主要生產力，而水生環境是海洋食物鏈的基礎。例如，漂浮在大面積的油會抑制光線在水中的穿透率，減少浮遊植物的生長及生物生產力。

根據海珊和伊斯蘭（2006）的研究，船舶回收區也顯示浮遊動物數量少，這對確保健康的水生生物非常重要，以及作為魚類食物的重要底部生物數量也很少。

船舶回收還導致持久有毒金屬的排放，這些金屬在沉積物中沉降時，不僅通過生物積累進入食物鏈，對該地區的生物多樣性構成威脅，而且對所有生物體構成威脅。一些研究發現，在船舶回收場附近的一些地區，魚類中存在某些金屬，偶爾會超過國際人類接觸限值；且油洩漏對沿海鳥類、紅樹林和海洋草場也產生負面影響（海珊和伊斯蘭，2006 年）。

■ 健康與安全

船舶回收與兩大類健康和安全危害有關：

・船舶回收場發生事故造成的危害，及

・與危險物質持續接觸所造成的危害。

大多數船舶回收場事故皆由氣體爆炸所引起，而重金屬板從上層甲板上掉落也造成大量事故。此類事故可導致船舶回收工人傷亡。同樣，工人赤裸的肩膀與濕滑的手搬運金屬板和其他重物也是造成許多傷亡的原因。

永續海運小方塊

船舶回收中的死亡

僅在孟加拉國，估計平均每週就有一名工人在拆船場死亡，每天有一名工人受傷（綠色和平組織-FIDH，2005 年）。

在綠色和平組織和國際人權聯合會對孟加拉國船舶回收場之一的報告進行現場研究期間，研究人員在抵達現場僅兩天後就目睹了一起嚴重事故。在這次事故中，三名工人死亡，一名受重傷。僅僅九天後，他們目睹了另一起事故，造成一名工人死亡。研究人員還了解到，另有兩名工人在抵達前三週的事故中喪生（綠色和平組織－FIDH，2005 年）。

造成船舶回收工人傷亡的一個重要原因是工人因接觸有害和有毒物質而染病（綠色和平組織－FIDH，2005 年；侯賽因和伊斯蘭，2006 年）。歐洲共體最近的一份報告還指出，擁有全世界六分之一拆船工人的最大的船舶回收活動地點（印度 Alang），患石棉病致死的死亡率是印度採礦業的六倍（EC, 2007）。此外，一些毒素，如石棉，不僅在船廠，而且在附近的生活區發現，其造成的傷亡情況難以得知。

由於拆船工作缺乏重型機械和安全設備，這些工人面臨發生嚴重事故的高風險。在大多數情況下，工人甚至得不到，安全帽、標顯背心等基本的個人防護裝備（綠色和平組織－FIDH，2005 年）。此外，工人也未接受任何有關船舶回收的正式培訓，他們通常也就不知道他們所直接接觸毒性物質的危險性。

隨著船舶回收需求日益增長，而僱用更多缺乏經驗的工人來應付，這個數字正持續增加（EC, 2007）。

■鄰近社區

船舶回收業為周邊沿海社區提供了各種就業機會。然而，這些社區通常相當貧窮，且可能受到船舶回收作業期間排放汙染物及大量噪音汙染的健康危害。例如，經由攝取受影響的魚類而有毒的油與金屬物質，可能對人類健

康造成危害。船舶回收場周圍環境中的生物多樣性的破壞，也可能導致魚類浩劫。此外，船舶回收場的擴大可能導致漁村範圍縮小，並可能迫使許多沿海漁民脫離自己的職業（海珊和伊斯蘭，2006 年）。

　　平均而言，一艘船壽終報廢，當中有 96% 皆可回收或再利用。重複使用愈來愈稀少的材料，可減輕船運對自然資源構成的壓力，同時改進船運業的環境永續性。此外，船舶回收並有助於增進諸如孟加拉、印度、巴基斯坦及土耳其等國的經濟發展。然而目前的船舶回收作業方式，卻存在著社會與環境上的負面衝擊。

8.2 船舶回收實況

　　2016 年，全世界有 97% 船舶的回收工作是由孟加拉、中國、印度、巴基斯坦、土耳其等五國完成。其所採船舶回收方法有：

- 潮水搶灘（tidal beaching）── 孟加拉、印度、巴基斯坦以此法，對全球 65% GT 船舶進行回收；
- 非潮水搶灘 ── 土耳其採此法，回收世界 2% GT 船舶；
- 靠岸（alongside）── 中國以此法回收 31% GT 船舶；
- 塢內（graving dock or drydock）── 以此法進行船舶回收的仍很少。

　　船舶從船殼、機器設備、裝置到家具，幾乎可完全回收，可謂符合永續發展。對於進行船舶回收的國家而言，可獲取其中資源，並提供就業機會，相當有利於其國內經濟。然其中亦存在著公安、勞安、環境汙染等問題，亟待建立標準並落實之。

永續海運小方塊

拆船王國 ── 台灣

　　民國五十八年接下來的二十年間，高雄曾經是「拆船王國」。最興盛的時期，一年拆 293 艘船，對當年貧困台灣的經濟發展貢獻不可磨滅。但終究，它也讓台灣在環境汙染和人命安全上付出高昂代價。民國 75 年 8 月 11 日發生卡納利油輪爆炸慘劇，導致 16 人死亡，107 人輕重傷。

船舶報廢拆解回收可採用與其他階段類似的計算方式，主要涉及：

- 含重金屬廢棄物（鎘、鉛、鋅、汞等），
- 含油廢棄物、含多氯聯苯（PCB）等有害物質的廢棄物、混雜化學品等。

而從拆解場將拆解下的鋼材運到煉鋼廠也會產生一些 CO_2，究竟多少取決於距離。假設某船在孟加拉的 Chittagong 拆解後，鋼材運到大連重煉，距離約為 4,136 海浬（7,760 公里）。於此，我們可同樣假設鋼的生命週期 60 年，同時，運送原料的船舶碳足跡為每噸－公里 4 公克。

從歷史上看，船舶報廢做法並不特別環保，最近的立法，如《巴塞爾公約》中規定的，將出口含有危險物質的廢品船舶定義為出口未經政府間同意是非法的「有毒廢物」，但也不必然如此。正確進行船舶回收有助於創造更清潔、更環保的環境。IMO 早就認識到拆船對環境的影響，並將船舶回收作為可持續發展的基本原則之一——畢竟，船上 96% 的部件是可回收的，與處理原材料相比，廢鋼只需要三分之一的能量才能將其轉化為「新鋼」。此外，發電機和泵等機械部件可用於未來的專案。

8.3 歐盟執委會的船舶拆解

歐盟針對除役船舶的拆解，提出一套最安全且最有利於環境的方式。其同時提出一套，透過國際公約推動的發展計畫。

全世界每年有 200 到 600 艘大型商船進行拆解、回收，且預計在未來幾年內，隨著單殼油輪須被雙殼船取代而增多。目前多數拆船業位於孟加拉、印度和巴基斯坦。由於缺乏保護人員健康與環境的措施，拆船作業所導致的工安事故率和海岸環境汙染問題相當嚴重。

一艘船的壽命當中分成設計、建造、運轉及回收。船舶設計可謂相當複雜，其必須同時滿足各方在安全、環境、運轉等許多相關要求。船舶在設計上所需考慮的，不僅只目前的經濟考量，還須顧及該船在整個生命當中的發展，乃至在經濟生命終了所必須進行的拆解（Bertram & Thiart, 2005；Papanikolaou 等，2009；Nowacki, 2010；Gaspar 等，2012；van Bruinessen 等，2013）。

雖然有些船舶在報廢後採取以「人工魚礁」為名沉入大海，但將船進行拆解後，將各種材質分流回收，仍屬最經濟有效且永續的處置。畢竟，平均該船壽終後有 96% 得以回收或再利用（McKenna 等，2012）。然而，問題在於當今拆船業的實務當中，卻存在著社會與環境層面，相當嚴重的負面影響（Jain 等，2013）。

一艘船在其一生當中，從設計、建造運轉及維修過程中，加入了各種材料。而在拆船廠對這些材料進行回收時，該船的結構複雜性及材料流，決定了回收過程對於人員健康、安全及環境所構成的威脅。

簡言之，所有與回收設計相關的研究，都集中在傳統船舶設計的改變上。他們一致認為，設計符合生命終結階段要求的船舶的概念，即回收利用，將有助於提高船舶回收工業的標準，最終導致安全和無害環境的船舶回收。

船舶回收行業對健康和環境造成影響的主要受關切領域包括：在船舶設計和建造中使用石棉和多氯聯苯等危險材料，船舶上使用的油漆和塗料的毒性，以及整個船舶結構的設計和佈局的複雜性，特別是機艙和油艙櫃，在切割操作前必須人工清洗。

回收設計的概念還需要記錄，船舶建造中使用的所有危險材料，以便根據這一危險材料清單制定回收船舶的相關計畫（Lloyds, 2011）。香港船舶回收公約（IMO, 2009）要求記錄超過 65 件危險或潛在危險物品。不幸的是，這項公約尚未生效。回收概念的設計旨在通過最大限度地降低回收成本，實現壽終船舶的價值最大化。

簡言之，船舶回收概念設計的三個關鍵目標（Lloyds, 2011）是：
- 減少或更換危險材料，
- 準確提供危險材料清單，
- 使船舶易於拆解。

減少或更換危險材料，由於報廢船舶回收過程產生的材料流可能含有許多危險物質，如石棉、多氯聯苯、臭氧耗蝕物質（ODS）、放射性物質、防汙化合物、重金屬、殘油（燃料／潤滑油／液壓）、化學品等。因此，必

須盡量減少危險材料在造船中的使用。香港船舶回收公約即限制與禁止，在船舶生命週期的設計、建造、操作及維修階段，將危險物質用於船上。

　　無論是用於絕緣的石棉、油漆中使用的重金屬，還是各種系統中的殘留油，都可在設計階段處理，使不致在船舶回收過程中影響人體健康與環境。它們應被其他適當的無害替代品取代，以實現安全且無害環境的船舶回收利用。

　　因此，需要在這一領域開展研究，以找出船舶設計和建造中使用的有害材料的適當替代品。有機會找到合適的危險材料替代品，可採取類似其他汽車、航空、離岸、住屋等的經驗。

　　雖然，禁止新船使用禁用物質，卻仍可能用於老船。例如，石棉不僅具有阻燃與絕緣特性，而且由於其纖維性質具有相當強度，能使材料更堅固，耐熱性更強（Lloyds, 2011），但它也帶來了健康問題，潛伏時間為20至30年。顯然，要預見到哪些目前廣泛使用的材料，將來可能被列為危險物質，並不容易。而禁止或限制前述在船上使用，目前已確定的危險材質，往往是不夠的。

　　在船舶準備回收利用時，詳細記錄船舶建造和運營中使用的危險材料的類型、數量和位置的清單的重要性，日益被公認為一種提高船上安全和環境意識的手段，而應包括在整個船舶經濟壽命和船舶使用壽命結束時。

　　當香港有關船舶回收的《生物組織公約》生效時，將對所有新船和現有船舶的《危險品清單》（IHM）做強制性規定。IHM使船舶的船員和回收設施的工人，能夠採取適當的預防措施，以防止接觸這些材料的風險。IHM還有助於制定一個系統計畫，在船舶使用壽命結束時回收船舶，同時詳載各種危險物質的有害影響。

第三章

綠船技術

1. 不夠綠的船

　　全球暖化、酸化及空氣品質惡化，皆為國際環境優先議題。因此，各方也都針對各種導致這類環境衝擊的化合物，包括：CO_2、NO_x、SO_x 等的人為排放進行研究。近年來的研究指出，源自於船舶的 CO_2、NO_x、SO_x 的排放，分別占全球人為總排放量的 2-3%、10-15% 及 4-9%。

1.1 燃料消耗與排放

　　船舶每年所消耗的燃料，受海運需求、技術及運轉的改進，以及船隊的組成等因素的影響甚鉅。在上個世紀當中，全世界民用船舶總噸數從 2,200 萬增加到 5 億 5,800 萬，所導致的總燃料消耗與排放，亦大幅成長。現今世界船舶絕大多數以柴油機（diesel engine）驅動，其中有 96,000 艘總噸數（Gross Tonnage, GT）大於 100。

　　船舶的運轉速率對於出力與燃料消耗皆影響甚鉅。在過去，船運業者會視市場狀況與燃油價格，降低船舶轉速。亦即，在某一運費與燃油價格下，船舶營運者都會謀求一最佳航速。例如早在 1986 年當運費偏低，大型油輪（Very Large Crude Carrier, VLCC）一般都以 10 節（海浬／小時，knot）航行，但到了 1989 年當運費上揚，航速也就跟著提升到 12 節。

　　改變航速，確實可對燃油消耗率形成重大影響。例如貨輪的平均航速比起設計航速減少 2-3 節，其每日燃油消耗即可減少一半。尤有甚者，船舶防止生物汙損系統（antifoulign system）的發展，對於燃油消耗與排放的影響，亦須一併納入考量。

　　未來海運業界所須承擔的壓力將與日俱增，這包括必須採取各種達成永續發展的海運模式。而伴隨著可預期攀高的能源價格與石油短缺，為船舶開發更具能源效率且更為環境友善的系統，將更受到矚目。

1.2 降低源自海運的空氣汙染

　　一般用於防制空氣汙染的法規或誘因，皆著眼於就各個造成最大衝擊，或者是在防制上最為成本有效的來源，進行總排放減量。IMO、EU、

及美國環保署（US EPA）分別要求船舶符合規定，所針對的除了主要為 NO$_x$、SO$_x$ 排放外，亦同時顧及 CO$_2$ 的策略性減量。透過技術（例如減速、隨氣象設計航線）降低燃料的消耗，或者選用替代燃料（例如液化天然氣），以及替代推進系統（例如燃料電池（Fuel Cell, FC）、風帆也可降低船舶對大氣的排放。風能和太陽能固然不會單獨用來驅動船舶，但少數船仍將以它和柴油引擎並用。

上述各種技術，在未來對海運所帶來的影響仍難逆料，而在可見未來船舶柴油機仍將維持其主流地位。可預期的是，各種減輕排放與改進能源效率的選項，仍將是重點。以下先初步介紹，符合綠船（green ship）需求的一些相當成熟的技術。

■LNG 替代燃料

LNG 很可能是不久將來海運界的主要燃料。其可大幅降低源自船舶的空氣汙染，而以 LNG 與柴油結合作為船舶推進燃料，則可提升引擎性能，節約燃料消耗。此外，發電用的輔引擎（auxiliary engine），亦為船上所有機器正常運轉所繫。而以 LNG 作為輔引擎燃料可大幅降低，尤其是靠泊期間，源自船舶的空氣汙染。

挪威海域若干補給船和渡輪，以天然氣做為燃料即行之有年。至於以天然氣驅動燃料電池，則將首先用於小型船舶與輔引擎，接著將逐漸推廣到其他類型船舶。

■硫洗滌系統

由於短期內尚難將傳統燃料淘汰，因此降低源自船舶的 SO$_x$ 排放，也就成為務實的選項之一。此可藉著在船上裝設一套排氣洗滌系統，將引擎排氣中的硫洗除達到。如此可降低排氣中 SO$_x$ 及有害微粒達 98%。

■先進舵與螺槳系統

藉著推進器與舵的流線計，可降低燃料消耗達 4% 並降低排放。如此改進後的系統，同時亦可增進船速與整體運轉效能。

永續海運小方塊

　　位於蘇格蘭的斯特拉斯克萊德大學（University of Strathclyde）設計了如右圖的高效舵。有別於傳統舵都位於螺槳後方，此 U 型閘舵（gate rudder）為兩片獨立的舵圍繞著螺槳，構成一類似噴嘴（nozzle），可產生額外的推力。兩片可獨立操控的舵，並可助船側

向移動，適用於靠泊等情況。經過初步測試，該船在靜水（calm water）中可省 15% 燃料，而在驚滔駭浪（rough sea）下，更可省燃達 30% 並可增進操縱性（maneuverability）。

■船速噴嘴

　　船速噴嘴（speed nozzle）用於小型勤務船與拖船提供推進動力。搭配新型船舶設計的優點，其可提升船舶推進效率達約 5%。

■船殼油漆

　　改進船殼性質，為讓船降低燃料消耗及排放的重要因素。採用適當的船殼油漆，可降低航行期間的船舶摩擦，進而導致 3-8% 的燃料節約。

■廢熱回收系統

　　使用此系統已行之有年，若進一步提升效率，可降低整體燃料消耗達 14%。排氣中的廢熱可用於加熱及產生蒸汽，進一步用來加熱貨艙、住艙、水及燃油等。

■排氣再循環（exhaust gas recirculation）

　　在此系統中，一部分來自氣缸的排氣與引擎掃氣（scavenge air）一道重新循環，可降低掃氣中含氧量及燃燒室溫度，進而降低 NO_x 排放達 80%。

■燃油中加水

在燃油中加水再噴入燃燒室，可降低燃燒尖峰溫度，進而降低 NO_x 排放達 30-35%。

■增進泵送與冷卻水系統

優化管路、泵及冷卻器，可降低流體阻力與輸送需求，進而改進能源效率。此可望減少船上耗電達 20%，及整體燃料消耗達 1.5 %。

■引進風能

在船上加裝類似天帆（skysail）的風箏推進系統，可減少燃料消耗及 NO_x、SO_x 及 CO_2 排放達 35%。

2. 船舶能源節約與效率提升

過去十幾年，屢創新高的海運燃油價格，迫使海運界較過去更加正視船舶引擎的燃料消耗。而在過去幾十年當中，海運即已透過船舶引擎、推進系統及船殼設計等改進，在降低有害排放與提高能源效率（energy efficiency）上獲致重大成就。船舶趨於大型，加上各船的更加合理運用，更是大幅降低了單位貨運量的耗能。

一般而言，燃料成本占船舶營運成本近半，1980 年代甚至有占比高達 80% 的實例。能源效率與能源節約可明顯降低船運成本。在能源效率上即便僅提升個位數百分比，不僅在財務上有相當大的助益，同時可降低船舶整體大氣排放，更可獲致改善環境品質及 CO_2 等 GHGs 排放減量之效益。

長期（20 年以上）而言，許多措施諸如使用替代燃料（例如天然氣與 FC），以及其他領域上的技術改良等，都可能成為新選擇。就每艘船的長使用年限來看，全世界整體船隊的更新時間的影響，可謂相當重大。由於一艘船在設計與尺寸上進行更新，所需設計與建造曠日費時，若進行換裝，新技術的落實必然需花上好幾年時間。

2.1 既有能源效率架構

在 MARPOL 公約附則陸（Annex VI）的既有能源效率架構下，可透過修訂既有條例，以落實短期 GHGs 減量措施。展望未來，實現 2050 年策略的雄心，則需進行包括新的監管架構在內的，更根本的變革。由於船舶通常預期有 20 至 25 年的使用壽限，因此相關措施須同時顧及新船（new build）和現成船（existing ship）隊。

■SEEMP

既有的船舶能源效率管理計畫（Ship Energy Efficiency Management Plan, SEEMP）準則，涉及諸如船速優化及運轉效率指標的運用等措施，並須就運轉效率提供良好指導。然目前並無強制性的審查與改進流程。此問題可藉由生命週期盤查與檢驗強制解決，並要求目標及採用碳強度指標（Carbon Intensity Indicator, CII）來證明 SEEMP 的有效性，或者使用現成船能源效率指標（Energy Efficiency Existing Ship Index, EEXI）等替代平行量測，來驗證 GHGs 減量。

■EEDI 與 EEXI

能源效率設計指標（Energy Efficiency Design Index, EEDI）可提升船舶效率並減少 GHGs 排放。大致上，業界支持將 EEDI 階段 3 用於某些類型船舶，以及進階 EEDI 階段 3 用於貨櫃船。日本所提出的 EEXI，大致為現成船的簡化 EEDI，可提供合用的有效工具，以提高現成船的效率。EEXI 提案當中，包括限制軸出力的規定，另一替代提案則是引進限制軸出力的規定。

■減速

降低船速（slow steaming）與船隊規模，可望為船公司降低整體船隊營運成本。減速同時可減少船舶溫室氣體排放，但草率的限速卻可能懲罰到高效船舶，導致重大的落實與執行問題，並可因此阻礙創新。航速優化的實施，可使用強化的 SEEMP 與 EEXI，或在無個別航速測量的情況下限制軸出力，而不致遇到困難。

短期措施須於 2023 年生效，否則將面臨區域與單邊措施。強化 SEEMP 與 EEXI（或軸出力限制）之間有協同效應，船可藉由性能監控或預先認證以證明合規。

此外，促進港口優化，亦為重要配套。盡量減少源自燃燒天然氣引擎的甲烷逸散（methane blow-off），並為所有海運船用燃料建立完整的碳排因子（carbon emission factor），則可相對輕易的做出有益的貢獻。

實現初期策略的 2050 年目標，勢將需要新的無碳燃料（carbon-free fuel）與能源載體（energy carrier）。這將需進行研發，並將新技術大規模商業化。目前船東團體正擬定建議，包括一個融資機制，在於加速超低至零排放燃料與技術的研發。隨著零碳路徑的確定，其將制定措施，以推動／拉動航業界，朝向零碳未來進行過渡。

當今船舶設計所面對的最大挑戰，在於讓一艘船完全符合最新的環境法規。而目前也已有少數幾種關鍵技術能建造出，不僅符合最新環境法規，且能使其所留下的足跡減至最少的綠船。

3. 廢氣洗滌

自 2020 年元旦起，海運燃油含硫上限降至 0.5%，至於在排放管制區（Emission Control Areas, ECA）內燃料硫含量則以 0.10% m/m 為限。為能在短期內因應此「限硫令」，航運界不乏選擇排氣清淨系統（exhaust gas cleaning systems, EGCS）或名為洗滌器（scrubber）的業者。

3.1 以加裝洗滌器因應限硫令

MARPOL 73/78 公約附則陸所接受的 SOx 排放減量技術，也包括裝置於船舶上的末端管制措施。其中，船舶加裝洗滌器並採海水洗滌是目前技術最成熟，且一般認為成本效益最具潛力的末端管制減量技術。在低硫燃油（low sulfur fuel oil, LSFO）價格居高不下的情境下，允許以海水洗滌作為換用低硫燃油的替代方案，海運業者將得以繼續使用價格較低的重油

（heavy fuel oil, HFO）作為燃料，因此這個方法可算是海運業者成本最小的 SO_x 減量策略。

　　Jiang 等（2014）探討國際海運的 SO_x 減排策略的成本與效益。其比較兩種策略：一為繼續使用重燃油為燃料但加裝洗滌器；另一策略則為改換以低硫燃油（marine gas oil, MGO）為燃料。該研究在分析海運業者的決策分析時，將減量效益與成本一起考量。其基本結論在於當兩種燃油的價差夠大，足以回收洗滌器設備的資本投資時，採行第一種對策，應仍會是較受船商歡迎的選項。Panasiuk 與 Turkina（2015）亦以加裝洗滌器或改換低硫燃油，作為比較 SO_x 減排的技術選項，亦獲得類似結論。

　　船上可採用的洗滌器，可大致分為乾式與濕式兩種類型，前者利用石灰石洗滌，而後者則可再分為封閉式、混合式、及開環式（open-loop systems）幾種類型。目前以海水開放式洗滌最受歡迎。然而，排放的洗滌水對海洋環境的潛在影響存有隱憂。洗滌水可能含多環芳烴（Polycyclic Aromatic Hydrocarbons, PAH）、硝酸鹽（Nitrates）等汙染物。船舶在海表面排放的 SO_x 和 NO_x 會導致區域 pH 降低。其程度接近 CO_2 所導致的海洋酸化，而洗滌塔洗滌水中銅與鋅的濃度也分別升高。目前，IMO 已針對 pH、PAH 及硝酸鹽含量和濁度，制定了洗滌水排放標準，但尚無重金屬的排放標準。近年來，部分區域和國家為保護其水質，已率先針對在港區洗滌器排放水設限。

　　在 2020 年期限之前安裝在環球航線船上的洗滌器，大多屬排海的開環系統。而在歐盟任何陸地上，排放這類廢水皆屬違法，亞洲一些國家也在近兩年陸續跟進。而全球有許多團體，對於是否該允許使用這類開環洗滌器，愈發關切，勢將對航運界的因應策略構成重大影響。

　　歐盟指令（European Union Directive）2012/33/EC 硫立法乃目標導向，其允許採用替代方法，以達排放目標。

3.2 船舶洗氣技術

以下先介紹船舶廢氣洗滌技術，接著討論在船上安裝洗滌系統的成本與環境考量。本節並討論目前一些國家，針對廢氣洗滌技術設限的情形，以及船運業者可能採取的因應之道。

圖 3.1 所示，為船上以洗滌器處理船舶主機排氣的情形。排氣洗滌技術早已是岸上燃煤、燃油火力電廠等的必要汙染防治配備。至於陸上與船上安裝洗滌器的主要差異，在於船上在可用空間和重量上的限制，以及將洗滌器聯結到動態浮動平台，所需面對的挑戰。

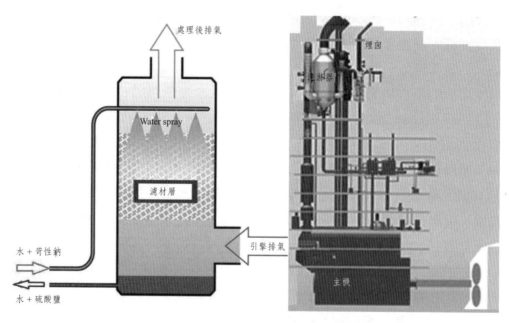

圖 3.1　船上以洗滌器處理主機排氣示意

3.2.1 船上洗滌器類型

船上可採用的洗滌器可分成幾種類型（圖 3.2）。所有的洗滌系統都需要一道處理旁通，以備在不用洗滌器的情況下使用，以防損及洗滌器並減輕維護需求。此外，應確保洗滌器不致對引擎構成額外背壓造成損害，並影

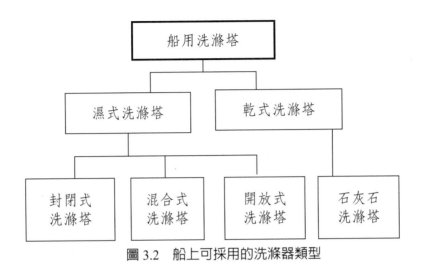

圖 3.2　船上可採用的洗滌器類型

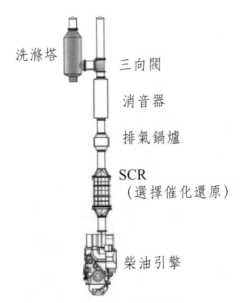

圖 3.3　一般洗滌塔排氣管路配置（Wärtsilä, 2014）

響到降低 NO_x 的系統。圖 3.3 所示，為一般洗滌塔排氣管路配置（Wartsila, 2014）。濕式系統若需安裝在機艙內將占去相當空間。還好其也可安裝在煙囪殼內且在某些情形下，還可取代掉傳統排氣系統的一部分。

■乾式洗滌器

乾式洗滌器（dry scrubber）採用水合石灰等鹼性顆粒，以去除廢氣中的二氧化硫（SO_2）。乾式洗滌除了不用水，也不致產生酸性廢水外，另一優點是洗滌器內的高溫，會將煙灰和油性殘渣燒掉。石灰粒則在吸收硫之後變成了石膏。雖然乾式系統因用不到泵，耗電比濕式的少，但該單元的重量比濕式系統為重，目前僅少數用於船上。

■濕式洗滌

這類系統經過鹼性和酸性排氣中和後，產生含硫酸鹽洗滌廢水，最終須棄置在周遭水域中（圖 3.4）。天然海水鹽分（一般約 3.2 至 3.8% m/m），其中所含硫酸鹽超過 7.5% m/m。因此，相較之下洗滌氣排放流中的硫酸鹽的影響，堪稱微小。

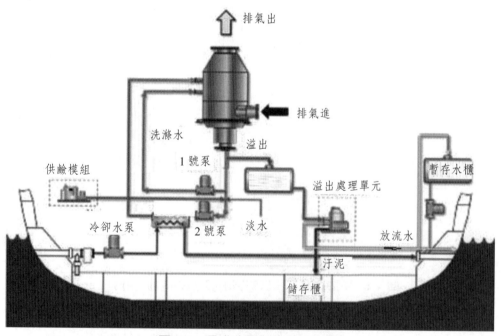

圖 3.4　濕式洗滌器水系統示意

在淡水洗滌器內，排氣 SO_2 從氣體溶入水中：

$$SO_{2(g)} \leftrightarrow SO_{2(aq)} \tag{1}$$

式中的氣體與液體之間的平衡，受 SO_2 的分壓、洗滌水中 SO_2 濃度、及溶液的溫度與焓所影響（Andreasen & Mayer, 2007）。溶解的硫會產生亞硫酸鹽（HSO^{3-}）（Slotte, 2010）。

$$SO_{2(aq)} + H_2O_{(l)} \leftrightarrow HSO^{3-}_{(aq)} + H^+_{(aq)} \tag{2}$$

若在水中加入鹼（NaOH），其將溶解並產生氫氧離子：

$$NaOH_{(s)} + H_2O_{(l)} \leftrightarrow Na^+_{(aq)} + OH^-_{(aq)} + H_2O_{(l)} \tag{3}$$

鈉與三氧化硫（SO_3）、硫酸（SO_4）作用產生亞硫酸鈉（Na_2SO_3）及硫酸鈉（Na_2SO_4）：

$$2Na^+_{(aq)} + SO_3^{2-}_{(aq)} \leftrightarrow Na_2SO_{3(aq)} \tag{4}$$

$$Na^+_{(aq)} + HSO^{3-}_{(aq)} \leftrightarrow NaHSO_{3(aq)} \tag{5}$$

$$2Na^+_{(aq)} + SO_4^{2-}_{(aq)} \leftrightarrow Na_2SO_{4(aq)} \tag{6}$$

若水中有氧，則亞硫酸會更進一步氧化成硫酸鈉。亞硫酸氫鈉、亞硫酸鈉及硫酸鈉的最終濃度取決於水的 pH 值與氧化的程度（EGCSA, 2012）。而洗滌器當中的酸性，則藉著從鹼中分離出的氫氧離子中和之：

$$H^+_{(aq)} + OH^-_{(aq)} \leftrightarrow H_2O_{(aq)} \tag{7}$$

在濕式洗滌器當中，廢氣中的 SOx 在通過水霧的過程中與水反應形成硫酸，接著從系統中去除。此硫酸可藉充足的鹼性海水中和，接著在經過分離器去除汙泥後，即可排海。

■ 開環洗滌系統

用在船上的洗滌器可分成開環與閉環（closed loop）兩大類型，但也往往會合併成一套混合系統（hybrid system），並視實際情況加進合適的，例

如薄膜等技術。混合系統包含可切換使用的開環與閉環運轉模式，在水況和排放法規允許的情形下，可以開環系統運轉，否則以閉環系統運轉之。此系統因適用於各種不同狀況，可謂最熱門系統。

　　開環式洗滌器以海水作為洗滌與中和媒介，不需用到其他化學品。所用海水量，取決於引擎尺寸與出力，大約是每 MWh 40m³，表示需要相當大的泵送容量。此系統的去硫有效性大約98%，對於使用硫含量達 3.5% 的燃油，仍能達到 ECA 所要求的 0.1% 標準。

　　船上裝設開環系統，必須是洗滌器所用海水具足夠鹼性，才能完全運作正常。而水在高溫情況下，運轉有效性更是堪慮。因此在一些像是波羅的海等海水鹼度不夠高的地區，開環洗滌技術並不適用。船上裝設開環洗滌系統關鍵考量包括：

- 船舶航行型態與水的特性——順利運轉取決於洗滌水的鹼度，鹼度不足，將對洗滌過程的效率，構成嚴重不利影響。例如在美國五大湖，開環洗滌器便不足以解決問題。
- 系統的耗損與汙損——進入洗滌器的海水夾帶著泥沙等小顆粒和水母與藻類等生物。面對問題，或可藉著採用自動背沖式濾器，將這類影響降至最低。
- 電力供應與運轉成本——需持續將大量水從海底門，泵上煙囪最高點附近。因此會需要安裝大到 150kW 的新海水泵，以滿足洗滌器與泵達煙囪頂所需。持續運轉這些泵，必然影響船上油耗，而對有些原本就存在電力吃緊的情況，此大幅增加的電力需求，還可能構成問題。
- 對廢熱回收系統（Exhaust Gas Recycling System, EGRS）與選擇性催化還原系統（Selective Catalytic Reduction, SCR）的影響——持續供入海水，可大幅降低排氣溫度，以致對任何既有的，例如 EGRS 或 SCR 等排氣相關系統，構成不利影響。
- 港口對開環洗滌系統的接受度——在港內使用的接受情形，各界仍激烈辯論當中。在大部分地區雖尚未正式立法，卻可構成實際且重大的風險。

■ 閉環洗滌

閉環洗滌的原理與開環系統相近，唯其以經過化學（例如 NaOH）處理的淡水取代海水，作爲洗滌液。此系統將 SO_x 轉成了無害的硫酸鈉，流出的洗滌水在一處理櫃內先作淨化之後，再接著進入下個循環。爲避免在系統中累積過多的硫酸鈉，此系統每隔一段時間即排出少量洗滌水或暫存櫃內，並補充新淡水。如此，雖然閉環系統所需洗滌水量約爲開環的一半，然卻需要用到較多水櫃。

很常聽到的一個誤解是：閉環洗滌系統無排海廢水。其實加化學藥劑處理的效果畢竟有限，因此爲了維持運轉效能，並防止洗滌水中硫酸鈉等副產物累積，仍需以淡水補充，同時漸漸釋除既有的水。有些閉環系統爲免排海，便會將這些釋放水暫存在特定櫃內。

閉環系統所需要的洗滌水量大約爲開環的一半，然所需水櫃也會較多。此即循環系統中的作用櫃或緩衝櫃，針對氫氧化鈉（通常爲 50% 水溶液），櫃中溫度須控制在 20 至 50°C 之間。另外，氫氧化鈉的儲存空間亦須預留。表 3.1 所示，爲閉環式洗滌器的槽櫃與流體流率實例。

表 3.1　閉環式洗滌器的槽櫃與流體流率

儲櫃	流體	一般櫃型	流體流率
鹼儲存櫃	含鹼約 50% m/m	hull tank 艙櫃	6 公升 / MWh / 燃油含硫（%，m/m）
汙泥櫃	水加上雜質	艙櫃（容量 0.5 M^3/MWh）	2.5 公升 / MWh^3
加工櫃（可免）	洗滌水	獨立櫃	-
放流暫存櫃（可免）	水爲主	獨立櫃（全馬力下 6 hr）	-

閉環洗滌的主要優點，比起開環與混合系統，最主要的便是不受周遭海水鹼性的影響。其藉著加入化學藥劑，控制洗滌液的鹼性。另一大優點，是比開環洗滌大幅降低了所需洗滌水的流量。如此可使用小得多的泵和電力消

耗，而且可免於包括洗滌噴嘴因帶進泥沙等，所造成的汙損與耗損等潛在問題。至於安裝閉環系統的關鍵考量包括：

- 系統複雜度──閉環洗滌水系統，需增設幾個儲存與暫存櫃及水處理設備；

- 化學品管理與儲存──為安全起見，化學品需專設儲存櫃，並審慎控制溫度與溼度，以確保化學穩定性。船員也就必須熟悉化學品的儲存與管理相關要求；

- 淡水消耗──實際上要時時補足淡水。此淡水量可高達每日每 MW 2.5m^3；因此，可能還須將船上淡水機升級。如此需增加投資與營運成本；

- 對廢熱回收與 SCR 系統的影響──問題和前述開環洗滌系統類似；

- 特別適合用於須在低海水鹼度範圍航行的情況。

　　混合型洗滌器之運轉介於開環與閉環系統之間，可視實際情況彈性運用。表 3.2 比較開環型與混合型洗滌器。

表 3.2　開環型與混合型洗滌器之比較

開環	混合
適用於長途航程	長短途航程皆適用
靠港短暫	在海上採用開環模式，在 ECA 海域和在港採閉環模式
在 ECA 海域歷時短	在 ECA 海域歷時較長
有限安裝空間	需較多結構改裝
安裝時間與成本較短	安裝時間與成本較長
一般不需用化學品	需暫存強性化學品
在水鹼性低的 ECA 海域或在港時，需用到低硫海運蒸餾油	可一直使用高硫燃油
耗電力高	在閉環模式下耗電力較低

■ 薄膜技術

近年來已有洗滌器採用新的薄膜技術，如圖 3.5 所示。其以奈米陶瓷薄膜分離管將 SO$_x$ 從引擎廢氣中抽除。

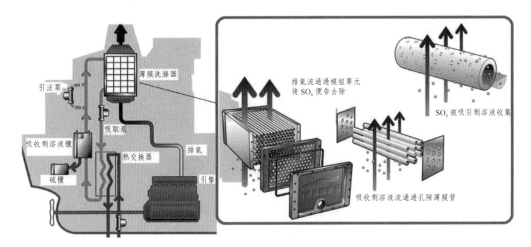

引注泵
薄膜洗滌器
吸取泵
吸收劑溶液櫃
熱交換器
排氣
硫櫃
引擎

排氣流通過模組單元後 SO$_x$ 便告去除
SO$_x$ 被吸引劑溶液收集
吸收劑溶液流通過孔隙薄膜管

圖 3.5　薄膜洗氣系統示意

這類薄膜式洗滌器當中，由一懸吊在排氣流當中的薄膜陶瓷管陣列組成，另由一歧管系統，將吸收溶劑在薄膜管中環繞流通。當廢氣通過這些薄膜管，所含的 SO$_x$ 也就溶解在吸收溶劑當中。不鏽鋼陶瓷管的溫度上限為 800°C。其一大優點，是從系統產生的排放流量（0.05 噸／MW hr，汙泥為主），遠低於一般閉環洗滌器的，如此可和廢油水一起暫存在船上，留待靠岸時排出。

若以氫氧化納作為吸收劑，則可將排放流進行再生，重複使用。若採用碳酸鉀（K$_2$CO$_3$）作為吸收劑，則轉換成的硫酸鉀（K$_2$SO$_4$）仍具有和吸收劑相同的商業價值，而可使該系統在此耗材上，不致增加成本。

3.2.2 有關洗滌器問題摘要

清潔運輸聯盟 2020（Clean Shipping Alliance 2020）是一個由 25 個現代化海運公司組成的組織。其代表 2,000 多艘船舶，回答以下有關洗滌塔的幾個常見問題。

Q：洗滌塔如何減少二氧化硫（SO_x）的排放？

A：洗滌塔將鹼性水噴灑到船舶的廢氣中，從而從船舶的發動機和鍋爐廢氣中去除 SO_x。在海水系統中，海洋的自然鹼度在排放回大海之前，會大大抵消去 SO_2 的結果。在淡水系統中，用於洗滌和中和的洗滌水用鹼性化學品（例如氫氧化鈉）處理。在這兩種情況下，去除 SO_2 產生的硫酸鹽，都會與洗滌水一起排入大海。

Q：洗滌過程產生的洗滌水中所含的硫是否對海洋有害？

A：硫酸鹽形式的硫是洗滌過程的最終產物，是海水的天然成分，因此對海洋無害。海洋是地球上自然的硫磺儲庫，在硫磺循環中起著關鍵作用。硫是最常見的元素之一，對於許多新陳代謝過程，生物學上都是必需的，也至關重要。

　　值得考慮的是：如果海洋中的所有硫都聚集在海洋底部，則該層將為五英尺厚；從世界上所有石油和天然氣儲藏中添加所有硫磺只會增加一張紙的厚度。與海洋中存在的硫酸鹽量相比，廢氣洗滌產生的少量硫酸鹽微不足道且無害。因為二氧化硫在空汙中扮演重要角色，使用脫硫器降低二氧化硫排放具有重要的環境效益，可有效降低排氣對環境造成衝擊。

Q：脫硫器是否會造成海水酸化？

A：脫硫流程中，二氧化硫會被噴灑的海水吸收。在沖洗水中經過一連串的反應後，二氧化硫最終被轉化為硫酸鹽、水與二氧化碳。

　　經由海水中原有的鹼性物質反應，脫硫過程中酸性會大幅地被中和，以確保排放水有遵守 IMO 所訂定的排放標準。最終的排放水只會些微提升海洋中的硫酸鹽濃度。

　　根據丹麥環保署 2012 年發表，透過驗船協會對 40 艘進港船隻進行直接量測的研究，就算在半開放水域中有大量安裝脫硫器的船隻航行，脫硫器排放口 2-4 公尺間（比起 IMO 標準更為嚴格）的海水酸化影響也微乎其微。

Q：該如何確保排放水不會對環境造成傷害？

A：排放水會以分析裝置，連續監控以下三種參數與船隻位置並一併記錄：

　　・pH 值（加上溫度補償）

・多環芳烴（PAH）

・濁度

　　經 IMO 的海洋環境保護委員會於 2015 年通過的 259（68）決議對排氣淨化裝置的規範，以上數據紀錄後需至少保留 18 個月，並代表船旗國接受港口國及驗船協會的審核與驗證。

Q：脫硫器是否能如在使用合格燃料的船隻上一樣，適用於使用重油的船隻？

A：以 2014 年 Fridell 與 Salo 的研究為例，數份研究顯示使用 HFO 船上的脫硫器，可移除排氣中 98% 以上的 SO_x。經處理後的排氣中 SO_x 含量低於 IMO，已於 2020 年 1 月 1 日實施，以使用 MGO 的船為基準所制定的 0.5% 排氣硫含量上限。以結果而言，不論是要遵守 IMO、EU 或 US EPA 所訂定的 SO_x 排放規範，加裝脫硫器皆為經驗證有效的方式。

Q：脫硫器能否降低排氣中的其他汙染物？

A：根據獨立報告與研究顯示，脫硫器也能移除 60%～90% 的懸浮微粒（PM），包括部分細懸浮微粒（PM10、PM2.5 與超細微粒），比起使用船用燃油船隻排放更少的懸浮微粒。脫硫器也有移除對極區具有潛在影響而特別受到關注的黑碳（BC）之效果。

Q：使用脫硫器是否會影響船隻航行速度或二氧化碳排放？

A：不，脫硫器與航行速度無關。慢速航行是減少油耗與二氧化碳排放的手段之一，但脫硫器並不會對船隻航行速度造成影響。

Q：脫硫器還具有其他環境效益嗎？

A：加裝脫硫器能讓船能照常使用含有高熱值的重油作為燃料，為此一煉油製程副產品提供了一條出路。若繼續提煉重油中的其他成分，煉油廠勢必須投資大量資金與時間在設備升級與技術研究上。若比較重油與船用燃油的製程，更少的提煉也代表製程中排出的溫室氣體更少。另外，使用燃燒溫度較低的重油，也能有效降低海上氮氧化物的排放。

3.2.3 洗滌器的淨化效果

船上使用洗滌器的淨化效果，存在著以下問題和疑慮：

- 洗滌器無法同時削減 SO_x 與 NO_x；
- 假設燃油硫含量 > 3.5%，則無法完全去除 SO_x；及
- 洗滌器無法削減 CO_2 排放，PM 只能降低六成。

人們要求任何洗滌器的性能，在使用前都要經過認證，並且與 NO_x 防治系統一樣，只要其始終在批准的參數範圍內運行，就無需在船上進行連續的廢氣排放測量。必須連續記錄的參數包括：洗滌器入口的洗滌水壓力與流量、洗滌器前的排氣壓力和壓降、燃料燃燒設備的負荷以及洗滌器兩側的排氣溫度。另外，還必須保持化學藥品消耗的紀錄。

在第二方案下，無需對系統性能進行認證，但必須在使用設備時連續監測廢氣。此外，在此二方案下，皆必須連續監測排放到海中的任何沖洗水的酸度、濁度和 PAH（一種對油類有害成分的度量），並根據時間和船舶位置記錄數據。在每次換證檢驗中，也需測試硝酸鹽含量。

在 2015 年 5 月的 MEPC 68 上，會議通過了對廢氣清潔系統準則的修正案，該修正案允許採用以計算為準的方法，來驗證洗滌水排放標準。修訂版允許進行計算或建模，以驗證在距排放點 4 公尺處，排放洗滌水 pH 值。如需對洗滌水排放控制裝置進行必要的更改，則須在兩年後進行審查，唯所有更改僅適用於新安裝的設備。

濕式洗滌器擅長去除粒狀物與煙灰，儘管目前尚無特別規定，但將來可能會有。通常洗滌器每燃燒 100 噸燃料油，即可清除至少 500 公斤粒狀物，並且視洗滌水的使用量而定，洗滌物的清除量可能更多。在將洗滌水排放到船外之前，必須清除這些固體。而為了節省空間，系統應包括一個分離階段，該分離階段應在將汙泥送往岸邊處置之前，盡可能將水分去除。

3.3 洗滌器使用受限

有些國家或區域為保護其水質，已針對在港區洗滌器排放水設限（WMN, 2019）。如圖 3.6 所示，中國大陸海事局禁止在海岸水域，排放

源自開環 EGCS 的洗滌水（SKULD, 2019；WMN, 2019）。此屬中國大陸於 2019 年元旦生效的，國內排放管制區（Domestic Emission Control Area, DECA）法規當中的一部分，目的在降低海岸海水汙染。該新規定對於 ECAs、DECA 海岸與港口及渤海灣皆造成影響（WMN, 2019）。

圖 3.6　大陸禁止排放源自開環 EGCS 的洗滌水範圍

資料來源：SKULD, 2019

　　馬來西亞海事部也趕在 IMO 2020 規則之前通知海運業，禁止在其水域內使用開環洗滌器。其官網通告：在造訪馬來西亞水域及港口之前，須換用合規燃油或換到閉環系統。表 3.3 歸納列出在 2019 年，幾個對 EGCS 設限國家及設限情況。

表 3.3　對 EGCS 設限的國家及設限情形

國家	設限情況	實施日期
新加坡	禁止使用開環洗滌器	2020 年元旦
阿聯酋富吉拉（Fujairah）	禁止使用開環洗滌器	2020 年元旦
中國	擴大到更多海岸地區禁用洗滌器	2019 元旦
馬來西亞	禁止排放源自開環洗滌器的洗滌水	2019 元旦
比利時、德國、立陶宛、拉脫維亞、愛爾蘭、挪威	禁止排放源自開環洗滌器的洗滌水	分別自 2016 至 2019 年間起
歐洲 ECA	非政府組織聯盟推動在歐洲的 ECA 禁用排氣清淨系統	
美國康乃狄克州	禁止排放源自洗滌器洗滌水	
美國與加州	禁止使用洗滌器	

資料來源：Insurance Marine News, 2019

　　新加坡海事與航港局（Maritime and Port Authority, MPA）於 2019 年初，禁止在其水域排放開環洗滌器排水。此旨在保護海洋環境免於受到排放洗滌水當中所含有，對海洋生物可能構成潛在威脅的重金屬與多環芳香烴等之害。因此當時裝設開環洗滌器的船在造訪新加坡時，即須使用合規燃料，至於裝設混合式洗滌器的船，則須換成以閉環模式運轉。在此之前，洗滌器業者團體 EGCSA 即針對此禁令提出抗議。

　　這幾年，世界各港口都在研究在其水域使用 EGCS 的影響。到了 2021 年，除了以上國家，許多國家和區域也跟進，要求禁止在其轄下某些水域內禁止使用 EGCS，並與其既有執法架構整合。表 3.4 總結了全球各港已經採取或將禁止使用 EGCS 或對其使用與設置條件的立場與理解。

表 3.4　各港採取或將禁止使用洗滌器的情形

國家	港口	是否允許開環 EGC 排放	補充說明
阿根廷	全部	是，禁令目前暫停	環境保護局於 2020 年 8 月 10 日生效的第 15/2020 號條例，禁止從懸掛國家或外國國旗的船隻的 EGCS 向阿根廷管轄區、海洋或河流水域排放洗滌水。
澳大利亞	全部	是	根據 AMSA 海事通知 05/2019，應在 EGCS 啟用後進行洗滌水檢驗，至少每十二個月一次，為期兩年。若這些資料或樣本已被採集進行分析的證據，不能在抵達澳大利亞之前提供給 AMSA，則船舶可能被指示不得在澳大利亞水域從 EGCS 排放洗滌水。
巴林	巴林	否	• 港口或錨地不准操作。 • 只要能證明洗滌水的排放符合 MEPC.259 (68)，並且對海洋生態系統沒有負面影響，即可在巴林領海和專屬經濟區 (EEZ) 進行開環式運轉。
比利時	全部	否	• 比利時聯邦法律規定，只有在海岸外至少 3 海浬，才允許在沿海和開放水域中排放。 排放絕不危及歐盟水架購指令目標。 • 佛蘭芒 (Flemish) 區法律還環認港口或內陸水域不允許排放。
百慕達	全部港	是	• 允許燃料最大硫含量為 2.0%。配備排氣淨化系統的船舶在百慕達領海使用前，應事先徵得環境局批准。 • EGCS 的洗滌水的排放，不應在百慕達處置或排放到百慕達水域，而應諸存在船上，直到百慕達水域之外。
巴西	所有 (Vale 碼頭除外)	是	在 2020 年 7 月 23 日之前，從當地記者處收到的建議是：根據國家立法的現行規定，特別是第 9.966/00 號法律，不允許排放從 EGCS 產生的廢水，船隻在巴西水域須使用規定範圍內使用規定範圍內的燃料 (硫含量最高為 0.5m/m)。

國家	港口	是否允許開環 EGC 排放	補充說明
巴西	Vale 港口與碼頭內	否	抵達的船隻，在巴西港口和碼頭作業時，不允許排放 EGCS 洗滌水。
中華人民共和國	內河排放控制區（ECAs）、沿海環渤海和渤海內港區——連接丹東、大連和煙台，威海海岸線交界處海域	否	中國海事局（Maritime Safety Administration, MSA）禁止在某些地區從開環式洗滌器中排出洗滌廢液。禁止排放區為： • 內河排放管制區。 • 沿海 ECA 內港口區域。 • 渤海——丹東、大連和煙台，威海海岸線交界海域。 • 該準則還禁止焚化任何類型 EGCS 內的洗滌殘留物。船舶須確認記錄洗滌水的存放與處置情況。 • 若船則無法儲存洗滌水，則須在進入上述區域之前，切換到低硫燃料（不超過 0.5%）。 • 準則還規定，在某些情況下，船舶可申請豁免使用不符合 MSA 要求的燃料。
埃及	所有港口和蘇伊士運河（Suez Canel）	否	蘇伊士運河： • 第 4 號通知（21.10.19）是指 MEPC 第 08/2019 號通告，提供對本通知的澄清。 • 在埃及批准 MARPOL 附則則陸之前，當局沒有對船用燃料施加任何條件或限制，因此，硫上限不具效力。 • 在運河運輸過程中，不允許從開環式 EGCS 洗滌水。 埃及港口： • 埃及領海不允許排放開環洗滌器洗滌水。
愛沙尼亞	所有港	限制	• 第 4 號通知（21.10.19）是指 MEPC 第 184（59）款第 10.1.6.1 款，以反限制排放化學 EGCS 洗滌水，包括封閉的港口和河口。若船上能證明洗滌水 pH 值符合國際要求，並不曾對人類健康或環境造成不利影響，則例外情況把水排入大海。始終需要事先授權才能卸載到港口。 • 2019 年 1 月 10 日生效的《水法》不將洗滌水排放視為違反船舶汙染物排放的行為。若符合 MARPOL 相關要求並經過認證，愛沙尼亞領海和港口允許使用開環 EGCS，但不允許排放洗滌水。

國家	港口	是否允許閉環 EGC 排放	補充說明
德國	內河航道、運河和內河航道內的港口	否	根據《萊茵河和其他內河航道航行過程中產生的廢棄物收集、存放和接收公約》，不允許 EGCS 排放。此限制適用於所有用於一般交通的內陸水道，但康斯坦茨湖（Lake Constance）的德國部分和萊茵河上游的延伸除外。
直布羅陀	直布羅陀	否	直布羅陀水域允許使用閉環 EGCS，也允許採用閉環模式的混合 EGCS。在直布羅陀政府就開環 EGCS 作出最終政策決定之前，作為預防措施，暫不允許使用開環 EGC。
香港	全港	是	未列 EGCS 廢水禁令，但 2018 年香港法規 L.N 135 規定，若當局對用於減少二氧化硫排放的減排技術感到滿意，則可使用不符合標準的燃料。
印度	阿達尼港（Adani Ports）	否	阿達尼港和經濟特區有限公司已發出通知，建議禁止從開環 EGCS 中排放洗滌水。說明： • 裝有混合式洗滌器的船舶在船舶進入港口限制之前應切換到閉環操作模式； • 裝有閉環的船舶可以繼續使用該系統，並確保在港口船舶停留期間保持良好的工作狀態； • 船舶將不允許在阿達尼港使用開放循環系統，在進入港口之前應改為符合標準的燃油； • 停駛阿達尼港口的船隻必須提交符合上述規定的認證； • 船舶可能需要接受港口國家控制檢查，以驗證必要的合規性； 以上於 2020 年 11 月 1 日生效。
愛爾蘭	都柏林和沃特福德（Dublin & Waterford）	否	• 參考都柏林港 2018 年第 37 號海事局關於禁止排放 EGCS 洗滌水的通知。 • 沃特福德港網路連結 http://www.portofwaterford.com/news/marine-notices-prohibition-on-the-discharge-of-exhaust-gas-scrubber-wash-wa

國家	港口	是否允許開環EGC排放	補充說明
拉托維亞	所有港	否	雖然沒有具體規定禁止使用開環EGCS，但當地記者建議，國家當局採取一般立場，即不允許在領海和港口水域從開環EGCS中排放洗滌水。
立陶宛	所有港	否	雖然沒有具體規定禁止使用開環EGCS，但當地記者建議，國家當局採取一般立場，即不允許在領海和港口水域從開環EGCS中排放洗滌水。
馬來西亞	所有港	否	馬來西亞航運通知MSN 07/2019禁止在距陸地12海浬範圍內使用開環EGCS。在馬來西亞港口停航的船隻必須在抵達前採用閉環模式或改為符合標準的燃油。
紐西蘭	是	是，但不確定	紐西蘭海事局（Maritime New Zeland, MNZ）發布《港口、區域當局和船舶使用EGCS指導意見》該指南並非法定，但MNZ鼓勵航運業者在目前有關使用EGCS的工作完成之前採行以下措施： 他們要求所有在紐西蘭領海內、裝置EGCS與作業的船隻與有關港口和區域當局接觸，並作為預防措施，盡可能避免使用其他候補方法，例如： • 根據有關區域當局的確認，通過攜有符合標準的低硫燃料進入紐西蘭水域，以便在敏感環境中作業時使用這種燃料。 • 在零排放模式下操作閉環EGCS功能，並保留船上的任何廢水，直到能在下一個可用的港口設施進行處置。
挪威	蓋蘭熱峽灣和內里峽灣（Geirangerfjord & Nærøyfjord）世界遺產峽灣海域	限制	蓋蘭熱峽灣和內里峽灣的世界遺產峽灣海域限制使用開環式EGCS，但不限制閉環式。
阿曼	全部	否	阿曼領海不允許開環式EGCS排放。

國家	港口	是否允許開環 EGC 排放	補充說明
巴基斯坦	卡拉奇港（Port of Karachi）和本卡西姆港（Port Bin Qasim）	否	巴基斯坦政府海事事務（港口和航運）第 001/2020 號通告禁止從開放式 EGCS 中排放洗滌水。若未使用閉環 EGCS，則在抵達港口水域之前應使用並更換符合標準的燃油。
巴拿馬	巴拿馬運河	否	船舶通知 N-1-2020 要求，第 31 條規定禁止在巴拿馬運河水域使用開環式 EGCS 或混合 EGCS。選擇在封閉／零排放模式下使用閉環 EGCS 或混合 EGCS 的船舶應向巴拿馬運河管理局提交文件第 31 E 條所述文件。此外，同一文件第 28(5) 節規定：「EGCS 洗滌殘留物須在船上收集。不允許將這些殘留物排放到巴拿馬運河管轄的水體中，或在船上焚化」。
葡萄牙	所有港	否	在船舶離開港口之前，不允許使用開放式循環 EGCS 進入港口、港口通道和泊位（停泊）。僅允許閉環試運轉。
沙烏地阿拉伯	所有港	否	沙特港口當局現已禁止在沙特港口的開環式 EGCS 系統排放廢氣洗滌水，直到頒布相關環境標準為止。
新加坡	新加坡	否	禁止使用於 2020 年 1 月 1 日生效的開環式 EGCS。
西班牙	阿爾赫西拉斯，卡塔赫納，韋爾瓦（Algeciras, Cartagena, Huelva）	否	西班牙阿爾赫西拉斯、卡塔赫納和韋爾瓦等港口禁止使用開環式 EGCS。目前，西班牙暫無其他港口實施這項禁令。
瑞典	斯德哥爾摩、特雷勒堡、彼得羅波特、斯泰農松德（Stockholm, Trelleborg, Petroport, Stenungsund）	否	雖然瑞典尚未在全國水域範圍內禁用開環式 EGCS，但一些港口已實施限制： • 斯德哥爾摩——北方的記者建議，斯德哥爾摩有一開環 EGCS 禁令。 • 哥德堡的特雷勒堡——查默斯大學建議，禁止在特雷勒堡港使用開環式 EGCS。 • 彼得羅港，斯泰農松德——見港口規例第 12 條規定：在港船隻不得使用開環系統進行洗滌。

國家	港口	是否允許開環 EGC 排放	補充說明
美國	加州港口和水域	否	• 加州空氣資源局（California Air Resource Bureau, CARB）針對 OGV（ocean going vessel, 遠洋船舶）法規規定，只允許使用達 0.1% 硫含量限制的蒸餾燃油。 • 在進入加州水域之前，須改用符合標準的 MGO 或 MDO。
美國	康涅狄格州港口與水域	否	• 禁止從任何船隻向康涅狄格州水域排放 EGCS 洗滌水 • VGP 2013：6.5.9 禁止從 VGP 或 sVGP 範圍內任何船隻向康涅狄格州水域排放 EGCS 洗滌水； • 要求遵守 CT WQS 第 22a-427 節、標準 1、2、9、12、14、15 及 24 條。
美國	夏威夷港口與水域	是，有條件	VGP 2013 第 6.6 節下的額外要求： • 夏威夷州清潔水務局（Clean Water Branch, CWB）頒布第 401 條水質標準（Water Quality Criteria, WQC）； • 此涵蓋從適用船隻（EGCS 洗滌水為其中之一）排放的 27 類發汙水。
阿拉伯聯合大公國	阿布達比港	是，有條件	阿布達比港務公司改策， • EGCS 洗滌水排放產生的汙泥不得排放到港口水域， • EGCS 洗滌水排放只有在沒有汙染物的情況下才能在港口水域排放， • 任何 EGCS 汙泥應從船上排放到 ADPC 許可的廢物處理承包商。
阿拉伯聯合大公國	富賈伊拉（Fujairah）	否	富賈伊拉港 252 號文禁止船舶在其水域使用開環 EGCS。

3.4 經濟考量

3.4.1 燃料價格

　　圖 3.7 所示，為開環系統的燃油價格差異─回報時間關係。在船上安裝 EGCS 的主要動機屬經濟性，亦即此技術得以讓船公司，繼續燒較便宜的高硫燃料。Jiang 等（2014）曾針對硫排放規範的減量措施，進行成本效益分析。其研究結果顯示 MGO 與 HFO 的價格差距（price spread）是做出選擇的決定因子之一（Jiang 等，2014）。當價差不到每噸 231 歐元，MGO 可有比洗滌器高的淨現值（net present values）。而在新船上裝設洗滌器，會比在現成船上改裝來得有益。餘命不及四年的老船，不適宜裝設洗滌器。

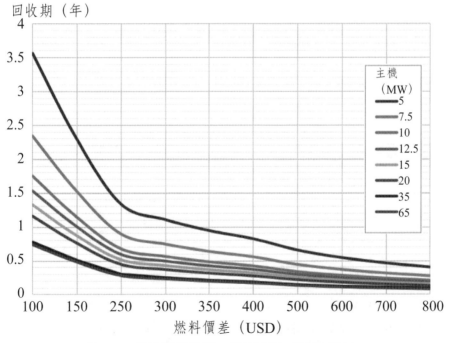

圖 3.7　燃油價格差異─回報時間（開環系統）

3.4.2 洗滌器安裝成本

洗滌器的投資成本在五十萬至五百萬美金之間，視廠牌及船尺寸而

定。以配備 12 MW 引擎為例，安裝混合式洗滌系統，包括工程／設計、安裝／使運轉、及訓練與文件在內，約需 350 萬美元。若更大的 36 MW 引擎，則成本可達 570 萬美元。洗滌塔的投資回收期，主要取決於三個變數：

‧系統的投資與安裝成本，

‧在 ECAs 的年度燃油耗量，

‧船上所用蒸餾燃油與常態用油的價差。

從幾個公開網站所提供的資訊可知，高硫與低硫燃料價差相當高。由於低硫 HFO 的供應量偏低，2020 年起，此價差達最大，而必然影響到洗滌器的回收期。

3.4.3 洗滌器市場

市場預測，在 2023 年之前，船舶排氣洗滌器市場將持續成長。據 Guidance to INTERTANKO Members for the Selection of Compliance Alternatives 估計，每艘船的改裝費用約 3 至 5 百萬美元。表 3.5 所示，為 Vopak（2018）對區域市場大小的估算結果。

表 3.5　Vopak 對區域市場大小的預估

區域	市場大小（MT／年）
加勒比海／中美洲	4-6
印度洋	1-2
亞洲	2-3
北海／波羅的海	5-10

根據 World Maritime News 於 2019 年 10 月 28 日發布的新聞，芬蘭 Wärtsilä 從 2019 年第三季訂單下滑 29% 預期，其設備將面臨低需求的挑戰（WMN, 2019）。目前採用洗滌器的情形尚緩，主要在於成本加上安裝該技術的複雜性，尚未充份證明適用於船上。畢竟洗滌器系統龐大，需要修改船舶設計、減少載貨空間以及對其性能進行持續監測。根據 DNV GL 所提供的數據，所有安裝的洗滌系統當中 72% 屬開環系統，其中大多數都可在

接下來改裝成閉環式。

　　此外，從既有的三類型洗滌系統所收集到的廢棄物，仍存在著中和與處置的問題。根據廢氣清淨協會（Exhaust Gas Cleaning Systems Association, EGCSA）所提供的數據，截至 2018 年 5 月底，有將近 1,000 艘船上以裝有洗滌器，且開始加速成長。根據世界最大造船公司韓國現代重工（Hyundai Heavy Industries）的報告，相較於 2016 年至 2017 年的兩成五，2018 年第一季新造船舶當中，超過六成都有洗滌器。根據英國衛報（Guaridan）的分析，估計會有 2,300 到 4,500 艘船選擇裝設洗滌器，而不改用較潔淨的燃料。但也有其他如 Euronav, Tsakos Energy Navigation（TEN）, 及 International Association of Independent Tanker Owners（INTERTANKO）等業者代表，曾經對該技術表示不認同。

　　Solakivi 等（2019）針對已裝設洗滌器船舶，採用描述分析（descriptive analysis）所得到的結果顯示，在 SECA 區航行較年輕的船舶，尤其是駛上駛下船，最有可能裝設洗滌器。然多數造訪芬蘭的船則改用較潔淨等級的燃料。

3.4.4 對煉油業的影響

　　EGCSA 指出，若不採用廢氣清淨系統，因為使用低硫燃油和蒸餾燃油所導致的毒性排放，將對人體健康構成更大風險。EGCSA 並引用煉油業與 IMO Secretary General's Expert Group 的資料強調，相較於使用低硫燃油，在其生命週期當中，使用洗滌器可減少 3%-5% CO_2 排放，且空氣品質也將因懸浮微粒排放增加而惡化。

　　在煉油方面，IMO 新規使煉油業者，必須做出重大改變，以透過改為蒸餾油（distillates）、使用脫硫技術（novel deep desulphurization）或混油（fuel blending），以增加低硫燃油產量（Van 等，2019）。而在煉油上做這類改變，除須增加投資，也會增加溫室氣體排放。LNG 和生物燃料，可能同時符合降低空氣汙染與 GHGs 排放的目標。根據 Van 等（2019）的預測，此二燃料可望在 2050 年之前，占海運能源需求的五成，其餘則仍由

傳統 HFO 與 MGO 提供。

符合新規定的執行方案有三種，一是改用價格昂貴的超低硫燃料油（ULSFO），二是加裝洗滌器以維持使用高硫燃油，或是改用替代燃料如天然氣。無論如何因應，這項新規定，預期會造成國際航運公司燃料相關成本上漲。針對 2020 年起進入 ECA 時必須改用 ULSFO 或低硫海運氣油（LSMGO），部分業者以徵收低硫燃油附加費（IMO2020 New Bunker Surcharge）因應，轉嫁燃油成本予客戶，以降低衝擊並維持穩定營運。可預期，如此勢必也帶動相關貿易商品的成本提高。

高盛估計，考慮到其他相關行業，增加的總成本為 2,400 億美元（Goldman Sachs, 2018），而 Wood Mackenzie 分析師預計，就國際海運業本身將增加 600 億美元的成本。Bialystocki and Konovessis（2016）研究中說明，船用燃料已成為船舶營運費用的最大成本項目，佔每次航行成本的近 50%，甚至超過船員的工資，且受到燃油價格的高度影響。

3.5 洗滌器安裝考量

洗滌器類型選妥之後，在計畫安裝時仍有以下諸多考量。

■船體結構

船上空間可能限制，能裝在船上的洗滌器類型的選擇。通常，煙囪區大幅修改以適應要安裝的洗滌器。而船東在造新船時，可選擇「準備裝洗滌器」，以備未來容易加改裝。

■船齡與尺寸

較老的船安裝 EGCS 的回收期較短，可能改用乾淨燃料會較經濟些。對於高出力引擎船舶，較有利於回收，而低出力船則不適合計畫要加改裝。可簡單計算一下，根據在 LSFO 與 HSFO、包含運轉成本在內的排氣洗滌成本、年度燃油消耗、及船舶餘命之間的成本攤提，以做出決定。

■船型

客輪等大眾矚目的船，有需要表現得更綠一點。這類船在 ECA 範圍內的時間長，採用 EGCS 可在短期內回收。而由於這類船在航行中可讓很多

工作人員住在船上，很多安裝工作都可在平常商轉期間完成。

■材料腐蝕

EGS 單元本身及整套系統各部件，乃至其他相關管路等部位，都將面臨高溫下極高腐蝕性產物的挑戰。因此有必要要求製造廠，選擇能同時對抗高氧化、腐蝕及高溫的較高等級材質，用在洗滌器、管閥、槽櫃、塗裝系統、留存系統、及監測設備等。

■電力負載

船上因裝設 EGCS 後額外可能增加的電力需求，包括來自海水及加工等泵、加熱器、排氣風扇、分離器、溢散處理單元、加藥單元、控制處理器、感測及監測設備等。因此在不同運轉狀況下的所能提供的電力，須審慎評估。

洗滌系統的電力大多非取決於主機負荷，亦即在船放慢車期間，其能源消耗比率較高。圖 3.8 所示為某貨櫃輪在主機 77% 負荷下所測得的短暫耗電組合。從圖上可看出，洗滌水泵送占 66% 能耗。

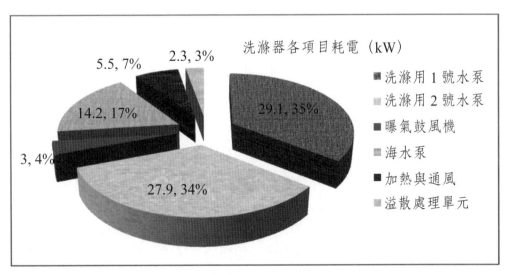

洗滌器各項目耗電（kW）

5.5, 7%   2.3, 3%

14.2, 17%

3, 4%

29.1, 35%

27.9, 34%

■ 洗滌用 1 號水泵
▨ 洗滌用 2 號水泵
■ 曝氣鼓風機
▨ 海水泵
■ 加熱與通風
▨ 溢散處理單元

圖 3.8   貨櫃輪主機 77% 負荷下之短暫耗電量測

■洗滌器重量與占用空間

針對船上洗滌器加改裝，Bacher（2012）建議從技術、運轉、經濟及船隊整體一併考量。接著便在於完成符合成本有效的細部設計，而最終便是在整套系統的安裝上，追求最佳化。通常洗滌器可安裝在煙囪殼內，且在某些情形下還可取代部分排氣系統。洗滌器單元的正常操作，主要取決於主要參數包括：排氣流速與流量、噴水速率、填充式洗滌塔的填充層（packing bed）高度及填料物尺寸。

洗滌器單元的正常操作，主要取決於主要參數：
- 排氣流速與流量，
- 噴水速率，
- 填充式洗滌塔的填充層（packing bed）高度，及
- 填料物尺寸。

在實務上洗滌器單元尺寸的計算須納入：
- 最大排氣流量（質量），
- 最大排氣溫度，
- 燃燒單元的最大允許背壓，
- 燃料最大硫含量，
- 最小除硫效率，及
- 預計淡水耗水率。

整套的重量主要包括：洗滌器單元、船殼改裝、洗滌器輔助系統、管路、洗滌器運轉所用液體及產生廢液。而洗滌器加上所屬槽櫃的重量，勢將降低裝貨容量（假設貨物體積非關鍵裝貨參數），因增加浮力與俯仰差導致航行使阻力增加，以及降低穩度。

除了重量，船上的空間也將限縮。在洗滌器周遭，須預留聯結與維修所用之空間。洗滌器可增加額外鋼構，加裝後不僅增加總噸數，也可增加港埠費用、領港費、拖船費等運轉成本及證書費用。因此，所安裝洗滌器的體積及所占面積（footprint）便成為重要考量。尤其是改裝的情況，應盡可能降低洗滌器所占面積。在上部結構體甲板上的高度限制，一般為 2 至 2.5 公

尺，而一般洗滌器便需要數層甲板高。

■ 安全性與船員訓練

船員應受過完整訓練，使有能力操作洗氣系統本身，和所用到的有害化學品。其同時須受醫療緊急應變訓練。而船上也須備妥一套說明書，並詳加研讀。

■ 船殼保護

洗滌器的排海管路和相鄰的船殼須加以保護，並與其他任何海底門，皆保持安全距離。

■ 支援與維修

在洗氣系統安裝後，尚需有可靠廠商提供技術協助。因此須問清保固期和其在全球的服務狀況。

■ 改裝作業

加改裝作業相當複雜，必須及早展開。多數船廠目前尚缺改裝經驗，專案經理的角色也就相當重要。

一般洗滌器加改裝，不含事前的設計規劃，在船廠內需耗時四至六週。至於完成整套安裝，從挑選到設計到工程規劃，乃至安排進塢到最後進行運轉，約需一年。

■ 安裝選項

安裝選項包括，在船廠或在乾塢，靠泊或在航行中。一般最好能結合所有選項。整個計畫的進行，可採統包、個別合約或選擇外包廠商進行。接下來的挑戰便在於，從市場價值和剩餘船舶運轉年齡方面考量，能相當經濟地安裝此洗滌系統。

而此經濟加改裝，則在於進塢期（docking time）短、離租期（off-hire period）短及包括系統發證在內的試車期（commissioning time）短。此皆有賴妥善準備。此整套務實的時程表，包括法遵時間表（legislative compliance schedules）、檯面計畫執行演練（tabletop project execution drills）、最大配件預製（maximum prefabrication）、充裕的人力資源、準備妥善的後勤及船內順暢的動線等，皆為成功完成改裝所不可或缺。

　　爲能安裝洗氣系統，有可能需要進行船殼強化等船殼改裝、洗滌器區段分開安裝、新槽櫃或槽櫃改裝及引擎機殼改裝等。新裝的洗滌器輔助系統，一般都會焊在船殼上。此外，還需裝上新管路並修改舊管路，包括自動化控制箱、儀表板、電纜橋架、開孔與電纜架設等（ECSA, 2014）。

■安裝洗滌器考量

　　採用洗滌器的副作用之一是，其過程將不要的物質從廢氣中移除，轉換成液體、固體餅或粉末狀。這些若無法重複使用，便都必須妥善處置。而追求較乾淨的大氣排放，卻導致排海的有害汙染物增加，究竟是否值得？

　　儘管過去幾年已有一些船公司對洗滌器技術做了投資，但仍有其他一些船公司轉向使用 LNG 和接岸電，以解決其整體排放問題。而顯然後者，能大幅削減所有（包括 SO_x、NO_x、CO_2 及 PM）排放，以及噪音與震動，而獲致較爲深遠的環境與人體健康效益。

　　在市面上諸多遵循新法的解決之道當中，廢氣清淨系統及洗滌器，無論對新船或現成船而言，都相當受歡迎。其中的關鍵因素包括財務效益、裝設容易、及投資回收期較短。

　　但另一方面，對於一些像是燃耗較低的船，採用 EGCS 並無法享有足夠的省錢，因此回收期也較長，便算不上是值得採行的方案。而也有少數船，空間加上其他技術性因素，使其決定不採洗氣一途。估計裝設洗滌器的船，會趨向大型且設有較大動力的船舶，主要在於預計其投資比上低燃料成本的經濟性，可帶來較高的回收率。而大多數安裝的設備，會採用開環廢氣淨化系統，接著經過處理並在持續監測的情形下排入海中。

　　目前安裝洗滌器的船尚少。儘管在 ECAs 的 0.1% m/m 含硫上限已經生效，基於經濟等因素的考量，打開洗滌器的市場，仍待努力。目前還需要回答的幾個重要問題是：

- 比起採用蒸餾燃油以防止 SO_x 排放至大氣，廢氣洗滌在經濟與環境上都眞的較佳？
- 對船東而言，安裝一套洗滌系統的邊界條件和動機是什麼？
- 若要將洗滌技術與商船整合在一起，會有哪些技術細節上的挑戰？

- 哪些船型最適合裝設洗滌器？
- 從已經安裝洗滌器的少數船上，得到了什麼實際經驗？
- 在環境方面，有什麼支持船舶廢氣洗滌的嗎？
- 除了經濟、技術或環境方面的，還有其他什麼能促使洗滌器受到歡迎的動力？

4. 以LNG作為替代海運燃料

　　LNG 很適合作為國際海運的燃料，其運轉時產生噪音亦較低，堪稱低汙染能源。未來船舶是否將擴大使用生質柴油（biodiesel）等替代能源，還取決於許多因子，但船舶在未來幾年大舉採用天然氣，卻是可大膽預期的。

　　例如在挪威海域，若干離岸勤務船（Offshore Support Vessel, OSV）和渡輪以天然氣做為燃料，即已行之有年。華與吳（2012）以中速引擎船舶為例，以 LNG 取代含硫量 3.5% 之重燃油作為替代燃料，SO_x、NO_x、PM 及 CO_2 的排放量可分別降低 100%、80%、100% 及 23%。

　　另在 Verbeek 等（2011）的研究中，以荷蘭情況做個案研究，針對 LNG 使用於三種不同類型的船舶（分別為：800 TEU 之近洋貨櫃輪、80 噸港內拖船、110×11.5 公尺的內陸船舶）的情境下，分析環境面及經濟面之影響。Verbeeket 等（2011）的研究亦指出，不論何種船舶使用 LNG 當作燃料，相較於燃料油，皆能明顯改善 NO_x、SO_x 及 PM 之排放量。

　　儘管以 LNG 作為海運燃料的環境效益已普遍受到重視，但最大的議題仍在經濟可行性，以及相關的配套基礎設施是否充足。Sames 等（2012）研究中，說明使用 LNG 當作船用燃料，原本之船舶將改裝或額外安裝一些必要設備，包括：儲氣槽、加氣站、管路、主機、發電機組。若維持使用燃料油作為燃料，未來則需加裝洗滌器等汙染防制設施。該研究估計，每一次使用洗滌器，平均花費運轉成本 5 美元 / 兆瓦小時（MWh）。

　　而燃料的價格也可能造成運轉上成本的差異，以 2010 年的數據來看，重油（HFO）的價格為 15.3 美元 / 百萬英熱單位；海運氣油（MGO）為

21.2 美元 / 百萬英熱單位；LNG 為 13 美元 / 百萬英熱單位。當大型船舶使用 LNG 作為燃料時，儲氣槽大約為 3,000 美元 / 立方公尺（m^3），相對於安裝洗滌系統，投資回收期會比較不利。但當有相對低的 LNG 價格時，是可以改善並可縮短投資回收期的。

　　Sames 等（2012）也分別針對 2,500 TEU、4,600 TEU、8,500 TEU、14,000 TEU 及 18,000 TEU 之貨櫃船使用 LNG 與 HFO 的差異成本，計算其回收期。當 LNG 價格低於 HFO 價格 6.3 美元 / 百萬英熱單位時，所有船型之回收期皆在一年之內，但若 HFO 價格等於甚至低於 LNG 價格，回收期間會愈長。另外，體積愈大的儲氣設備，所需要的回收期間愈長。

　　在 Verbeek 等（2011）中，亦曾分析 LNG 與傳統燃料油的差異成本之經濟影響。以資本支出討論，LNG 與 EN590 燃料油之引擎及燃料儲存設施，前者所需之花費高出後者一倍；而以 LNG 與 MGO 比較時，結果亦然，前者之發動機及燃料儲存設施花費較高。

　　Verbeek 等（2011）評估所用的 LNG 價格，皆低於其他三款燃料油（MDO，MGO、EN590）的價格。若 LNG 價格足夠低的情況下，將能彌補高額的資本支出，並將此支出盡快回收。配送情境的差別，將會影響 LNG 的價格，以致於成本節約的效果在各情境下產生不同之結果。而 LNG 為燃料比以燃料油為燃料能源效率略低也是在經濟分析上必須考慮的因素。

永續海運小方塊

西雅圖港的開環洗滌器議題

　　根據 BUNKERSPOT 2021 年 8 月 25 日針對洗滌器廢水排放的報導，美國西雅圖港，在彙整出影響評估報告之後，主管機關提出暫停將洗滌水排入普及特灣（Puget Sound）。環保團體則一再要求永久禁用，簽署請願書的人數超過 24,600 人。

4.1 IMO 的天然氣相關法規

　　當去硫政策迫使海運業者，使用價格遠比重油高出一截的低硫海運燃油作為燃料時，改換採 LNG 作為燃料就開始產生吸引力。不過，LNG 穩定的可獲取性（availability），是這個選項的前提。另外，使用氣體作為燃料的安全考量也是業界的另一顧慮，Magasin（2006）曾以 LNG 作為渡輪的燃料，進行完整風險分析，結果顯示出使用 LNG 的安全性並不亞於燃料油的。

　　IMO 的海事安全委員會（Maritime Safety Committee, MSC）於 2016 年六月第 95 會期通過了針對以天然氣作為燃料的船舶的新法規。該委員會通過修訂 SOLAS Chapter II-1 Part G 以及針對使用氣體或其他低閃火點燃料的 IGF 法規。該法規當中的條款在 2017 年 1 月 1 日生效，適用於總噸位大於五百，以天然氣作為燃料的新造貨船和客船。修訂內容主要包括：

- 在 SOLAS Chapter II-2 當中，針對 2017 年元旦之後建造的新油輪，修改其貨倉通風的配置，以對貨油或惰性氣體蒸氣（inert gas vapour）隨時提供完整的流通釋出；
- 針對 2017 年元旦之後，新造客輪和貨輪的車輛、特殊貨物及駛上駛下艙間隨時提供一定量（視船型和空間用途而定）的換氣率；
- 修訂國際海事固態散裝貨物 International Maritime Solid Bulk Cargoes（IMSBC）法規當中第三節（人員與船泊安全）的條款，要求船員對裝有輸送帶系統的自動卸貨的散裝貨輪理貨區，定期進行消防安全風險評估。

4.2 海運溫室氣體減排選項與經濟議題

　　國際海運對於人為氣候變遷的影響，已公認是重大議題。但必須一提的是：「京都議訂書」將國際海運的 GHG 排放量劃歸 IMO 管轄，而不計入各已受規範國家的排放量。換言之，一如未受規範的開發中國家，國際海運尚未面臨強制減量的限制。然而，目前進展中的研究及政治壓力，可預期在不久的未來，將升高此一議題的重要性。及早認清海運業所可能受到氣候變遷議題的影響，將有助於降低適應的成本，海運界值得設法吸取已能有效符

合環境標準的其他產業的經驗。

　　Bauhuag 等（2009）將用以促進船舶溫室氣體排放減量的 25 項措施，歸納爲以下十組：

1. 推進器保養，
2. 船殼塗覆與保養，
3. 主機改裝措施，
4. 輔助系統，
5. 減速
6. 推進器／推進系統升級，
7. 航線與運轉選項，
8. 船殼改進改裝，
9. 其他改裝選項，
10. 空氣潤滑（air lubrication）。

　　此十個組別的劃分，乃基於減量技術或措施的異質與互補性。亦即歸類於同組別的減量技術或措施同質性較高，且減量效果常相互重疊，因此通常不建議同時採用。相對的，分屬不同組別的減量技術或措施則有互補功能，效益不相重疊，因此同時採用得以增加減量效果。

　　Bauhuag 等（2009）亦對各項措施進行成本效率估算，包括了年度運轉成本與資本支出。而資本支出的回收期，係依據各項措施的預期服役年限計算。因此，船的剩餘壽命，便成爲決定燃料成本節約是否超過投資成本的一項因子。該研究指出，就一艘僅剩下幾年餘生的老船而言，有些措施並不能帶來划算的結果。在此情形下，購買排放權或許是個較有利的選項。

　　Bauhuag 等（2009）的分析中顯示減速的成本有效性爲正值。這表示該項措施的成本超過了燃料節約。減速的相關成本，是先假設其市場與無額外船運容量之間取得平衡，因而必須建造新船，以抵消因爲減速所導致的容量減損。然而，當超過容量的情形（像是當今市場）存在時，這項措施便可望導致成本節約。

　　Bouman 等（2017）整理與回顧 2010 年以後發表的，探討船舶溫室氣體減量技術的研究文獻，認爲如能將所有減量技術全都納入應用，理論上而言減量最保守估計可達 80%，而最高可超過 99%。當然坊間所提出的不同減量措施彼此間可能有相斥性或重疊性，同步使用時的減量效果有可能不如預期。而務實而言，船商也勢必將經濟可行性納入決策考量。

　　唯儘管如此，Bouman 等（2017）認爲仍有能兼顧技術和經濟可行而達

到相當效果的減量方案組合，其一即為結合船舶大小、船殼形狀、降低壓艙水、船殼塗裝、混合推進方式與燃料（hybrid power/propulsion）、推進器能效提升、船速最佳化以及最佳天氣航線（weather routing），減量效果預期最高可達 78%，最保守估計則在 29%。而若能引入替代燃料（生質燃料或天然氣），該文認為研究文獻已指出提升減量效果到達 67-96%。

由於研究文獻中已普遍肯定，最佳化航速或相對較低速航行有助於降低二氧化碳排放，且由於其同步提升燃油效率，因此可以說是零成本甚至是負成本的減量對策（例如 Lindstad 等，2011），然而這種做法最讓海運業者遲疑的是可能降低全年運量或必須增建船隊，以致降低獲利。

Lindstad 等（2013）從國際海運業者觀點探討船舶減速是否可以仍能兼顧獲利，以蓬勃海運市場狀況為情境，並考量船速與最佳天氣航線。該文結論認為降速航行仍為可行，不致影響獲利，卻可兼顧二氧化碳排放減量。

Lindstad 等（2016）探討海運業者藉由貨櫃海運的服務差異化，以達最佳化獲利、降低溫室氣體排放、最佳化減量成本等多重目標。透過情境分析，該文認為貨櫃輪定期航線業者應提供兩種差異化服務：一部分船隻提供快速貨運服務，另一部分提供較慢速服務，而非單一標準化服務。

慢速服務有助於提升燃油效率、節省燃油成本，同時也降低溫室氣體。另外，船商則可藉由快速服務提高價格與獲利，雖然同時也可能增加燃油成本與溫室氣體排放。兩種經營策略的最佳組合，可以達到獲利最佳化，而兼顧溫室氣體減量。

Balcombe 等（2019）從國際海運技術、環境和政策的角度對諸項脫碳技術的脫碳潛力進行了全面評估。液化天然氣（LNG）目前已成為主流，因其可減少 20-30% 的，同時最大限度地減少 SO_X 和其他汙染排放物且具成本效益，但仍存在甲烷洩漏的問題。

另外，生質燃料、氫、核能和碳捕集與封存（Carbon Capture and Sequestration, CCS）也都可以進一步脫碳，但每種燃料在其經濟，資源潛力和公眾接受度方面都面臨重大障礙。在能源效率方面，通過減速航行、改變船舶設計或利用可再生資源可以節省大量的燃料和溫室氣體排放。綜上所

述，深度脫碳需要多方面的響應和採取更強而有力的政策，並可能區分短期和長期方法。

4.3 兼顧二氧化碳與其他大氣排放物減排之措施與其經濟性

部分研究文獻從兼顧 CO_2 與其他大氣排放物減排的角度探討減量措施的經濟性。MARINTEK（2000）探討新船與現成船分別將 CO_2 與 NO_x 減量措施併同考慮下，技術性措施的減排效果及增加的成本。在無須增加成本的情況下，效率最佳化即可減少 CO_2 達 12%，且可同時達 CO_2 與 NO_x 顯著減量的效果。

該研究並發現，需進行大幅投資及明顯增加運轉成本的選擇性催化還原（Selective Catalytic Reduction, SCR），雖可大幅降低 NO_x，卻對降低 CO_2 排放無所助益。至於改變燃油（從重燃油改用柴油），在運轉成本上估計需增加40%，可同時達到減少 CO_2（達5%）與 NO_x（達10%）排放的效果。

從研究文獻中可看出，有些減量措施可以一舉同時達到多重大氣排放物減排。例如藉著像是引進 GPS 及利用電腦以使航線與時程最佳化等運轉上的改變，能源密度亦得以提升。另一個選擇，則是在造新船時即降低設計航速。以油輪、散裝貨輪、及貨櫃輪為例，每降低最高航速的一半，即可降低大約 10% 的出力需求，而雜貨船更可剩下高達 20%（IMO, 2000）。

Bode 等（2002）則指出，藉由降低航速並維持一定容量，同時降低 CO_2、SO_2 及 NO_x 排放的潛力相當可觀，唯其量化卻相當困難。儘管因為燃油消耗量及投資成本的降低，成本必得以減輕，然另一方面由於船上所需人員必得增加，卻又得提高成本。

降低船速即等於是增加庫存，而必導致固定資本的高成本。而後者的重要性則主要取決於所運送的是何種貨物。未來研究值得蒐集與參酌國內、外不同資料來源有關個別措施之整合，兼顧不同排放物之減量潛力，進而評估諸措施結合後的減量潛力。

此外，部分文獻採用多目標決策模型，探討海運業者的減量對策的整合決策。Yang 等（2012）利用多目標決策模型探討氮氧化物與硫氧化物的減

排略選擇。利用取自海運業者、造船廠及海事學術研究單位的資料，該文建立了減排技術選擇的排序模式。

Ren 與 Lützen（2015）建立一多目標決策模型，探討國際海運業者的大氣排放物減量的最佳技術策略。該文的模型，可顧及不確定性與不完整資訊，並將多種排放物（硫氧化物、氮氧化物、溫室氣體及微粒）、技術性與經濟性因素、政府支援與社會接受度皆納入考量。文中以三種減量策略作為測試，包括：低硫燃油，加裝洗滌器，及採用 LNG 作為替代燃料，而獲得模型有助於協助國際海運業管理者決策的結論。

5. 岸電

岸上電力（onshore power），另有例如船舶替代電力（Alternative Marine Power, AMP）或冷熨（cold ironing）等稱呼。其在於讓船舶停靠碼頭或進乾塢（dry docking）時能夠使用岸上的電力，供應到船上電力系統，滿足照明、通風、通信、貨機、泵等設備運轉所需，而可停止運轉船上發電用的輔引擎。藉由接上岸上電源，船舶操作得以持續不斷，同時免除輔引擎產生的燃燒排放。此電力來自當地電網，經由港口變電站，接上船舶岸電系統的專用電源連接器。歸納港口設置岸電的主要理由包括：

- 港口運營產生的排放可能對港口與鄰近社區間關係構成壓力，而可能阻礙港埠擴展。
- 聯網效應可提升岸電設備利用率，降低整體成本，進而增進岸電的吸引力。
- 岸電的穿透亦得益於針對海洋汙染的其他法規，例如進入排放控制區（ECA）的船舶燃料，硫含量 0.1% 的限制。此將減輕對使用岸電的成本顧慮。
- 近年來，託運人對物流鏈的環保表現愈來愈有興趣。
- 已配備岸電系統的船隊持續成長。

・具環境航運指數的港口，獎勵船舶自願減排，並爲船舶使用岸電提供獎勵。

5.1 岸電技術

岸電與其基礎設施的要求，包括工業變電站接收從當地電網傳輸的電力，通常爲 34.5 千伏（kV）和變壓器，使電壓降低，以配合船舶的電氣規格（即 6.6 kV 或 11.0 kV、3 相、60 Hz）。一套龐大陸上電力基礎設施要求清單包括：配電開關設備、電路斷路器、安全接地、地下電纜管道、電源及通信插座與插頭。必須修改現有泊位，以適應岸上電源線和配件的安裝。對於建造新的泊位，技術要求及岸邊規格電氣與基礎設施，可納入設計階段。

參與岸電規劃的船舶，需安裝岸上電源電纜插座及相關電力管理系統。若尚無岸電力功能，則可以對現有船隊進行改造。對於新造船，船東可要求將船上的電力配置系統包含在內，作爲船舶電力系統設計的一部分。船上的岸電系統由插座面盤、電壓開關盤、斷路器及控制與監控系統，組合而成。根據岸上電源的頻率和電壓和船舶的電力系統，第二個變壓器，可透過電頻率轉換器（50-60 Hz）進一步降壓。

除了岸邊和船側系統，電壓與頻率在世界不同地區亦有差異。低壓系統（一般爲 400-480 V）需分多次連線，而高壓系統（6.6-11 千伏）則較容易處理。北美與日本及世界其他部分地區之間的電頻率差異，亦須一併考慮。

此外，電力系統的頻率與電壓，也可能因各種船隻大小與類型而不同。在歐洲港口停靠的遠洋船舶，船上多爲 60 赫茲電力系統，較小的船則只有 50 赫茲系統，但不航行到其他洲。

不同類型船舶與尺寸的平均電力需求與峰值功率需求也各不同，有時差異甚大。這種差異會對岸電系統的成本構成重大影響，因此重要的是，須儘量減少能源選項，並提前評估峰值電力需求。表 3.6 所列，爲適用於各類型船舶的岸電規格。

表 3.6　適用各類船型的岸電規格

船型（船長）	平均電力需求（MW）	尖峰用電需求（MW）	95% 船舶的尖峰用電需求（MW）
貨櫃船（<140 公尺）	0.17	1	0.8
貨櫃船（>140 公尺）	1.2	8	5
貨櫃船（全部）	0.8	8	4
Ro-Ro 與汽車船	1.5	2	1.8
油品船與油輪	1.4	2.7	2.5
郵輪（< 200 公尺）	4.1	7.3	6.7
郵輪（> 200 公尺）	7.5	11	9.5
郵輪（> 300 公尺）	10	20	12.5

　　岸電基礎設施也因船型而異。油輪、郵輪及 Ro-Ro 船，通常停泊在同一碼頭，不使用起重機，岸邊連接較容易。國際電工委員會（International Electrotechnical Commission, IEC）、國際標準組織（International Organization for Standardization, ISO）及電力與電子工程師協會（Institute of Electrical and Electronics Engineers, IEEE）共同公布自發性岸電系統標準。該標準，IEC/ISO/IEEE 80005-1，涵蓋陸上、船上以及岸對船連接與介面設備。該標準詳述有關岸電的設計、安裝及測試。

5.2 岸電的成本與效益

　　岸電系統的成本包括固定投資和運營成本。固定投資當中，包含對岸邊與船側對岸電的投資基礎設施。其中包含安裝高壓電源、變壓器、總機與控制面板、配電系統、電纜捲軸系統及變頻器等。

　　與岸邊基礎設施相關的兩項最大費用，是變頻設備和碼頭邊高壓電源供應站，約占固定資產投資總額的一半。船側修改的成本，依船型與大小及需求，從 30 萬到 200 萬美元不等。運營成本主要包含電費與稅捐，此二項因地區而異。一些國家，如瑞典，會減少岸電系統的電費與稅收，但可能尚須支付連接費。

使用岸電的最主要好處，在於改善當地空氣品質。泊港船舶的排放被當地發電排放所取代。岸上發電所產生的排放量通常較低，且距離人口密集區較遠。然而，實際減排效應尚受以下三個關鍵因素所影響，而仍須仔細評估。

首先，也是最重要的一點是船用燃油的排放係數。對於沿海屬 ECA 的國家，相對於不太嚴格限制船用燃油含硫量的國家，其源自船舶的排放，可能對空氣品質的影響較小。

其次，實際減排效果也取決於地方或國家電網供電電廠的排放因素。例如若電力來自風力發電與水力發電等來源，則不會造成汙染物排放。

第三，對人體健康的實際影響，和排放產生位置有關。在大多數情況下，港口與發電站都遠離市區。但在例如台灣的基隆市或香港等人與港密切接觸的港市，將排放物從船舶轉移到發電廠，可望帶來更多好處。

岸電讓船舶在靠泊期間，可以將船上的主機與輔引擎皆停止運轉。若無岸電，則船將持續讓輔引擎在靠泊期間運轉，提供船上所需電力。除了輔引擎，大多數遠洋船舶都配置有一個或多個鍋爐，用以加熱燃料並生產熱水。航行期間，此鍋爐通常停止使用，因為此船配備了廢氣回收系統，即節熱器（economizer），利用主機的排氣熱能以加熱燃料和水。

6. 直流電系統

6.1 直流電與交流電

1831 年法拉第（Michael Faraday）製作了第一個能持續產生直流電的發電機（electric dynamo）。1834 年市面上出現第一部手搖發電機，由於電流方向交替改變，故稱為交流電（Alternating Current, AC）。若在設計上加上滑環（slip ring）與整流子（commutator），便會產生僅在一個方向流通的直流電（Direct Current, DC）。

接下來的大型發電機多採用磁鐵和線圈，由水輪機或蒸汽渦輪機帶

動，能發出大得多的電流，以符合實際用電需求。當時用電，僅在於取代原本的瓦斯燈或油燈等照明用途。1878 年，英國人史旺（Joseph Swan）用通電的碳絲做出燈泡，並取得英國專利。次年，美國的愛迪生（Thomas Edison），做出一顆幾乎和史旺的完全一樣的燈泡，隨即和史旺訴訟。1883 年史、愛兩人轉而結合，成立了愛迪生與史旺聯合電燈有限公司（Edison and Swan Electric Light Co. Ltd.）。

愛迪生於 1882 年，在紐約成立愛迪生電力照明公司（Edison Electrical Illuminating Company），以六部在當時號稱巨無霸的發電機發電，再利用地下排水溝布設電纜，並在 192 座建築當中連接了四千個電燈，從此展開提供照明服務的生意。圖 3.9 左圖所示，為 1882 年布萊登發電廠，可看出廠內幾部蒸汽機分別帶動發電機，每部約 10 kW，右圖為當年的電燈廣告。

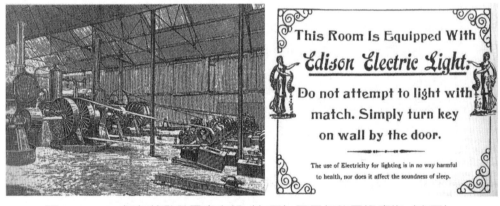

圖 3.9　1882 年布萊登發電廠內部（左圖）及早年的電燈廣告（右圖）

早年在供電上的一個重要辯論議題，在於究竟要採用 AC 或 DC。愛迪生極力主張供應 DC。其由蒸汽渦輪機發電，儲存在大型電池當中，如此即使須停下發電機進行維修，仍可持續供電，也可配合偶發性的尖峰負載。

當時供應 DC 電還有許多優點，像是可對 1890 年代開始出現，用以驅動電動汽車的電池，進行充電。而在當時一些軌道電車或電動火車，所用的變速電動馬達，也都較適合採用 DC 電源。

愛迪生為推廣 DC，還特別允許紐約監獄利用其實驗室，進行執行死刑用的電椅試驗，且堅持取名西屋電流（Westinghouse Current）。而當時，愛迪生的勁敵西屋（George Westinghouse）所力主的便是 AC。

然而 AC 終究贏過了 DC，理由相當充足。AC 電可以高電壓發出而便於傳輸，並逐步藉由變壓器，降為消費者所需要的低壓電。1887 年俄國的特斯拉（Nikola Tesla）便證明了，如何以分開的 AC 電源，以相同頻率但分開的相位（displaced phase），在一馬達當中產生一很強的轉動磁場，隨即用來帶動一磁鐵。雖然特斯拉一開始用的是二相電，但卻為後來發電和輸電所用的三相電，立下了基礎。三相馬達出力可以很大且效率逾 90%，導致最後為世人廣泛採用。

6.2 DC 重獲青睞

時至今日，隨著技術的進步，DC 已被證明在例如效率與可靠性等方面，更優於 AC。以下討論 DC 應用於海運的運轉彈性等優勢。

6.2.1 運轉彈性（operational flexibility）

由於在船上裝設 DC，輸配電所需電力的轉換階段（conversion stage）及所需地板面積皆較少，因此可望降低成本。DC 和再生能源及能源儲存系統（Energy Storage Systems, ESS）整合，過程也更簡單。

DC 可用於任何數十 MW 電力需求，運轉電壓約 1,000 V DC 的電動船上。DC 系統也適合經由 DC 匯流排（DC bus），用於船上的主要與緊急用設備上。圖 3.10 所示，為一般船上的 DC 系統。圖中發電機（Engine/Generator）發出的電透過電子電力載體（Power Electronic Carrier, PEC），送到 DC 共匯流排（common DC bus），再分別透過 PEC 輸配到馬達驅動螺槳、鋰電池（li-ion batteries）儲存或透過變壓器（transformer），供至各 AC 負載。

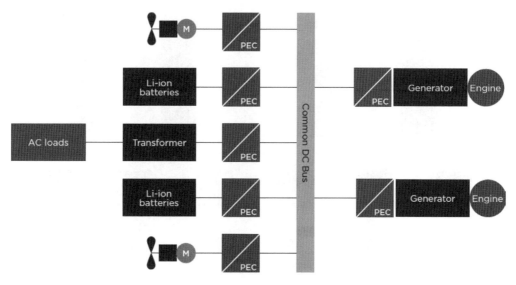

圖 3.10　DC 系統示意

　　DC 配電系統只是多個既有 DC 連結的擴充。其可節省相當大的空間與重量，並且在電動設備的配置上，也可提供較大彈性。如此可大幅增加載貨空間，船在配置上也更具功能性。至於節省的重量與空間，則因船型與其應用而異。

6.2.2 共用DC匯流排（common DC bus）

　　由於 DC 系統並不需要鎖定在某特定頻率（船上一般爲 60Hz），因此可顯著提升能源效率。而也由於各個電源的控制皆具彈性，也開創出新的節能與運轉效率優化方法，包括動態回應船舶的服務與推進負荷需求，改變發電機轉速與電壓。例如離岸支援船及拖船等，便相當適用。

　　DC 配電的安排因震動產生的噪音也相當低。圖 3.11 與 3.12 所示，爲多驅動匯流排網路（multi-drives network topologies）。圖中的轉換器模組（converter modules）的配置和 AC 系統類似。各個主要使用者分別由一逆變單元（inverter unit）。在配電上，各個轉換器組件位於對應電源或負載最近處。所有發出的電都直接透過一整流器（rectifier）饋入共用 DC 匯流排。

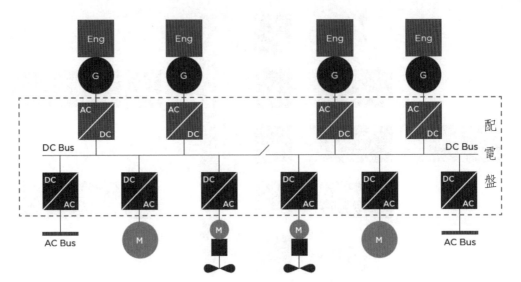

圖 3.11　多驅動匯流排網路

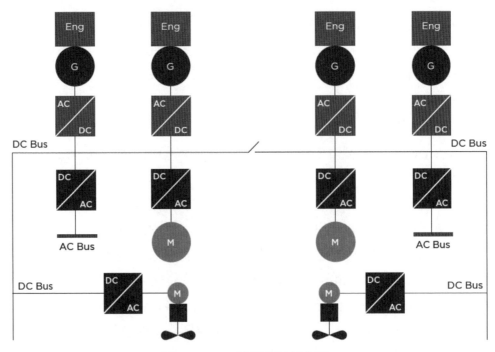

圖 3.12　DC 配電匯流排網路

6.2.3 近期DC的發展與應用

近期一些新的混合系統，提供了將再生能源供電到船上的機會。例如 ABS 所提供的 Guide for Direct Current Power Distribution Systems（DC）for Marine and Offshore Applications，便涵蓋了將 DC 電力系統整合到海運與離岸應用，在設計、裝置、測試及檢驗的各項需求（圖 3.13）。其包括功能性、電壓變動、電腦系統、電力品質、接地、材料、間隙及漏電距離（creeping distances）及外殼。將新技術與 DC 進行整合，首須徹底進行風險評估，以確認技術性風險，以及船上設計配電與控制系統整合的相關不確定性。

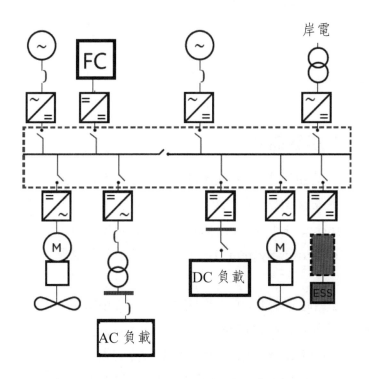

圖 3.13　船上的 DC 輸配系統

6.2.4 DC的挑戰

儘管 DC 有前面所討論到的諸多優點，其從最早的用電方式，到如今回頭應用 DC 並擴大使用，仍將面臨許多挑戰。

多年來 DC 系統一直用在一些，諸如控制與儀器系統等小應用及高壓傳輸系統上。而將 DC 系統應用在海運的電力輸配上，則尚處萌芽階段，全 DC 電網僅在過去幾年應用在少數小船上。將此新系統用在船上，首先需要進行船員的訓練、意識建立及熟悉。

何況，這些新系統都要靠一些像是 DC 快速線路斷路器（fast DC-breakers）與固態開關（solid-state switches）等相當新的零組件支援。而這些零組件在海上環境當中的運轉時間，也都還不久，而某些技術的可操作性、可靠性及故障率等的相關歷史數據也都不足。此外，應用於海運的相關要求與國際標準，也都仍處發展當中。這些多半仍待從陸基的標準與指引過渡，使適應於海運。

7. 船舶GHG排放監測

在全球暖化的議題下，在國際間對於航運部門的減碳方面，EU 和 IMO 都有明確減少船舶 GHGs 排放的決心，並且先後導入了兩種類似的單獨制度 EU（Monitoring, Reporting, Verification, MRV）機制和 IMO 數據蒐集系統（Data Collection System, DCS），兩套系統都著眼於蒐集與分析航運 GHGs 排放數據。

EU 認為既然此時 IMO 所主導的 EEDI 和 SEEMP，無法有效減少船舶 GHGs 排放，便努力朝向以巴黎協定（Paris Agreement），全球溫度升高不超過攝氏 2 度的全球目標，於 2013 年 6 月首次提出了對於航運 MRV 法規草案。該法規在於對航行於 EU 海域的船舶所排放的 CO_2 納入 MRV 的管制。

如此一來，航行至歐盟港口的商船都需自行監測 CO_2 排放，形成一個區域性海運減碳目標架構。IMO 在 EU 的合理壓力下，於 2016 年批准了 IMO GHG 路徑圖（GHG Roadmap），包括與 MRV 架構相似的強制性

DCS，期望在未來 DCS 系統上路後，可收進一步全球減碳效益。

7.1 IMO DCS

IMO 數據蒐集系統 DCS，用於蒐集和報告船舶所使用的每種燃料的消耗數據。因此，為數據蒐集所需，IMO 定義出船舶能源效率管理計畫 SEEMP 第 II 部分，概述蒐集燃油消耗數據的方法。此法適用於 5,000 GT 及以上的所有國際航程船舶。

根據 MARPOL 附則陸規定，在蒐集數據之前，船舶須依照 SEEMP 第 II 部分的方法和流程制訂出計畫，並在期限內提交給認可組織（Recognized Organization, RO）進行審核，核實後 RO 將為該船舶的 SEEMP 提供合規聲明，之後必須在船上保留這些文件。

需要蒐集的燃油消耗數據包括，無論船舶是否航行時的，主機、發電機、燃氣渦輪機、鍋爐和惰性氣體產生器等各種燃料消耗資料。SEEMP 第 II 部分包括量測船舶航行距離、航行時數，以及用來向主管機關報告數據的過程與相關資訊的方法。

自起 IMO-DCS 實行以來，船舶必須開始監測燃油消耗數據，以及其他額外的指定數據。而各船便應總合該年所蒐集的數據，在日曆年結束後三個月內，向船旗國或 RO 報告，在經過船旗國或 RO 確認數據符合法規要求報告後，發給船舶符合規定聲明。船旗國隨後即須將這些數據，傳送到 IMO 船舶燃料油消耗數據庫保存。未來 IMO 將於 MEPC 會議中提出此數據，進行研討。

7.2 EU MRV

EU 為航運導入了 MRV 機制，其政策涵蓋排放、貨物運輸、行駛里程和航行時間的監測、報告及核實部分，適用於進出歐盟港口從事商業航行的所有船隻，並向中央數據庫提交經過驗證的船舶年度排放報告，且每年公開揭露數據。該法規的目的在於藉由監測排放，鼓勵船東公開提供年度核實船舶數據，以提高船舶運轉效能，減少排放且滿足透明度。

EU 執委會制定了分階段策略，逐步將海運 GHG 排放納入歐盟減排體

系 MRV 當中。該策略包括三個連續的步驟：

- 監測、報告並查核源自 T 以上船舶的排放。
- 針對海運部門設定 GHG 減量目標。
- 導入市場措施（Market-Based Measures, MBM）在內的各種措施。

　　MRV 法規於 2015 年 7 月 1 日起生效，船東及營運商必須於 2017 年 8 月 31 日之前，將其監測計畫提交給認可的查核單位，經核實後提交至歐洲海事安全局（European Maritime Safety Agency, EMSA）的中央數據庫管理。從 2018 年 1 月 1 日 MRV 第一個監測週期開始，船舶監測數據應以每航次進出 EU 港口航程作報告。

永續船運小方塊

中國碳市

　　中國大陸的國家排放交易系統（ETS）自 2021 年 7 月 16 日起開始進行交易，涵蓋各電力各公司。交易第一天，以每噸 48 元人民幣開出，52.8 元收盤。在接下來兩週的交易當中，交易免費碳額度（allowance）將近六百萬噸，價值約 3 億元人民幣。

　　若接下來幾年內的情況合乎預期，這些碳價（carbon pricing）將可望開始對欲其達成的減排目標，扮演關鍵角色。

7.3 比較 IMO DCS 與 EU MRV

　　針對 EU 已實施的 MRV 機制和 IMO 即將實行的 DCS 之間的流程差異，可在表 3.7 當中明顯比較出。

表 3.7 比較 EU MRV 和 IMO DCS 機制

	EU-MRV	IMO-DCS
主要目的	蒐集船舶排放數據	蒐集燃油消耗數據
適用性	> 5,000 GT（EU 各港口）	≥ 5,000 GT（全球海域）

	EU-MRV	IMO-DCS
監測計畫	• 單獨的文件描述了數據蒐集和報告的方法 • 監測計畫須經獨立認可的驗證單位核實 • 提交監測計畫的截止日期為 2017 年 8 月 31 日 • 首個監測週期開始至 2018 年 1 月 1 日 12 月 31 日 • 在 2019 年 1 月底前向驗證單位報告	• 數據蒐集和報告方法應在 SEEMP 第 II 部分中描述 • 計畫經由 RO 進行審核 • 提交 SEEMP 第 II 部分的截止日期為 2018 年 12 月 31 日 • 首個監測週期開始於至 2019 年 1 月 1 日 12 月 31 日 • 到 2020 年 3 月底向驗證單位報告
報告細節	• 總計消耗的每種燃料的數量和排放因子 • 排放總量 • EU 各港口的航程 • 停靠於 EU 港口之間的航行 • 總運輸工作 • 於海上和港口的時間 • 運輸貨物 • 平均能源效率	• 提交數據的日曆年 • 航行距離 • 總計消耗的每種燃料的數量 • 船舶在航行推進下的時間 • DWT 作為貨物代理
驗證單位	EU 授權的驗證單位核實年度報告	由船旗國（或 RO）驗證的年度排放報告
回報單位	船公司向 EMSA 數據庫報告年度排放量。	船旗國（或 RO）向 IMO 數據庫 THETIS 提交報告
罰則	連續兩年不合格或未依規定備有計畫及未依時程取得合規者，將被禁止進入 EU	未依規定取得合規文件者，PSC 滯留
數據透明度	EU 會公布數據（公開數據庫）	IMO 將船舶個別數據保密（匿名數據庫）

7.4 大氣排放監測系統

　　國際間對於船舶排放監測儀器規則和標準，MARPOL 公約附則陸第 2 號決議附錄 3，有詳細的說明量測柴油引擎排放氣體成分的分析儀規範，分析應採用非分散紅外線（Non-Dispersion Infrared, NDIR）吸收型，應用於

海上排放監測系統應盡可能符合以下要求：

- 必須能夠處理水分飽和的氣流；
- 最好通過 MARPOL 法規認證；
- 堅固耐用，必須能夠承受振動；以及
- 簡單易用、耐腐蝕。

若使用其他分析儀器，可在主管機關批准後，若產生數據與 NDIR 吸收數據結果相同，則該儀器可被接受使用。儀器的校準方法，MARPOL 附則陸第 2 號決議附錄 4 中，有分析儀器的校正與允許偏差值之相關說明。

針對海運理想的監控計畫應符合準確性、可執行性、透明度等要求：

1. 準確性：數據的蒐集應盡可能反映船舶的實際排放量，數據蒐集和驗證程序應遵循清晰透明的指導原則，以保證數據一致性，且數據應經過認證，並與港口國或船旗國當局用於驗證其合規性。

2. 可執行性：執法是採用該法規時的必要考量，如 MRV 須作為減少排放法規的第一步，此點更為重要。只有在易於蒐集調查與驗證排放數據情況下，才能提高執法效益。此外，為有效減少船舶在港的耽擱，並確保最小行政負擔，數據驗證程序應該簡單快速。

3. 透明度：透明度原則常與保密問題相關，特別是與敏感的保密互相衝突。透明度是建立 EU MRV 系統時應受到重視的基本要素。特別是如果它必須作為減排的基石，透明度將導致更好的決策，並可能提高部門的能源效率。例如船舶燃料消耗信息透明，承租人就可以要求租船的公司作出更明智決定。船舶公開排放數據也很重要，應作為一項權利予以保證，EU 排放交易體系（Emissions Trading System, ETS）所涵蓋的固定排放即已如此。

7.4.1 落實MRV排放監測系統

對於如何有效監測 CO_2 排放，在監測環節中 MRV 法規提供下列四種方法，用以確定 CO_2 排放和燃料消耗量。以下選項當中前三種是基於燃料消耗的測量，它與 CO_2 排放量有直接關係，因此透過確定燃料的碳含量，可

以將排放因子應用於燃料消耗數據來計算 CO_2 排放。而最後一個選項是直接量測船舶所排放的 CO_2。

■燃油交付單（Bunker Delivery Note, BDN）和定期庫存

在航行的開始和結束時確定船上的燃油艙櫃中的油位，並透過該信息與 BDN 和定期庫存信息相結合，則可計算船舶在該航程中消耗的燃料量。MARPOL 規定要求船舶在船上保存油類記錄簿，BDN 和燃料樣品，並可隨時用於港口國檢查確定燃料消耗，從而確定 CO_2 排放。

此法的準確性，大多取決於 BDN 信息中包含的質量準確性，以及可能影響計算結果的一些假設。例如所有銷售的燃料都被消耗，不同燃料的確切碳含量已知，油櫃中的確切燃料量等。這些都降低了該方法的實用性和透明度，此外需要進行重要的數據處理以產生排放數據。因此計算和驗證的機構與港口國的負擔可能非常高。

此法使用 BDN 中規定的燃料數量和類型，以及從燃料箱讀數中獲得的定期燃料庫存，不適用於貨物作為燃料的情況，例如 LNG 船，則不適用。

■艙內油位監測

根據油櫃的油位數據計算出船舶的燃油消耗量，並與第一種方法相比。油櫃內的油位不是手動確定的，而是透過油櫃內的偵測系統決定，並透過油櫃內部探測系統累積讀數之間的水平變化，確認該航程中燃料消耗量。

■流量計監測

該方法不依賴船舶油櫃油位數據，而是以流量計透過連續監測來自船上油櫃內的燃料進出流量。連續燃料消耗監測可以透過使用如主機的燃料流量計，量測油櫃精準的流量，來確認航程內燃料的消耗總量。

此法可用於新建和改造引擎來達成，燃料測量的準確性在很大程度上取決於所用設備的類型，但現今設備已具有高精度，且量測儀器方面也可以應付燃料黏度、密度、混合等問題，因此所產生的結果準確性相對提高。

此系統提供船員實際燃料消耗數字，如果要建立適當的報告系統，這些數據可以很容易地提供給港口當局。由於數據蒐集是自動完成的，因此將船員的負擔最小化，從而減輕了港口國當局的負擔。

7.4.2 直接量測排放CO₂

該選項與其他選項不同，因爲它依賴於氣體CO_2而非液體燃料的量測。藉由連續監測船舶的煙囪排放廢氣，以測量到的 CO_2 排放量和適用的燃料排放因子，可計算出該航程的燃料消耗量。

相較於連續燃料消耗監測，直接排放監測是一個有吸引力的選擇，可爲航商提供強大而透明的數據，並自動向執法機關報告。直接監測的主要優點是能夠將 CO_2 與其他空氣汙染物如 SO_x 和 NO_x 結合起來量測，因此該方法可作爲量測船舶排放的獨特儀器。

MRV 監測報告週期定義爲日曆年，對於在兩個不同日曆年開始和結束的航程，監測和報告數據將以第一個日曆年開始時間計算。例如從開始到結束的航程年度報告，船公司必須提供每艘船一日曆年特定的排放報告，報告參數包含船舶的 EEDI 或估計指數值（Estimated Index Values, EIV），和數據匯總報告。MRV 驗證部分，涉及檢查和獨立驗證以下相關的信息：

船舶監測計畫過程及系統風險和控制設計，這些信息將在監測計畫中進行匯總。

監測和報告 CO_2 排放和運輸工作，報告的內容包括：燃料數據、每次航程的距離、時間和貨物、提供文件證明內部監測系統執行的文件，以及能證明充分計算後整合的數據的文件。

根據 EU 委員會估計，MRV 法規將增加船東或運營商每年額外行政費用總額約爲 7,640 萬歐元，若船東投資於更準確的燃料消耗監測方法，他們必須負擔更高的設備投資成本。相對的，執行 MRV 驗證成本將下降。透過監控方法和報告的程度以及監測的準確性和可驗證性，可解釋對於 MRV 驗證成本高低的影響。表 3.8 列出上述各種監測方法的成本和準確性。

表 3.8   監測方法的成本和準確性

	設備成本[*]	監控和驗證成本	準確性
BDN 和定期庫存	無設備成本	使用紙本記錄可能會很高	±5%
艙內油位監測	約 1,000 美元／櫃（大多數船舶的標準）	如果自動監控，則適度	±5%
流量計監測	約 15,000-60,000 美元（許多新船的標準）	如果自動監控，則適度	視類型而定 ±0.2%-±3%
直接量測 CO_2 排放	約 10 萬美元	如果自動監控，則適度	±2%

[*] 前兩種方式所投入的設備成本較低，但後續的驗證成本較後兩種連續監測的方式更高。

7.5 未來走向

　　EU-MRV 和 IMO-DCS 是在減少 GHG 排放的背景下開發的，目標是衡量並減少航運業的 CO_2 排放。根據現行 EU-MRV 機制以及將來即將實施的 IMO-DCS 系統，兩項重疊的方案未來船舶都須遵守其相關的規定，船東或運營商可選擇其一。涵蓋兩種方案的認證機構實現合規性，應盡量選擇統一管理監測事項、檢閱數據及審核船隊合規性的單位，並且提供技術諮詢，減少船員及管理人員的工作量，讓船東可以自行決定，使用哪種方法來量測船隊中每艘船的燃油消耗和 CO_2 排放量，避免不必要的雙重報告。

　　航運 MRV 計畫發展至少比 IMO 提倡 DCS 提前一年，MRV 計畫著重於 EU 地區內外運輸活動產生的 CO_2 排放，IMO 計畫則涵蓋全球航運排放。然而兩種機制是否會匯合以及何時匯合，在 IMO 全球數據蒐集系統到位之前 MRV 機制不太可能被放棄。這意味著即使雙方同意協調，也會存在一段重疊的時期。兩個類似的監管制度共存，將會造成航商的管理負擔及執行合規文書上的繁複。若此二系統都可在全球範圍監管且易於遵守，則能共同使航運與環境達獲致最理想效益。

7.5.1 移動式量測系統之建立

　　有效防制大氣排放的基本需求不外針對來源附近，找出並量化相關氣體

的濃度。而一套具彈性且可移動的量測裝置，也就成了此氣體濃度量測所不可或缺。儘管小型手持量測裝置既便宜且可彈性使用，然卻因量測人員需要很靠近排放源，而具相當安全疑慮，而在有些領域往往無法解決。

■設備技術之發展

從國際間落實限制源自海運大氣排放相關法規的發展趨勢來看，在船上對燃氣進行自我檢測為趨勢之一。方法之一，為整合一組輕巧的遙控空氣汙染偵測裝置，到一無人機上，進行空中監測。以此系統，飛到船舶煙囪上方附近，進行數據蒐集，以建立在船上執行監測的能力。藉由此法得到的數據可和透過燃油消耗計算等方法得到的排放數據，進行比較。

近年來在迷你 UAV 手提式氣體量測技術等領域上的發展，使得對大氣中有害物質進行追蹤並定性成為可能。The Federal Institute for Materials Research and Testing 與 AirRobot GmbH 公司合作，發展出一套手提且具彈性的量測系統（圖 3.14）。該系統包括一套可與 AR100 無人機結合，用於各種不同情境的氣體感測模組。

圖 3.14　AirRobot AR100

該飛行器的總重量大約 1.2 kg，在最大風荷下最長飛行時間約 30 分鐘，遙控操縱距離超過 3,000 公尺。在此 AR100 上有五個，符合人員安全設計要求的市售氣體偵測器。此氣體偵測器可根據情境，偵測許多燃燒氣體與蒸氣及有害氣體。藉著移除一些不需要的元件並加上可充電鋰電池，其重

量已得以大幅減輕。

　　該系統並在氣體偵測器與無人機之間，藉由附加電子電路以控制其間的聯繫。顧及溫度與溼度皆會影響量測數據，系統當中並整合入溫度與溼度感測器。

　　在此系統的運作中，將氣體傳送至化學感測器屬關鍵過程，此在於無人機轉輪所造成的擾流。此可視其應用與基本狀況，藉由不同方法解決。氣體傳送可不藉任何輔助裝置被動進行，半主動（利用轉輪所產生的氣流）進行，或是（採用一外加風扇）主動進行。為達成較快速的量測以縮短無人機的駐留時間，需應用上另外兩個氣體傳送原理。藉著結合影像數據、飛行控制數據、GPS 座標以及從氣體感測器得到的量測數據，應可建立起一套用以評估特定氣體的擴散與移行的新方法。

　　目前這類船舶排放監測技術正進行量測技術精進，重點在於力求儀器輕量化及數據儲存與傳輸技術升級，接著將進一步整合其他量測技術。相關工作包括天氣數據之量測，如風速、相對溼度、氣溫、氣壓，氣體連續量測，微粒連續量測，整合氣體採樣，飛行路徑與定點之預設程式，排放輪廓之即時呈現，及相關維護保養技術之建立等，以進一步提高操作友善與價格友善。可預期將面對的挑戰包括：密切注意 EU-MRV 及無人機相關法規之落實與擬定、ASTM 無人機新標準、數據儲存與傳輸之控制、量測感測器之評估（例如對震動與移動之感應）及業界與社會接受情形。

7.6 連續排放監測系統

　　近年來線上排放監測技術（online emission monitoring technology）因為能針對源自煙囪的粒狀物與氣體提供精確且連續的資訊而廣為業界接受。市面上既有的系統所監測的參數包括 PM、HCl、HF、NH_3、SO_2、CO、O_2、CO_2、NO_x、VOC 等。

　　這類連續排放監測系統（Continuous Emission Monitoring System, CEMS）包含了能用來決定排放氣體與粒狀物濃度及排放率的整套設備。其採用一套量測分析與電腦程式，以提供相對於排放限度或標準的結果。

8. 壓艙水控管技術

IMO MEPC 72 通過的壓艙水控管系統（Ballast Water Management System, BWMS）守則於 2019 年 10 月 10 日生效，允許持續使用已通過原 G8 準則批准的 BWMS。亦即，2018 年 10 月 28 日之前批准的 BWMS 可無需修改或重新設計即可合規。

IMO MEPC 建立的壓艙水處理標準，依據的是一套所謂「二階段措施」。在第一階段當中，包括了能適用於所有船舶的要求，例如強制要求準備一套壓艙水與底泥管理計畫、一本壓艙水紀錄簿、以及新船應在一既定標準之下或標準範圍內，執行其壓艙水與底泥管控程序。現成船被要求在過渡時期之後採行壓艙水管控程序，有別於新船所適用的範圍。

第二階段包括一些可能適用在某些特定區域的特殊要求，以及界定該特定區域的標準。在該區域排放與（或）汲取壓艙水時，還須額外加上一些管控措施。歸納目前可用來減輕透過船舶壓艙水引進非原生生物的技術，可依其所採方法分成五種類型：

- 減少引入船上的生物，
- 在船上留置壓艙水，
- 在海上交換壓艙水，
- 在船上對壓艙水進行處理，
- 在岸上對壓艙水進行處理。

8.1 壓艙水控管選擇

目前針對降低壓艙水中非原生海洋生物在世界四處傳送的可能，已有一系列壓艙水管控指南及規範實務。這些指南涵蓋了所有建議過的管理與處理步驟，但並非都適用在所有情況之下。在諸多壓艙水控管方案當中，壓艙水換水是目前所有能提供方法當中唯一能為國際所接受，並且是所有已對壓艙水進行管控國家所認定的首要處理方法。

其他可供選擇的措施可大致分成化學與物理二大類型，另外也包括以紫外線輻射、超音波、排放、及脫氧等與臭氧、氯、有機酸及銅／銀等化

學，搭配使用的方法。針對用以作為選擇壓艙水處理系統的基礎，IMO 根據其殺死、解除作用或清除生物的有效性，建立不同選擇的接受標準與程序。

8.1.1 大洋中換水

大洋換水方法可分作二種基本措施：重新壓艙及連續沖洗。重新壓艙時先將艙清空，再重新加滿壓艙水，固然得以有效替換掉大量的水，但卻須仰賴船艙與泵送系統及安全要求上的設計。其更換效率在 91 至 100% 之間。藉著噴射泵送系統的二次收艙，可將艙內殘留水量減至最少。唯重新壓艙的最大問題，在於其中潛在的船舶彎曲力矩、剪力、以及船殼應力。

例如從圖 3.15 可看出，一艘滿載稻米 (1) 的散裝船，在航經紅海、穿過蘇伊士運河，進入地中海南歐國家，卸下米 (2)，同時泵入當地的壓艙水到船上的壓載艙。接下來，船在前往美國從東岸，進入五大湖裝載小麥 (4)之前，會先在航經大西洋途中，將船上的壓艙水換成大洋的水 (3)。如此，該船在裝入小麥之前，所排出的便已是大西洋的水。壓艙水交換規則包括：

■盡可能在離最近陸地以外、水深至少處，依 200 海浬 200 公尺 IMO 的相關指南進行換水；

■所有船應根據該船的壓艙水管理計畫條款，將源自所訂定壓艙水汲取區域的底泥清除並棄置。

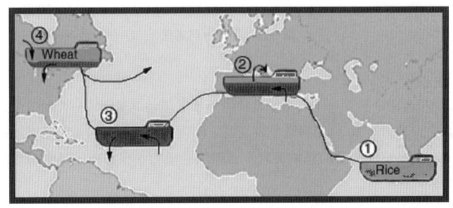

圖 3.15　一艘從南亞載運稻米 (1) 前往地中海卸貨 (2)，接著航向美國 (3) 裝載小麥 (4)
的壓艙水換水過程

連續沖洗因可一直維持艙內滿水狀態，得以避免超過安全限度的彎曲力矩、剪、及應力等問題。然而，其仍存有船艙或壓載管路超過壓力等潛在問題。在此選擇情況下，「新鮮」的海水藉由壓艙水泵送入艙內，在安全情況下讓水逐自溢出。此一措施的換水效率取決於換水艙數與水量、艙的設計與泵送容量，以及船的運動與海況等因素。

8.1.2 船上處理壓艙水

要求船舶在大洋中換水，曾是普遍採行控管壓艙水生物傳遞的對策。經過多年來的廣泛研究，在船上處理壓艙水實屬必要。如圖 3.16 所示，處理壓艙水的對策主要分成：（一）在吸入口針對水生物把關，以及（二）在壓載艙內去除生物二大方向。以壓艙水加熱處理為例，其可選擇於吸入口對泵入壓艙水進行加熱，同時也可對壓載艙內的壓艙水加熱以去除其中生物。

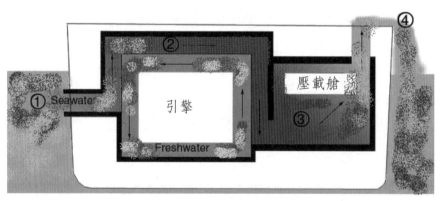

圖 3.16　壓艙水熱處理

■加熱

加熱選項是讓來自主機冷卻系統的熱水流經各壓載艙。研究顯示，以低至 55℃的水加熱 30 分鐘到數小時之間，即可殺死大部分的葉綠素甲，過去在 Iron Whyalla 輪上的試驗發現，在加熱過後的水樣當中，無動物性浮游生物得以存活。

■ 過濾

用作大規模壓艙水過濾的包括，自洗式濾網過濾及流沙過濾，網目一般為 50 微米，可去除浮游動物。針對其他如鞭毛蟲囊等生物則需 20 微米濾網方能奏效，至於細菌則需用到 0.2 微米的。根據美國大湖壓艙水技術展示小組已針對過濾的概念進行評估得到的結果，連續自洗式過濾器顯示可達到 82-95%（50 微米）及 74-94%（25 微米）的分離效率，而各種不同生物的相對生物去除效率則在 80-99% 之間。

■ 水流漩渦

透過此一概念所作的實驗可看出，其針對某特定種類生物的去除效率相當差，且幾乎完全無法去除細菌。

■ 紫外線輻射

研究顯示，若與上述水流漩渦法相結合以預處理壓艙水，則針對某特定微生物，可收完全去除之效。而若能在紫外線處理之前，先加以分離或淨化處理，則可獲最大效果。

■ 化學藥品

儘管可能用來殺死生物的化學藥品相當廣泛，但多因安全理由被拒。圖 3.17 為以臭氧處理壓艙水的示意圖。從圖中可看出，該系統由過濾單元、臭氧產生器、臭氧噴射器、去除總殘留氧化劑（Total Residual Oxidants, TRO）之中和單元、系統控制單元及採樣單元。

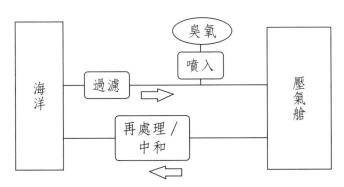

圖 3.17　臭氧處理壓艙水系統

8.2 BWM 處理技術選擇

圖 3.18 比較，採取換水、過濾、加藥、加熱、及紫外光照射等不同方法，所適用的生物大小範圍。從圖中可看出，加熱法適用於處理成熟甲殼類及大、小魚。紫外光則是用於浮游生物、魚卵及微小生物。至於選擇壓艙水處理系統的主要考量，包括：

- 空間：足跡、化學品存放
- 安裝容易：模組／裝貨櫃單元／分離部件
- 安全位置：有害區、毒性
- 運轉成本
- 水流率

- 操作容易
- 保養維護
- 人員訓練
- 相關文件
- 現成船之考量

亦即，該系統須具備的競爭優勢，包括：

- 低耗能
- 易安裝
- 最小足跡

- 對環境友善的處理（不使用化學品）
- 對系統不造成腐蝕等不利影響

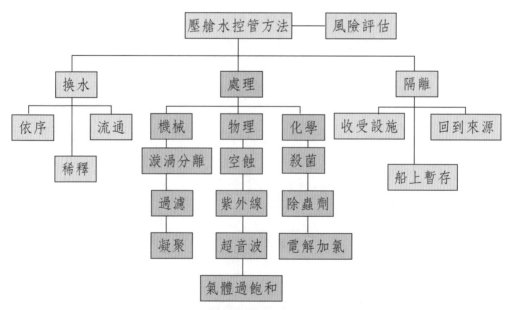

圖 3.18　分屬換水、處理及隔離等壓艙水管理方法的各種技術

8.3 冤壓艙水系統（no ballast system）

　　IMO 的壓艙水公約，在於漸少藉由船舶壓艙水，從某個水域將生物傳輸到另一水域當中。爲能防止這類情況，無壓載船舶也就成爲共同追求的目標。

　　爲徹底解決船舶壓艙水生物傳輸問題，美國密西根大學持續針對流通壓載（flow-through ballasting）系統（圖 3.19）進行研究。該系統在空船需要壓艙時，以吃水線下方圍繞在貨艙周圍的縱向結構壓載艙，取代傳統壓載艙。這些艙和位於船艏與船艉附近的吸入與排出兩道開口相通，讓其保持淹到壓載的情況，藉著艏與艉之間壓力差，讓水緩緩流入，大約每小時完成一次換水，以確保壓載艙內隨時裝著當地的海水。到接近壓載航程尾聲時，這些艙被隔離，並以傳統方式抽乾壓艙水。

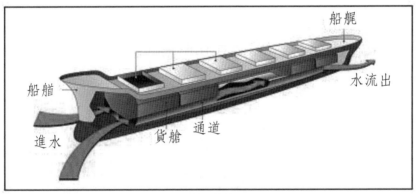

圖 3.19　散裝貨輪流通壓載系統示意

　　韓國現代尾浦造船廠（Hyundai Mipo Dockyard）於 2018 年底，交出全世界第一艘無壓載的天然氣加氣船（LNG bunkering vessel）。該船（總共三艘，7,500 m³）爲德國 Bernhard Schulte 訂造。該造船廠接著以此爲基礎，建造了首艘無壓載 1,800 TEU 貨櫃船。

9. 船舶防汙系統

表 3.9 整理了過去一世紀當中，船舶防汙系統的演進。

表 3.9　船舶防汙系統大事紀

防汙系統	時期	環境衝擊／採取措施
在船殼上採用樹脂或瀝青	1900	
銅基油漆，含氧化汞、砷鹵化物	20 世紀 60 年代	長期防汙油漆，對船殼提供保護達 24 個月之久。
引進 TBT 為基礎的防汙油漆	20 世紀 70 年代	含 TBT 自滑性防汙漆為船運業所推崇。船舶因此可延至每五年進塢一次。
引進自滑性共聚合（self-polishing co-polymer）TBT 基防汙油漆	20 世紀 80 年代	開始擔心在法國所證實的 TBT 對牡蠣的副作用（變性）。在英國海岸亦有與 TBT 有關的變性紀錄。許多國家針對長度小於的船 25 公尺，禁用 TBT。
針對小船引進非黏性塗料。開發出各種無錫替代品	1990s 早期	IMO 決議建議各國政府針對長度小於 25 公尺的船禁用 TBT；自油漆析出的 TBT 應少於每日每平方公分 4 微克。日本、紐西蘭、澳洲，禁用含 TBT 的防汙劑。發現 TBT 所引起的峨螺變性。美國、加拿大、澳洲、瑞典、荷蘭制定 TBT 釋出率的限制。
	1995	IMO 組成針對防汙漆危害影響的 MEPC 工作小組。
	1997	日本禁產 TBT 基的防汙漆。
	1998	MEPC 同意草擬，用以禁止在防汙系統中採用有機錫的強制性規則；MEPC 並通過草擬會議的決議，訂出執行的時間表。
	1999	IMO 第 21 次會議通過在防汙系統中以有機錫化合物作為殺蟲劑的決議。
	2003	在防汙系統中採用有機錫化合物作為殺蟲劑的禁用期限。
	2008	在防汙系統中以有機錫化合物作為殺蟲劑完全禁止的期限。

9.1 保護塗層效能標準

2006 年 12 月，IMO 通過《保護塗料性能標準》（Performance Standard for Protective Coatings, PSPC），並列入 SOLAS 公約當中。PSPC 於 2008 年 7 月生效，適用於所有 2012 年 1 月起交付的所有船舶。該標準旨在通過對塗料的技術規格，以及針對檢驗與驗證條款提出新要求，以減少壓載艙因腐蝕而出現的故障。

9.2 TBT 油漆以外的防汙技術

9.2.1 自滑油漆

防汙油漆於 1960 年代末期有了突破性進展，開發出所謂自滑塗料（Self-Polishing Coating, SPC），其中的有機錫化合物是以化學鍵接在高分子基礎之上。如此一來，由於該殺蟲劑是在海水與油漆表層反應時釋出，這些油漆的滲出率因此得以控制。

一旦此表層剝落，該釋出殺蟲劑的反應乃在下一層重新開始。依此類推，在整個油漆的壽命過程中其滲出率得以維持一定，而船舶也可以延長到 60 個月內不需油漆。海水與 TBT 鍵水合，而 TBT 殺蟲劑及高分子樹脂，則以受到一定控制的速率，緩緩釋出。

TBT-SPC 系統的機制堪稱特殊。其結合了受到控制的水解作用，致使塗布面顯得光滑，並能一面藉 TBT 成分造成殺蟲效果，同時又能維持良好的薄膜特性。TBT 群透過有機錫酯的連接固定在聚合物主幹之上。該酯群在海洋環境中水解，釋出活性 TBT 成分至海水中。

該水解作用便在此情況下，從表面穩定而緩慢的釋出 TBT。而具有自由羧酸群的剩餘聚合物即在此情況下形成，使該表面具親水性。當防汙油漆的最表層因摩擦而被侵蝕掉時，一層全新的殺蟲聚合體表面隨即暴露出來。

9.2.2 無錫防汙系統

IMO/MEPC 禁用包括 TBT 基系統在內的，所有具有害影響的防汙系統。此仍有賴開發出一套不但性能合乎標準，且對於海洋環境的負面效果最小的系統。而所面對的挑戰即在於開發一聚合體系統，一方面能釋出受到控

制的防汙殺蟲劑，同時又不至對非目標生物造成副作用，且還不至於有太高的聚集潛力。

於此系統中，銅化合物的釋出並不能提供相當的殺蟲效果，因此也就不得不提高該銅化合物的殺蟲特性與負荷了。據指出，其離子交換機制屬一次機制，而其作用亦有別於 TBT-SPC 機制。若要維持油漆的效力，便得進一步提升其殺蟲劑的負荷。其他使用中的船舶防汙系統尚包括不黏塗料（non-stick coatings）、清潔、天然防制劑、天然殺蟲劑、電氣法、刺針塗料（prickly coatings）等。

9.2.3 仿鯊魚皮

鯊魚皮複製品（又稱鱷魚鯊魚）背後的研究，由佛羅里達大學的一個團隊與美國海軍合作（Leahy, 2005）領導。複製品由塑膠和橡膠塗層相結合製成，實驗室測試發現，這種塗層可減少 85% 的普通藻類（Ulva）的孢子沉降量，這種藻類通常存在於船的兩側。

然而，海洋植物孢子對各種形式的表面具有高度適應能力，船舶顯然缺乏鯊魚移動和彎曲塗層的特性。因此，為了防止沉積物的適應性，研究小組已經試驗了低功率電流的影響。從塗層的金剛石形狀圖案的微觀尺寸可看出，未來奈米技術在設計防汙劑方面，可能發揮重要作用。

9.3 表面處理廢棄物

長期以來，船廠進行噴砂等船殼表面處理作業所產生的廢水，往往連同廢棄物直接排入河川與沿海海域，而未對廢水中所含有毒元素進行妥適處理。然另方面，實驗證明，焚化處理本身會導空氣汙染及二氧化碳排放，但若溫度在攝氏 1,000 度以上，則可去除 TBT 等有害有機化合物達 99%。

減少環境汙染的其他選項還包括回收噴砂材料（沙子與金屬渣）、使用較清潔的噴磨材料，以及在施工過程中重複使用廢磨料。

10. 建造更綠的船

10.1 空氣潤滑系統

空氣潤滑系統（air lubrication system）或名爲空蝕系統（air cavity system）爲荷蘭 DK 集團所發明。其擷取大約 0.5-1% 的船舶推進動力，用來壓縮空氣產生氣泡，即可減少達 15% 的燃料消耗。

如圖 3.20，該系統藉由在接近船舯之後的船底吹入極細微氣泡，以降低行進中船殼在水中的摩擦。其靠近艉段則改成平底。根據 DK 集團的估算，全球船長逾 275 公尺的越洋商船若都採此方法，則可望降低近 3.5% 的海運 CO_2 排放。

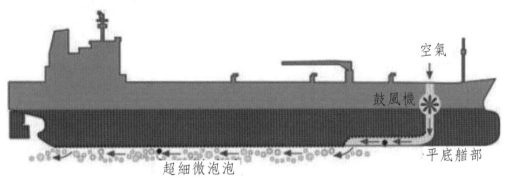

圖 3.20　船底空氣潤滑系統示意

10.2 逆向船艏設計

藉由最大化降低摩擦與抗波性，可優化船體設計，實現船舶推進的最大能效。此往往依賴像是計算流體動力學（Computational Fluid Dynamics, CFD）等技術。除降低船體摩擦，該技術亦有助於在穩定性、安全性、噪音與振動等多重參數上優化船體設計。

挪威 Ulstein 船廠推出如圖 3.21 的逆向新船艏設計，以提升燃油經濟性與穩定性。其名爲 X 艏，與中世紀維京船的船艏有些相似之處，幾乎是當今傳統船艏設計的倒置。

圖 3.21　逆向船艏海域勤務船設計

　　如此船艏設計，在於減輕波浪阻力的減速效應，尤其是在惡劣天候的情形。而除了降低燃料消耗（約 7 至 16%），由於激烈運動減輕，船上人員的舒適度也得以提升。

10.3 建造永續船舶

　　造船，應該是在生命週期概念中，改善船運經濟與環境永續性的核心。以日本 NYK 超級生態船（NYK SUPER ECO SHIP）專案為例，其旨在透過結合一連串節能技術，建造一艘零排放船。

　　如圖 3.22 所示 NYK 超級生態船是一個 2030 年貨櫃船的概念設計，和類似規模的船舶相比，其預計到 2030 年可將 CO_2 排放量減少 70%，到 2050 年進一步提高到 100%。此外，NO_x 和 SO_2 等空氣汙染物排放，也將大幅減少。

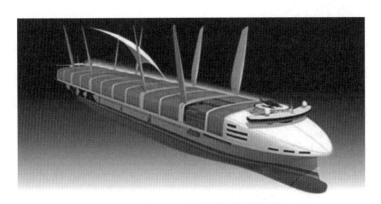

圖 3.22   NYK 超級生態船示意

　　此減排有賴許多因素的結合。例如：使用高強度超輕鋼，以及藉由船舶結構的改變及使用 LNG 燃料電池作爲主要動力源。由於太陽能電池覆蓋了整艘船頂，因此得以在船舶推進上，結合太陽能和空氣動力的協助。其位於船側及船上的 8 個充氣風帆，總面積爲 31,000 m^2，峰值能量輸出可達 9 MW。帆位於可伸縮伸縮桅杆上，呈三角形，可在不同的風況下提高其有效性，並藉由氣囊系統進一步降低了船的摩擦阻力。

　　此外，吊艙螺槳及艉螺槳可使船得以靈活操縱，並也可因此不依賴拖船，從而減少排放。此外，該船採用模組化設計、建造，讓整艘船可切成數個不同的部件，進行對接。亦即，此船舶的中間段可以和船體分離，進行卸載與裝載，而船的前段與艉段則可重新連接到，其他已預先裝載的中間段，接著隨時將船舶重新組成。如此結合整個船舶的新裝載概念，估計可減少一半的裝載時間。

　　這類設計創新的落實，端賴充足的激勵措施，包括鼓勵研究、開發和生產，並對在商業上可行的創新設計船隻進行投資。各種跡象顯示，當政府、公衆、環境和經濟壓力愈來愈大，對於生產符合環境、氣候變化及綠色船舶的要求持續增長，造船廠也將面臨建造商業上可行的綠船舶挑戰。

10.4 旋轉金屬帆

　　此大約十層樓高的旋轉帆（rotor sails）可減少達一成的燃料消耗。該

旋轉帆靠的是氣體動力學理的馬格納斯效應（Magnus Effect）。1850 年代德國物理學家 Heinrich Gustav Magnus 發現一個在空氣中轉動的物體，會受到一股側向力道。一顆球若不轉動，氣流會順著直直通過它，製造出一股旋轉擾流（swirling wake），直接在球的背後伸展開，有如一顆彗星的尾巴一般。但若這顆球轉起來了，它的表面就會拉扯一些空氣到身上。這時，轉動造成氣流偏轉（deflection），以某個角度離開球，轉進了接著進來的空氣。而根據牛頓第三運動定律：每個動作都會有一個同樣大小、方向相反的反作用力。所以前述偏轉的氣流，也就會將球反向從進來的氣流推轉開去，而讓此轉動的球得到一股側向推力。

如圖 3.23 所示，船甲板上的迴轉筒表面被空氣流拉扯，使氣流改變方向。由於該筒將空氣推向一側，該氣流也就跟著將筒往反方向推。如此一來，使旋轉的筒受到一股與風向垂直的揚升力道，協助推進該船。

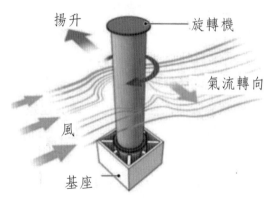

揚升　　　　　　　　　旋轉機

　　　　　　　　　　　氣流轉向

風

基座

圖 3.23　Norsepower 轉帆助推原理示意

20 世紀初，便有科學家提出利用馬格納斯效應推進船的理論。德國工程師 Anton Flettner 便以兩根 15 公尺高的鋼製轉帆，取代 Buckau 號甲板上 420 平方公尺的帆布，展示了可以靠轉帆推船的事實，並於 1926 年橫越大西洋。然而，因為接下來燃料價格過低，並未找到投資者。

芬蘭 Norsepower 公司依照 Flettner 的原始設計，採用碳纖與玻纖等輕

得多的新材料開發出轉帆。其轉動所需電力較少，推進效率也得以提升。

　　Norsepower 宣稱其最大的轉帆，可提供相當於 3 MW 主機推力，所耗電力小於 90 kW。其設計與軟體連結，用以自動調整轉帆的轉速（可達數百 rpm），以達到最大的推進力。爲安全計，該技術可藉著對轉帆斷電，終止推進力僅餘拖滯力。轉帆需在風速大於十節，並以至少 20° 對著船艏吹時，始能奏效。此較適用於航行於北太平洋與北大西洋的船。

　　Norsepower 於 2015 年，針對一艘航行於荷蘭與英國之間的汽車船，對其兩支 18 米轉帆，進行了首次測試。結果該船少燒了 6% 的燃料。接著，針對 2018 年在 Maersk Tankers'Long Range 2（LR2）油品船（圖 3.24）上裝設的轉帆進行測試。該船航行範圍包括歐洲、中東、亞洲及澳大利亞。結果在 2018 年 9 月 1 日至次年同日之間，燃料使用共節省了 8.2%，相當於大約 1,400 噸 CO_2 排放。在此期間，LR 的專家組成的小組，同時分析並確認了相關的評估數據。Maersk Tanker 認爲風能技術，可望助其達成在 2021 年減排 30% 的目標。

圖 3.24　裝有兩座 Norsepower 轉帆的 LR2 油品船

　　此技術是否能成功，尚待時間證明。其目前最大的一個缺點，便在於旋轉所需電力尚太高。此可望藉著採用最新材料，得到解決。目前 Norse-power 轉帆採用的是輕質三明治型複合材料，可維持平衡並使保養需求減至最低。2020 年 Norsepower 與航行於北海的 SEA-CARGO 在 12,251 總噸

SC Connector Ro-Ro 貨船（圖 3.25）上裝設兩座高 35 公尺、寬 5 公尺可傾倒的轉帆。

圖 3.25　裝設可傾倒轉帆的 SC Connector Ro-Ro 貨船

2021 年安裝 Norsepower 轉帆的三艘船為：

- M/V Estraden，Ro-Ro 雜貨船，航行於英國與比利時之間
- Viking Grace，郵輪渡船，航行於芬蘭與瑞典之間
- Maersk Pelican，109,647 載重噸（Dead Weight Tonnage, DWT），遠洋油品輪

永續海運小方塊

三明治板系統（Sandwich Plate System, SPS）

以兩片金屬夾著聚氨酯熱塑性彈性體（Polyurethane Elastomer, TPU）作為結構材料，可減輕重量同時減輕腐蝕傾向。採用此技術，可提升船舶營運期間的性能，且減輕維修需求，同時有助船舶回收。

聚氨酯熱塑性彈性體又稱熱塑性聚氨酯橡膠，是一種 (AB)n 型嵌段線性聚合物，A 為高分子量（1000-6000）的聚酯或聚醚，B 為含 2-12 直鏈碳原子的二醇，AB 鏈段間化學結構是用二異氰酸酯連接。

---

11. 營運策略

11.1 及時抵達

　　為達減碳目標，除了使用低碳乃至零碳燃料，以及採用可增進船舶能源效率的創新技術外，船東或船舶營運者，還可另外結合例如船速優化（speed optimization）和及時抵達（Just-In-Time, JIT）等策略。

　　JIT 概念源自於 1960 至 1970 年代的日本的汽車工業，主要在於讓原料供應和生產期程搭配的一套盤查系統。公司採用此策略，可藉著只在製程中正好需要時才供貨，以提升效率並減少浪費，如此可減少庫存與庫存折舊（inventory-depreciation）的成本。航空業雖不同於製造業，但稍早便採用 JIT。其透過 JIT，以使飛機在陸上逗留或等候降落的時間減至最短。如此可避免乘客久候，並將航空資產的利用最大化，同時降低燃料消耗及排放。

　　同理，海運業也可從 JIT 的效率當中獲益。海運智庫公司 Marine Traffic 最近指出，船舶花在靠泊、錨泊及操船的時間，占全部時間近半。其所增加的燃料消耗，占全年燃耗逾百分之 15。採取 JIT 營運，可縮減等候靠泊等所費時間、港口利用最大化、並降低燃料成本及其他因靠泊衍生的成本。尤其，如此即可有效降低 GHGs 及其他氣體排放。而 JIT 則首先可藉由航行中的船速優化達到。

　　圖 3.26 與 3.27 所示，分別為一般船舶抵達過程及採行 JIT 的抵達過程。落實 JIT 概念需要對在航程當中，包括港口運作等部分作通盤考量，因為有時也可能會需要，在航程中提高航速（可增加燃耗）。

　　　航程中等候時間　　　　錨泊時間　　離港前等候時間

圖 3.26　一般抵達過程

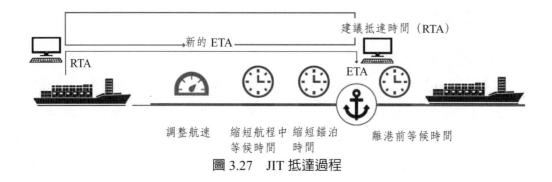

新的 ETA

建議抵達時間（RTA）

RTA

ETA

調整航速　縮短航程中　縮短錨泊　　離港前等候時間
　　　　　等候時間　時間

圖 3.27　JIT 抵達過程

　　儘管理論上 JIT 有各種優點，至今仍未廣泛被船公司或港務部門採用，主要在於其中仍存在著一些障礙與挑戰。圖 3.28 所示，爲在一 JIT 運作當中涉及的各種活動類型。

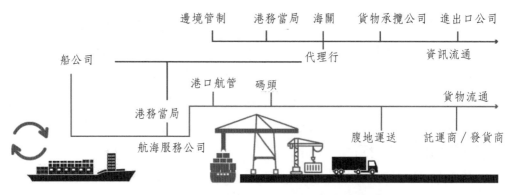

邊境管制　　港務當局　海關　　貨物承攬公司　進出口公司

船公司　　　　　　　　　　　　代理行　　　　資訊流通

港口航管　碼頭

港務當局　　　　　　　　　　　　　　　貨物流通

航海服務公司　　　　　　　腹地運送　託運商 / 發貨商

圖 3.28　在 JIT 運作當中涉及的各種活動類型

　　首先，全盤落實海運 JIT 需要船與港，以及相關成員（例如託運商、貨主、港務當局等）之間的認同與承諾。船這一方必須確實符合預估抵港時間（Estimated Times of Arrival, ETA），而港方也必須確保提供船抵達時靠泊所需要的各項資源。由於現今船抵達時間的預估，涉及例如天候狀況等因子，其中的挑戰不難想見。此外，船公司還將面對揭露和船舶相關的結構與引擎性能等資訊，以達更精確估算的目的。

　　目前 EC 和韓國政府及鹿特丹等港，皆對促進海運 JIT 提供贊助。這些

倡議（initiatives）包括歐盟的 Sea Traffic Management（STM）計畫及鹿特丹的 PRONTO 計畫。

11.2 靜海航線規劃

靜海航線規劃（calm water routing）在於優化航程當中的路線。採此方法的最簡單情形，則是讓船以定速在平靜水域航行，不受任何波浪的影響。在此情形下，水的阻力維持一定，而燃料耗量最少的路線，即等於在地球上的最短距離。

圖 3.29 所示，為採用此方法的結果。圖中顯示，數值解答（圖上十字符號）和藍色實線的測地線（geodesic）（大圓航線，orthodrome）一致。

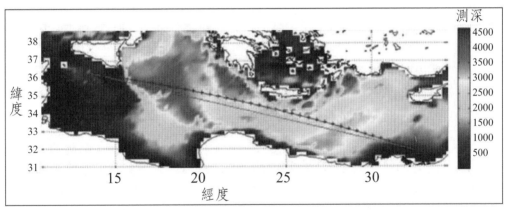

圖 3.29   靜海情況下航線優化之應用例。測深數據以顏色區塊呈現。

12. 綠船技術摘要

讓海運有效減排，以達成 2030 年全球減排目標，在綠船技術上的努力可摘要如下：

- GHG 排措施必須有效，同時須盡量減少負面影響，並顧及脆弱國家；
- 強化既有的 IMO 源效率架構，同時促進港口效能優化；
- 解決包括使用 LNG 燃料在內的甲烷逸散問題；

・業者加速研擬與資助以進行大量研發，進一步建立海運燃料碳排因子，以促使航運業過渡到零碳未來。

例如針對船舶減排選項，表 3.10 當中所列措施，包括技術上的提升和運轉上的改進。針對現成船所建立的能源效率指標，正可提供船東和營運者作為在其船上引進能源效率技術的誘因。而同時，其也可作為保養船殼與推進器以增進能源效率的誘因。

能源效率指標也可用來反映出一些像是以風箏拖曳（towing kites）等節能裝置，甚至計畫性減速（透過自發性降低額定出力）等運轉層面的措施的效果。只要持續實施定期檢驗，從船上所得到的實測數據便可用來帶入能源效率指標方程式當中。即如表三當中所示措施，皆可用來降低燃料消耗，進而減輕運轉成本。

表 3.10 顯示各現成船能源效率措施之成本有效性。成本效率負值，表示該項措施的成本超過了燃料節約。減速的相關成本，是先假設其市場與無額外船運容量之間取得平衡，因而必須建造新船以抵消因為減速所導致的容量減損。然而，當超過容量的情形（像是當今市場）存在時，這項措施便可望導致成本節約。

值得注意的是，在表 3.10 當中所作的成本效率估算，包括了年度運轉成本與資本支出。而資本支出的回收期，係依據各項措施的預期服役年限計算。因此，船的剩餘壽命，便成為決定燃料成本節約是否超過投資成本的一項因子。而就一艘僅剩幾年餘生的老船而言，有些措施並不能帶來划算的結果。在此情形下，購買排放績效（點數）或許是個較有利的選項。

表 3.10 現成船能源效率措施之成本有效性

措施	適用情形	成本效率 (美元／噸 CO_2)			低減量 潛力	高減量 潛力
		中	低	高		
船殼改進		-155	-160	-140		
反向側推進器開口	所有船舶		-160	-140	0.90%	4.20%
航行與運轉選項		-150	-160	-140		
軸輸出計（效能監控）	所有船舶		-105	115	0.40%	1.70%
燃耗計（性能監測）	所有船舶		-60	330	0.40%	1.70%
視天氣調整航線	所有船舶		-165	-100	0.1%	3.70%
自動導航升級／調整	所有船舶		-160	-140	1.75%	1.75%
推進器／推進系統升級	所有船舶	-115	-70	-155		
推進器／舵升級	所有船舶		-80	120	1.60%	4.70%
推進器升級（翼片、噴嘴）	液貨輪 *		-90	600	0.10%	0.90%
推進器轂帽鰭	所有船舶		-155	-150	3.40%	4.20%
其他改裝選項		-110	-135	-75		
風箏拖曳	散裝輪、油輪		-135	-75	3.00%	8.00%
船殼塗覆與保養		-105	-65	-140		
船殼性能監測	所有船舶		-150	-45	0.50%	4.90%
船殼塗覆（#1）	所有船舶		-150	-105	0.50%	2.10%
船殼塗覆（#2）	所有船舶		-140	-15	1.10%	5.20%
船殼拋光	所有船舶		-155	-65	1.00%	10.00%
船殼水下噴光	所有船舶		-155	-35	1.00%	10.00%
乾塢完全噴光（非局部噴光）	所有船舶（老船）		-160	-150	0.60%	1.30%
推進器保養		-75	-120	-65		
推進器性能監測	所有船舶		-160	-130	0.40%	3.40%
推進器拋光（提升頻率）	所有船舶		-160	-130	0.40%	3.40%
推進器拋光	所有船舶		-125	-65	2.00%	5.00%
輔系統		80	-90	250		

措施	適用情形	成本效率 （美元／噸 CO_2）			低減量 潛力	高減量 潛力
		中	低	高		
低耗能／低發熱照明	渡輪與郵輪		-95	440	0.00%	0.00%
控速泵與風扇	所有船舶		-90	250	0.20%	0.80%
減速		110	80	135		
全船隊減速 10%	所有船舶		80	135	7.90%	7.90%
主機改裝		175	-120	470	0.40%	2.50%
主機調整	所有船舶		-90	470	0.10%	0.60%
共軌升級	所有船舶		-125	45	0.10%	0.40%

* 包含原油、油品、化學品、LNG、LPG 等散裝液體貨物船。

第四章

綠港

　　綠港（green port）指的是，對符合環境友善與永續經營的港口與海事產業，進行投資與鼓勵的各類型港口。其宗旨為在經濟需求與環境挑戰之間取得平衡。船舶受 IMO 監管框架監管，而由於 IMO 並不監管港口，因此改進港口，比起船舶會更具挑戰性。

　　雖然世界各港對於究竟什麼是「永續」營運有各種不同的看法，但大致而言，綠港在於以新的綠技術及低碳與零碳替代品，取代化石燃料及大電力港埠設備。而當今全球，IMO 與航運集團正凝聚整個供應鏈的利益相關者，以更高效、更低成本且更低能源消耗運轉港口，為減排及達成零排放目標，共同努力。

　　郵輪活動在過去逾 30 年內持續成長。隨著其直接與間接的正面影響，擴及港市及附近旅遊勝地，郵輪海港日益重要。總的來說，社區與決策者對郵輪更廣泛的支持，可望帶動更多郵輪造訪和郵輪遊客的旅遊興趣。

　　然儘管如此，和任何其他經濟活動一樣，不斷增長的郵輪業務也涉及許多外部因素。這些外部因素給港口和周邊地區帶來了社會、經濟及環境問題與挑戰。本章詳細介紹港口為實現其永續發展，所需解決的關鍵問題。

1. 永續的未來港口

　　邁向永續所面對的挑戰包括：需要國際與國家法律、城市規劃與交通、地方與個人生活方式以及良知消費主義（ethical consumerism）。永續的未來港口是一個概念，不僅考慮經濟層面，且亦須顧及環境和社會層面。港口的永續概念，是將港口活動、營運與管理的環保方法整合在一起。亦即，其採取盡可能減輕衝擊，且有助於改進空氣、水、噪音及廢棄物等的措施與管制。

1.1 實現港口永續發展

　　港口永續將會是未來港口發展策略與規劃的核心。如圖 4.1 所示，在永續範疇內，未來港口可透過包括：智慧港口營運、環境保護、人為因素、光

明前景規劃及港口社群等五個關鍵步驟實現永續。

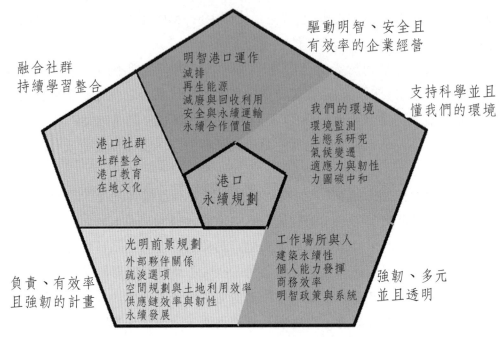

驅動明智、安全且
有效率的企業經營

融合社群
持續學習整合

明智港口運作
減排
再生能源
減廢與回收利用
安全與永續運輸
永續合作價值

支持科學並且
懂我們的環境

我們的環境
環境監測
生態系研究
氣候變遷
適應力與韌性
力圖碳中和

港口社群
社群整合
港口教育
在地文化

港口
永續規劃

光明前景規劃
外部夥伴關係
疏浚選項
空間規劃與土地利用效率
供應鏈效率與韌性
永續發展

工作場所與人
建築永續性
個人能力發揮
商務效率
明智政策與系統

負責、有效率
且強韌的計畫

強韌、多元
並且透明

圖 4.1　未來港口可透過五個關鍵步驟實現永續

資料來源：根據北昆士蘭散貨港公司（North Queensland Bulk Ports Corporation,
　　　　　NQBP）永續性報告

　　港口的永續發展規劃應持續修訂，每年進行審查，以確保港口跟上新興
產業趨勢與新技術。這些措施包括例如：

- 落實減少有害物質排放的政策與監管架構；
- 港市的綠設計，港口與市容觀整合，包括能吸收噪音與空氣汙染的植
  栽，
- 營運與活動使用再生能源；
- 港口從線性經濟朝向循環經濟發展，以重新定義產品與服務，同時在
  設計上減少浪費等負面影響；
- 建立能源管理系統與環境管理系統，以改善港口周遭環境，提升能源
  效率；

・在環境議題上採取先進港口的作法，例如生態港倡議證書標章等；
・在進一步發展當中，將「綠色成長」一詞納入系統，以及在此區域內建立環境規劃；
・港口營運及活動的數位化與自動化。

1.2 港務當局角色

港務當局扮演很多潛在角色，可促進港口朝向永續形象發展，包括港區經理、地產主人、物流鏈參與者、管理員、當地監管機構、基礎設施的開發商和經理、營運商及社群合作夥伴等。而在未來的永續港口範圍內，可在港務當局組織系統中定義港口永續經理（Port Sustainability Manager, PSM）。其可著眼於協調長遠願景與相關利益相關者、港口空間規劃、港口基礎設施發展規劃、港口腹地策略與競爭港口共同規劃，以及制定港口願景適應性總體規劃。亦即，PSM 可同時擔任負責港口能源或港口環境管理的人。

然而，直接與／或間接影響港口活動或受這些活動影響的其他參與者，亦應一併納入考慮。這些重要角色，可以是地方、區域及各級政府組織、金融機構、諮詢與承包商、非政府組織與智庫等。智庫的角色，主要是大學與研究機構。由於追求未來港的概念需要新措施、創新及解決方案，以支援面對的各種港口挑戰，其在上述利益相關者當中非常獨特。

世界各港口的綠發展有一些實際作為，例如港口影響區的藍經濟（Blue Economy）措施、港口網路治理，以及公私夥伴關係、城市與港口之間發展計畫整合、港口腹地模式的同步優化與高效營運及港內 LNG 等低排放船用燃料的使用等。

台灣港口的「綠港行動計畫」便在各港口採取提高營運效率與減少排放的措施。例如在各港卡車車道配備 OCR 與 RFID 技術，讓車輛快速過境和貨櫃清關。另外，高雄貨櫃碼頭有兩套岸電系統。台塑的麥寮港也透過改變港埠設施及活動，於民國 97 年取得港口環境審查系統（Port Environmental Review System, PERS）認證。

2. 港口的環境議題

2.1 歐洲港口的環境問題

　　海港是構成全世界環境壓力的主要來源之一，主要是因為多數港口和碼頭，都緊鄰市區。在歐洲，自 1996 年以來，歐洲航運和港口組織（European Shipping and Ports Organization, ESPO）和生態港（EcoPorts）倡議，便定期監測歐洲港口當局的最高環境優先事項。明定高度優先的環境問題，有助於為實現永續未來所採取的指導與倡議確定架構。ESPO 根據從 91 個港口蒐集到的數據與資訊，所發布的歐洲港口十大優先環境問題如下：

- 空氣品質
- 能源消耗
- 噪音
- 水質
- 疏濬作業
- 垃圾／港口廢棄物
- 港口開發（土地相關）
- 與當地社區關係
- 船舶廢棄物
- 氣候變遷

2.1.1 歐洲海港政策

　　2013 年，EC 通過了一項旨在改善 329 個主要海港營運，以及與後續運輸連接的倡議。此倡議通過以下一系列立法與未立法措施，並逐步落實：

- 2017/352 年條例──關於建立港口服務提供架構及財務透明共同規則。
- 在競爭政策範疇中，國家援助規則的應用與更新。
- 促進與支持港口工作人員與其雇員之間的對話。
- 支持港口基礎設施及其在跨歐洲網路中連接，的更佳規劃、籌資及資助。

2.1.2 歐洲碼頭的未來

EC 在其 Docks The Future 計畫當中，將未來港口（Port of the Future）定義為在最近的未來（2030 年）所要面對的，與過程簡化與數位化（simplification and digitalization）、疏濬（dredging）、減排（emission reduction）、能源轉換（energy transition）、電動化（electrification）、智慧電網（smart grids）、港市界面（port-city interface）及使用再生能源管理（renewable energy management）等相關挑戰。在此範疇當中的研究創新行動，在於強化以下各層面：

- 多模式優化碼頭內與港區的成本效益與靈活操作；
- 永續維護、維修及重新配置；
- 在降低成本與土地使用方面加強能力管理；
- 低環境影響、氣候變遷適應與減緩，朝循環經濟方向發展；
- 社會、經濟及工業與城市周邊環境的高效聯繫與整體化；
- 與內陸運輸網路的有效連接，使有助於增加使用鐵路等最節能的運輸方式。

2.2 低排放與零排放港口

船舶在能源使用、貨物處理設備、發電與儲電及運輸商業化等方面的作為，皆可對港口的低排放與零排放構成影響。以下舉若干實例討論。

2.2.1 港口電動化

港口電力運轉的增長，應屬減少港口排放的關鍵驅動力。爾來全球許多港口正考慮對岸電進行投資，好讓靠泊船舶插電（plug-in）到整體港口機組上，以減少從船上發電機獲取電力的需求，降低燃料消耗。

此外，隨著港口追求減少碳消耗，如同在美國長灘（Long Beach）港推出的電動輪胎式龍門起重機（Rubber Tyred Gantry crane, RTG）（圖 4.2 所示）的電氣化零排放設備，將在未來變得更加普遍。而愈來愈多港區的利益相關者，也對電氣化進行投資。例如美國卡車運輸供應商埃芬科（Effenco）近期宣佈，推出第一套 100% 電動方案，其採購價格與柴油相同。

圖 4.2　美國長灘使用電動輪胎式龍門吊車

2.2.2 碳中和燃料港口

綠氫（green hydrogen）透過再生能源發出的電電解水而產生，屬零排放。藍氫（blue hydrogen）則是透過化石燃料產生，其碳排放經過捕集與儲存（capture and sequestration）。

這類氫已在港口發展，包括貨物裝卸設備，以及未來可能採用氫動力船隻。諸多港口供應鏈利益相關者，也更為廣泛的對氫進行投資，以降低排放。例如：AIDrivers 和 Hyzon 汽車公司已宣布在 2022 年，聯合開發自駕氫動力卡車（autonomous hydrogen powered trucks），並拓展車隊。

用於船舶 LNG 燃料需求，正在全球成長。LNG 可減少 85% 的氮氧化物及大量 GHG 進入大氣。因此，港口的 LNG 添加系統（LNG bunkering system），可望在不久未來進一步用於其他完全碳中和燃料（carbon-neutral fuels），包括有機廢物中的液態沼氣（liquid biogas），或從綠氫與捕集的二氧化碳所生產的液態合成甲烷（liquid synthetic methane）。其他再生燃料的來源，還包括產生甲醇（methanol）、氨（ammonia）等的船用生物燃料（marine biofuels）。

3. 多模式聯運（intermodal）

相較於碼頭的化石燃料驅動卡車，藉由鐵路運送貨物，屬低碳供應鏈替

代方案。西班牙瓦倫西亞港（Port of Valencia）便在多模式聯運方面投入鉅資。儘管貨物輸送量持續增長，其在 2008 年至 2019 年間，將碳排量減少了 30%。瓦倫西亞港務局並安裝了兩個環境管控亭（如圖 4.3 所示），即時分析空氣與噪音品質，並對港內各成員提供可能發生排放的熱點。

圖 4.3　西班牙瓦倫西亞港（Port of Valencia）環境管控亭

多模式聯運貿易對於美國貨櫃港也益趨於重要。喬治亞州港口管理局（Goorgia Ports Authority, GPA）表示，電子商務迫使進出口商將供應鏈，拉到目的地市場附近。

總的來說，港口可藉由對及時抵達進行投資，以事先向船舶傳達相關信息（如要求抵達時間），使船長能夠採取最佳航速，以減少有害排放。而數位投資則可進一步讓港口了解其碳足跡，以及如何減少所有港口利益相關者的能耗。

4. 綠港技術實例

4.1 港埠優化

只有船舶能及時抵達與離港，航速的優化才能完全收效。如此可促進更穩定的航速配置，讓船以最佳航速運行，以及盡量減少因長時間下錨，發電機等設備運轉，所產生的不必要排放。

航速優化須和港口優化搭配。在 IMO MEPC 決議文 MEPC.323（74）當中，成員國鼓勵港口與航運部門之間採自發性合作，以減少船舶 GHGs 等大氣排放。

4.2 貨物效率優化

英國港口藉由 IoT 技術以優化貨物運輸，以優化貨物效率（optimized cargo efficiency）。

英國電信（BT）和英國聯合港口（Associated British Ports, ABP）正試用新一代物聯網（IoT）和感測器技術，以加快貨物的運輸與處理，並實現伊普斯威奇港（Port of Ipswich）物流與營運流程數位化。

ABP 和 BT 已在起重機等運輸設備上安裝了處理裝置，用於安全高效地收集和運輸整個港口貨物。英國電信物聯網解決方案生成的數據，在 BT 的智慧資產平台上捕獲、分析和可視化，從而幾乎即時地提高貨物的卸貨和運輸效率。

該方案從港口各種設備中獲取數據，提供時間、移動距離、路線及卸貨量等紀錄。然後，這些資訊會自動發送到港口管理處，使其得以追蹤作業進度。如此，港口營運團隊能快速進行管理決策，同時促進與客戶進行更佳合作。

除了追蹤各資產的移動，從 BT 的物聯網方案蒐集的數據，還會監控不活動、低度利用及維護需求的時期。例如，這些數據提供了對起重機驅動器資源的更佳理解，並利用該分析來降低成本與 GHG 排放。當準確評估了停機時間，起重機便會用得更多，並可更靈活部署資源，以減少不活動期。

　　該解決方案還蒐集了，諸如設備使用頻率及覆蓋距離等資訊。如此可同時提供，對工廠設備與機械維護需求的準確預判。

4.3 太陽能碼頭

　　如圖 4.4 所示的英國郵輪碼頭，配備了 2,000 多個屋頂安裝太陽能電池（Photo-voltaic, PV）板，以提供超過日常所需的電力。

圖 4.4　配備岸電的英國郵輪碼頭

4.4 電動拖船

　　世界第一艘全電動拖船於越南松卡姆造船廠啟用。如圖 4.5 所示，達門（Damen）RSD-E 拖船 2513，綽號 Sparky，具有 70 噸拉力。

　　最近，達門向丹麥和加拿大交付了多座全電動海上平台，包括其首艘全電動切削吸取濬碟機（cutter suction dredgers）、電動和混合動力渡輪，及 9 艘用於荷蘭鹿特丹的混合動力和全電動渡輪合約。

圖 4.5　達門拖船，具有 70 噸拉力

　　達門正為紐西蘭奧克蘭（Auckland）港建造全電動 RSD-E 拖船。該船配備了 2,240 顆電池，總計 2,784 千瓦一時，充足電需 2 小時。這些串聯電池，在其中一個電池出現故障時，其餘電池仍可繼續工作。

　　同時，Damen 已為丹麥哥本哈根市交付了 7 艘全電動渡輪 2306 E3，並為澳大利亞客戶交付了全電動濬蝶機 Dredger 650。

　　達門造船並為加拿大安大略省建造兩艘全電動渡輪，及六艘混合動力渡輪，加拿大正為將來轉換為全電動船做準備。迄今，達門已交付總功率達 20 兆瓦的電動船。

4.5 高速永續運輸

　　如圖 4.6 所示，漢堡哈芬和科利西克股份公司（HAMBURGER HAFEN UND LOGISTIK AG, HHLA）先進的 HyperPort 貨櫃運輸計畫，在於同時減少港口擁塞及對環境構成的衝擊。

　　HyperPort 系統將可以時速超過數百公里運送貨櫃。該系統由總部位於美國的 Hyperloop 運輸技術（Hyperloop TT）和漢堡哈芬和 Logistik AG 開

發、設計，用在低排放的封閉運行環境內，每天可靠、高效、安全的運送2,800 個貨櫃，同時減輕道路運輸。

圖 4.6　HHLA 先進的 HyperPort 計畫

　　這套獨立的 HyperPort 運輸通道，爲兩個 20 英尺或一個 40 或 45 英尺標準貨櫃提供空間。其由西班牙工業設計公司莫梅迪（Mormedi）所設計，目前正針對通道、基礎設施及系統元件等，進行進一步優化。

4.6 液化天然氣支援

4.6.1 新加坡港LNG船舶燃料添加碼頭

　　新加坡海事和港務局（Maritime and Port Authority of Singapore, MPA）於 2021 年推出新港口船務會費特許權，以支援用於 LNG 燃料添加與散裝（break bulk），以及在新加坡部署浮動儲存單元（Floating Storage Units, FSUs）／浮動儲存再氣化裝置（Floating Storage and Regasification Units, FSRUs）。

　　MPA 於 2021 年 5 月，首次爲 CMA CGM 的 Scandola 號進行 LNG 添加作業（圖 4.7）。MPA 表示：新造與現成的船舶，包括 FSUS/FSRUs 在內，皆符合優惠條件。這些船舶將享有 50% 的港口船務會費優惠，每艘船舶每年最高可達 60 萬美元，期限爲連續 5 年。

圖 4.7　全球首次，新加坡港為 CMA CGM 的 Scandola 號添加 LNG

4.6.2 德國LNG添加港

隨著液化天然氣碼頭項目的開發，德國的清潔燃料選擇也在不斷增加。

德國 LNG 總站 GmbH 已向基爾的運輸規劃審核部門提出申請，要在布倫斯貝特爾（Brunsbüttel）建造一多功能 LNG 進口與分銷碼頭（如圖 4.8 所示）。其可望為鄰近的漢堡港提供 LNG 添加碼頭。該計畫包括一碼頭，為 Q-Max 大小的船舶提供兩個停泊設施，以及卡車、鐵路罐車及小型船舶等 LNG 配送設施。

圖 4.8　德國布倫斯貝特爾的 LNG 碼頭示意

計畫中的碼頭用於 LNG 的進口與後續配送。其擁有兩個 LNG 儲槽，容量各爲 165,000 m^3，及一 LNG 再氣裝置。此碼頭可送出 80 億 Nm^3 天然氣。德國 LNG 碼頭目前正在與潛在客戶，敲定具有約束力的產能預訂。

5. 通往淨零的道路──整合以邁向淨零

不同港口實現全球設定的「淨零」目標，各有其所必須面對的不同挑戰與限制。然值得慶幸的是，值此同時有一些港口以「綠港」爲目標，正採取積極、創新作爲，藉由使用智慧技術開創更環保、更高效的港口。例如，在英國布里斯托爾港（Port of Bristol），其訓練好卡車車隊，並透過監測油耗及卡車在港口周遭的使用方式，了解有助於提高效率的範疇。

5.1 綠色埠──不僅止是附加元件

雖然各國與地區之間存在一些差異，但全球的總體結論皆已取得一致，即減少排放。對於有些港口而言，過程當中的變革可能非常昂貴且相當困難。此必須在更廣泛的業務計畫與策略當中充分考慮，並將進行中的運作整合進去，從而建立務實的指導與行動，以支撐過渡。例如，在「智慧和綠港健康檢查」（Health Check for Smart & Green Ports）方面，便須從一開始即將能源效率和陸地與海上的運轉，整合爲一體。準此從整體上考慮，將變革整合到運作效率與業務策略當中，便能產生全面效益。

5.2 減排必然會是既定成本嗎？

繼氣候變遷已然成爲議定的時間表之後，減排必然會是既定成本（sunk cost）這樣的問題，在過去十年中一直壓迫在全球許多行業上。答案是：有了正確的落實、策略及專業，這類投資可達到更廣泛的目的，並轉化爲有形的長期利益。

港口與業者，透過正確的能源與運轉效率的整合作爲，實際上可附帶提升營運效率，而達成目標。採取相同方式，大多數朝向淨零的改變，皆能獲致經濟效益。

　　例如：藉由實施智慧照明，或使用港埠模擬以審視作業流程並做出修正，則可提高現場周邊能源使用效率及交通流量效率。其結果爲減少燃料使用，獲致減少排放與成本的效益。

　　採取這類行動的結果是雙贏的局面，有助於港口達成目標，同時降低成本並提升營運效率。

第五章

關鍵公約與法規

　　早年大眾對源自海運的海洋汙染問題的關注，大多不外油汙染（oil pollution）。後來漸漸的，國際間共同努力防止源自船舶的汙染，另外納入以下項目：

- 化學品（chemicals），散裝者尤應注意，例如機艙處理油、水的添加劑（additives）等，
- 汙水（sewage），人員生活、貨物、動物艙間、醫務室所產生的，
- 垃圾（garbage），
- 防汙塗料（coating）與油漆（painting），
- 大氣排放物（atmospheric emissions），
- 壓艙水（ballast water）。

而透過立法以保護海洋，則早已成為全球大勢所趨。

1. 防止船舶汙染海洋國際公約

　　二戰之後，1951 年聯合國決議成立跨政府海事諮詢組織（Inter-Governmental Maritime Consultative Organization，IMCO），後改名為國際海事組織（International Maritime Organization, IMO）。1954 年英國針對海洋油汙染，邀集全球主要海運國家，在倫敦舉行國際海水油汙染會議，通過防止海水油汙染國際公約（International Convention for the Prevention of Pollution of the Sea by Oil, 1954），到了 1971 年 IMCO 第七屆大會修正公約，重點仍在油汙染。

　　自從 1973 年防止船舶汙染公約（International Convention for the Prevention of Pollution from Ship, MARPOL 1973）公布實施以來，各海事大國與其組成的區域，無不自訂法規，以保護本國與區域的海洋環境。

　　後來人們逐漸警覺到，實際上造成海洋環境傷害的並不僅只油一種類型，才在 1973 年針對油及其他毒物、汙染及垃圾等問題，通過 MARPOL 1973 公約。當時的公約當中，附有目前公約當中之前五項附錄規則（簡稱附則，Annex）。接著在 1978 年的「易燃物船及防止汙染國際會議」當

中，通過「關於 1973 年防止船舶汙染國際公約 1978 年議書」（Protocol of 1978 Relating to the International Convention for the Prevention of Pollution from Ship, 1973），簡稱 MARPOL 73/78 公約，於 1983 年生效。接下來一、二十年內，其餘附則陸續生效，並付諸實施。

1.1 MARPOL 公約範疇

MARPOL 73/78 為用來防止海洋水質與海洋空氣，因船舶而受到汙染的環境公約。該公約自 1978 年通過以來，便持續修訂。這些影響船舶設計與運轉的 IMO 環境法規包括：

- MARPOL 附則壹（MARPOL Annex I）—— 涵蓋防止源自運轉措施與意外排放所造成的油汙染（oil pollution）。
- MARPOL 附則貳（MARPOL Annex II）—— 涵蓋防治散裝嫌惡性液態物質（noxious liquid in bulk）造成汙染的運轉排放標準與措施等細節。
- MARPOL 附則參（MARPOL Annex III）—— 涵蓋防止包裝危害性固態物質（solid harmful substance in pack）造成汙染的包裝、標示、標籤、文件、裝載方法、數量等標準細節。
- MARPOL 附則肆（MARPOL Annex IV）—— 涵蓋防治汙水（sewage）造成海洋汙染的要求細節。
- MARPOL 附則伍（MARPOL Annex V）—— 針對不同類型垃圾（garbage）在離陸地一定距離與採取方式，可棄置的相關細節。其中包括任何類型塑膠，一律禁止棄置入海。
- MARPOL 附則陸（MARPOL Annex VI）—— 針對空氣汙染分成三個步驟進行規範。首先針對氮氧化物（NOx），自 2010 年元旦起，新造船舶配置 130 kW 以上柴油引擎的規範。第二步，自 2011 年起接下來的規範，針對 NOx 排放，要進一步削減 15% 至 20%。第三步，自 2016 年起實施的規範，要削減八成目前 ECA 海域內的排放。

1.2 IMO 規範的變動

MARPOL 73/78 當中，從 Annex I 到 VI 皆持續進行變動。首先，其適用範圍持續擴大，且其標準亦持續強化。如此以來，減少汙染的方向從原本，源自船舶在運轉與靠泊期間，因為油與有害物質汙染所造成的海洋汙染，轉向因為 SOx 與 NOx 等空氣汙染物，對於人體的危害。

其次是預防事故的規範的持續強化。先前的規範顯示的傾向是，針對船在運轉當中的事故，所造成的海洋環境汙染。然而，近年來的觀點已朝向，對船舶在其整個生命週期當中，從設計階段到除役拆解，進行規範與控管。最後，持續強化積極對抗與規範。除此之外，並採取從岸上針對船運業者而非船東進行管制，以保護其造訪港口民眾的健康及國內造船業者的利益。

1.2.1 特別海域

MARPOL 將某些特定海域範圍定義為特別區域（special areas），以採行防止海洋汙染方法，使符合有關於海洋地理與生態狀況及海上運輸的需求。在此公約下，這些特別區域會受到，比起全球其他海域更高程度的保護。表 5.1 所列，為 MARPOL 各附則當中，最初所訂定的特別區域。接著可能隨其他區域相關國家提出爭取，而陸續增加。

表 5.1　MARPOL 公約當中劃定的特別區域

附則壹：油
• 地中海 Mediterranean Sea
• 波羅的海 Baltic Sea
• 黑海 Black Sea
• 紅海 Red Sea
• 海灣區 "Gulfs" area
• 亞丁灣 Gulf of Aden
• 南極地區 Antarctic area
• 歐洲西北海域 North West European Waters
• 阿拉伯海葉門地區 Oman area of the Arabian Sea
• 南非南部海域 Southern South African waters

附則貳：有毒液體物質
• 南極地區 Antarctic area
附則肆：汙水
• 波羅的海 Baltic Sea
附則伍：垃圾
• 地中海 Mediterranean Sea • 波羅的海 Baltic Sea • 黑海 Black Sea • 紅海 Red Sea • 海灣區 "Gulfs" area • 北海 North Sea • 南極地區 Antarctic area（南緯 60 度以南 south of latitude 60 degrees south） • 涵蓋墨西哥灣與加勒比海之廣泛加勒比區域 Wider Caribbean region including the Gulf of Mexico and the Caribbean Sea
附則陸：空氣汙染（排放管制區，ECAs）
• 波羅的海 Baltic Sea（SO_x） • 北海 North Sea（SO_x） • 北美（SO_x, NO_x, PM） • 美屬加勒比海 ECA（SO_x, NO_x, PM）

1.2.2 特別敏感海域

特別敏感海域（Particularly Sensitive Sea Areas, PSSA）指的是，基於生態或社會經濟或科學等理由，公認其容易受到國際海事活動之害，而必須由 IMO 特別保護的海域。用以認定 PSSA 與特別區域的標準，並不互相牴觸，在許多情況下，PSSA 可能涵蓋在特別區域內，反之亦然。IMO 於 2005 年在 24 會期當中通過一套，用以認定 PSSA 的指南（A.982（24）決議文）。

當某區域被認定為 PSSA 時，便可用在該區採行，例如繞行、對油輪等船舶要求嚴格的排放與設備（例如安裝船舶交通管理系統（Vessel Traffic Services, VTS）等具體措施，以控管海事活動。

1.3 附則壹（Annex I）

從 MARPOL Annex I 的主要內容可看出，國際間如何試圖分別透過建立，並落實船舶的設計、建造及運轉標準，達到防止船舶對海洋環境造成油汙染傷害的目的，例如：

- 在特別區域（地中海、波羅的海、黑海、紅海、海灣區及亞丁灣等處海域）內。船舶總噸數大於或等於 400 噸，不得排放任何油或含油混合物。

- 在特別區域外，總噸數大於或等於 400 噸的船舶，如流出物在未經稀釋情況下，由含量小於 15 ppm，或符合以下條件者，得排入海。
  - 航行中
  - 含油量 <100 ppm
  - 距最近陸地 12 海浬以上。
  - 經過裝設的油類排放偵測及管制系統、油水分離設備、濾油設備或其他裝置處理後。

- 針對油輪的排放管制，以下條件外，油輪不得將油或含油物排海（洗艙水加上壓艙水）：
  - 在特別區域外，
  - 距最近陸地 50 浬以上，
  - 航行中，
  - 瞬間排放率 < 60 L／浬，
  - 若為現成船，其排海的總油量 < 所載重量的 1/15,000，
  - 若為新船，其排海的總油量 < 所載重量的 1/30,000，
  - 具有操作中的監控系統。

■ 國際油汙染應變合作

儘管在過去十年內，國際海運量幾乎倍增，但大型船舶溢油事件（oil spill incident）數卻將近減半。溢油事件一旦發生，不僅需要確保相關國家之間存在有效的合作機制以進行應變，同時為能對受影響者提供補償，相關

責任歸屬與補償作業的進展，亦有賴充分合作。

IMO 的 1990 年國際油汙染準備與應變合作公約（International Convention on Oil Pollution Preparedness, Response and Co-operation, OPRC 1990）便提供了，促進大型溢油事件應變的國際合作與互助架構。

1.4 附則貳（Annex II）

MARPOL Annex II 將散裝液態嫌惡性物質分成四類：

- Category X：在洗艙或去壓載運轉中排入海洋，會對海洋資源或人體健康構成嚴重危害，而應禁止排至海洋環境的嫌惡性液態物質；
- Category Y：在洗艙或去壓載運轉中排入海洋，會對海洋資源或人體健康或對海洋的適意性或其他合法用途構成危害，而應限制排至海洋環境質與量的嫌惡性液態物質；
- Category Z：在洗艙或去壓載運轉中排入海洋，會對海洋資源或人體健康構成輕微危害，而應較不嚴格限制排至海洋環境質與量的嫌惡性液態物質；及
- 其他物質：經評估，因不認為會對海洋資源、人體健康或海洋的適意性或其他合法用途構成危害，不屬於 Category X、Y 或 Z 的物質。排放含有這類物質的艙底水或壓艙水或其他混合物，皆可免除 MARPOL Annex II 當中的任何要求。

1.5 附則參（Annex III）

有關以包裝型式載運化學品的相關規定，原已載於 SOLAS Chapter VII Part A，包括防止包裝型式有害物質（harmful substances in packaged form）汙染的相關法規。其中包括，針對防止有害物質汙染的包裝、標示、標籤、文件、存放、數量限制、但書及注意事項，提出詳細標準之一般要求。MARPOL Annex III 所針對，即國際海事有害貨物法規（International Maritime Dangerous Good, IMDG Code）當中所指的「海洋汙染物」（marine pollutants）。

1.6 附則肆（Annex IV）

將未經處理的汙水（sewage）排海可危及人體健康，同時可導致海岸水中溶氧耗竭和明顯的視覺汙染，乃至對觀光產業構成嚴重問題。以下討論 MARPOL Annex IV 當中針對防止船舶汙水汙染，訂定的相關規定。

- Annex IV 涵蓋一系列有關從船舶將汙水排海的規定，包括船上用來控管汙水排放的設備與系統，港口與碼頭用來收受船上汙水的設施，及檢驗與認證的要求。
- 由於該附則大致認為，源自船舶的汙水在大洋中，得以透過自然的細菌分解加以涵容，因此規定，除非船上以經過認可的汙水處理器處理過，否則禁止在離最近陸地內將汙水排海。而各國政府，亦必須在港口和碼頭設置，用來收受汙水的適當設施。

1.7 附則伍（Annex V）垃圾汙染

有鑑於塑膠及其他能長存於海洋環境的廢棄物，可造成嚴重的國際性環境問題，IMO 於 1973 年召開國際會議，試圖讓各國共同合作以減輕海洋汙染。其中所獲致成果之一，為通過了用以減少自船上棄置海洋的塑膠，和其他可長存於環境的廢棄物數量的 MARPOL 附則伍。2011 與 2013 年 Annex V 分別經過修訂、生效，擴大了所涵蓋的船舶、海域設施及禁止棄置入海的廢棄物類型。表 5.2 摘要整理 MARPOL Annex V 當中，防止海洋垃圾汙染規則。

表 5.2　2013 年元旦生效的 Annex V 海洋垃圾汙染規則的摘要

垃圾類別	特殊水域以外	特別海域內	海域（離岸 12 海浬以上）平台及距其 500 公尺內船舶
絞碎或磨碎的食物殘渣（廚餘）	航經 3 浬海域以外允許排放	航經 12 浬海域以外允許排放	禁止排放
尚未絞或磨碎的食物殘渣	航經 12 浬海域以外允許排放	禁止排放	禁止排放

垃圾類別	特殊水域以外	特別海域內	海域（離岸 12 海浬以上）平台及距其 500 公尺內船舶
清洗水中不含的殘餘廢棄物	航經 12 浬海域以外允許排放	禁止排放	禁止排放
清洗水中所含殘餘廢棄物		航經 12 浬海域以外允許排放；外加二條件	
洗艙水中所含清潔劑與添加劑	允許排放	航經 12 浬海域以外允許排放；外加二條件	禁止排放
甲板與外殼清洗水中所含清潔劑與添加劑		禁止排放	禁止排放
運送途中死亡的貨物牲口屍體	允許排放	禁止排放	禁止排放
包含塑膠（如化學纖維繩、魚網及垃圾袋）、漂浮性的襯板、填料，及包裝材料、紙製品、破布、玻璃、金屬、瓶、陶器、及類似的棄置物品等其他材質	禁止排放	禁止排放	禁止排放
混雜的垃圾	凡混有禁止排放或受到不同要求材質的汙染，則採取受到較嚴苛要求者		

　　儘管所有船舶都須遵循 MARPOL Annex V，其卻無證書與認可的相關要求。以下是 Annex V 所要求的作爲：

- 在船上張貼顯示排放要求的布告，
- 一套垃圾管理計畫，
- 一套垃圾紀錄簿。

1.8 附則陸（Annex VI）

　　IMO 於 1997 年 9 月在 MARPOL 公約當中增訂了 Annex VI，藉以規範源自船舶的空氣汙染。此外，很多國家也分別在各自國界內，定訂更爲嚴苛

的管制法令，而同時也有類似的區域性合作。

1.8.1 減排目標

Annex VI 的目標，在於降低源自船舶排放到大氣當中的 NO_x、SO_x 及 GHG。其針對 NO_x 的減量目標分三期（或稱三階段）：Tier I、Tier II 及 Tier III。圖 5.1 與針對 SO_x 的圖 5.2 當中所示上下兩條曲線，為航行於 SECA 及全球其餘區域船舶的燃料硫份百分比上限。

SO_x 排放可說是最受矚目，也最早受到國際規範的船舶大氣排放議題。IMO 早自 1997 年起，即設置排放控制區（Emission Control Areas, ECAs），以逐步減少指定海域中空氣汙染物的排放，這些區域包含北美、波羅的海、北海（含英吉利海峽）和加勒比海等船泊靠港頻繁，人口密集的區域。ECAs 內船舶燃油的含硫量適用標準，已自早期的的上限 1.5%，歷經數次逐步調整，最後於 2015 年降至目前的上限 0.1%。IMO 亦從 2020 年 1 月開始，實施更嚴格的國際海運環保規定，全球 ECAs 以外區域燃料硫含量限制，從原本的 3.5% m/m 降低至 0.5% m/m。

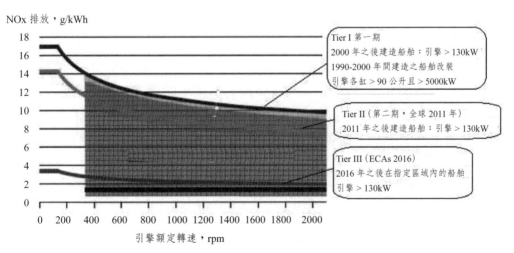

圖 5.1　MARPOL Annex VI 當中分別在三階段的 NO_x 排放上限
資料來源：IMO, 2013

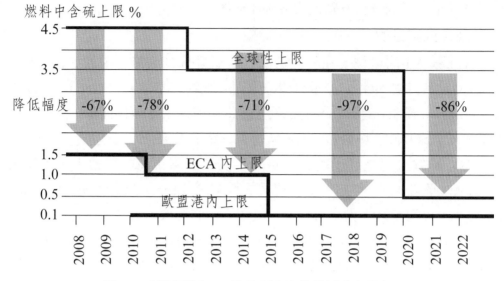

圖 5.2　針對限制 SO_x 排放所定出的燃料硫含量上限

資料來源：整理自 IMO, 2009；IMO, 2013

1.8.2 ECAs的擴張

一個迄今仍存在不確定性的議題是，自 2015 年元旦起要求在擴張的 ECA 內，採用 0.1% 硫含量燃料。圖 5.3 所示，為既有和未來可能的 ECA 的範圍。從圖當中則可看出，ECAs 從既有到未來的擴充趨勢。ECA 可望擴及亞洲港口（占世界船用燃油銷售量的 32%）以及中東港口（占世界船用燃油銷售量的 12%）。然而，終究主導推動新 ECA 的並不在於 IMO，而是提交該建議的簽署國。

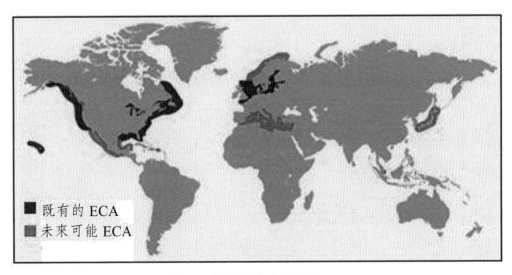

圖 5.3　既有和未來可能的 ECA

資料來源：整理自 IMO, 2009；IMO, 2013

1.8.3 要求1%硫含量燃料的生效期程

圖 5.4 所示，為 2008 至 2022 年間，船舶燃料含硫上限的發展過程。船東們普遍關切的是，讓船舶遵循 IMO 針對 SO_x 排放所設定的，分別有自 2015 年起在 ECA 內和 2020 年起適用於全球的嚴苛規定，究竟該選擇低硫或蒸餾燃油，或是天然氣更值得考慮？

自 2020 年元旦起，海運燃油的全球含硫上限，從 3.5% m/m 降至 0.5%。針對 SO_x 排放，在 ECAs 內燃料硫含量以 0.10% m/m 為限。SO_x-ECA 水域最初涵蓋波羅地海、北海、北美海岸及美國加勒比海區。有關船舶排氣立法的主要文件有：

- MARPOL Annex VI, Regulation 14 修訂版（IMO, 2008），
- IMO 決議文 MEPC.259（68）排氣清淨系統指南（Guidelines for Exhaust Gas Cleaning Systems）（IMO, 2015）。

此外，為緩和空氣汙染問題，中國大陸也已針對源自船舶的大氣排放，劃定其排放管制區（如圖 5.5 所示）。

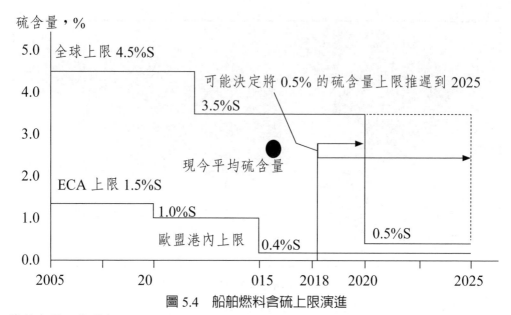

圖 5.4　船舶燃料含硫上限演進

資料來源：整理自 IMO, 2009；IMO, 2013

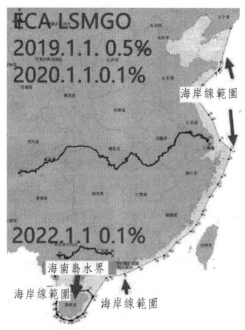

圖 5.5　中國大陸劃定之排放管制範圍

資料來源：Standard Club, 2019

1.8.4 其他區域性NO$_x$立法

除 IMO 的全球性立法外，類似的區域性合作也正在規劃中。而同時也有很多國家，正在其國界內擬訂更為嚴苛的管制法令。例如在美國加利福尼亞州水域，曾分別由加州空氣資源局（California Air Resources Bureau, CARB）及美國環保署（Environmental Protection Administration, EPA）提出二個不同的方案。

美國 EPA 接著又提出，擴大非路上（off-highway / non-road）引擎排放標準的適用範圍至船用引擎的方案。其針對 NO$_x$、CO、HC 及 PM，所提限制分別為 9.2g/kWh、11.4g/kWh、1.3g/kWh 及 0.54g/kWh。

2. 降低船舶CO$_2$排放

IMO 於 2018 年同意在 2050 年之前，將源自國際海運的 GHG 排放，至少比 2008 年的降低 50%，並最晚在 2100 年之前完全消除。其並擬於 2030 與 2050 年，將每趟運輸所排放的二氧化碳，分別比 2008 年的，降低至少 40% 與 70%。而為達此目標，須結合引進運轉與技術措施，以及大幅降低傳統化石燃料的使用量。

2.1 國際海運 GHG 減量潛力

針對船舶排放 CO$_2$ 的設限趨勢，可從圖 5.6 當中的曲線看出。根據 IMO 針對 GHG 的研究結果，每年源自海運的 CO$_2$ 排放近一億噸，相當於全球 GHG 排放量的 2.5%。此海運排放預計在 2050 年之前，將增加 50% 到 250% 之間，端視未來經濟與能源發展狀況而定。此顯然無法達成，國際間要讓相較於工業化之前的全球溫升低於 2℃ 的目標。歐洲執委會因此於 2013 年對此提出政策，要將海運排放逐步整合到歐盟政策當中，以減少其當地的 GHG 排放。此策略於 2014 年 4 月在歐洲議會中通過，成為法律。

國際海運 CO_2 排放量，Gt

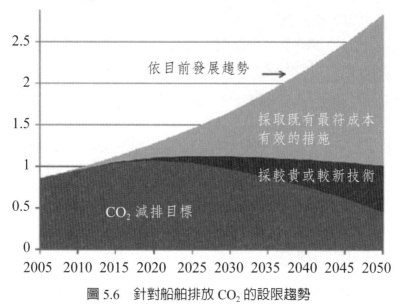

圖 5.6　針對船舶排放 CO_2 的設限趨勢

　　根據 IMO 針對船舶 GHG 減量研究結果，船舶若能採取一些運轉措施，並落實既有的技術，便可望省下 75% 的能源消耗和 CO_2 排放。而這些技術當中，有很多都合乎成本有效性，且也有利於降低運轉與投資成本。若進一步採用一些創新技術，還可望進一步達到節約的目的。

　　未來 IMO 所可能採行的 GHG 總量管制（cap on emissions）政策當中的合作減量計畫（Clean Development Mechanism, CDM Projects），可行性頗高。其屬於一種排放權交易，由既有減量責任國家與未受限國家或機構合作減量，未受限國家進行減量，取得減量抵減額，售予排放受限的國家。

2.2 EEDI 與 SEEMP

　　MARPOL Annex VI 當中第四章，有關防止源自船舶空氣汙染法規的減排標準，源自國際海運 GHG 排放的規定，適用於 GT 大於 400 的所有船舶。其中針對新船要求能源效率設計指標（Energy Efficiency Design Index, EEDI），而針對所有船舶的，則是一套船舶能源效率管理計畫（Ship

Energy Efficiency Management Plan, SEEMP），以提升船舶能源效率。目前國際間正針對，能讓包含現成船在內的海運整體排放降低的全球性市場導向措施（Market-Based Measures, MBMs）等工具，進行協議。

EEDI 為根據 SEEMP 的內容，用以監測船舶運轉狀況的非強制性建議工具。而 MBMs 則在於透過財務誘因，以促進高效率的船舶建造與運轉，進而抑制船舶的 GHG 排放。

簡言之，MBMs 意在鼓勵低碳排、懲罰高碳排船舶。其所產生的資金，則專用於減緩氣候變遷及協助開發中國家適應。新增訂第四章對新船強制要求的 EEDI，主要在於要求其設計得更具能源效率，以釋出較少 GHG。該法規屬非預先設定，亦即只要能達到要求的能源效率水平，船舶的設計者和建造者，便可針對每艘特定船舶隨意採用最具成本效率的方案。

2.3 CII

以下以問與答，介紹最近推出的碳強度指標（Carbon Intensity Indicator, CII）。

問：什麼是 CII 和 CII 評級（CII Rating）計畫？

答：碳強度指標 CII 是衡量船舶運送貨物或乘客的效率指標。其以每艘船的貨物運載能力與航行海浬所排放的二氧化碳克數計算。如此，該船的年度評級值從 A 到 E，將趨於嚴格，直到 2030 年。CII 適用於所有超過 5,000 GT 的貨船、駛上駛下高速渡輪（RoPax）及郵輪。年度 CII 根據報告的 IMO DCS 數據計算。連續三年 D 評級或一年內 E 評級船，需建立改正行動計畫，作為 SEEMP 的一部分並取得核可。

問：如何計算 CII？

答：基本上 CII 按單位貨物運載能力與航行浬數，所排放 CO_2 計算。其計算將透過 2022 年制定修正因數，對個別準則做進一步改進。目前使用的是，實際運載貨物而非運載能力（即 EEOI）只屬自發性報告，不能用於 CII 評級。

問：什麼是 AER/cgDist？

答：針對不同航段，CII 量測輸送工作碳足跡的方法各不相同。年效率比（Annual Efficiency Ratio, AER）和容量總噸距離（capacity gross ton Distance, cgDist）是使用不同單位的兩個 CII。AER（emission per dwt-mile, 每 dwt 英里排放）用於貨物重量為關鍵的航段，至於 cgDist（emissions per gross ton-miles，每噸總浬數排放）則用於貨物體積為關鍵的航段。

問：為什麼以 AER/cgDist 用作 CII 而非 EEOI？

答：AER 和 cgDist 靠的是 IMO DCS 系統報告的數據元素。IMO 數據蒐集系統（Data Collection System, DCS）系統並不蒐集計算 EEOI（每噸浬排放）所需要的貨物數據。因此，EEOI 不是目前所用 CII 的選項。但若願意，仍可自發性地願報告貨物數據並報告 EEOI。

問：CII 何時生效，需要什麼才能合規？

答：CII 要求將從 2023 年起生效。屆時船上要有經核可的，強化 SEEMP 和用以落實所要求 CII 的計畫。SEEMP 將接受公司盤查，盤查準則尚待建立。

問：為什麼 CII 使用 2019 年作為參考，而不像 IMO GHG Strategy 那樣用 2008 年？

答：CII 採用 2019 年，因為其為 IMO 報告採用經驗證 DCS 數據的第一年。否則，參考線就必須根據很不確定的 AIS 數據建立。

問：EEXI 和 CII 有何區別？

答：EEXI 屬一次認證，相當於 EEDI 第 2 或第 3 階段有關船舶設計參數的認證。CII 是一項運轉指標，將自 2023 年起每年進行評估，且每年制定更嚴格的排放限制。EEXI 和 CII 適用於相同船型。不同的是，CII 評級將適用於 5,000 GT 及以上船舶，無論何種推進類型。

問：CII 與 SEEMP 之間有何關係？

答：強化 SEEMP，以包含強制性內容為 CII 法規的一部分。其目的在於確保不斷提升能源效率並降低碳強度。強化型 SEEMP 應包括一個針對

如何實現 CII 目標的實施計畫，並須經核可及公司盤查。針對連續三年達 D 評級或一年內達到 E 評級的船舶，需建立改正行動計畫，作爲 SEEMP 的一部分並取得核可。

問：如何考慮例如錨泊期間的燃耗？

答：目前，CII 不會將燃耗歸屬在航行中或是運轉中，例如錨泊等某個特定階段。錨泊期間的燃耗，將單純視爲無距離行程燃耗。然而，針對例如在惡劣天候情況或在港耽擱等的免除或修正，則正討論中。

問：CII 與波塞敦原則（Poseidon Principle, PP）或《海運憲章》（Sea Cargo Charter）的關係爲何？

答：波塞敦原則使用 AER，《海運憲章》使用 EEOI。這兩項舉措，分別是主要航運銀行、租船商或貨主，爲推動脫碳的實施而提出的倡議，與 IMO 建立 CII 的進程，無直接關聯。但儘管二者各有其軌跡，其今後可使定義與指標和 IMO 的一致。

Sea Cargo Charter 則在於根據聯合國減碳目標，爲負責航運、透明氣候報告及決策改善設定新基準。

上述波塞敦原則，由致力於促進世界貿易運輸中的永續航運的國際基金會全球海事論壇（Global Maritime Forum, GMF）發起。其爲是花旗銀行、法國興業銀行、挪威銀行、荷蘭銀行、阿姆斯特丹貿易銀行、法國農業信貸銀行、東方匯理投行、丹麥船舶金融、丹麥銀行、德國交通信貸銀行、荷蘭安智銀行和北歐銀行這 11 個創始單位和支援單位的創意成果。

問：船東如何控管其 CII？

答：CII 直接以燃耗爲基礎，其受某船如何結合其技術效率與燃料的運轉所影響。其值將受所用燃料類型、船舶效率和例如船舶速度、運送貨物、天候條件及船舶整體狀況（如生物汙損）等操作參數所影響。

船東可透過優化運轉並確保船處於良好狀態，以控制 CII。租船者將透過選擇船速，對其租用船隻的 CII 產生重大影響。船東或營運者如能持續監控船的 CII 表現，將有助於避免意外被迫採取非常措施。

2.4 歐盟 MRV 與 IMO DCS

因應全球氣候變遷，國際間繼 1994 年通過氣候變化綱要公約之後，每年召開氣候會議。2009 年哥本哈根 COP15 會議協定（Copenhagen Accord）當中，便納入了監測、報告及確認（Monitoring, Reporting, and Verification, MRV）機制，接著又在坎昆 COP16 會議中達成的坎昆協議（Cancun Agreement）針對 MRV 機制之透明化，提出進一步規範。直到 2015 年巴黎氣候會議，則要求締約國提交「國家自主決定預期貢獻」（Intended Nationally Determined Contributions，簡稱 INDCs），以提供透明資訊，作為進一步共同協商的法律文件。

歐盟在 2011 年關於運輸的白皮書表明，到 2050 年 EU 的海運排放量應從 2005 年的水平減少至少 40%，如果可行，應朝向減少 50% 邁進。為有效解決航運 GHGs 排放的問題，EU 於 2013 年 6 提出以區域行動，減少船舶 GHGs 排放 MRV 法規草案，針對船舶燃料燃燒所產生的 CO_2 排放進行監測、報告、驗證的要求，經由第三方機構認證，對提交數據進行驗證，並按規定期限上報。

MRV 法規於 2015 年 7 月生效，所有往返歐洲港口的商船，都必須遵守 MRV 規則。MRV 的機制為海運排放建立出統一管理方法，並逐步將航運 GHGs 排放納入 EU 減排體系，但在 EU 減排目標中並未包含國際海運排放。

於此同時，IMO 同意需採取進一步行動，以減少船舶 GHGs 排放。其於 MEPC（70）決議中通過 MARPOL 公約附則 VI，有關數據蒐集系統（Data Collecting System, DCS）的修正案。該 DCS 於 2018 年 3 月生效，往後的從事國際航運船舶，皆需自行監測船舶燃油消耗，並回報數據，驗證是否符合規範。DCS 的適用範圍，涵蓋全球海域船舶數據。

因此，從國際法規限制海運 GHGs 排放的趨勢，可看出國際間要求船舶自我檢測為未來趨勢。此針對海運 GHGs 排放機制搭起了一個大架構，也為將來航運 GHGs 排放，訂定出了明確的管理方式及減碳標準。

2015 年巴黎氣候會議要求締約國提供透明資訊，作為共同協商的法律文件，而在 GHG 減量市場機制當中，MRV 屬運作的核心要素，未來針對源自海運減排亦不例外。船舶排放的監測與報告，為爾來 EU 推行 MRV 的第一步，一放面依法建立船舶排放相關資訊，同時也寄望藉以在接下來國際討論中獲致最佳成果。

針對船舶 CO_2 排放監測，可採推估或直接量測。推估法根據燃耗與適用排放因子算出，在煙囪直接量測 CO_2 則處開發與認證階段，二者都能提供可靠數據，並據以申報。從國際間落實限制源自海運大氣排放相關法規的發展趨勢來看，在船上對排氣進行自我檢測為趨勢之一。

2.5 MRV 與 DCS 的脫碳之路

自 2017 年 EU MRV 和 2018 年 IMO DCS 推出以來，其皆為制性，且皆為海運業進一步脫碳之途的第一步。英國的 MRV 已在英國脫歐之後出現，將用於 2022 年報告。自 2023 年起，船上將需要有經過驗證的 EEXI。碳強度指標（CII）、環境評級（environmental ratings）、EU-ETS 及 FuelEU，也都將在未來幾年內採用。

有關防制源自船舶大氣排放的問題，兩個最基本的疑問是：（一）如此防制能得到多大效益？及（二）要花多少錢？表 5.3 整理了，因應防制船舶空氣汙染國際法令的各種對策。圖 5.7 所示，則為 Eide 等於 2008 年所提出，綜觀未來可能用於降低排放的立法方案、船用燃料與引擎類型，及技術性與運轉措施，如今仍相當適用。

表 5.3　2010 至 2020 年間船舶引擎排放國際法令與因應對策

實施日	法規	適用區域	標的船	可能後果	船東一般因應
2010.1.1	靠泊歐盟港口和在運河內燃料硫含量<0.1%	歐洲	現成及新船	加裝新設備，營運成本增加	停泊和在運河內時換用含硫 0.1% 燃油 以 LNG 作為燃料
2010.1.7	SECA 內燃料硫含量 <1%	SECA	現成及新船	加裝新設備或排氣淨化，營運成本增加	採用含硫 <1% 燃油 採用含硫 >1% 燃油及洗滌器 以 LNG 作為燃料
2011.1.1	NOx 降至第二階段水平比目前第一階段的低約 20%	全球	現成及新船	營運成本可能增加	選用或改裝成低 NOx 引擎 使用合於第一階段引擎及 SCR、EGR、HAM、水乳化等 以 LNG 作為燃料
2012.1.1	燃料硫含量 <3.5%，在 2020 年前（也可能更遲）逐漸朝向 0.5%	全球	現成及新船	營運成本可能增加	2012：改用含硫 3.5% 燃油，到 2020 年：採用低硫或傳統燃油但需要洗滌器 以 LNG 作為燃料
2015.1.1	SECA 內燃料硫含量 <0.1%	SECA	現成及新船	營運成本可能增加，加裝新設備或排氣淨化	用含硫 <0.1% 燃油 採用含硫 >% 燃油及洗滌器 以 LNG 作為燃料
2016.1.1	在 ECA 內 NOx 降至第三階段水平，比第二階段的低約 75%	ECA	新船	排氣淨化（除非引擎大幅改進），建造與營運成本增加	加裝 SCR 等排氣淨化設備等措施 以 LNG 作為燃料

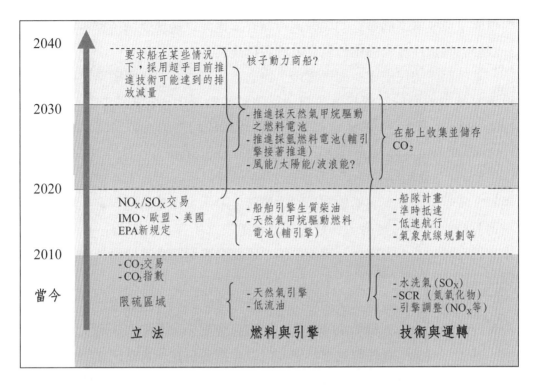

圖 5.7　綜觀未來可能用於降低排放的立法方案、船用燃料與引擎類型及技術性與運
　　　　轉措施

資料來源：Eide 等，2008

3. 壓艙水生物傳遞國際公約與管控方案

3.1 BWM 緣起

　　壓艙水控管（Ballast Water Management, BWM）是近二、三十年來，國際間致力讓船舶更綠一點過程中的一項重大議題。自 2017 年 9 月之後，全球船舶所排放的壓艙水與底泥（sediments），便受到壓艙水管理公約（Ballast Water Management Convention）控管。

　　其實國際間注意到船舶壓艙水有可能造成生物傳遞，由來已久。聯合國於 1973 年即要求世界衛生組織（World Health Organization, WHO），針

對壓艙水造成傳染病蔓延的問題進行調查。從此以後便陸續落實，同時涵蓋分別屬於建議性質與強制性質條款的各種規範。

　　基於保護國民健康與海洋環境，過去逾十年之間，相關國際組織及各先進國家無不致力於研擬相關法規，以防制船舶攜入含有害生物之壓艙水。IMO MEPC 於 2004 年通過有關控制與管理船舶壓艙水與底泥之國際公約（International Convention for the Control and Management of Ships' Ballast Water and Sediments），並於 2006 年通過相關指南。當時國際間相關規範，多半以要求來訪船舶在大洋中換新壓艙水，作為防範有害生物與病源透過壓艙水傳輸的對策。只是由於壓載艙換水所存在的安全、有效性、成本、以及造成船上操作上困擾等缺陷，國際間普遍認為其僅屬於過渡時期的暫行方法。

　　針對前述降低壓艙水中非原生海洋生物可能在世界四處傳送，許多國家接著分別提出一系列壓艙水管控指南及規範實務。這些指南涵蓋了所有建議過，應加以考慮的管理與處理步驟，但並非都適用在所有情況之下。針對用以作為選擇壓艙水處理系統的基礎，IMO 根據其殺死、解除作用、或清除生物的有效性，建立不同選擇的接受標準與程序。其中有些選擇仍持續開發與測試。

　　關於防止船舶壓艙水造成汙染的國際立法，在通過 MARPOL 73 的大會上，通過的 18 號決議文時即指出，船舶壓艙水排放造成危害的潛在可能性。1990 年 11 月召開的 MEPC 第 30 屆會議上，針對「控制壓艙水排放」議程成立專門工作小組，由澳大利亞邀集加拿大、美國、丹麥、日本及某些國際組織的代表參加，起草了「關於防止船舶壓艙水及底泥排放傳播有害水中生物和病原體的國際指南」。

　　1991 年 7 月 MEPC 第 31 屆會議上，正式通過了 MEPC50（31）決議相關指南。該指南提出了一系列，船舶壓艙水排放的管理措施，旨在向主管機關和港口國當局提供，關於制定減少船舶壓艙水及底泥傳播有害水中生物和病原體的程序導則。該指南的主要內容包括：

　　•成員國為抵禦外來感染病原體的危害、保護公民的健康、保護漁業和

農業的生產、及保護環境，可制定壓艙水與底泥的排放程序；

- 在任何環境下，港口國當局必須考慮壓艙水和底泥排放程序，對於船舶及船上人員與設施安全的各種因素。

至於防止外來水中生物及病原體傳播的管控措施則包括：

- 不排放壓艙水；
- 在海上及港口國當局可接受，並為此目的而指定的區域，更換壓艙水和清除沉澱物；
- 旨在防止或減少壓載和卸載作業中，汲取汙水或底泥的壓艙水管理辦法；
- 將壓艙水排入岸上設施處理或進行控管處置。

3.2 BWM 公約內容

控管船舶壓艙水與底泥國際公約（BWM 公約）於 2017 年 9 月 8 日獲得足夠國家簽屬，生效實施。

3.2.1 BWM計畫

BWM 公約要求所有船舶，落實一套壓艙水控管計畫（Ballast Water Management Plan），其中包含一本壓艙水紀錄簿（Ballast Water Record Book），並根據既有標準，進行壓艙水控管程序。該公約的目標在於藉由以下作為，將環境所受到的傷害減至最輕：

- 在壓艙過程中，將引進船上的生物減至最少；
- 在壓艙過程中，將引進船上的底泥減至最少；以及
- 在海上將壓艙水進行換水（船應距岸至少 200 海浬、水深至少 200 公尺，可採流通（flow through）或是依序（sequential）方式換水），且至少要換掉總壓艙水量的百分之 95；以及
- 對壓艙水採取化學或機械方式（例如 UV 照射、過濾、脫氧、空蝕、臭氧等）。

其中的控管措施包括：

- 國際壓艙水管理證書（International Ballast Water Management Certificate），

- 壓艙水管理計畫（ballast water management plan），
- 壓艙水紀錄簿（ballast water record book）。

3.2.2 壓艙水管理

IMO BWM 公約規定，所有船在航行時都必須實施壓艙水管理。有關公約落實的準備，包括：

- 壓艙水管理系統認可指南；
- 港口國管制（Port State Control, PSC）之壓艙水採樣與分析指南；
- 壓艙水管理計畫指南；
- 壓艙水交換（操作）指南；
- 壓艙水交換設計與建造標準指南；
- 底泥收受設施指南；
- 船上底泥管控指南；
- 其他指南。

3.2.3 壓艙水處理標準

最初用來防止壓艙水中嫌惡性水生物擴散的技術，僅限於在海上更換壓艙水。此技術有諸多限制。船舶的安全是最主要的考量，因而天候與海況也就在決定何時在海上進行換水才恰當的考量上，扮演著決定性的角色。此外，藉著各種技術所能除去微生物的百分比，主要尚須視何種生物而定。

MEPC 接著建立了一套壓艙水處理（Ballast Water Treatment, BWT）標準，使其最終得以用來評估其他處理方案的效果。該提出用以管理壓艙水的新工具，所依據的是一套所謂二階段措施。

第一階段當中包括了，能適用於所有船舶的要求，例如強制要求準備一套前面所述，壓艙水與底泥管理計畫、一本壓艙水紀錄簿，以及新船應在一既定標準之下或標準範圍內，執行其壓艙水與底泥管控的程序。現成船則被要求採行一定的壓艙水管控程序，此程序有別於新船所適用者。

第二階段包括一些可能適用在某些特別區域的特殊要求，及界定該特別

區域的標準。在該區域排放與（或）汲取壓艙水時，還須額外加上一些管控措施。

　　公約中訂定的兩套壓艙水管理標準包括：D-1 換水標準，及 D-2 生物標準。2017 年之後，一律須符合 D-2 標準。

　　■**規則 D-1**　壓艙水交換標準：應達體積 95% 的換水效率。若船舶實施泵入法換壓艙水，各壓載艙泵入水體積達三倍即視同達此標準。若泵入未達三倍，但能證明達 95% 換水率，亦可。

　　■**規則 D-2**　壓艙水成效標準：所排出每立方公尺壓艙水中，最小在 50 微米的存活生物應不超過 10 個，而所排放的指標微生物應不超過規定的濃度。其中的指標微生物包括：毒性霍亂弧菌、大腸桿菌、腸道腸球菌。

4. 防止生物汙損船舶塗料汙染

　　基於第二章當中所述，過去對 TBT 基防汙漆所可能對環境帶來衝擊的考量，世界各國皆陸續對其進行規範。1980 年中末期，許多國家著手限制在船上使用 TBT 基油漆（船長小於 25 公尺者禁用）以及其滲出率。從擴大監測範圍所得數據顯示，目前用以限用 TBT 基油漆及其釋出率的規範，對於降低環境中 TBT 濃度極為有效。

　　過去多年來一個由北海國家、日本及特定環保組織所組成的團體，一直對 IMO 施壓，要求在國際層級上，進一步規範 TBT 基油漆。1990 年 4 月在摩納哥舉行的第三屆國際有機錫會議中公認，IMO 為促成此事的適當組織。後來，IMO 分別於和通過與生效的，「船上有害防汙系統控管國際公約」（The International Convention on the Control of Harmful Anti-fouling Systems on Ships），即在於禁止使用含有害有機錫的防汙油漆。其同時亦在於建立，用以預防未來可能在防汙系統中，使用其他有害物質的一套機制。

　　該公約的附則壹（Annex I）載明，自 2003 年元旦起，所有船舶不得採用任何含有機錫化合物的防汙系統。且自 2008 年元旦起，禁止船舶的船

殼或外部塗有這類化合物，或應塗上足以阻擋其底下不合格防汙系統（Anti-Fouling Systems, AFS）析出，含有這類化合物的塗料。公約上將此防汙系統定義為，在船上用以控制或防止有害生物的塗料、油漆、表面處理、表面或裝置。

5. 提高能源效率減少排放

　　為能抑制源自海運的 CO_2 排放，IMO MEPC 建立了船舶能源效率設計指標（Energy Efficiency Design Index, EEDI），作為 CO_2 排放表現的衡量標準。雖然 EEDI 之建立，原本在於降低 GHGs 排放，其實際上亦可視為一艘船及其推進的能源效率指標。船舶設計者與建造者，可藉以選擇採用得以讓船舶符合規範的，最符合成本效率的解方。

　　引擎排放多少和達到所要船速所需出力直接相關。而儘管船舶大致上已屬相當有效率的運輸工具，其在提升效率上，即便只是將既有的，例如更有效率的引擎、推進系統、船殼設計、加大尺寸等技術應用在船上，仍存在著相當大的潛力。

　　目前所討論的短期可能措施當中，包括一套適用於所有航行於國際航線船舶的全球性徵費計畫。其他考慮中的短期措施，包括風力、減速、及岸電等。另外可能的長期措施，還包括船舶設計的技術性措施、使用替代燃料、強制要求新船採納 EEDI、及一套用於港埠設施計費的強制性 CO_2 措施和排放交易計畫等。

5.1 船舶遵循 EEDI

　　目前 IMO 正針對新船，建立能源效率設計指標標準。一旦這些標準生效，新船設計便將引進新的能源效率措施以符合 EEDI 要求。至於其嚴苛程度則取決於 IMO 所委託的海事專家們。IMO MEPC 於 2009 年 8 月發布導則 MEPC.1/Cir.681，確定 EEDI 的計算公式如下：

$$\frac{\left(\prod_{j=1}^{M}f_j\right)\left(\sum_{i=1}^{nME}P_{ME(i)}\cdot C_{FME(i)}\cdot SFC_{ME(i)}\right)+\left(P_{AE}\cdot C_{FAE}\cdot SFC_{AE}\right)+\left(\left(\prod_{j=1}^{M}f_j\cdot\sum_{i=1}^{nPTI}P_{PTI(i)}-\sum_{i=1}^{neff}f_{eff(i)}\cdot P_{AEeff(i)}\right)C_{FAE}\cdot SFC_{AE}\right)-\left(\sum_{i=1}^{neff}f_{eff(i)}\cdot P_{eff(i)}\cdot C_{FME}\cdot SFC_{ME}\right)}{f_i\cdot Capacity\cdot V_{ref}\cdot f_w}$$

其中：

C_F：為船舶所使用各項燃料（i）的二氧化碳排放係數，衡量單位為 gCO_2/g 燃料（i）。共有五種係數（$i = 1 \ldots 5$），分別適用於柴油、輕燃油、重燃油、LPG 及 LNG。$C_{FME(i)}$ 與 $C_{FAE(i)}$ 分別代表適用於主引擎與輔引擎的排放係數。

SFC：為船舶的燃油消耗率，亦區分為 $SFC_{ME(i)}$ 與 $SFC_{AE(i)}$ 分別適用於主引擎與輔引擎。

f_i：為裝載能力修正係數，用以考量船舶的特定設計特性對其裝載能力造成的限制。

f_j：為裝載能力修正係數，用以考量船舶為因應技術或法令規範以致對其裝載能力造成的限制。

f_w：為航行速率修正係數，用以考量各船舶因應海況因素造成的航行速率降低。

V_{ref}：為船舶的參考航行速率，亦即假設船舶在深水區穩定海況下以 P_{ME} 動力水準航行的速率。

$Capacity$：即船舶的裝載能力。其中就油輪、LNG 船而言，此指其高舷時之最大載重量；而就貨櫃輪而言，此指其高舷時之最大載重量的 65%。

P：為引擎出力，以 kW 衡量。$P_{ME(i)}$ 與 $P_{AE(i)}$ 分別代表主引擎與輔引擎的出力。

　　適用於新船設計的效率措施包括了空氣潤滑及動力管理系統等，皆具降低運轉成本的潛力。另外有些是在 EEDI 方程式當中看不到的措施，仍可獲致使用當中的效率。

5.2　引進現成船 EEXI

　　在 2.3 節當中已略提，適用於現成船的能源指標，CII 與 EEXI。依照朝向 2050 年《溫室氣體策略》（Greenhouse Gas Strategy towards 2050），

IMO 制定了到 2030 年在未來十年內，將碳強度降低 40%，以及到 2050 年減少 50%（70% 強度）的目標。爲實現此一目標，分別訂出短、中及長期措施。短期措施將於 2023 年生效。其中涵蓋例如實行限速等不同措施。近十年來，由於市場帶動慢航（slow steaming），這項措施可望有效減少二氧化碳排放。

　　2020 年 11 月 MEPC 75 期間，IMO 通過了 MARPOL 附件六的修正案，爲現成船引進了 EEXI。相關要求將於 2023 年生效。EEXI 將適用於屬 MARPOL 附則陸當中的所有大於 400 GT 的船舶。有關 EEXI 的計算、調查及驗證指南將在 MEPC 76 上完成。然而，由於 EEXI 是從新造船舶相關的 EEDI，拓展到現成船，因此大多數程序將與 EEDI 相同，會另外針對有限的設計數據與調查進行一些調整。圖 5.8 所示爲取得 EEXI 證書的流程。

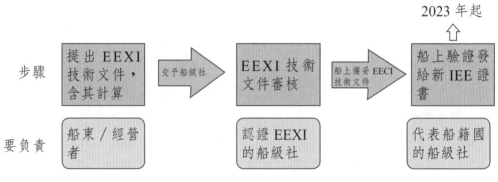

圖 5.8　取得 EEXI 證書流程

5.2.1 EEXI計算

　　EEXI 的計算，將遵循既有的 EEDI 的計算。其基於 2018 年 EEDI 的計算準則，就現有船進行一些調整。目前，只有準則草案可用（提交 ISWG-GHG 7/2/7），該準則將在 2021 年 MEPC 76 之後，被通過的準則所取代。

　　原則上，EEXI 在於呈現每噸一英里的二氧化碳排放量。其決定了和引擎功率、運輸能力及船速相關的標準化二氧化碳排放量。EEXI 屬設計指

標，而非運轉指標。其與過去幾年的測量值無關，也不需在船上進行量測。

　　排放量根據的是主機的設置功率、主機與輔引擎的一定油耗以及燃油與相對 CO_2 之間的因數換算。運輸工作取決於運送能力，通常和是船重及配置功率下的航速有關。

　　大多數船型在計算時，並不考慮最大引擎功率，而是其該功率的 75%。此功率和主機的比油耗及船速有關。

　　EEXI 適用於幾乎所有超過 400 總噸位的遠洋貨輪與客輪。其已針對不同船型，藉由修正因子，對公式做了適當調整，以便進行適當的比較。例如針對冰級船（ice-class ships），顧及結構加強而修正其功率。另外針對船上的起重機和具有 IA 超級和 IA 的冰級船舶，亦需進行修正。

　　由於所有這些校正因數僅適用於特定的船舶類型，EEXI 的最初簡單計算（如下式：gCO_2 排放量／運送人、貨作功）對於某些船舶來說，可能會變得相當複雜。DNV GL 的海事諮詢具有 8 年時間，在 EEDI 的計算方面擁有數百個案例的經驗，為每艘船（受 EEXI 法規約束）獲得的 EEXI 提供了可靠、準確和深刻的確定。

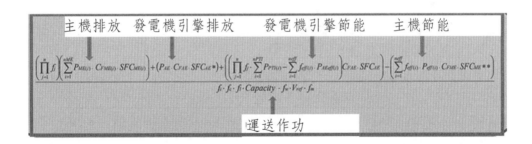

5.2.2 計算 EEDI 與 EEXI 的差異

　　姐妹船之間的 EEDI 值往往有些微差異。這一部分是由於建造船舶重量不同，但主要是由於各船分別進行海試（sea trial）時設定船速不同所造成。

　　至於 EEXI，除非這些海試是在 EEDI 認證範圍內進行，否則不需進行海試。亦即，對於 EEDI 前（pre EEDI）船舶，相關船速並非經由船上量測

量確定。相反，該船的 EEXI 參考航速，是藉由其設計模型測試中所定航速／功率曲線決定的。因此，無相同 EEDI 的姐妹船，卻有相同 EEXI 參考航速。

　　並非所有船舶都適用於一套船模測試報告。因此，EEXI 計算準則所提供的，是依據船型與裝置功率所用近似公式，以計算參考航速的選項。納入邊際係數 5%，此近似參考航速將偏保守，因此建議盡可能提供船模測試報告。

　　現成船 EEXI 的目的在於量測船舶能效，不同類型船舶各有其量測值，如後：

■ 散裝船

針對逾 200,000 DWT 的散貨船（bulk carrier），減排係數為 15，200,000 DWT 以下的船舶，減排係數增加到 20。

　　其將對《共同結構規則》（Common Structure Rules）進行更正，並規定在惡劣天氣條件下運行的最低推進功率要求。散裝船擁有所有船舶類型中，要求最嚴格的 EEXI 曲線。

船型	船大小	減排因子
散裝船	DWT ≧ 200,000	15
	20,000 ≦ DWT < 200,000	20
	10,000 ≦ DWT < 200,000	0-20

■ 油輪

超過 200,000 載重噸的油輪，減排係數會和散裝船相同，即 15。20 萬載重噸以下油輪的減排因子為 20。其同樣會依據《共同結構規則》進行修正，並提出在惡劣天氣條件下運轉的最低推進功率要求。

　　其和散裝船的區別在於，會進一步考慮部分軸電機（partly shaft generator）。

船型	船大小	減排因子
油輪	DWT ≧ 200,000	15
	20,000 ≦ DWT < 200,000	20
	4,000 ≦ DWT < 200,000	0-20

■貨櫃船

貨櫃船的 EEXI 要求相當於 70% DWT。其挑戰在於決定參考速度及部分軸發電機。其減排係數高得多。超過 200,000 DWT 的船舶的為 50，遠高於散裝船和油輪，並且隨著 DWT 的下降而減少。

■雜貨船

雜貨船（general cargo ship）的參考曲線有很大差異，因為各有不同的設計及不同的目的。

此外，校正係數取決於船的尺寸與航速，同時還會考慮起重機。部分軸發電機也會納入考慮。超過 15,000 DWT 的這類船的最高減排係數為 30。

船型	船大小	減排因子
雜貨船	DWT ≧ 15,000	30
	3,000 ≦ DWT < 15,000	0-30

■LNG 運輸船

特別的是，LNG 運輸船需考慮逸散氣體（boil-off gas），以及再液化（reliquefaction）系統所需的額外輔助動力。

LNG 運輸船只有一個減排係數，即超過 10,000 DWT 的船舶為 30。

■駛上駛下客輪

客輪的校正係數取決於船舶的尺寸與船速。

影響客船減排係數的兩個非常重要的因素，是其立方容量（cubic capacity）和額外的靠泊負載（hotel load）。此為扣除推進負載之後的負載。

而這些船舶的減排係數最低，即超過 1,000 載重噸船舶的減排係數為 5。

船型	船大小	減排因子
駛上駛下客輪	DWT ≧ 1,000	5
	250 ≦ DWT < 1,000	0-5

■郵輪

郵輪的 EEXI 要求與 Ro-Ro 客輪相似，皆會考慮發電機和電動機的效率，以及額外的儲備負載。

然而，郵輪的減排係數比 Ro-Ro 客輪的高得多，GT 逾 85,000 的減排係數為 30。

船型	船大小	減排因子
非傳統推進之郵輪	GT ≧ 85,000	30
	25,000 ≦ GT < 85,000	0-30

5.2.3 遵循EEXI

為遵循 EEXI，船舶必須首先蒐集所有所需文件：

- A/E 和 M/E 的氮氧化物技術檔，
- 輕量級證書（Lightweight Certificate）或傾斜測試報告（Inclining Test Report），
- 俯仰差（trim）與穩度（stability）摺頁冊，
- 船模試驗報告，
- 海上試驗報告的航速測試，
- EEDI 技術檔（如有）。

然後，他們應該分析可行措施，以落實 EEXI。根據過去的 EEXI 計算，值得考慮以下幾點：

- 推進優化，
- 引擎優化，

- 能效技術，
- 引擎功率限制（Engine Power Limitation, EPL），
- 安裝時間，
- 改進選項的成本與回收時間，
- 船齡，
- 速度損失。

最後是請船級社進行檢驗。裝妥後，即可完成 EEXI 技術文件，其中將包含：

- 根據計算準則進行 EEXI 計算，
- 根據 EEXI 計算準則的 EEXI 技術文件，
- 改進措施的所有文件。

提交並批准最終 EEXI 技術文件後，將進行船上檢驗，並發給新的 IEEC。

5.3 排放減量市場機制

IMO 的 MEPC 於 1999 年 9 月即執行針對船舶 GHG 排放的研究。研究報告從技術、操作、及市場機制三方向，探討 GHGs 減量的可能性，並於 2002 年 3 月的會期中成立工作小組，以評估 GHGs 減量方案，並建立一套屬於 IMO 的 GHGs 減量策略的計畫。

2007 年，在 MEPC 的第 57 次會期當中，GHGs 相關議題的期中工作小組（Intersessional Correspondence Group）提出完整報告，將可行的減量對策區分為短期性與長期性對策二類，且囊括運轉性、技術性、以及市場機制等對策。在 MEPC 目前評估中的市場機制可區分為下列三大類型：

- 排放費、排放限額與排放交易並存的混合機制（charge-cap-and-trade hybrid mechanism），
- 自願減量承諾（voluntary commitment），及
- 排放交易系統或清潔發展機制（Emission Trading Scheme (ETS) and/ or Clean Development Mechanism (CDM)）。

　　排放費、排放限額與排放交易混合機制基本上的設計，在對所有國際海運業者的排放總量限制，而對於個別業者的排放量徵以 GHG 排放費。此排放費較簡單的作法即隨油徵收（購買時即由燃油供應商代為收取，但也有提議依海運燃油運送量，定時向船東或船舶營運者收取。

　　收取之排放費回到海運業成立基金，專供減量技術發展或向其他產業購入排放權證等用途。唯運用於國際海運時，須透過一個國際性的機制（如 IMO），以利於全球執行。目前這個機制最具可行性，丹麥所提出的作法已廣受矚目。

　　自願減量承諾是藉由海運業者或其他經濟部門（如貿易商、造船業者、船舶營運管理業者、及港埠等）與政府（或是 IMO）達成協議，主動進行能降低溫室氣體排放的改善措施。政府或主管單位則回饋以特定環境標章，例如「綠獎」（Green Award）或「綠旗」（Green Flag）等。改善措施可以包括提升營運效率、達成一定能源效率指標、自願採行 IMO GHG Index 等。

　　就經濟部門而言，自願減量承諾亦能產生附帶效益，如企業形象或市場競爭力的提升等。至於排放交易系統或清潔發展機制的推動，則必須有完整可靠的排放量盤查會計系統作為基礎，且為能對環境有助益而又成本有效的系統，更須能與其他產業交易。其建置與實施需花費一段時日，因此 MEPC 的 GHG 聯絡小組，將其歸為長期性對策。

　　由於以下幾個原因，使得船運可能是就氣候變遷政策而言，最為複雜的領域。首先，激烈競爭之下，導致普遍改掛外國旗以及次標準船舶散布全球各處。此使落實氣候變遷政策工具益形困難。

　　由於全球船運的規模特性加上易於規避燃料稅，使其可輕易搭上順風車。然而由於船運在全球 GHG 排放量當中所占比例持續上揚，加上完全未見採取任何行動，致使面臨必須引進具體措施的壓力。而這也正是 IMO 相關研究所欠缺的。對於 IMO 而言，其最佳策略應該是在全球海運排放上，取得與京都議定書當中工業化國家的目標，相當的一致性。

　　該項目標將是針對船東，其可以參與合作履行及國際排放權交易。倘若

IMO 無法達此目標，則仍可落實 CDM 計畫。未來各國政府可能普遍對業界施壓，迫使其接受自發性同意書。地方性措施亦將配合。至於擁有主要具競爭力港口的國家，則可能嘗試採行根據船舶排放密度訂定差異性港口費用等。

5.4 減排策略

船舶的整個設計過程相當複雜，必須同時從許多方面顧及各種限制。而且因為各項需求之間，又往往需互相遷就，所採用的個別技術所能獲致的效益，往往也就無法加總成為整體的效益。

目前船舶在設計上的提升，主要著眼於以下技術：洗硫系統（sulfur scrubber system）、以 LNG 作為燃料、先進船殼油漆、廢熱回收（Waste Heat Recovery, WHR）、燃油加水系統（water in fuel system）、排氣再循環（Exhaust Gas Recirculation, EGR）、其他主機技術、泵送與冷卻水系統最佳化、先進舵與推進器設計、套環推進器（speed nozzle）等。

由於新的能源指標（EI）標準將應用於所有船舶，新舊不拘，其可望不似 EEDI 標準那般嚴苛。因此符合 EEDI 的船也就很有可能符合 EI 的要求，特別是在其早年。然隨著時日，EI 標準終將比起船舶原來在設計上所符合的 EEDI 要求，更為嚴苛。如此一來，船東也就需要進一步採取行動，以符合 EI 的要求。

以主要航行於美國西岸的 Seaspan 航運公司為例，其採用挪威船級會 DNV 的碳足跡工具 Triple-E，以呈現降低海運對於環境的衝擊，以及因應未來規範的不確定性所做的努力。Seaspan 藉著 DNV 的 Triple-E 看出，其船舶的能源效率及環保表現，已逐步改進降低能源消耗並提升整體船隊的效率。在可預見的未來，海運貨主也可望要求提出碳足跡及永續性的相關文件。

效率表示為完成每噸公里總運輸工作的二氧化碳排放量，較小的 EEOI 值意指更節能的船舶。對於多航次或航段，該指標如下所示：

$$EEOI = \frac{\sum_i FC_i \times C_{carbon}}{\sum_i m_{cargo, i} \times D_i}$$

其中：

j 為燃料類型，

i 為航次，

FC_{ij} 為在 i 航次當中所消耗 j 燃料量，

CF_j 為燃料 j 的燃料量換算為二氧化碳量的轉換因數，

m_{cargo} 貨物運輸量（噸）或已完成的功（貨櫃 TEU 數或乘客數），

D 為與運送貨物或所完成功對應的航行距離。

根據 IMO MEPC.1/Circ.684（2009），燃料消耗與 CO_2 質量之間的關係，在於燃料化學組成當中有不同的含碳，以及各種不同船舶引擎，也各有其修正因子。

6. IMO以天然氣作為燃料相關法規

IMO 的海事安全委員會（Maritime Safety Committee, MSC）第 95 會期通過了，針對以天然氣作為燃料的船舶的新法規。該委員會通過修訂 SO-LAS Chapter II-1 Part G，以及針對使用氣體或其他低閃火點（Flash Point, FP）燃料的 IGF 法規。該法規當中的條款在 2017 年元旦生效，適用於 GT 大於五百，以天然氣作為燃料的新造貨船和客船。修訂內容主要包括：

- 在 SOLAS Chapter II-2 當中，針對 2017 年元旦之後建造的新油輪，修改其貨艙通風的配置，以對貨油（cargo oil）或惰性氣體（Inert Gas, IG）蒸氣，隨時提供完整的流通釋出；
- 針對 2017 年元旦之後新造客輪和貨輪的車輛、特殊貨物及駛上駛下船的艙間，隨時提供一定量（視船型和空間用途而定）的換氣率；
- 修訂國際海事固態散裝貨物（International Maritime Solid Bulk Cargoes, IMSBC）法規當中第三節（人員與船舶安全）條款，要求船員

對裝有輸送帶系統的自動卸貨散裝貨輪理貨區，定期進行消防安全風
險評估。

7. 船舶回收公約

7.1 監管架構

　　船舶回收議題在過去幾年廣受關注。這主要是因為，該領域工作條件相
當危險，而處理此活動的監管架構也已大幅改變。處理此議題的組織包括聯
合國、IMO 和 ILO。例如，截至 2010 年 6 月，旨在保護人類健康和環境的
《巴塞爾公約》（Basel Convention）第 10 號文，已得到包括印度和孟加
拉在內的 173 個國家的簽署。

　　該公約於 2002 年通過了船舶回收技術準則，並於 2004 年宣布：船舶
於壽終時應受到《巴塞爾公約》條款與原則的約束。根據這些規定，船東必
須向當局通報其拆船計畫，並申請必要的許可。

　　另一項規定則在於控管船舶回收設施，確認其是否有能力拆解船舶，並
以無害環境的方式處理廢棄物。ILO/IMO／巴塞爾公約船舶報廢聯合工作
組（Joint ILO/IMO/Basel Convention Working Group on Ship Scrapping）
提出的廣義目標包括：

- 避免重複工作及職責與能力重疊，並確定進一步的需求；
- 確保對船舶報廢的所有相關方面，採取協調一致的方法；
- 檢查以確定任何可能的差距、重疊或模稜兩可；
- 考慮建立機制，共同推動船舶報廢相關準則的落實。

　　船舶回收方面的最新發展，涉及 IMO 於 2009 年 5 月 15 日通過的《香
港船舶安全及無害環境回收國際公約》（Hong Kong International Conven-
tion for the Safe and Environmentally Sound Recycling of Ships），簡稱香
港公約（Hong Kong Convention）。

　　該公約以《巴塞爾公約》為基礎制定，已協商數年，旨在解決與船舶回

收有關的所有問題，包括工作條件差，及在已出售的報廢船上，發現存在危害環境物質。例如，新公約將要求送往回收的船舶，應保留在船上發現的危險材料清單，並在回收前對船舶進行檢查，以核實庫存。

船舶回收場還需要提供船舶回收計畫，明訂該船的回收方式。目前正制訂一系列準則，以落實公約。迄今，IMO 尚無成員國認可該公約。

根據 HIS Fairplay 2010 年的數據，全世界 500 GT 以上的船舶有 56,000 艘，3,000 GT 以上的近 32,000 艘。估計全球平均船齡 30 年，每年有 1,800 艘超過 500 GT 和 1,000 艘超過 3,000 GT 的船，會被淘汰。

2006 年 MEPC 54 依挪威所提，組成船舶回收（Ship Recycling）工作小組，隨即陸續透過多次會議，進行公約草擬，並在 A.981（24）決議文中提出新規範工具如下：

1. 船舶須在設計、建造、運轉及準備回收上，在不損及安全與運轉效率前提下，促使其得以在安全且環境上可靠地進行回收；
2. 建立一套妥適的船舶回收執法機制（認證／報告要求）。

有關船舶回收，依循的是前述香港公約。該公約所含機制要素包括：

- 有害材質盤查（Inventory of Hazardous Materials, IHM）（針對新船與現成船）
- 有害材質盤查國際證書（International Certificate on Inventory of Hazardous Materials, ICIHM）（由船籍國發給經初始或更新檢驗後的船舶，效期 5 年）
- 船舶回收設施計畫（Ship Recycling Facility Plan, SRFP）（敘述船廠的系統與過程，以確保安全與環保）
- 授權進行船舶回收文件（Document of Authorization to Conduct Ship Recycling, DASR）（由國家主管機關發給船廠，效期 5 年）
- 船舶回收計畫（Ship Recycling Plan, SRP）（由船舶回收業者根據前述 IHM 等條款提供，通常由主管機關認可）
- 國際回收證書（International Ready for Recycling Certificate, IRRC）（在依據 IHM 與 SRP 作成最終檢驗後由船籍國發給）

其中針對船舶回收設施（Ship Recycling Facility, SRF）的要求，主要包括：

- SRF 應建立並落實一套 SRFP，其中涵蓋：工人的安全與訓練、保護人體健康與環境、人員的角色與責任、緊急狀況之準備與應變；及監測、報告與紀錄保存系統；
- SRF 應由主管機關授權，設置於其管轄範圍內，效期最長 5 年；
- SRF 只接受遵循公約或符合其要求之船舶。而且，SRF 應只接受被授權進行回收之船舶。

第六章

海運替代能源

在全球 GHGs 總排放量當中，源自船運的占了百分之 2.5。IMO 設定目標，要在 2050 年將源自全球船舶的 GHGs 排放，比起 2008 年的，至少削減百分之五十。

大約二十年前起，隨著全球環境立法的發展，先是在陸地上應用成熟的汙染防治技術與方法，一一被引進到國際海運船上。接下來，全球快速攀升的燃油價格，加上年年趨於嚴苛的環境法令，使船運業者對於能提供節約運轉成本誘因，同時朝向完全符合國際規範排放標準的技術的需求，日益殷切。而一方面在造新船時，力圖順勢建立具能源效率與低排放的全球船隊，同時也在現成船上改裝與引進各種能源效率技術與替代能源（alternative energy）。

海運轉向較潔淨但較貴的低硫燃料，可望提高業界對「第五燃料」（fifth fuel），即能源效率的興趣。根據國際潔淨運輸理事會（International Council on Clean Transportation, ICCT）的研究報告，在 2008 年，當燃料價格高漲，許多海運業者將航速減半，而得以渡過有史以來最大難關。ICCT 進一步估計，海運業可望在 2030 年之前，透過更廣泛落實因應 EEDI 而陸續推出的一系列節能措施，將燃料耗量進一步削減一億噸。

1. 引進替代能源

在船上引進替代能源，可同時降低源自船舶的幾項特定類型排放，並可提升燃耗效率。目前已存在多種已經在技術上獲得驗證的替代能源選項。只不過，各選項也都有其優缺點。本章將針對全球海運，在船上用得愈來愈多的，像是低硫燃油、氣體燃料和生物燃料新替代燃料逐一介紹。

1.1 傳統海運燃料

傳統上，國際海運以重燃油（HFO）為主要推進用燃料；船上用來發電的輔引擎（auxiliary engines）和在港運轉所用的，則為海運柴油（MDO 或 MGO）。這類傳統海運燃料普及全世界，但 MARPOL 公約 Annex VI 和

EU 等更嚴苛的相關硫含量（sulphur content）環境規範，勢將對這類海運傳統燃料的可獲取性和成本造成影響。

2019 年國際海運引擎所燒的燃料當中，HFO 佔大約 77%。其源自煉油廠的殘餘物，具有很高的能源密度（energy density）與含碳成分（carbon content），價格相對低。

國際標準組織（International Standard Organization, ISO）的新標準 ISO 8217:2012 列出全世界十五種供應到船上符合要求的海運燃料。這十五種燃料當中，最重要的海運燃料為：IFO180、IFO380、MDO 及 MGO，分別符合 RME180、RMG380、DMB 及 DMA 等 ISO 等級。

自 1960 年代以降，HFO 即寡占海運界所用燃料。其黏度高，在船用引擎當中燃燒後，會產生大量諸如 NO_x、SO_x 及 PM（particulate matter）等各種汙染物。近年來針對降低 SOx 的法規，帶動了其他像是 MGO 與 MDO 等燃料的使用。這類燃料的硫含量比 HFO 為低，但仍會產生相當大量的 GHGs 排放物。

船用燃料性質的標準依據為 ISO 8217，其中蒸餾燃油包括 DMX、DMA、DMZ 及 DMB。而符合最新含硫限度的低硫 DMB 級蒸餾如今也可取得（Neste Oil, 2014）。此油有較高的最低黏度，且可免燃油冷卻。圖 6.1 所示，為 2000 年至 2015 年間，輕燃油與重燃油的價格波動情形。

圖 6.1　2000 至 2015 年間，LFO 與 HFO 價格波動

1.2 當今替代燃料

　　當今海運界需要替代燃料（alternative fuels）的理由主要包括：以符合既有法規並降低當地的空氣汙染，以及舒緩氣候變遷。目前海運替代燃料有：

- 低硫燃油（Low Sulfur Fuel Oil, LSFO）、
- 液化天然氣（Liquefied Natural Gas, LNG）、
- 液化生物氣（Liquefied Biogas, LBG）、
- 源自天然氣的甲烷（methanol from NG）、
- 再生甲烷（renewable methanol）、
- 燃料電池用氫（fuel cell hydrogen）、
- 氫化植物油（Hydrotreated Vegetable Oil, HVO）、
- 氨（ammonia，阿摩尼亞）。

至於目前可供海運使用的替代燃料，主要為氫、發電液態燃料（即所

謂 e-fuels）、各種生物燃料（bio fouls）及液化天然氣（liquefied natural gas, LNG）。假若要進入排放管制區（emission control areas, ECA），則以 LNG 驅動的船舶將會很有吸引力，因為其可同時符合第三期（Tier III）排放標準及最新 SOx 排放要求，而不需要對排氣作任何處理。全世界船隊當中有近七成，估計會進入 ECA 範圍內。

從圖 6.2 可看出，包括 EEDI、使用效率在內的各種海運燃料在 2005 年至 2030 年間的消長趨勢。如今已來到 LNG 的時代，其占比將在 2020 年至 2030 年間倍增。其他燃料，例如再生能源、燃料電池及生物燃料，預計在 2030 年則僅占有小比率市場。

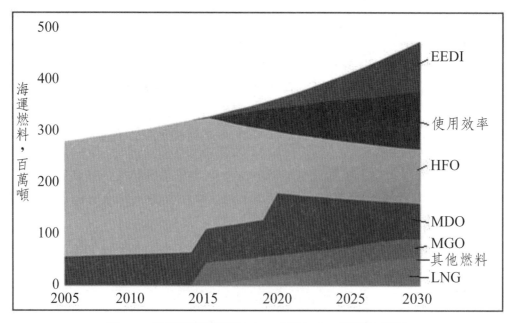

圖 6.2　各種海運燃料在 2005 年至 2030 年間的消長

2. 氣體燃料

以下是針對氣體燃料應用於海運，在歷史與技術上需特別注意的幾個理

由：

- LNG 已在 LNG 運送船上使用逾 40 年；
- LPG/VOC 已被用作鍋爐燃料多年；
- 氫已被用作潛艇及一些小型客船的燃料；
- LNG 已被用作海岸渡輪燃料逾 10 年，最近更進一步用在海域平台供應船（platform supply vessels, PSV）、RoPax 渡輪籍貨輪上。

氣體燃料的優點可摘述如下：

- 相較於傳統液態船用燃料，液化氣體較乾淨且有益於環境；
- 讓 LNG 成為具吸引力的海運燃料，關鍵在於環境法令（NOx、SOx、PM 及 CO_2 減量目標）及成本效益；
- 大體上，LNG 已在商業上可獲取，添加燃料的站點也穩定成長；
- 用來配送 LNG 的小型 LNG 輸送船已然備妥；
- 正在營運並且證明為安全的船已逾 26 艘；
- 愈來愈多國家和利益共同體（引擎與設備廠商、船東、船級社）都積極投入開發既安全且環保，用於以氣體作為燃料船舶的系統。其所涵蓋的重要安全層面包括：在正常港埠作業過程中進行燃料添加、碰撞後果的排序，及 LNG 儲槽設計。

IMO 的船用氣體與低閃火點（flash point, FP）燃料國際準則（International Code of Safety for Ships Using Gas or Other Low Flash Point Fuels, IGF-Code）為目前發展中，最重要的相關技術國際法律規範。

2.1 天然氣

從整體能源的角度來看，為了大幅降低燃燒產生的 SOx 排放，及繳納 CO_2 排放費等所可能帶來重大負擔，以及整體追求永續能源目標，以天然氣（natural gas, NG）取代化石燃料，並作為存在著間歇性缺陷的再生能源的備用與過渡能源，似乎是經濟、可行的方案。

在擁有成熟輸配天然氣網絡的 OECD 國家，未來最主要的成長預期是在發電上的應用。運輸部門也可望在使用天然氣上有新的發展。目前全球車

輛使用天然氣的僅占 1%。這類車輛在一些像是巴基斯坦、阿根廷、伊朗和義大利等國，透過政策提供減稅等誘因，並以加氣基礎設施推廣其使用的國家，皆持續成長。

除了燒天然氣的瓦斯車，以天然氣發電供應各類型電動交通所需，更可望提升整體運輸效率。畢竟以電動馬達推動車輛的能源效率，比起目前所用的內燃機要高得多，且足以彌補採用電動的額外能源轉換需求。而緊接在後的由天然氣重組產氫，更可望進一步將天然氣加到未來的運輸燃料組合當中。

2.1.1 天然氣來源

從地下開採出的天然氣，主要含有百分之 70 至 90 的甲烷（CH_4）和較重的氣態烴，例如百分之 5 至 15 的乙烷（C_2H_6）及不到百分之 5 的丙烷（C_3H_8）和丁烷（C_4H_{10}）、戊烷（C_5H_{12}）。另外，如 CO_2、氮氣（N_2）、氧氣（O_2）、硫化氫（H_2S）和水等，也常出現在開採出的天然氣當中。天然氣當中亦含有少量的氦（He），可提供作為生產氦氣的主要來源，以及可能出現少量的汞。

傳統的天然氣主要蘊藏在俄羅斯與中東。近年來發現的頁岩氣（shale gas）等非傳統天然氣來源，已迅速擴及全世界。估計加上這些非傳統天然氣，全世界能擷取到的氣源，幾乎是原本預估的兩倍，使其以目前生產率估算，總共可供應 250 年所需。

近年來天然氣生產技術的進展，讓天然氣可望更充足供應，且可望不像過去所預測的那麼貴。此外，大多頁岩氣因生產效率高，而比傳統天然氣更為便宜。隨著北美洲在這方面經驗的累積並引進其他地區，這股頁岩氣風潮勢將擴及歐洲、亞洲（尤其是中國大陸）乃至全球，而改變了過去對世界天然氣市場的長期假設。

永續海運小方塊

日本努力建立添加 **LNG** 的樞紐

日本政府有鑒於對添加 LNG 燃料需求將激增，加緊補貼建造對船供應 LNG 的船舶。雖然在橫濱等港已有以槽車及管路，從岸上供應 LNG 到船上的服務，但爲了配合這些造訪船舶能在裝卸貨作業期間添加燃料，建造 LNG 供給船是有需要的。

目前有兩家公司計畫在東京灣和伊勢與三河灣，建立這等同於移動式加油站，爲以 LNG 作爲燃料的船舶提供服務。

全球有 170 艘以 LNG 作爲燃料的船舶，主要在歐洲營運，另有 184 艘訂造船舶。至於供應 LNG 燃料的船共有 10 艘，新訂造的有 19 艘。除了日本，新加坡、南韓和中國大陸也都正建立這類設施。

總部設在挪威的船級社 DNV-GL 估計在 2025 年之前，全球百分之 6 至 11 的海運船舶將改用 LNG 作爲燃料。此將對全球 LNG 市場造成重大影響。目前全球船舶每年要消耗近 3 億噸燃油。比方說，根據 2019 年 Shell LNG 的估算，假使當中一成改用 LNG，則每年會新產生的 LNG 需求將達三千萬噸，相當於 2018 年全球需求量 3.19 億噸的將近一成。

IMO 計畫在 2030 年之前達到降低百分之 40 二氧化碳排放的目標。這個藉著讓每艘船都以 LNG 具較佳燃耗率的低速運轉。但要達成 2050 年，將溫室氣體排放減至 2008 年排放量一半的目標，則挑戰會更大，包括採取使用相當大量生物燃料、氫或其他替代燃料。

2.1.2 天然氣組成與特性

天然氣的組成主要依氣源，略有差異。表 6.1 所示爲其一般組成，當中甲烷占約九成，剩餘的部分依序爲乙烷、丙烷及丁烷，有時也可能含有少許的戊烷。表 6.2 所列，爲 LNG 與柴油參考性質的比較。

表 6.1　天然氣的一般組成

成分	甲烷 Methane	乙烷 Ethane	丙烷 Propane	丁烷 Butane	氮 Nitrogen
%	94	4.7	0.8	0.2	0.3

表 6.2　LNG 與柴油的參考性質

	柴油	LNG
化學式	$C_{13.5}H_{23.6}$	CH_4
每個分子碳原子數	13.5	1
每個分子氫原子數	23.6	4
分子量	186	16
15°C 1bar 的物理狀態	液體	氣體
噴射壓力，bar	2850	300
噴射溫度，K	298	113
密度，kg/m^3	837	443.5
LHV, MJ/kg	43.25	50.00
HHV, MJ/kg	45.60	55.00
蒸發潛熱，MJ/kg	0.25	0.50
臨界溫度，K	569.4	190.4
臨界壓的，bar	24.6	46
物理狀態	液體	極冷液體
十六烷值	40-55	N/A
辛烷值	N/A	120+
閃火點，K	347	425
自燃溫度，K	589	813
低焰限，體積 %	1	5.3
高焰限，體積 %	6	15

　　比起以油爲基礎的燃料，天然氣的氫／碳比較高，而有較低的 CO_2 單位排放量（specific CO_2 emissions）（即 kg CO_2/kg 燃料）。此外，天然氣

無硫，因此無 SO_x 排放，且幾乎也無 PM 排放。而由於在燃燒過程中的最高溫度（peak temperature）會低許多，NO_x 排放也減少了近九成。

只不過，使用天然氣有所謂甲烷溢漏（methane slip / methane blow-off）的缺點，而會增加甲烷排放，因此使其淨全球暖化效益（net global warming benefit），從大約 25% 減至約 15%。LNG 一般儲存在低壓（1.05 bars）的高絕緣球形或筒形槽內。

船上可設置這類儲槽，但需要一些萬一發生撞船或觸礁，降低風險的保護措施。在船上使用天然氣的一大問題，便是 LNG 儲槽需佔用相當大空間。實際上，儲存 LNG 所需容積大約為儲存柴油的 3 到 4 倍。

3. 液化天然氣

液化天然氣（LNG）的主要成分為甲烷，為便於儲存與運送，而轉換成液體。其比起壓縮天然氣（compressed natural gas, CNG）所占空間小得多，但就單位體積的能源密度來說，仍只是柴油的 60%。其依賴特殊低溫儲存容器，將溫度維持在零下 162°C。根據定義，LNG 需含有至少 90% 甲烷，且在低溫儲存之前，須進行處理以去除雜質（例如水、H_2S、CO_2）。

在天然氣的液化過程中，CO_2、H_2S、水和其他更重的烴（C_{5+}）都須去除。因此，處理 LNG 的液化等設備和系統，取決於所採用天然氣化合物的成份。而各類型天然氣體和目前液化石油氣（liquefied petroleum gas, LPG）的提煉與處理，則大致相同。

3.1 甲烷溢漏

甲烷溢漏，是發生在燃氣引擎上的一個現象。而甲烷卻又是擁有全球溫室效應潛能（Global Warming Potential, GWP）比 CO_2 高 25 倍的強 GHGs。未燃甲烷會從燃氣引擎溢出的主要理由包括：

1. 在諸如氣缸頭與氣缸套之間墊圈、活塞端環槽脊（piston top land）與氣缸套之間及防刮環（anti-polishing ring）後端等，氣缸單元部件之間的死角（dead volume）。

2. 在壓縮行程，混合氣被壓到這些空隙當中，而免於燃燒。甲烷的分子很穩定，需要高溫點燃（超過 600℃，取決於空燃比）。接著，在膨脹行程，該氣從空隙中流出，然由於膨脹行程中溫度偏低，甲烷分子大體上並未燃燒，而隨排氣流出。此死角雖可藉著設計減至最少，但終究還是會有一定量的未燃甲烷溢漏。

3. 另一溢漏原因，為在燃燒室中最冷部分的焠火狀態未完全燃燒。

4. 當低負荷運轉，混合物過稀時會發生焠火（quenching），並沿著氣缸套冷卻下來。藉由將混合物濃縮至接近化學劑量狀態（stoichiometric condition），以改進過程的控制，可大幅減低焠火。然當混合物濃稠了，又會製造更多 NO_x，因此此控制便在於在未燃甲烷與 NO_x 之間，取得平衡。

　　其餘未燃甲烷來源，可在掃氣過程及閥門重疊時被吹出。最新的引擎設計，可在無閥門重疊的情形下運轉，而未燃甲烷也就可以忽略。表 6.3 所示，為 Sintef（2017）所發表，源自不同引擎的各種排放物的平均排放量。

表 6.3　源自不同引擎的各種排放物的平均排放量

NO_x		CO		THC		CH_4		CO_2	
g/kg fuel	g/kWh	g/kg fuel	g/kWh	g/kg fuel	g/kWh	g/kg fuel	g/kWh	g/kg fuel	g/kWh
7.5	1.4	10.3	1.8	33.2	5.7	31.0	5.3	2662.4	460.1

資料來源：Sintef, 2017

3.2 LNG 的產銷

　　圖 6.3 所示，為國際能源總署（Internal Energy Agency, IEA）所預測，2025 年之前全球 LNG 的需求量。根據 IEA 的報告，2010 年全球海運燃油需求為 235 百萬公噸（million ton per annum, mtpa），包含 180 mtpa 殘餾油和 55 mtpa 蒸餾油品。若換算成天然氣，相當於 180 mtpa 的 LNG，將近是 2012 年 LNG 交易量的 75%。

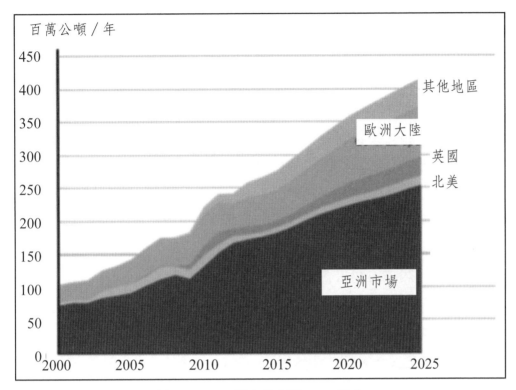

圖 6.3　2025 年之前全球 LNG 需求

資料來源：IEA, 2009

在 2020 年之前，全世界 LNG 每年以超過 5% 成長。亞太地區的 LNG
需求量，相當於全球需求的將近七成，且預計隨著全球需求，持續成長。不
難理解，為滿足全球尤其是亞太地區的需求，供給將加速擴張。LNG 從天
然氣氣井到儲槽（Well to Tank, WtT），主要包含以下步驟：

- 天然氣生產；
- 天然氣處理，包括冷凝脫除、除 CO_2、脫水、除汞、LPG 萃取、除
  H_2S；
- 輸送；
- 冷凍與液化（liquefication）（同時去除液化點低於甲烷的 O_2、N_2 等
  成分）；

* 儲存與裝載；
* 透過大型 LNG 船（LNG carrier）進行散裝運送；
* 儲存於再氣化（regasification）站；
* LNG 二次配送；
* 儲槽填充。

近十幾年來，天然氣在美國掀起了一場革命，改變了美國的能源景象。長期以來，天然氣的價格都隨著石油價格波動，但自 2008 年起卻持續大幅下滑。如此現象首先帶來的效應是，美國的超過四分之一的燃煤發電廠，很快換成燒天然氣。同時天然氣也取代了許多原本燒油的暖氣。至於在交通上，天然氣就僅緩慢擴張。

3.3 天然氣作為陸上交通燃料

其實台灣是瓦斯車的發源地。早在 1930 年代，新竹天然瓦斯研究所從天然氣中分離出丙烷供作汽車燃料，並將技術傳至日本軍方。1937 年侵華戰爭開始，日本將天然氣壓縮供作汽車燃料，行駛在其本土新潟、秋田，及台灣苗栗、新竹一帶。

近三十年來，由於 PM、NO_x 等排放較低，在陸地上以天然氣引擎應用在重型機械上，愈來愈受到歡迎。這類天然氣引擎依賴一組三向觸媒（three-way catalyst, TWC），以有效去除碳氫化合物（hydrocarbons, HC）、一氧化碳（carbon monoxide, CO）及 NO_x。

相較於柴油，天然氣每單位耗能產生的 CO_2 可減少約 25%。且天然氣引擎噪音可比柴油引擎減少 50 至 90%，而特別適用於住宅區。同時天然氣價格一向低於柴油，且不太會短期激漲，因此在美國等地，特別容易成為公部門的首選。但儘管如此，要將既有的柴油引擎大幅取代，維修加上添加燃料的基礎設施，仍是一大挑戰。

民國 84 年，為改善空氣品質，環保署也大力推動瓦斯車，並補助計程車改裝成為瓦斯車。當時風起雲湧，台北市瓦斯車多達九千餘輛。到了民國 87 年，環保署並補助台北市進口六輛瓦斯公車。只可惜政策上後繼無力，

後續各種條件無法配合，瓦斯車又告式微，藉「油改氣」改善空氣品質的希望遂成泡影。

　　多數已開發數國家的能源消耗當中，交通都僅次於發電部門。交通部門所耗能源占全世界初級能源需求近四分之一。根據最近的估計，全球每年需要 130 億至 150 億立方米的天然氣，以滿足車輛的需求。而以天然氣驅動陸上交通工具的方式主要有三。

　　頭一種是以天然氣發電，再靠電驅動電動汽車或火車等軌道車。其次是將天然氣轉換成甲醇或合成汽油等液態燃料。然而，最具潛力的，可能還是直接使用 CNG 或 LNG，來驅動天然氣車（natural gas vehicle, NGV）。針對天然氣作爲車輛燃料，最近幾年積極提供國際天然氣相關資訊的組織 CE-DIGAZ 所完成的研究報告，摘要如下：

- LNG 將在 2035 年之前，在運輸部門的燃料市場當中占一席之地。在道路運輸上的需求預計將達到每年 96mtpa，在海運部門的需求估計也將達 77mtpa，至於鐵路需求則會成長 6mtpa。
- 主要推動卡車部門需求成長的是燃料成本的差異。由於陸上運輸使用 LNG 的主要爲重型車輛（heavy duty vehicle, HDV），柴油與 LNG 二者的價差，是主要推進動力來源。和海運部門相反，環保立法在此倒不是要角。反倒是目前 LNG 相對於柴油的成本優勢，對卡車業者提供了相當強的經濟誘因。中國大陸擁有全世界最大的內陸貨運市場且其 LNG 供應設施也已然建立和規劃得相當齊備。因此中國大陸有極大潛能，預計到 2035 年之前幾乎會占掉全球一半的市場。而在美國歐洲和亞洲，LNG 也將占市場相當大比重。
- 在海運部門環保立法將會是關鍵。以 LNG 作爲燃料的成長，在海運部門將無庸置疑。至於成長的步調，則主要取決於 MARPOL 公約當中訂定的排放管制區的生效時程，和所涵蓋的地理範圍。到時要符合新的排放要求，不外要換用較乾淨但較貴的燃油，或採用昂貴的燃氣處理技術，或者是改用 LNG。從納入所有相關因子的經濟分析結果顯示，相較於其他方案，LNG 確有相當的吸引力。

- 少數國家的鐵路可用上 LNG。鐵路在交通部門的能源消耗占比，原本就相對少得多。此外，LNG 用在鐵路上的潛力，主要也只能表現在鐵路貨運量占相當大比重且電力難以取代的情況。而符合這類情況的國家原本就少得多。

3.4 天然氣車現況

基於改善空氣品質，世界各國普遍持續推動包括路上車輛與非路上（non-road / off-highway）使用的燃氣引擎。根據 2019 年的數據，估計全球有 27,765,376 輛瓦斯車行駛在路上。天然氣車由來已久，如今日本、中國大陸等許多國家都已廣泛使用，主要在於降低都會區的空氣汙染，並確保能源安全。長期使用之後，看來最適合 NGV 在都會地區發揮長處的，應屬巴士、垃圾車及貨運車等的車隊。

3.4.1 天然氣車發展

圖 6.4 所示，為天然氣經壓縮後供應給引擎的流程。天然氣內燃機（internal combustion engines, ICEs），包括轉換自柴油 ICE 的壓縮點火（compression ignition, CI），和來自汽油引擎的火花點火（positive/spark ignition（PI），在全世界都很受歡迎。儘管這些車輛大多屬 PI，燃料經濟性最好的仍屬 CI ICEs。預計在近幾年內幾乎所有的重型卡車（heavy-duty trucks, HDT），都會是 CI ICEs。

作為運輸用燃料，LNG 比 CNG 的一項關鍵優勢為其能源密度。而也因此，HDT 用作區域內配送及長途運送，都寧願選擇 LNG。CNG 則僅限適用於市區內的配送卡車、垃圾車及公車，而客車則只能選用 CNG。CI 柴油 ICE 之所以受歡迎，在於其可靠性及高得多的能源轉換效率。

3.4.2 天然氣車成敗

俗稱為瓦斯車的天然氣車，一直不能在交通系統當中扮演夠分量角色的理由，倒不在於技術，其在巴基斯坦、孟加拉等開發中國家反而廣受歡迎。在台灣大致可歸因於經濟與政治層面的因素。

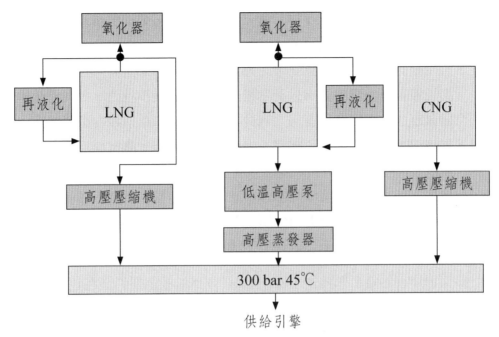

圖 6.4 天然氣經壓縮後供應給引擎

　　首先是網絡的問題。要擴大替代燃料車輛的商業化，首先要克服的便是基礎設施的挑戰。而實際上會遇到的往往是，一方面若加氣站不夠就沒人願意買瓦斯車，另方面若瓦斯車數量很少，便沒有設置加氣站的道理。這也是為什麼在各國會帶頭採用天然氣作為汽車燃料的，多為可自行設置加氣站的車隊業經營者。

　　天然氣應較適用於大型卡車，尤其是拖車和整個車隊的像是巴士等車輛。除了車子價格和行使範圍等問題，對於小汽車而言，要普遍建立起相關的基礎設施所費不貲。然而，就算前述網絡問題得以逐步自行改善，若在能源和環境政策上不夠積極，仍難讓瓦斯車普及。這些政策涉及例如燃料稅、碳稅、相關設施專門補助等。

　　雙燃料車比純瓦斯車貴一點，且需要多一點空間來放置兩套燃料箱。但就實用性來說，這對於農家和營建等業者來說，是很有吸引力的。推廣以天然氣驅動車輛，首先會遇到以下挑戰亟待克服：

- 缺乏天然氣的儲存與添加設施，此問題因汽、柴油加油站長期獨占，而更形嚴重。此有賴將來在這方面的投資。
- 汽車廠商長期對汽、柴油車的大量投資。但另一方面，世界幾個重要的設備廠商，已設計出以天然氣引擎驅動的大小型汽車，目前全世界已有超過 180 車型。
- 維修成本、維修中心和零件的供應等相關問題。此情況已逐步改善，且根據許多車隊公司的回報，其在生命週期的成本上，已獲致顯著節省。
- 車輛行駛範圍較短須更頻繁添加燃料的問題。

3.5 天然氣作為海運燃料

除了燃燒天然氣引擎技術，採用 LNG 作為船舶燃料的議題包括：

- LNG 儲槽位置，
- LNG 儲槽的尺寸與類型，
- 船級與安全，
- 逸散氣體（blowoff gas, BOG）的掌控，
- LNG 的添加設施，
- LNG 的物流。

3.5.1 天然氣船用引擎

圖 6.5 所示，為以天然氣作為燃料的船用柴油引擎的氣缸頭及燃料噴射閥。在燃燒過程中，液態燃料直接噴射（direct injection, DI）會產生 PM。至於 NO_x 排放則為以過量空氣燃燒的稀燃（lean-burn）運轉，所不可避免。同時降低 PM 與 NO_x，可靠後處理（after-treatment）達到。但由於後處理難以完善，柴油燃燒在策略上也就需要在 PM 與 NO_x 排放之間，作一取捨。而使用諸如 NG 等含碳少的氣體燃料，則具有降低 CO_2 與 PM 排放的雙重功效。即便噴入的是液體，此 NG 也會迅速氣化並與空氣混合，而 PM 排放也往往可以忽略。

藉由改進噴射設計，也可降低 NO_x 排放。天然氣的碳氫比相較於柴油

（$C_{13.5}H_{23.6}$）的爲低，且低熱值（lower heating value, LHV）較高，而在產生相同出力下，所排放的 CO_2 也比柴油爲少。而由於氣態 NG，PM 排放可降至零，因此在雙燃料（dual-fuel / 2F）運轉當中，PM 也就只剩下來自於先導柴油（pilot diesel）燃燒所產生的。

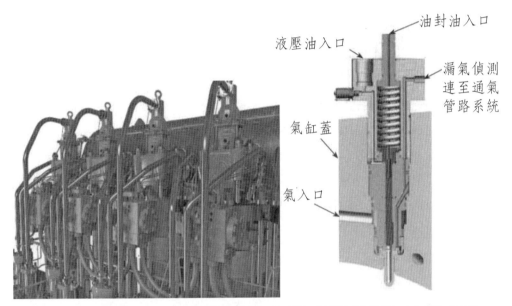

油封油入口

液壓油入口

漏氣偵測
連至通氣
管路系統

氣缸蓋

氣入口

圖 6.5　以天然氣作爲燃料引擎氣缸頭（左圖）及燃料噴射閥（右圖）示意

　　但由於 NG 是高辛烷值（octane number）、低十六烷值（cetane number）的燃料，其很難單獨用於 CI ICE 。此問題可藉著使用 2F 柴油 -NG 設計，加上柴油噴射點燃，得到解決。先在氣缸當中以小量的 DI 柴油，與空氣混合點燃。在柴油之前或之後噴入的 NG 接著混入一道燃燒、擴散。燃燒初階快速累積壓力，接下來二階的燃燒，則取決於 NG 的噴入率。

　　使用氣體燃料的一個問題是，在其正常情況下的比容（specific volume）。由於其密度遠低於液態汽柴油，因此會在噴射系統上產生問題。CNG 這類燃料會需要截面積比柴油的大得多的噴射器，而在設計上受到限制。

　　另外在船上的儲存也是個問題。提供相同能量，比起柴油，CNG 所需

儲存體積要大得多。至於 LNG，密度雖小於柴油，卻比 CNG 的大得多。然而其確保存在約 113 K 的低溫。

3.5.2 以NG取代HFO的排放

以下比較 HFO 與 NG 的 CO_2 產生量：

- 根據 MD database 的平均值，假設 HFO 燃燒熱（較低值）40,000 kJ/kg；C、H 分別占 86 wt% 及 10-14 wt%；S、N、O 各占 0-4 wt%；如此，CO_2 產生量 0.080 gCO_2/kJ。

- 至於 LNG，假設為 100% CH_4，燃燒熱（較低值）50,000 kJ/kg；C、H 分別占 75 wt% 及 25 wt%；如此 CO_2 產生量為 0.055 gCO_2/kJ。因此，CO_2 產生量 HFO 將比 NG 多出 30%。

表 6.4 所列，比較一部燃燒 HFO 的 BMW MAN 引擎（6S70ME-C）和燃燒天然氣引擎（6S70ME-GI）排放物。從表中可看出，相較於 HFO，以天然氣作為燃料，可大幅降低 SO_x 排放量（約 92%）。至於 NO_x、CO_2 及 PM 排放量的減幅，則分別為 24%、23% 及 37%。而使用天然氣作為燃料，HC 排放可增加一倍以上。

表 6.4　一部燃燒 HFO 的 BMW MAN 引擎（6S70ME-C）和燃燒天然氣引擎（6S70ME-GI）在 100% 負荷下估計排放量（g/kWh）之比較

引擎	6S70ME-C	6S70ME-GI
排放物	估計排放量，g/kWh	
CO_2	577	446
O_2（%）	1359	1340
CO	0.64	0.79
NOx	11.58	8.76
HC	0.19	0.39
SOx	10.96	0.88
PM（mg/m³）	0.54	0.34

3.5.3 天然氣海運需求

根據韓國開發銀行（Korea Development Bank）與韓國貿易投資促進會（Korea Trade-Investment Promotion Agency）預測，到 2025 年全世界訂造船舶當中將會有近六成，以天然氣作爲燃料。截至 2020 年底，以 LNG 爲燃料運轉中的船已超過 20 艘，其經驗足以用來設計新船。液態的 LNG 既不會燃燒也不會爆炸。只有當該氣體和空氣同時存在於一封閉空間內，其混合比在 5 至 15% 之間，且被點燃的情形下才會爆炸。

比起以油爲基礎的燃料，天然氣的氫／碳比較高，而有較低的 CO_2 單位排放量（specific CO_2 emissions）（即 kg CO_2/kg 燃料）。此外，天然氣無硫，因此無 SO_x 排放，且幾乎也無 PM 排放。而由於在燃燒過程中的最高溫度（peak temperature）會低許多，NO_x 排放也減少了近九成。因此，近年來有愈來愈多船東，傾向採用天然氣作爲替代燃料。世界數一數二的德國 Hapag-Lloyd 航運公司於 2021 年初，訂了 6 艘超大（23,500-teu）貨櫃船，採用 LNG 作爲燃料，預計在 2023 年交船。

以天然氣驅動船舶柴油推進系統，可追朔到 2006 年的 Provalys 輪。目前初步採用 LNG 作爲船用燃料，大致僅限於在某些區域。船舶航行在 ECAs 之間，或是完全在像是波羅的海到北海及英吉利海峽內航行的船舶，已經必須在整個航程或大部分航程當中，遵循 1.0% 硫含量燃料的要求。而在這些 ECAs 當中，也已有一些船東和政府，分別建造並運轉以 LNG 作爲燃料的船舶，以及建立小型的 LNG 供應和添加燃料設施。

另外爲回應美國環保署（US EPA）的法規和北美自 2012 年 8 月起生效的北美 ECA，一些需要完全航行於該區的新造船舶，也都改以 LNG 作爲燃料。目前國際間對於 LNG 需求的預測所預設的前提包括：

- 全球經濟活動所帶來的船運和造船情況，
- 燃料的絕對價格，
- 相較於油價的 LNG 與天然氣價格，
- 法規的制定，尤其是與環境議題相關的，

•將傳統船舶改裝成以 LNG 作為燃料的成本，

•添加 LNG 燃料相關設施的成本，

•LNG 燃料的可獲取性。

　　圖 6.6 所示，為全球不同國家與區域以 LNG 作為燃料船數。從圖 6.7 上可看出，全球使用 LNG 作為燃料的船舶成長趨勢。圖 6.8 所示，則為全球不同區域的海運隨著國際環保法規推展對天然氣的需求。

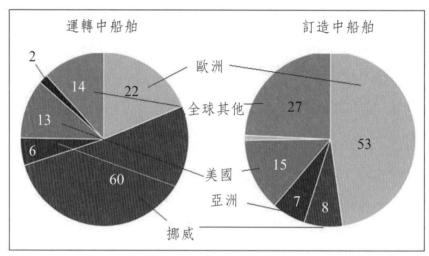

圖 6.6　全球不同國家與區域以 LNG 作為燃料船數

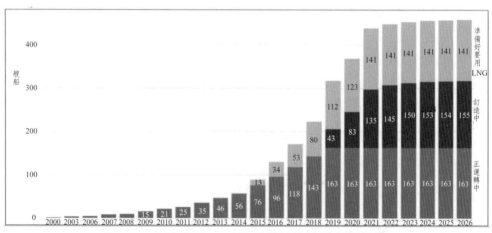

圖 6.7　全球使用 LNG 作為燃料的船舶成長趨勢

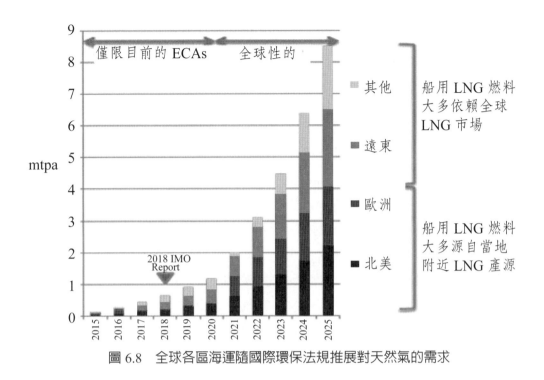

圖6.8   全球各區海運隨國際環保法規推展對天然氣的需求

永續海運小方塊

世界最大的天然氣驅動貨櫃輪

因應 IMO 2020 年的大幅限硫規範，不少船公司安裝了相當昂貴的洗滌器，有些選擇採用低硫燃油，世界第四大船公司 CMA CGM 選擇改採天然氣作爲其新造輪船的燃料。

CMA-CGM 的 Jacques Saadé 容量 23,112 TEUs，是其九艘以天然氣驅動超大型貨櫃輪（23,000 TEU）當中的第一艘。到 2022 年之前，CMA-CGM 總共將會有 20 艘 LNG 驅動的輪船在海上營運。CMA-CGM 目前共有 528 艘船。

3.5.4 船舶添加LNG

添加 LNG 設施欠缺，往往被認爲是此市場發展的主要障礙。根據 PWC

在 2018 年的估計，一個容量 6,000 至 15,000 立方米的天然氣儲存設施所需投資，為 3,000 至 6,000 萬歐元，而一艘容量在 3,000 至 10,000 立方米的加氣駁船（bunkering barge），投資金額則在 3,000 至 4,000 萬歐元之間。這勢將對小型港口設置加氣設施構成限制，而從岸上加氣也仍將是一選項。

　　一岸上加氣站的投資成本，估計約為 600,000 歐元。因此這類「雞與蛋」的問題，也正是此基礎設施發展的挑戰。亦即，此市場的成長受限於缺乏 LNG 加氣設施，而對此基礎設施的投資風險，也正在於其可能出現的低度成長。然而，也有不少討論，認為這並不致構成天然氣往前發展的重大限制。歐洲的實例證明，只要具有市場潛力，基礎設施的提供也就會相當快，且可望超過需求容量的累進。

　　照說，港口應該都會擔心會失去潛在的生意，而即便短期內還用得不多，仍會力圖確保自己具備一些 LNG 容量。截至 2017 年底，運轉的小規模單元當中，75% 都是在具備大加氣站的國家（GIE, 2018）。這些國家（例如法國、義大利、西班牙及英國）的這類小規模設施從 2016 年 6 月到 2017 年底之間，增加了 133%。表 6.5 摘列歐洲的近況。

表 6.5　歐洲的 LNG 添加基礎設施

設施	既有	建造中	已計畫
LNG 碼頭 - 小型再裝載 LNG	15	10	12
- 卡車裝載	25	7	7
- 火車裝載	-	-	5
液化場	21	n.a.	4
船加氣設施	39	12	12
加氣船	11	1	6
卡車充氣站	167	8	63
周邊 LNG 儲存站	>1,000	n.a.	n.a.

資料來源：GIE, 2018

　　如圖 6.9 所示，一艘以 LNG 驅動的船舶所需要的燃料，可視情況經由添加船、岸上加氣站，或是槽車進行添加。圖 6.10 所示，為一艘加氣船將天然氣加到一艘貨櫃輪的示意。

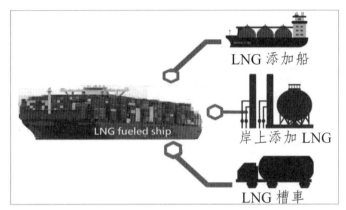

圖 6.9　LNG 驅動船舶所需燃料的添加方式

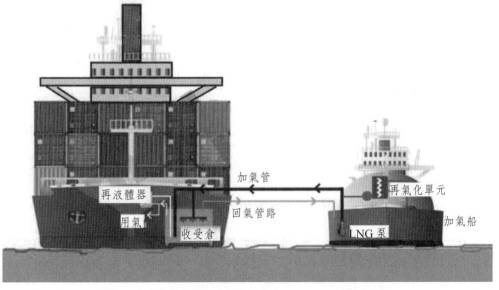

圖 6.10　一艘加氣船將天然氣加到一艘貨櫃輪示意

基於添加 LNG 的需求，船上的氣管不會通過住艙、服務空間，或控制

空間。任何通過船內機艙外封閉空間的氣管，都會是在雙重管或通道內，保持在每小時 30 倍換氣量的加壓通風狀態下。

3.5.5 LNG燃料系統

LNG 燃料系統主要包含 LNG 儲槽、閥、接頭及氣化器（vaporizer）。氣化器在於將 LNG 在噴入引擎之前，先氣化到約 15°C。以上各個儲槽、氣化器等合起來，全都設在一不鏽鋼容器當中。這在於作為萬一 LNG 漏洩時的加層屏障。此容器具隔熱及 A60 防火功能，當中設有通風、氣體感測及駕駛台警報系統。氣槽中的壓力可將天然氣推出，經由蒸發器直達引擎。所有這些在槽內的氣管，都會接到設有通風與氣體偵測器的通道中。

圖 6.11　船上 LNG 儲存槽的可能位置

3.5.6 LNG的安全性

一如任何可燃物質，確保安全需要妥善的設計建造、規範加上人員訓練。儘管從柴油推進轉換成 LNG 推進可行，然由於需要在引擎、相關管路即儲槽配置等，都需要大幅變更，以 LNG 推進仍以新造船為主。

無疑的，要讓風險維持在可接受的限度，必須確保安全防護。液化天然

氣的能源密度大約是大氣狀態天然氣的 600 倍。LNG 一般都儲存在介於 1 與 4 bar 壓力下，平衡溫度大約在 -160°C 至 -155°C 之間。為了將和性質與人命有關的風險降至最低，極重要的一點是，用在 LNG 系統上的材料對低溫的承受能力，以及在系統中累積的壓力可正常卸除，皆須經過驗證。

因此在設計船時，便必須決定 LNG 燃料儲槽及加工設備的位置，以及如何安排其通氣管道與釋壓主管，整體 LNG／氣體管路，皆須審慎通盤考慮。而且在船舶設計伊始，便必須確保進入有害範圍的安全性，並戮力建立一套完整且一致的安全思維。

此安全思維，必須將設計與運轉結合在整套系統當中。這包括，從添加氣體給使用者，以及從關閉功能性到工作人員警覺性的一切一切。而其中，人員的訓練是極端重要的。

根據 SOLAS 公約當中的國際安全法規，LNG 的性質並不適用於禁止使用閃點低於 60 °C（甲烷閃火點為 -188°C）的規定。船級社亦備有相關規範。主要的安全議題在於當在船上引進氣體時，會將其限制並控制在不會有點燃情形的位置。DNV 首先於 2001 年 1 月提出完整的全套規則。以 LNG 作為船舶燃料，在應用與運轉的重要安全規範包括：

- IMO 針對使用低閃火點船舶的安全性—— IMO International Code of Safety for Ships using Gases or other Low-flashpoint Fuels (IGF Code); MSC.391(95)，自 2017 年 1 月 1 日起生效。
- DNV GL 針對船上使用氣體燃料—— DNV GL rules for gas as ship fuel;
- DNV GL 針對添加燃料設施的發展與營運—— DNV GL Recommended Practice-G105 on the development and operation of LNG bunkering facilities;
- ISO 針對供應 LNG 到船上—— ISO technical specification for supply of LNG as fuel to ships (ISO TS 18683).

3.5.7 天然氣的海事標準

有幾個工業用重型天然氣引擎的廠商，使用甲烷值（methane number, MN）或馬達辛烷值（motor octane number, MON）作為對氣體品質要求的規範。MON 與 MN 皆為燃料抗爆震（knock resistance）的量測值。

ISO 工作小組正進行從石油或天然氣工業，建立適用於海事領域的標準。例如 ISO 28460，即為有關用於銜接船舶至岸上及港埠運作的 LNG 設置與設備標準。而應用在氣體燃料的安全指引，則需顧及以下議題：燃料箱的位置、適用的規則與標準、機器的配置、船東所提出的燃料添加要求、及配合船型與運轉模式的消防與安全要求。

LNG 燃料的設置須顧及以下可能危害：各種不同管路系統的故障情形可導致漏洩、在空間內及相鄰空間的火災與爆炸、撞擊引發的損害或火花、密閉系統結構完整性受損、機械及控制與電氣故障、設備與材料在製造上的瑕疵及材料與設備選擇上的錯誤。

機器配置在設計上須納入考量的包括：雙燃料引擎／燃氣引擎及柴油引擎、具具緊急關閉（emergency shutdown, ESD）概念的機艙、直接驅動及／或柴電、機艙冗餘配置（engine room redundancy arrangements）、具氣體安全配置的機器空間通風及氣體漏洩空置的管路位置。

消防安全系統應配備：灑水系統、乾粉系統、氣體偵測系統、溫度偵測系統、及針對有害範圍與通風位置的考量。

3.5.8 浮動式接收站

如圖 6.12 所示的浮動式 LNG 接收站（floating storage and regasification unit, FSRU）已廣泛用於如石油、天然氣工業中廣泛使用的海洋船舶、儲槽、氣化、裝卸船等技術。接收站由 FSRU、配套專用碼頭和管路以及下游使用者等緊密相關的單元組合而成，其中 FSRU 是浮式 LNG 接收站的核心部分。

FSRU 外形類似於 LNG 運輸船，具有儲存和再氣化 LNG 的功能。FSRU 適用於氣價承受力強、供氣緊迫的新興市場，可在傳統陸上 LNG 接

收站建立以前以 FSRU 形式供氣，待陸上接收站建成投產後，將 FSRU 拖
到類似新興市場繼續使用。FSRU 的靈活性特點使它也適合於短期供氣的市
場。目前要角 LinksHöegh LNG 已在現代重工（Hyundai Heavy Industries,
HHI）增訂四艘 FSRU（170000 m³），其他在各地經營的，例如 Indonesia
FSRU、Lithuania FSRU、Chile FSRU、Neptune Deep Water Port、Port
Dolphin 及 Port Meridian 等。

圖 6.12　浮動式 LNG 接收站示意

永續海運小方塊

殷鋼

　　殷鋼（invar）亦即常稱的 FeNi36（美國的 64FeNi），爲以極低熱
膨脹係數（coefficient of thermal expansion, CTE）著稱的鎳鐵（大約
36%Ni 與 64%Fe）合金。之所以取名爲 invar 源於 invariable 這個字，
指的是其隨著溫度的變化，收縮相當的少，因此得以承受極低的溫度
（-163℃）。其也因此被廣泛用作 LNG 船的貨艙隔間。

　　此合金於 1896 年被瑞士物理學家 Charles Édouard Guillaume 所發
現。他在 1920 年因此獲頒諾貝爾物理學獎，使得科學儀器得以大幅改進。

4. 氫

氫是包括化石燃料與其他替代性永續燃料在內的所有燃料之主要能量來源。目前全世界生產的氫當中，僅很少一部分被用作燃料。氫的主要應用包括：化工業以氫生產肥料用的阿摩尼亞，及生產塑膠與藥品的中間產物，環己烷（cyclohexane）與甲醇（methanol）。氫也可用來在煉油過程中，去除燃料中的硫。本節將介紹氫的各種生產、儲存及作為海運燃油的可能性。

4.1 氫的生產

地球上絕大部分的氫，皆結合成各種化合物。因此要大規模使用氫，便必須從像是水、煤、天然氣或植物質量擷取。圖 6.13 所示，為各種不同類型的氫及其生產方式，可看出氫可生產自化石燃料或如圖 6.14 所示之再生能源。

目前全世界大約有 48% 的氫產自天然氣，近 30% 源自煉油與化工廠的油與石腦油（naphtha），18% 來自煤，3.9% 來自電解水，其餘 0.1% 源自核能、生物質量、風、太陽、地熱或水力等能源。使用再生能源產氫，在於達成大幅降低排放的目標。

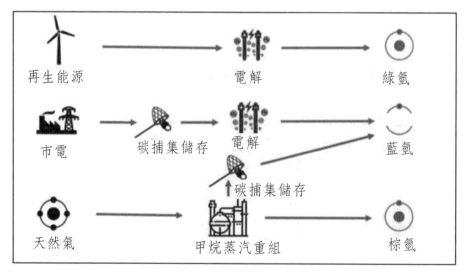

再生能源　　　　　　電解　　　　　　綠氫

市電　　　碳捕集儲存　電解　　　　　　藍氫

　　　　　　　　↑碳捕集儲存

天然氣　　　　　甲烷蒸汽重組　　　　棕氫

圖 6.13　不同類型的氫及生產方式

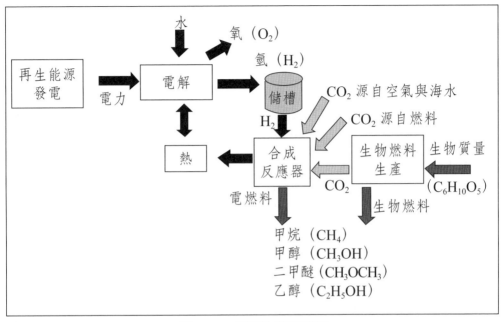

圖 6.14　從再生能源產氫

從化石燃料生產氫的過程，主要包括甲烷蒸汽重組（steam methane reforming, SMR）（圖 6.15）、天然氣催化分解（catalytic decomposition）、重油部分氧化（partial oxidation）及煤氣化。至於從再生能源產氫，最主要的製程便是水電解（water electrolysis）、熱化學水分解（thermo-

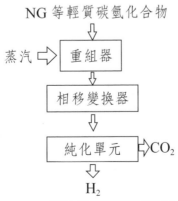

圖 6.15　甲烷蒸汽重組產氫流程

chemical water decomposition）、光化學（photochemical）、光電化學（photoelectrochemical）及光生物（photobiological）等方法。甲烷蒸汽重組是當今產氫用得最多的方法。而較綠的替代選項，便是以再生能源進行水電解。

此外，若有需要，液態有機氫載體（liquid organic hydrogen carriers, LOHC）也可與再生氫形成飽和，並從中萃取出氫。此 LOHC 可應用在大型船上，以液態作爲相當好用的氫載體。而此再生氫則可用做工業製程、發電及運輸的燃料，在追求低碳社會目標上扮演重要角色。

4.1.1 SMR

SMR 是目前最便宜的產氫方法，分成以下步驟：

- 合成氣生產——將脫硫的碳氫化合物，在重組器（reformer）內的鎳催化劑（nickel catalyst）與加工蒸汽混合；
- 補充氫（supplemental hydrogen）生產——合成氣進入相移變換器（shift converter）；
- 氣體純化（purification）——以洗滌單元將 CO_2 去除。

如此產生的氫一般可達 97-98% 的純度。而此法的一大缺點，是過程中產生的 CO_2 排放物。而也因此，其所產生的氫往往被稱爲「棕氫」（brown hydrogen）。但若能在製程中將產生的碳另外捕集，則產生的氫便堪稱爲「藍氫」（blue hydrogen）。若從井至推進螺槳（well to propeller, WtP）的排放來看，船上使用 SMR 生產的棕氫，其排放與在船上使用 HFO 所產生的相當。

4.1.2 電解

再生氫（renewable hydrogen）爲從再生電力分解水，成爲氫與氧，或是重組生物燃料所得。其餘再生燃料還包括源自再生氫與大氣氮，及產自再生氫與埋藏（sequestrated）或大氣二氧化碳合成燃料（synthetic fuels）的氨（ammonia, NH_3）。這些合成燃料包括甲烷及合成碳氫化合物。

如圖 6.16 所示，電解水（water electrolysis）涉及以電將電解槽（electrolyzer）中的水電解成氫與氧，過程中無其他排放。而所用的電可以源自於再生能源。如此可在不產生任何 GHG 排放的過程中，產生優質氫，而堪稱爲綠氫（green hydrogen）。

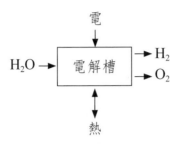

圖 6.16　水經過電解產氫

4.2 以氫作為海運燃料

許多國家已於 2018 年承諾要將船運排放在 2050 年之前減半。IMO 也已設定最終要將源自海運的 GHG 排放完全消除，此勢必需要用到在生命週期當中，產生極低甚至完全沒有 GHG 排放的燃料與推進技術。

上述從再生能源產氫的實例，已展現在諸多實例當中。蘇格蘭 Orkney Islands 即以當地生產的再生氫，用於驅動渡船（HySeas III）。然而，要普及這類再生氫的海運應用，尚待擴大再生氫的生產規模，以滿足船上所需。

氫一旦生產出來，可以用來驅動船舶的方式有好幾種。而一般談及以氫作爲燃料，首先想到的往往是以液態氫（LH_2）驅動燃料電池（fuel cell, FC），另一類型則爲燃燒氫的（混核燃料）內燃機。

4.2.1 氫內燃機

海運使用氫作爲內燃機燃料的一大優點，是相同燃料量當中氫具有較高的熱値。其以柴油（MGO）作爲先導燃料，燃燒所產生的 GHG 排放很少。

以氫驅動內燃機，因不涉及碳排放，可謂相當環保。當氫在內燃機的燃燒室內與空氣一道燃燒，結果產生的是水及極少量源自空氣中含氮，所形成的氮氧化物。另外燃燒中的高溫，也會促使空氣中氮與氧作用，而形成一些

永續海運小方塊

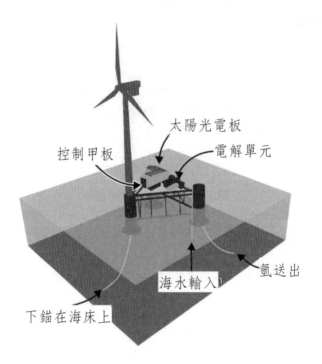

控制甲板　　太陽光電板
電解單元
海水輸入　　氫送出
下錨在海床上

離岸風電與產氫

2021 年 6 月的統計數據顯示，中國大陸離岸風力發電（offshore wind power）裝置容量達到 11.13 GW，超越原本領先全球的英國。

離岸風電有時可產生比實際需求多的電力。例如英國便於去年春天，因爲 Covid-19 封閉致使用電停滯。因此 ERM 公司便提出如圖所示的海豚計畫（Dolphyn），要利用運轉的風機，先將海水淡化，接著電解產生氫與氧。

同樣的，日本也爲了降低二氧化碳排放，預計自 2024 年 3 月起進行離岸風電產氫。該離岸風電場每年將產生近 550 噸的氫，用來供應一萬輛氫車（hydrogen car）所需。

氮氧化物。至於其他燃料燃燒所產生的二氧化硫、一氧化碳、二氧化碳、揮發性有機化合物（volatile organic chemicals, VOC）等，則不會是氫燃燒的產物。

船上採用電化學反應發電的 FC 系統，效率可達約 45%，比內燃機的（約 20%）高得多。目前來講，對在海上採用氫內燃機的興趣略高於 FC 的主要理由包括：

- 主機無需做根本上的改變；
- 在無氫可供應時，引擎可以 MGO 運轉；
- 雙燃料共燃（co-combustion）幾乎不影響保養期程。

4.2.2 氫燃料電池

氫 FC 已被廣泛認為，是降低危害汙染物排放最有效的解方。目前 FC 已在巴士、卡車及火車上廣泛應用。其添加氫的速率與加柴油的相當。

以氫作為船用內燃機的燃料，需在引擎設計上作一些修改，另一解方，則為採用氫 FC。而目前，此技術已能用在驅動船舶短距離航行，同時也可用於支援大船上發電用的輔引擎。ABB 最近和氫技術專業法國之氫（Hydrogène de France, HDF）合作，要生產用來驅動越洋船舶的 MW 級 FC 系統。藉由再生能源產氫，此整套系統可望接近零排碳。

目前 FC 船幾乎都以壓縮氫作為燃料，透過能源轉換器（即 FC）產生電，在以此電驅動電動引擎。燃料電池驅動渡輪提供零排放低噪音汙染的選項，特別適用於像是市內與區域內的短程接駁。實例包括 FC 驅動渡輪 FCH2 JU 及 Roland Berger。

此渡輪採用壓縮氫氣透過 FC 產生電力，以驅動馬達。其關鍵部件包括：FC 與系統模組、儲氫槽、電池、電動馬達。由於排放和噪音得以顯著降低，以 FC 作為動力的船舶可望在休閒娛樂及人口密集的水域受到歡迎。

而就海運經濟而言，氫燃料電池的初期應用，將僅限於燃料需求較低的較小動力用途。這類應用包括小船的推進、大船的輔助電力、及岸電。表 6.6 所示，為氫燃料在不同船舶類型上的各種可能應用方式。如表當中所示，推進電力需求可從大約 150kW 到將近 100MW 不等。

表 6.6　氫燃料在不同船舶類型上的各種可能應用方式

船舶類型／應用方式	電力需求，約 MW
渡輪	
小渡輪	0.24-1.0
內陸大渡輪	2-12
外海大渡輪、高速	20-44
貨輪	
美國內陸、拖船、駁船	0.13-1.0
江河、歐洲 Class 1Vb、拖船、駁船	0.2-4.5
江河郵輪 Class Vlb	< 2
歐洲 Class 1 拖船	10
內陸貨櫃船、密西西比河（預定 235m、2,960 TEU 以下）	11.5
岸電	
貨櫃輪（5-13k TEU）	0.2-0.9
油輪	3 以下
郵輪	
靠泊負載	3-10
港內操車	20
緊急電力	2-4
推進	25-97

　　FC 在郵輪上可首先應用在靠泊負載與緊急系統所需電力，以及一部分推進電力。而最終，隨著追求在本世紀內將 GHGs 排放歸零，FC 將可用於驅動整艘船。未達此目標，港口也將建立或確保供應再生氫、LOHC 等再生氫載體、或源自再生氫的合成燃料。此外，用以傳輸這些燃料到船上的燃料添加程序與設備也將建立。而頻繁度添加燃料的一些，諸如沿岸與江河船舶及渡輪等船舶，適合採用壓縮或液態氫搭配 FC。

　　短暫推進電力需求，隨不同類型船舶及其應用，差異很大。假使某船

的推進系統原本即屬電動設計，則其電力系統可符合整體電力需求（例如電池與燃機或電池與 FC，或是燃機與 FC 與電池混合等）。FC 與電瓶的電力比取決於船舶、航線及航班。混合系統在設計上，可讓 FC 在穩定狀態下運轉，電池則在於滿足短暫的電力需求。而此 FC 可在船舶處在例如上、下客等低動力時機，爲電池充電。而需要最大出力時（實際上很少用到），FC 可與電瓶合力，巡航電力則由 FC 提供。

輪船的輔助電力包括照明、空調、儀表顯示、緊急系統、廚房及其他系統。此外，源自 FC 的廢熱可適用於水加熱、洗衣間及娛樂等用途。至於 FC 所產生的水，也可視需要進行收集。有些冷熨港（cold ironing ports），包括美國加州的 San Pedro Bay Ports 要求靠港船舶關閉船上的發電柴油引擎，船上負載改由岸上（市電）供應。而這些從岸上或駁船所供應的岸電，則已有些是源自 FC 系統。

採用 FC 作爲海運燃料的相關議題與挑戰包括：
- 船舶所處高鹽度環境與劇烈運動狀態對 FC 可構成大挑戰；
- 在高持續出力情況下，燃料電池的效率會低於共燃的；
- 從電能轉換成機械出力的外加費用，可使燃料電池系統變得很貴；
- 找出合適的使用案例和使用者；
- 氫基礎設施（例如港區的儲存與添加站）；
- 產品成本（需大幅降低 FC 與電池的成本、尚難與電動船在成本上競手、尚難達到經濟規模）；
- 尚缺整體產業標準、認證指南及規範（尤其是氫的添加與補注等）；
- 技術成熟度不足（迄今僅有雛型展示計畫運轉）；
- 符合生態（井至螺槳的排放大致僅依賴產氫所用資源）。

4.2.3 以氫作爲海運能源的其他考量

儘管目前在海運上使用氫，仍存在著包括安全性、儲存與添加設施及相對於化石燃料成本偏高等諸多障礙，隨著研發加上政策的介入，這些障礙將隨著時間逐漸降低。

■氫的安全性

相較於像是汽油與天然氣等其他會產生火焰的燃料，氫並不會比較危險。在單純只有氫的容器當中，並不會發生爆炸。只有當像是氧等氧化物，純氧濃度至少 10%，或 41% 空氣存在時，才會爆炸。氫可在濃度 18.3 至 59% 的情況下爆炸。隨然範圍很廣，實際上汽油的潛在危險比氫還大，因為汽油濃度在 13.3% 即可爆炸。

■船上儲氫與添加氫

由於船上空間有限，在船上儲存大量氫，必須是液態。液態氫儲槽以鋁合金建造，再以一雙層 75 mm、密度為 35.24 kg/m^3 的封閉室發泡（closed cell foam）隔熱層包覆，另外在外表面和該層之間，還維持著蒸氣作為屏障。為避免船舶變形對該槽構成應力，此冷凍槽不會和船體結構結合。

以氫作為海運燃料，將面臨諸如氫的來源及在船上儲氫等許多挑戰。在船上以液態除氫，必須要冷凍到零下 253℃。如此所需要的空間，以一定能量而言，大約是海運柴油的八倍。

目前已經有船公司在討論訂造，可輕易改裝成採用氨的「可以零排放」（zero ready）船舶。為了在船上儲氫，是否需犧牲裝載容量，以挪出額外空間？根據 ICCT 的研究報告，這類障礙皆能克服。其指出目前全世界最繁忙的，中國到美國之間的海運航線上的船，43% 皆可採用氫，而不需用到裝貨空間，且也不需要在燃料添加上額外耗時。而配合燃料容量或運轉，也只需經過小改裝即可讓將近所有的航線皆可採用氫。

其預見在未來 15 年內，海運隨著成本下降及添加燃料基礎攝氏擴充，從試用到朝向大規模採用氫燃料。至於接下來船運排放會成為怎樣，取決於從法規到其他技術的進展等一系列因子。

永續海運小方塊

什麼是開放室與封閉室發泡？

開放室發泡（open cell foam）是由將碳酸氫鈉（sodium bicarbonate）等膨脹劑加到橡膠化合物當中的類似橡膠產物。

封閉室發泡（closed cell foam）通常是將橡膠化合物進行高壓氮等氣體處理成的產品。這類密合產品可以很有效的降低液體與氣體的流通。在海運、空調等需要有效阻止液體流動的工業上，都很適用。

CCTI 的 Georgeff 等研究者於 2020 年提出報告，估計了當地氫燃料儲存槽與燃料添加船等基本設施的需求。當地港內儲槽可滿足固定每週燃料添加需求，且燃料添加船也能在尖峰期間出勤。例如美國加州 San Pedro Bay 的集散地需要 13,000 m² 專用土地，以設置 39 個當地儲槽，每個容量 2,500 m³。在尖峰月份，每週有 15 次添加燃料船次，每次容量 2,500 m³。

海運業者 Moss Maritime、Equinor、Wilhelmsen 和 DNV-GL 最近設計了一艘以液態氫作為推進燃料的燃料添加船 LH2（圖 6.17）。預計未來大規模使用氫作為陸上與船上的燃料，將會需要液化氫的燃料運送船。而此計畫，正是在未找出相關的儲存與處理所面對的挑戰及其解方。

圖 6.17　Moss Maritime 和 DNV-GL 的 LH2 燃料添加船

■成本考量

船上的重量、體積及如何掌控這些燃料，都是重要考量。在這些方面，相較於傳統船用燃料，再生氫會顯得方便些，但同時也會多出一些挑戰。氫比起石油燃料更輕、能量更密集且不怕受微生物汙染，其不需要燃料加熱系統、殘渣清除、溢出導致環境汙染，且氫可完全再生。

然而，就體積而言，氫並非自然能量密集，其尚須經過壓縮、液化及冷凍壓縮（cryo-compressed），或是讓分子吸收，以便輸送與儲存以及接下來在需要用到氫時的脫氫（dehydrogenation）。

比起傳統船用燃料，雖然氫的重量能量密度大約高出三倍，其體積密度僅為四分之一至八分之一。加上氫的性質，此對於有些船舶的一些應用恐將構成困難，而不能大量儲存燃料或頻繁添加燃料。而也因此，目前需要就船舶的運轉與排放需求，尋求最佳燃料。其中較熱門的研發領域，為包括無水氨（anhydrous ammonia）、甲烷及 LOHCs 等合成碳氫化合物燃料及氫載體。這些燃料之所以受到青睞，在於其可在接近常壓下以液態進行管控。

■整體具備的技術

目前的概念，主要著眼於海上船舶的輔助動力。另外，現今港埠運轉的設備由柴油、電動或油電混合作為動力來源，尚無氫燃料電池的商業應用。而不久未來，可望以 FC 驅動的港埠設備包括：

- 客車／巴士──人員接送，
- 清掃／垃圾車─清潔／廢棄物管理，
- 貨車──運送服務，
- 現場電解或蒸汽甲烷重組（Steam Methane Reforming, SMR）──供應氫，
- 堆高機──一般物流，
- 起重機等物流設備。

■FC 與電池之間的選擇

電池雖然可以供電到船上，但卻會很快耗竭而需重新充電。因此在混合動力設計的船上，電池是很重要的部件，需依賴船上發電機（例如 FC）持

續充電。而由於只有增加電池數，才能供應更多能量，而電池又很重，因此
在需要擴大應用的規模時，便相當困難。因此電池要適合用在低耗能，或具
任務循環，而能讓船暫停任務進行充電的情形。

在海運上的應用也正發展當中。將 FC 應用到船上的主要動機，在於增
進船舶運轉效率，同時降低噪音與震動。一如電池，能量儲存在 FC 當中，
只不過此能量為一燃料載體，氫，而只要有氫，便可持續轉換成電力。而此
氫則可迅速補充到船上。

5. 生物燃料

5.1 生物燃料分類

生物燃料（biofuel）可廣泛定義為：從生物質量（biomass）轉換來的
燃料。其包括生物柴油（biodiesel）、生質酒精（bioethanol），以及例如
乙基三級丁基醚（ethyl tert-butyl ether, ETBE）、生物氣（biogas）、生質
乙醇（biomethanol）、生質二甲醚（dimethyl ether, DME）等。生物燃料
一般分類為：

- 第一代生物燃料包含：生質柴油、生質酒精、乙基三級丁基醚、生
  物氣（biogas）/掩埋場氣（landfill gas）及純植物油（straight veg-
  etable oils, SVO）。
- 第二代生物燃料包含：生質液（biomass to liquid, BtL）、纖維素
  乙醇（cellulosic ethanol）、生物二甲醚（bioDME）/甲醇（metha-
  nol）、生物合成天然氣（biosynthetic natural gas, BioSNG）、生物油
  （biooil）/生物原油（bio-crude）、植物醣催化碳氫化合物、生物
  氫（biohydrogen）、生物電（bioelectricity）/生物熱電（CHP）及
  生物丁醇（biobutanol）。
- 第三代生物燃料包含：藻生物燃料（algal biofuels）。

儘管將生物產生的燃料混入柴油或重燃油，在技術上可行，然而必須首

先確認其相容性（compatibility），一如其他海運燃料之間的。而目前生物燃料比起既有的燃油，要貴得多。

　　生物燃料有可能作為海運替代燃料，因為就從井到螺槳（well to pro-peller）過程中其 GHG 排放低，同時硫含量低，可符合既有的硫相關法規。唯以生物燃料作為海運燃料，要能夠滿足海運需求的供應量，是一大挑戰。從一個中型的生物燃料廠一整年所生產的，例如 100 百萬公升，大約僅夠一艘大船所需。

　　因此，生物燃料較適合用於沿岸航行的小船，或是港內所用的輔助燃料。而目前商業所提供的各種不同的生物燃料，只有源自植物的生質柴油或生質乙醇的產量，有可能滿足一部分海運所需。圖 6.18 所列，為各種類型的生物燃料。

　　生物乙醇可產自廢料，而可有較高的供應潛能，並可望取代海運化石燃料。唯其因無法於既有的海運燃料相容，而無法被直接採用。

5.2 生質柴油

　　生質柴油適用於船用引擎。其可百分之百用作船用燃料，或者也可與傳統燃料混用。儘管在船上使用生物燃料在技術上屬可能，然若採用的是第一代生物燃料，卻在技術上仍存在一些挑戰，而可能增加失去動力的風險（例如因為濾器堵塞）。而終究，相較於這些技術性挑戰，有限的可獲取性及高價位，便足以讓生質柴油不太可能，在近期內被大規模採用。然而，一般相信生物燃料終將在經濟上具吸引力，主要用在可獲取生物燃料的 ECAs 內區域性貿易。

　　因此只要是有這類在船上使用生物燃料誘因的情形，便可望有所改變。尤有甚者，展望未來，透過岸上推動生物燃料及減碳立法的驅動，加上先在岸上獲得成效，便可望帶動在船上使用生物燃料的需求。

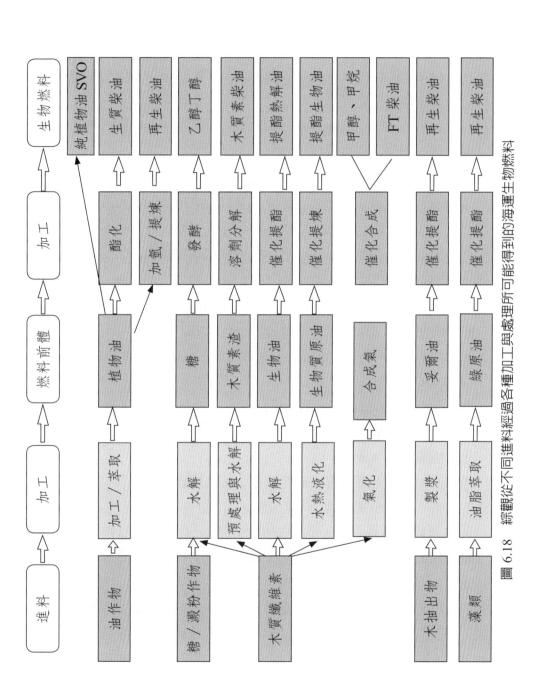

圖 6.18　綜觀從不同進料經過各種加工與處理所可能得到的海運生物燃料

5.3 第三代生物燃料

　　源自藻類的第三代生物燃料，目前的技術仍處開發初期。其依不同來源，存在著儲存期的穩定性、酸度、濾器堵塞、生成蠟、增加引擎積渣等問題，而必須挑選特定燃料以適用在特定引擎上。而由於生物燃料特別傾向生物汙損（biofouling），因此須特別提防受到水的汙染。至於與柴油或重燃油混合固然可行，卻必須先確認其間的相容性。

　　以液態生物燃料替代傳統燃料，是另一需用來消除海運生命週期 GHG 排放的解方。根據 Zhou 等 ICCT 研究人員於 2020 年提出的研究結果，在決定燃料的 GHG 減量上，進料比轉換技術更為重要。針對船運相對於蒸餾燃油，從井到船跡（well to wake, WtW）的 GHG 減排潛能，該報告提出五種液態生物燃料：

- 脂肪酸甲酯（fatty acid methyl ester, FAME）生質柴油——產自廢脂肪、油及油脂（fats, oils, and greases, FOGs）；
- 氫化再生柴油（hydro-processed renewable diesel, HRD）——產自廢 FOGs；
- 費托柴油（Fischer-Tropsch diesel）——產自木質纖維素生物質量；
- 二甲乙醚（dimethyl ether, DME）——產自產自木質纖維素料源氣化，接著觸媒合成；
- 甲醇——產自木質纖維素料源氣化，接著觸媒合成。

所有這些，無論料源為何，都可望降低空氣汙染排放。

　　該報告對從政策得到的一些教訓提出建議。首先政策制定者應採取，包括土地利用改變的排放等嚴格的生命週期評估方法，以確保僅推動那些能帶來顯著生命週期 GHG 效益的燃料。其次，由於最可能導致顯著 GHG 削減的途徑，亦為在技術上最複雜且在目前最耗成本的，因此政策制定者推動的政策，應該著眼於解決對這些永續燃料構成的障礙。第三，因為受限於某特定引擎的相容性，政策制定者應認清，許多燃料都會需要和傳統燃料混和，而也只有在某混和比，才得以減少其生命週期排放。

6. 氨

6.1 氨的來源

　　氫與氮生產出的氨，若能產自再生能源或與碳捕集與儲存（carbon cap-ture and storage, CCS）結合，則可望對降低氣候變遷衝擊做出貢獻。然而現今的氨主要都產自源自化石燃料的氫，而源自再生能源的氨，則僅處發展階段。

　　由於氨是無碳分子，因此近幾年來被廣泛提出，可望成為不會排放的海運燃料。從氫和氮產生的氨（又名阿摩尼亞，ammonia / NH_3）若能以再生能源生產，則可望對氣候的影響減至最低。然而，目前的氨主要產自於以化石燃料為基礎的氫，至於源自再生能源的氨，則尚處發展階段。

　　作為能源載具的氨，可從既存的技術發展起，用在燃料電池或內燃機當中。不少科學論文針對以氨作為運輸燃料進行評估。例如 Kang 與 Holbrook（2015）評估在美國交通系統當中，引進氨作為輕型車輛的燃料，所能降低 GHG 的潛力。而針對船運，也有一些研究引進多準則決策分析法（mul-tiple criteria decision analysis, MCDA）來評估例如 LNG、化石甲烷及氫等燃料。

　　全球所消耗的氨當中，近八成皆用於生產像是尿素、硝酸鹽（ammoni-um nitrate）及磷酸鹽（ammonium phosphate）等肥料。其餘用於像是炸藥、醫療、化妝品、動物營養、塑膠、塑酯、電子等工業，以及汽車業的 NO_X 控制系統。

　　目前氨主要靠用電哈伯法（electricity demanding Haber-Bosch pro-cess），透過重組步驟或空氣分離步驟，從空氣當中生產。除了化石燃料以外，氫也可透過生物器重組及再生甲烷，或以太陽、風及水力等再生能源發電，電解水產生。在此電化學組合過程中，在一電化學反應器當中，以水或蒸汽、氮及電合成氨，可在較少能源消耗情況下生產氨。然要提高氨產量使足以商業化，此製程仍待進一步研發。

　　全球已有好幾個生產再生氨（renewable ammonia）的實例。例如氨

生產者 Yara 便計畫在澳大利亞建立從太陽能生產氨的示範廠；而化工公司
Haldor Topsoe 也提出在 2025 年推出下一代綠氨合成示範廠。

6.2 氨燃料性能

表 6.7 所列，為根據 Lövdahl 與 Magnusson（2019）及 Taljegard 等
（2014）所預估，到2050年三種類型船舶以氨作為推進燃料的特性與成本。

表 6.7　氨作為船舶推進燃料的特性與成本

特性	單位	短程海運船	遠海運船	貨櫃船
引擎出力	kW_{output}	2400	11,000	23,000
全速航程	h	162	720	360
儲槽容量	GJ	3500	71,300	74,600
內燃機成本 [1]	USD/kW_{output}	800	600	600
內燃機推進效率 [1]	%, LHV	45	40	40
FC 堆成本 [2]	USD/kW_{output}	925	925	925
FC 推進效率	% LHV	45	60	45
儲存成本 [3]	USD/GJ	55	35	35
ICE 的 SCR 成本	USD/kW_{output}	133	133	133

1 假設等於 H_2 ICE 的。
2 估計平均值介於 350-1500 USD/kW 之間，前者為 FC 的低成本估計值，1500 USD/
　kW 為 SOFC 高成本估計值。
3 假設為 LNG 儲存成本一半，35 USD/GJ。
資料來源：Lövdahl & Magnusson，2019；Taljegard 等，2014

　　氨曾被用作壓縮點火引擎、火花點火引擎及燃料電池的燃料，總的來
說，仍在點火、燃料消耗率、材質及排放等方面仍存在一些問題。除了氨漏
洩之外，還有 NO_X、CO、碳氫物化等排放的問題（取決於先導燃料），皆
須進一步針對其後處理的效果，進行評估。

　　在 FC 當中，氨可以直接使用，或是分解出氫與氮，接著再用於 FC。
可用於海運的兩種 FC 選項為：使用純化氫的質子交換膜（proton-exchange

membrane, PEM）FC，及使用氨的固體氧化物 FC（solid oxide fuel cells, SOFC）。

相較於內燃機，氨 FC 確實熱效率較高、噪音較小、大氣排放較少，然氨燃料的電池所涉及，例如 NO_x 等的總大氣排放，卻仍待確認。且氨 FC 的成本仍相當高。而且氨 FC 的成本仍相當高。

目前尚無用於海運，已商業化的氨驅動技術。然而，例如 MAN Energy solutions 宣稱其原本針對 LPG 開發的雙燃料引擎，可使用液態氨作為燃料。MAN Energy Solutions 並和上海船舶設計研究院及美國船級社（American Bureau of Shipping, ABS）合作開發，用於一艘以氨作為燃料的貨櫃輪的技術。另外 EU 也贊助一個名為 ShipFC 的計畫，在於將一艘離岸工作船，改裝成以氨 FC 驅動。

氨為毒性物質，一旦以高濃度釋入大氣，會在一段時間內構成健康威脅。其也可能形成二次微粒。氨和其他許多燃料一樣，可和空氣與氫結合成爆炸性混合物。所以若以氨作為海運燃料，將會需要專用的安全規範。

此外，氨具腐蝕性，而在海運燃料系統的設計上，須特別考慮。上述相關安全規範及安全措施，皆會影響燃料添加與運轉的相關系統，而增加成本和在船上所需用到的空間。

6.3 成本與供給

從 2016 年到 2019 年中，全球氨的價格約介於 10-20 USD/GJ（使用低熱值 18.8 MJ/ton ammonia）。再生氨的生產成本則約落在 7-23 USD/GJ 之間（Tun 等，2014）。而根據 Hochman（2019）年發表的研究論文，到 2040 年電化學生產及電解水接著以哈伯合成法（Haber-Bosch, HB synthesis）的生產成本，分別約為 20 與 25-35 USD/GJ 之間。

比起壓縮氫與液化氫，阿摩尼亞的能源密度較高。其通常儲存在絕緣壓縮槽內，在船上所需空間，比 LNG 大，然並不需要低溫儲存，而就燃料基礎設施與燃料添加而言，也沒什麼大問題。就阿摩尼亞作為海運燃料的供應可靠性而言，全球產量，尤其是源自再生來源的，尚需要增加。而這將會需要大量的電。

7. 電動船

　　其實人類在一百多年前便已有電動火車頭，高速電動火車超過半個世紀，而最近電動汽車也在全球快速擴張。因此，電動船，又有何不可？實際上由 Marin Teknikk 在挪威建造的電動貨櫃輪即為第一艘商船。只不過，在將電用作各種船的推進動力之前，我們先需作一些估算。而不可否認，在過去 70 年當中，即便是最好的商用電池，其能源密度還提高不到四倍。

　　例如，用來推進一艘 18,000 TEU 的貨櫃輪，需要多少動力？假若這艘船要完成一趟 31 天的歐亞航程，已當今柴油主機要燃燒 4,650 公噸燃油，每噸含有 42 千兆焦耳（gigajoule）能量。這相當於大約每公斤 11,700 瓦·時（watt-hours, Wh）的能量密度，等於是 300 Wh/kg 的當今鋰電池，相差近 40 倍。

　　而該船整趟航程所需大約為 195 太焦耳（terajoules），即 54 GWh。這類大型柴油引擎的效率約百分之 50，因此其所需推進能量大約為 27 GWh。滿足此需求，以 90% 大型馬達將需要約 30 GWh 的電。

　　在此船上安裝現今最好的商用鋰電池（300 Wh/kg），其將會需要攜帶近十萬公噸這樣的電池，以完成這趟航程。這些電池將需占掉最大載貨容量的四成。而即便我們有能力提早將電池的能源密度提升到 500 Wh/kg，該 18,000-TEU 貨櫃輪仍需六萬公噸的電池，才能以相當低速完成這趟跨洲航程。

　　如此推算，一艘當今大型電動貨櫃船上所裝的電池與馬達重量不及燃油的（約 5,000 公噸），其柴油主機（約 2,000 公噸），其所需電池的能源密度要等於今天最好的鋰電池的十倍以上。

8. 電轉液

　　電轉液或電燃料（power-to-liquid, e-fuels），為將氫與 CO_2 送進一合成反應器當中，形成不同類型的能量載體而產生。最常見的一種能量載具

類型為甲烷（methane power-to-gas）與甲醇。這是由於像是乙醇等較複雜的分子，需要增加加工步驟，可導致效率損失。在從電到燃料的生產過程中，亦會產生高純度氧和熱。而在電解與合成反應器當中，則分別會產生高溫與低溫的熱。此熱可送進項是住家供暖系統，氧則可供作其他工業製程。

和傳統生物燃料生產一道生產電燃料，可更充分利用生物質量當中的碳原子。然而目前這類生產仍屬最初階段，在大規模問世之前，仍有許多挑戰尚待克服。

電燃料的優點是，其可克服一部分除氫的問題。藉由產生液體燃料，每單位體積所含能量較高，可輕易將燃料儲存在傳統燃料儲槽內，一如目前船上的儲油情形。而一些電燃料的缺點便在於其中所含的 CO_2。

9. 海運替代燃料的選擇

選擇海運替代燃料，須同時從經濟、環境、技術、及社會層面考量。對於船東、燃料生產者、引擎製造商、經濟面尤其是價格，是最重要的考量的。若以此作為標準，則在排序上，LNG 與 HFO 排最高，接著依序是化石甲醇、及各種生物燃料（LBG、再生甲醇及 HVO）。瑞典政府機關則以環境標準（GHG 排放）及社會標準（針對符合法規）排序，最高為再生氫，接著依序為再生甲醇及 HVO。而促進採用再生海運燃料，則尚需政策倡議（policy initiatives）。

9.1 燃料三角形

符合未來所需的海運燃料，必須符合如圖 6.19 所示的燃料三角形（fuel triangle）。在燃料三角形當中，首先是能源密度高。一個好的替代燃料，首先須具有和既有海運燃料相當的能量密度（energy density）。而事實上，HFO 之所以能在過去幾十年當中寡占船運燃料，便在於其擁有相當高的能源密度，且價格相對低廉。能量源密度為單位體積所含能量。假若能量密度低於目前的海運燃料，船的裝載容量便會減損，因為儲存起來會用到較大空間。

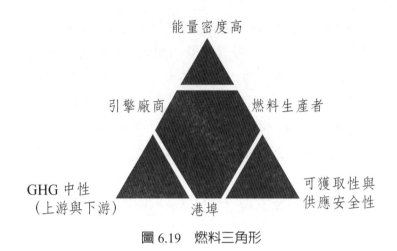

圖 6.19　燃料三角形

其次的重要特性為該燃料的可獲取性（availability）及供應安全性（security of supply）。由於海運為全世界的產業，替代燃料也就需要在全世界各港皆可獲取，一如目前的燃料。這便需要建立遍及世界的基礎設施網絡以符合各種替代燃料的需求。

此外，未來的替代燃料將會需要，在從井到推進器的整條供應鏈上，都是 GHG 中性（GHG-neutral）的。因此，要決定什麼燃料可以作為未來海運所用替代燃料，便必須由引擎廠商、燃料生產者及港埠，共同研商。

永續海運小方塊

氫在燃料三角當中得幾分？

由於綠氫在整體供應鏈上為 GHG neutral，而在燃料三角形當中的 GHG 排放部分有很高的分數。在全球供應網絡上，石化工業也已能提供各種不同用途的氫，因此在可獲取性和供應安全性上的得分，也相當高。

氫的困難之一為其能量密度。

在任何實用壓力下，每單位體積氫的能量密度，遠低於傳統燃料的，儘管其每單位質量的能量密度較高。若以氫作為海運燃料，將會在船上預留相當大的儲存空間。而目前可用的兩種技術，即壓縮氫與液態槽。壓縮氫儲存在 350 bar 與 700 bar 下，而液化氫則需降溫至 -253°C。如此冷卻氫，可導致 12.79% 的效率損失。

9.2 是否以 LNG 為燃料？

9.2.1 贊成者

主張 LNG 作為船舶燃料，以因應環境新規定、同時改善空氣品質及降低溫室氣體排放的主要理由包括：

- 在 ECAs 內所費時間，
- LNG 與 HFO + 洗滌器或 MGO 之間的價差，
- 對 LNG 技術的投資成本（引擎／槽櫃／管路），
- 所提供的財務誘因。

在 ECAs 內以固定航線運轉的一些小型貨櫃輪和 RoRo 等船舶，將會是首先接受 LNG 技術的船。

丹麥海事局（The Danish Maritime Authority, DMA）比較完全在 ECAs 內，分別採用 LNG 與 HFO 搭配洗滌塔及使用 MGO，作為燃料運轉的回收期。其採用的 MGO 與 HFO 的價格分別為 \$1,105/ 公噸及 \$670/ 公噸。其所採用 LNG 的價格，則介於 \$11.7 與 \$17.9/mm BTU 之間。相較於燃料消耗與裝置出力有較高關聯性的貨櫃船，燃耗與裝置出力關聯性較低的 RoRo 船的回收期較長一些。

目前一般越洋船舶在 ECAs 內的運轉時間，平均約占 5-6%。而有好幾條航線的此數字，將隨著在美加等海岸線對船舶燃料新要求而明顯拉長。表 6.8 所示，為相對於 MGO，不同類型貨船採用 LNG 和 HFO 加上洗滌塔，遵循策略的回收期（以年表示）。圖 6.20 所示，為各尺寸貨櫃船採用 LNG

作爲燃料的回收期。

表 6.8 相對於 MGO 採用 LNG 和 HFO 加上洗滌塔遵循策略的回收期（以年表示）

燃料對策	現成船加改裝				新造船			
	RoRo	油輪	貨櫃船	大型 RoRo	RoRo	油輪	貨櫃船	大型 RoRo
HFO+ 洗滌塔	2-3	2-3	1-2	2-3	1-2	2-3	1-2	1-3
LNG	1-3	2-4	1-3	2-4	1-3	2-4	1-2	1-4

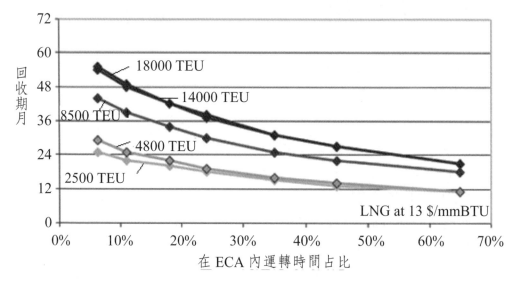

圖 6.20　貨櫃輪採用 LNG 作爲燃料的回收期

　　根據 MAN&GL 和 DMA，針對貨櫃船採用 LNG 作爲燃料的研究結果，若在 ECA 內航行時間占 65%，以目前的燃料價差計算，回收期不到兩年。CMA CGM 集團預計在其未來的九艘 22,000 TEU 貨櫃船上，安裝採用 LNG 的引擎。此將會是在超大型貨櫃船上，以 LNG 作爲燃料的首例。

　　滬東中華造船公司和 CMA CGM 選了法國 GTT（Gaztransport & Technigaz），爲此 LNG 燃料貨櫃船，設計低溫燃料櫃。其將利用由 GTT 開發出的 The Mark III 膜片絕緣系統（圖 6.21），作爲空間最佳化，以提供最大

載貨容量。其預計在 2020 年底之前交船。估計增加此 LNG 選項的費用爲 $1,700 萬／艘。

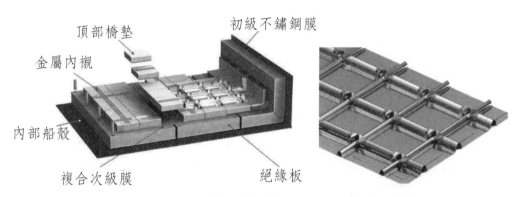

頂部橋墊

初級不鏽鋼膜

金屬內襯

內部船殼

複合次級膜

絕緣板

圖 6.21　Mark III 膜片絕緣系統，左側爲不鏽鋼膜示意

迄今，航運公司可擁有許多選擇，包括輕柴油（gas oil）、超低硫重油、混和燃料、洗滌器、LNG 及其他替代燃料。英國 Royal Haskonin 曾就不同類型與尺寸船舶分別採用傳統燃料與 LNG 燃料，計算其相對成本。其用到的數據包括：

- 資本成本 +10%，
- 載貨容量 -2 至 -5%，
- 運轉成本（+），
- 保險成本（+），
- 燃料成本（在能量上爲 HFO 成本的 60-80%）。

其研究做成結論：就一艘在 SECA 外運轉的 Panamax 散裝船在相對高燃料價格情境下，及一艘在 SECA 內運轉的載車渡輪（RO-PAX）船在相對低燃料價格情境下，以 LNG 作爲燃料，分別可便宜 10% 及 25%。

丹麥海事局針對船舶使用 LNG 作爲燃料，僅航行在北海與波羅地海 ECA 內的影響做了計算，得到可接受的回收期。該研究結論：2030 年在這些 ECAs 內的 LNG 耗量介於 300 至 800 萬噸，相當於該區全部燃料耗量的 15-40%。

10. 比較替代燃料

10.1 從生命週期檢驗真實的環境效益

選擇海運替代燃料的目的，在於符合 SOx、NOx、PM 等空氣汙染物的規範及降低源自海運的 GHG。在評估各種替代燃料所釋出的排放物時時，很重要的一點是，不能只考慮燃料燃燒期間，而須從整個生命週期當中釋出的排放量去考慮。

近年來國際間常以碳足跡（carbon footprint）作爲衡量眞實的環境效益的一項指標。以 LNG 作爲燃料的卡車，無論該天然氣是源自於傳統氣井或是頁岩氣井，其生命週期的碳排放都較傳統的燒柴油卡車爲低。但如果天然氣本身（絕大部分爲甲烷）並未完全燃燒，其在進入大氣之後的一百年期間，所造成的溫室效應強度會是二氧化碳的 25 倍。

不過相關的計算仍潛藏著許多爭議。例如甲烷能持續存在於大氣當中時間比二氧化碳短得多，而一些研究人員卻在計算當中採用了高得多的二氧化碳當量換算因子。另外像是究竟有多少甲烷逸至大氣也並不確定。而這些因素也導致天然氣車的環境效益究竟爲何，尚難以確認。

進行船運的能源足跡評估，需涵蓋選定燃料的整個生產途徑，從來源生產井至儲槽（well to tank, WTT）、儲槽至船舶推進螺槳（tank to propeller, TTP），及氣井至螺槳（well to propeller, WTP）的排放量。LNG 從產出到交貨，整個過程中的能源足跡主要取決於三個問題：

- 從源頭所採得的天然氣組成爲何？
- 所採取的液化過程爲何？
- 全程運送距離爲何？

在進行足跡分析時，雖然天然氣的來源可能無從知道，但仍可就以上三個問題，就最佳、平均或是較差的情況，分別設定所需能量。

■生產及儲運

目前從中東氣井產出的天然氣組成都很好，僅有少量的 CO_2 和 N_2，設備也都配置在岸上。如此一來，生產過程中估計僅消耗 1.2 % 的能源。保守

估計其生產每公斤的天然氣需要將近相當於 640 千焦耳（kJ）熱能。接下來的儲運過程主要包括液化、運送、接收站及配送：

■ 船運耗能——TTP

估算 TTP 這部分的 GHG 排放需考慮的包括：

· 引擎燃料直接燃燒的 CO_2 排放量。

· 從引擎間接排放 CH_4、N_2O 的排放量。

· CO_2 的排放量與燃料的碳氫比。

燃料當中較多的能量是得自於 H 氧化成 H_2O，而非 C 氧化爲 CO_2，相關數據可得自 IPCC 所提供的。除燃料組成之外，CO_2 排放量仍取決於引擎效率。據估計，燃燒天然氣引擎的效率比柴油引擎的略低 0-2%，這表示在針對 TTP 分析時，可以每克兆焦耳燃料能量作基礎，而不需特別進行引擎效率校正。

船舶引擎的 NO_x 排放可從文獻取得相當完整的資訊。而 SO_x 排放量則主要取決於燃料的硫含量。針對天然氣能源足跡評估，所涉及燃料消耗和空氣汙染物排放的估算，可分成以下步驟：

· 將數據轉換成一致的格式與單位，

· 計算每一種情況下的引擎總工時（kWh/y），

· 分別就每一種情況下最常見的負載建立一套檔案，

· 計算每部引擎最常見負載配置的比油耗（Brake Specific Fuel Consumption，BSFC）（g/kWh），

· 計算各引擎總燃料消耗量（MJ/y），

· 計算各引擎在最常見負載下的實際 NO_x、SO_x 和 PM 排放量（kg/y），

· 計算總 NO_x、SO_x、和 PM 的排放量（kg/y）。

基於商業保密，船舶在不同運轉情況下的標準負載模式往往不公開。儘管如此，進行評估時仍可透過對最大功率與航速、平均功率與航速及推進型式的主要特點等，就每年各負載下的時數求取加權平均值。亦即乘上各模式下的參數及該模式下的時數，再加入人爲模式點並除以經歷總時數，進行計算。舉例而言，貨櫃輪具有恆速推進系統，而拖船等類型船舶則具變速推進

系統。

　　固然有些議題與船舶技術直接相關，但仍有一些與船運本身不直接相關的議題需要納入考量。其中必須審愼考量的，便是全球遏制溫室氣體排放的急迫性，尤其是在整個船舶生命週期內的溫室氣體減排和燃料供應基礎設施，皆須一併納入。否則，若僅著眼於符合短期、在地的汙染目標，則勢將爲達成長遠減碳目標付出高昂代價。

10.2 和生物燃料比較

　　表 6.9 比較傳統船用燃料與生質燃料的主要性質。

表 6.9　不同燃料的性質比較

	處理過蔬菜油，未醚化	生質柴油 EN14214	汽機車柴油 EN590	船用柴油 ISO8217DMB	重燃油 ISO8217RM
密度 / 15 °C，kg/m³	920-960	860-900	820-845	< 900	975-1010
40°C/50°C 黏度，cSt	30-40	3.5-5	2-4.5	< 11	< 700
閃火點，°C	> 60	> 120	> 55	> 60	> 60
辛烷值	> 40	> 51	> 51	> 35	> 20
灰份，%	< 0.01	< 0.01	< 0.01	< 0.01	< 0.2
含水率，ppm	< 500	< 500	< 200	< 300	< 5000
酸值（TAN）	< 4	< 0.5	-	-	-
硫份，ppm	< 10	< 10	< 350	< 20 000	< 50 000
卡路里值，MJ/kg	ca 37	ca 37.5	ca 43	ca 42	ca 40

資料來源：Narewski, 2012

　　圖 6.22 比較各種海運燃料，在完整生命週期內的 CO_2、CH_4、N_2O 排放（Gilbert, 2018）。圖中所示燃料包括：低硫船用重燃油（LSHFO）、船用柴油（MDO）、液化天然氣（LNG）、LH2/ no CCS（未作碳捕集與儲存之液化氫）、LH2/CCS（作碳捕集與儲存之液化氫）、再液化氫（Re LH2）、甲醇（MeOH）、黃豆純植物油（Soy SVO）、黃豆生質柴油

（Soy BD）、菜籽純植物油（Rape SVO）、菜籽生質柴油（Rape BD）、生質液化天然氣（Bio LNG），ex LUC 指不包括土地用途變更（land use change）。

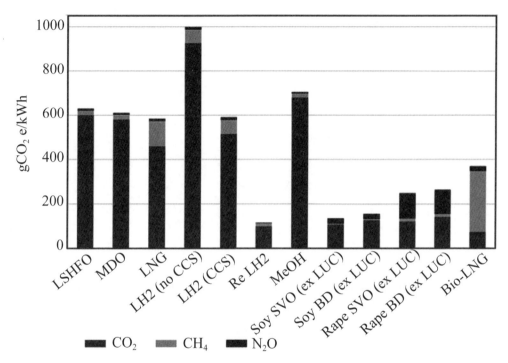

圖 6.22　海運替代燃料在完整生命週期內的 CO_2、CH_4、N_2O 排放

資料來源：Gilbert, 2018

　　圖 6.23 進一步將各項排放，區分為運轉部分（operational）及上游部分（upstream）的。圖 6.24 所示，則為各液態替代海運燃料及料源，在各生命週期階段的生命週期 GHG 排放，假設 100 年全球暖化潛勢（Global Warming Potential, GWP）。

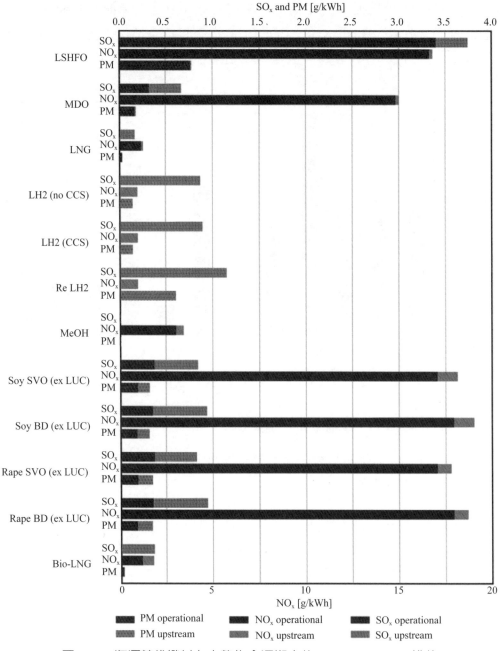

圖 6.23　海運替代燃料在完整生命週期內的 SO$_x$、PM、NO$_x$ 排放

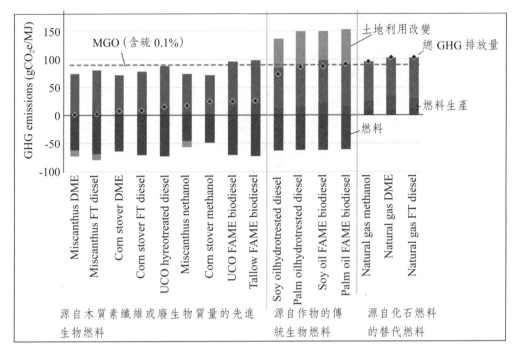

圖 6.24　液態替代海運燃料及料源，在各生命週期階段的生命週期 GHG 排放

　　根據瑞典船舶設計公司 ScandiNAOS 管理主管表示，另一在市場上遠不及 LNG 的選項，為以甲醇作為燃料。預計目前全球燃料添加基礎設施只需略做修改，便可添加甲醇，所需成本比起建立添加 LNG 所需要的基礎設施，要來得少。

　　自 2013 年起英國 Stena Line Group 已開始在其 51,837 GT 郵輪 Stena Germanica（圖 6.25）上，使用甲醇驅動柴油 / 甲醇混和引擎。

圖 6.25　以甲醇作爲燃料的郵輪 Stena Germanica

10.3 和 LNG 比較

10.3.1 大氣排放

包括貨櫃船與郵輪在內，有愈來愈多新造船舶採用 LNG 作爲燃料。其 CO_2 排放，就提供相同推進動力而言，可比傳統海運燃料少約 25%。然而由於其主要爲甲烷，在 20 年排放期間的溫室效應用相當於同量 CO_2 的 86 倍，以其作爲海運燃料的整體氣候影響，有待進一步研究。

如圖 6.26 所示，根據 Pavlenko 等於 2020 的研究報告，比較 LNG 低壓雙燃料（Low-Pressure Dual Fuel, LPDF）、中速、四行程船用引擎，採用 LNG 的生命週期 GHGs 排放比起 MGO 的高出 70% 至 82%。因此在 IMO 的初步 GHG 策略下，持續對 LNG 基礎設施投資，將可能更難在未來轉型到船舶零排放。而應該將投資集中到能減少整體生命週期 GHG 排放的技術上，包括節能技術、風力輔助推進、零排放燃料、電池及 FC。

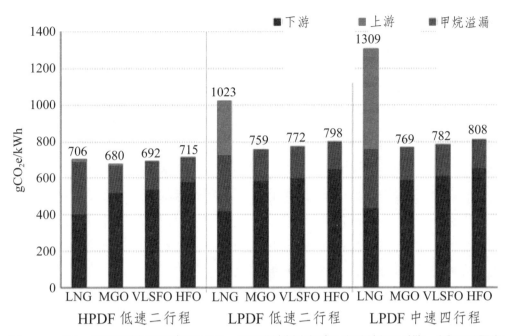

圖 6.26　高、低壓雙燃料低速二行程、低壓雙燃料中速四行程船用引擎，採用不同海運燃料生命週期 GHGs 排放之比較

資料來源：Pavlenko 等，2020

10.3.2 能源成本

過去二十年，屢創新高的海運燃油價格，迫使海運界較過去更加正視船用柴油引擎的燃料消耗。值此同時，海運整體排氣，尤其是二氧化碳的排放，亦居於國際海事首要議題。

一般而言，燃料成本占船舶營運成本近半，1980 年代油價高漲，甚至有達 80% 的實例。若以熱值爲基準，如今有些市場上的 NG 和 LNG 的價格，都已然低於高硫船用燃油的。許多 LNG 售買合約上的規格，所記載的硫含量約爲 0.004%。因應新法規，海運業者對低硫燃料油的需求可望擴大，同時對替代燃料的需求也會提高。

船用輕柴油（Marine Gas Oil, MGO）的硫含量低於 0.1%，產生的硫氧化物排放符合 MARPOL Annex VI 的要求，不需要額外的儲存空間，將

既有的引擎調整成使用 MGO 僅需相當少的投資成本。然其價格畢竟高於重燃油（Heavy Fuel Oil, HFO）的。近期內其價格約在每噸 500（$12/MMBtu）到每噸 1,500 美元（$37/ MMBtu）之間，預計到 2035 年將超過每噸 2,000 美元。

根據美國能源資訊局（US Energy Information Administration, EIA）和國際能源總署（International Energy Agency, IEA）所預測，2035 年的 LNG 價格在每噸美金 400-1200 元，即美金 9 至 26 元 / MMBtu 的範圍之間。而用於海運的 LNG 價格很可能位在此範圍的高點。而許多減排技術最後的出路，一大部分又取決於各種燃料的價格和期間的相對價差。如此一來，若將燃料價格對於海運的獲利原本就是一大因素一併納入考量，不難想見，持續監看燃料價格並追蹤其發展，至為重要。

初步以比較 LNG 與 MDO 燃料的經濟性為例，從使用成本的角度考慮，同時須顧及以下因素：

假設 LNG 引擎的維修成本與蒸餾柴油的成本相當：
- 重燃油未納入此經濟性比較當中；
- SCR 耗材約相當於柴油引擎燃料成本的 3-6%；
- 若將引擎的效率差異納入考慮，LNG 耗能高出 2%；
- LNG 儲槽等所減損的載客 / 貨容量乃至增加的運送成本。

值得一提的是，在進行經濟性評估時，一些 LNG 的優點（包括空氣汙染和 GHG 排放方面的）實也可以金錢量化，納入考慮。尤其還有像是在某些情況下，可獲得減免港埠費用達 5-10%、綠獎、企業榮譽形象等財務上與非財務上的影響，或許無法一併納入考量，但卻可望對決定是否傾向採用 LNG 替代燃料構成一定影響。

既然船舶需要添加天然氣，用來生產儲存和運送 LNG 和加燃料到船上的碼頭與駁船，也都必須到位且符合經濟性。船東在對整條航線上的 LNG 供應有信心、價格能接受之前，便不會建造以 LNG 作為燃料的船。但開發天然氣燃料的業者，又何嘗不是得等到對以天然氣作為船舶燃料有信心之後，才會願意投資建在 LNG 燃料添加設施。而國際貿易上的船東和港口開

發業者之間不可少的協調與合作，確實很不容易。

　　LNG 供應成本取決於所考慮的配銷鏈。雖然天然氣一般都依能量單位百萬英熱單位（million British Thermal Units, MMBTU）計算，但仍可乘上 46.5 MMBTU／噸，計算出每噸天然氣成本。預計短期內每 MJ 的 MDO 會比 LNG 的便宜。經濟效益取決於是否每年有足夠的燃料／耗能（MJ），以抵消較高的 LNG 裝置成本。值得注意的是，即使相同的供應鏈，燃料成本仍取決於原油價格及其供需情形。這些影響因素皆須一併納入考慮。

　　由於 LNG 儲槽的設計複雜（須隨時保持一相對高壓並確保絕對安全），其成本比 MDO 的高出許多，提高容量，則可降低每立方米的成本。LNG 儲槽的可用容積可假設為 90%。整個 LNG 儲槽系統的估計，包括整個天然氣系列，除了具高隔熱標準與通過嚴格船級認證的極優質 LNG 儲槽本身之外，並涵蓋氣體調節、蒸發器、氣體偵測等。

　　比較成本，估計 LNG 系統的組成（包括控制設備在內）比海運柴油的貴約 40-45%，視引擎馬力大小而定。不難想見，較大馬力引擎的單位馬力成本較低。事實上，燃燒 LNG 引擎在大多數情況下不需要後端處理。至於燃燒柴油的引擎，從 2016 年起便須結合 SCR 後處理系統，以滿足排放限定，導致更高的引擎馬力成本。

　　圖 6.27 比較歷年來傳統海運燃料與天然氣的價格。從圖中可看出，顧及價格，將 LNG 當作替代燃料，有明顯的經濟誘因。在日本的天然氣價格，大約平均比低硫燃油的低三成。

　　儘管如此，吾人須顧慮的是買來的天然氣，尚需經過液化儲存之後，再送到可添加到船上的地點。其中，對 LNG 基礎設施的資不可或缺，而如此供給 LNG，也就必須在評估時將此成本，和已然具備相關設施的海運燃油的供給競爭，納入考量。至於在亞太地區的情況則尚不明朗。目前 LNG 的價格高於 IFO 380 的，但比船用柴油低。

　　從財務的角度來看，以 LNG 作為燃料的船舶需要額外成本支出。這主要包括一些像是先進的燃料儲槽、液體與氣體轉換與配送系統、以及雙層管路等額外技術的要求。而平衡此額外投資便有賴在壽限內較低的燃料消

美元 / MMBtu

圖 6.27　傳統海運燃料與天然氣價格比較

資料來源：Bloomberg Commodity Pricing, 2020

耗、較少的維修保養，以及很有可能的，相對於預期會持續攀升的油價反而趨於下滑的天然氣價格等。

10.3.3　解決先有雞還是先有蛋的問題

在交通系統上引進某種新燃料，首先會遇上的必然是添加燃料基礎設施不足的問題。以汽車爲例，會想要建設服務汽車相關設施的業者，首先總要弄清楚，倒底有多少車子需要這類燃料。而天然氣更是如此。其中包括壓縮天然氣的壓縮機及 LNG 需要的冷凍系統，更遑論其他那些儲存和添加燃料的部分。恐怕只有整個車隊都在某個集中的設施添加燃料，才算得上可行。

然而，隨著天然氣價格持續下跌，這些情況也都改變了。一些像是美國的 Chesapeake Energy 等擁有許多天然氣井和高生產目標的公司，都全力賣天然氣，並開創新市場，以提高獲利。因此有些公司也都擬出，對相關基礎設施投資的計畫。其中以 Chesapeake Energy 的規劃最積極。其在美國各州已建造了 150 座 LNG/CNG 加氣站。其他也有不少公司也在一些大城市間，

興建並經營 LNG 廊道（LNG corridors）以支援大卡車運輸，並可望快速成長。

11. 小結

11.1 目前替代燃料主要使用情形

目前海運所用的主要替代燃料不外 LNG 與電動（以岸電對電池充電），其餘在本章所提及的替代燃料，則不是還不存在，便是還很有限。表 6.10 與表 6.11 列述，目前這些燃料的主要用途及其可獲取性（availability）。

表 6.10　替代燃料目前的主要用途

燃料	主要用途
LNG	• LNG 通常都在到達目的地（進口港）時，進行再氣化並透過氣體網絡進行配送。 • 目前最大用途為發電（35%），其次為住戶（22%）及製造業（17%）。 • LNG 同時在用作交通燃料上持續增加，中國已有超過 30 萬輛以 LNG 為燃料的巴士和卡車行駛於路上。 • 截至 2019 年 6 月，全世界共有 165 艘以 LNG 驅動營運的船舶，另有 154 已確認訂單，將在未來五年內建造。 • 此外，有將近 500 艘 LNG 運送船，亦採用 LNG 作為燃料。 • 隨著以 LNG 作為燃料，包括大型貨櫃輪與郵輪等新船加入，未來幾年的 LNG 耗量將會顯著提升。
氫	• 目前全球 65 % 對氫的需求皆來在化工部門，25 % 來自煉油部門用於氫裂解（hydrocracking）及燃料脫硫（desulphurization）。 • 大約 55 % 的氫用於合成氨（化工部門），10 % 用於生產甲醇（煉油部門）。 • 其他例如鋼鐵、玻璃、電子等工業，也會用到氫。 • 海運用氫目前可忽略不計，但已有採用液態與壓縮氫的好幾個計畫正在發展中，其預計用於短程海運。

燃料	主要用途
氨	• 目前全球超過八成的氨皆用於生產肥料。 • 氨也可用於生產塑膠、纖維、炸藥、硝酸及染劑等。 • 其亦用於選擇性催化還原（SCR）系統，以降低源自工廠、船舶及車輛的 NO_x。 • 以氨作為船舶燃料，目前尚不存在，但船運業已開始評估，將其用作燃機與燃料電池的燃料。
甲醇	• 甲醇為許多重要化工商品的基礎原料，並用作運輸工具的燃料。 • 2018 年有 25% 的甲醇用於生產甲醛（formaldehyde），其次為用作替代燃料（19%）。 • 目前有 12 艘以甲醇為燃料的船舶。
LPG	• 住戶使用的 LPG 在 2015 年占了 44%，其次為工業（38%）及交通（9%）。 • 用作交通燃料的，當中半數用在韓國、土耳其、俄羅斯、泰國及波蘭。 • 在 2009 至 2014 年間，用作交通燃料的成長了 24%。 • 以 LPG 為燃料的船舶尚處萌芽階段，2020 年有兩艘新造的大型氣體運輸船（Very Large Gas Carriers, VLGC），以及四艘既有的 LPG 運輸船，進行改裝採用 LPG 作為燃料。
HVO	• 海運使用 HVO 還很有限。挪威有三艘渡輪使用 HVO。 • 主要受限於生產 HVO 所需要的生物質量，尚須和陸上與航空所需競爭。
電	• 自 2015 年起，首艘全電動載車渡輪 MF Ampère，便航行於挪威西海岸的 Lavik 與 Oppedal 之間。 • 2017 年又有第二艘全電動載車渡輪，航行於芬蘭的 Pargas 與 Nagu 之間。 • 目前有將近 70 艘插電混合載車渡輪（占出力能源 90-100%）將在未來，在挪威一帶航行。 • 如今全球有將近 200 艘配備電瓶的船舶，其中三分之一接近全電動（大多為渡輪）。

表 6.11　替代燃料目前的可獲取性

燃料	可獲取性
LNG	• LNG 大致上在全世界皆可獲取（大規模進出口碼頭），同時當中有許多地方都針對供應 LNG 到船上，進行投資建設。 • 目前專用於供應 LNG 燃料到船上的基礎設施還很有限，但正加速進展當中。最新相關資訊可上 afi.dnvgl.com 網站。 • 最近在西地中海、墨西哥灣、中東、新加坡、中國、韓國及日本等都有加氣船的訂單，和許多大型 LNG 推進船舶的訂單，同步進展。
氫	• 目前基礎設施與燃料添加設施都尚未建立。 • 只要有適當的供電，透過電解水產氫已屬商業化技術，適用於在港口等現場使用。此可免除長途輸送所需基礎設施。 • 未來，將可望利用從風與陽光等再生能源發出的過剩電力生產氫，並從儲氫場將液態氫輸送會到港邊。 • 氫亦可產自全球皆有的天然氣。
氨	• 氨的處理與輸送基礎設施已經存在。然用於添加燃料的基礎設施尚待建立，此為讓船舶使用氨作為燃料的一大障礙。 • 從氫與氮生產氨已經商業化，而適用於在港口進行。此可免除長途運送基礎設施的需求。 • 未來，將可望利用從風與陽光等再生能源發出的過剩電力生產液態氨，並從儲存場將液態氨輸送會到港邊。 • 氨亦可產自全球皆有的天然氣。
甲醇	• 甲醇是每年在全世界運送得最多的，五大化學商品之一。 • 其可透過全球既有碼頭基礎設施獲取。然而專用於為船舶添加甲醇燃料的基礎設施目前仍然有限。此可藉由卡車或加油船為之。 • 在戈登堡港 Stena Lines 航運公司特別為其 Stena Germanica 號，建立了專屬添加甲醇區。 • 在德國，其第一條從使用再生能源生產甲醇，供應到一艘內陸客船 MS Innogy 燃料電池系統的基礎設施鏈，已於 2017 年完成。
LPG	• 全世界各港已都有大型 LPG 進出口碼頭，然而專用於為船舶添加 LPG 燃料的基礎設施目前仍然有限，而難以發展開來。 • 可藉卡車或船添加燃料。據估計目前用作加壓 LPG 的進口與二次站約有一千個。
HVO	• 因為需求很低，目前可供給海運的相當有限。目前挪威有渡輪採用 HVO。 • 船用 HVO 燃料需與路用 HVO 競爭。 • 用以添加 HVO 的基礎設施，和添加船用燃油的相同，所以不是問題。
電	• 一般而言，岸電的基礎設施皆已建立，可滿足海運需要。然而，用來為船充電的岸上基礎設施則相當有限。有些地區則正持續推展當中。

　　就陸地上以天然氣作爲交通工具燃料來看，其與汽柴油車類似的動力系統配置爲一大優勢。若其價格維持在低檔，則具有相當強的經濟價值取向潛力，唯需持續努力擴充設施，以解決燃料可獲取性的問題。此外並須維持市場需求，配合擴大提供的 OEM 產品。

　　就海運而言，以 LNG 作爲船舶推進能源可符合嚴苛的排放管制法規，包括像是預定在 2020 至 2024 年間實施的，燃油含硫量 0.5% 的全球性上限。而隨著愈來愈多的，在 ECA 以外，以 LNG 推進船舶加入營運，全球 LNG 相關基礎設施的需求亦趨於增大。

　　另外從環保的角度來看，這類以 LNG 作爲燃料的船舶所能獲致的效益，在於可能在未來因爲不必用到額外的排氣減量技術或昂貴的低硫蒸餾燃油，即可有低得多的排放，而獲得競爭優勢。然基於缺乏資金、節能誘因分散、船廠與設計者能力有限，以及與新技術連結的不確定性等一系列障礙，相關技術可能僅能緩慢落實。

　　油價加上環保議題驅使國際航運業者尋求能同時節約成本並完全符合規範的因應之道。本章分別就陸上和海上的交通工具以天然氣作爲燃料的潛力、推動因素及可能面對的挑戰。

　　天然氣可望在未來的幾十年當中保持充沛、安全、潔淨且合乎經濟，可望作爲逐漸取代石油產品的交通工具燃料。因此以其作爲在轉型到再生能源之前的潔淨替代能源，應屬妥適。

　　就海運而言，隨著愈來愈多的，在 ECA 以外以 LNG 推進船舶加入營運，全球 LNG 相關基礎設施的需求亦趨於增大。然基於缺乏資金、節能誘因分散、船廠與設計者能力有限，以及與新技術連結的不確定性等一系列障礙，而可能緩慢落實。

　　總而言之，由於以 LNG 驅動的傳接爲新造船舶，加上目前添加 LNG 的選擇仍有受到限制，因此透過 LNG 以降低源自海運的 CO_2 排放的程度，仍相當有限。

11.2 適用於海運的彈性燃料系統

對於船運業者而言，要符合 IMO 的限硫規定並面對物流的挑戰，不外乎改用柴油或超低硫重油或在船上裝設洗滌器以降低煙囪的排放。至於脫碳，那就會難得多。船東必須同時：提升效率以少燒燃料並轉而改用無碳燃料。但又該從何著手呢？

對於船東而言，充分考慮燃料彈性，是在做決定時不可或缺的。一艘船終其一生，所需要的解方，可能不只一道。因此尋求最大燃料彈性，應爲確保其投資能在未來獲得保障的最高原則。

從目前到中期，要同時符合環境要求並降低 20% 的 CO_2，LNG 應已確定是對的選項。目前以 LNG 運轉的雙燃料引擎銷售數量正穩定成長，但在全世界海運當中仍只占很小的百分比。

但終究，光靠 LNG 或任何其他化石燃料，都無法達到脫碳（decarbonization）。要達到碳中和，勢必要朝向使用源自再生能源的零碳燃料。

朝向越洋船舶使用的零碳燃料，將同時需要誘因與限制。如今的替代燃料，就算能夠提供，價格也比碳密集化石燃料的高得多。因此透過一以全球市場爲基礎的工具，建立一套價格信號（price signal），以阻礙使用以碳基（carbon-based）燃料是需要的。

第七章

綠造船廠與綠船公司

由於國際間的環境相關法令、罰則的壓力加上各種誘因，符合生態觀的綠船已被公認具備新競爭優勢。因此，許多航運業者和在船業者也正積極合作，設計、建造這類綠船，以降低燃耗，並更進一步藉由汰換掉不符環境標準，和在成本上不具競爭力的現成船，以優化其整體能源效率。本章介紹一些這類綠船廠和綠船公司的實例。

1. 造船廠

1.1 日本

2013 年 4 月，日本造船業成立了海上創新日本公司（Maritime Innovation Japan Corp, MIJAC）。此為一專門從事航運技術研發的合作研究平台。大島造船廠、新九島碼頭、築地造船廠、山野洋子造船廠、日本宇森造船廠與 NK 船廠，皆為 MIJAC 的投資者。其研究主要針對的是船舶設計、乾塢技術、船舶運行技術、減少船舶二氧化碳等有害物質排放的技術，以及海洋能源利用等技術。

MIJAC 的優勢在於，其能透過和託運人、船運公司、造船商、船級社和船舶設備製造商等客戶進行聯合研究，直接了解客戶的需求。MIJAC 還可以對全球市場趨勢與環境的變化，做出立即反應。此類研發的直接成果實例簡述如下。

三菱重工開發了三菱空氣潤滑系統（Mitchubishi Air Lubrication System, MALS），藉由將空氣注入船底來減少摩擦。使用此技術可望將 GHG 排放量減少 25%。

日本住友公司已經將空氣潤滑系統應用於 ADM America 的三艘超巴拿馬級（Post-Panamax）穀物運輸船。大島造船廠建造的船舶，不僅具有空氣潤滑系統，而且具有新型船艏和螺旋槳轂帽鰭（Propeller Boss Cap Fins, PBCF）設計，以大幅減少阻力。

三井造船公司取得一項合同，為今治造船（Imabari Shipbuilding）公

司建造的兩艘大型 LNG 運輸船，分別配置兩部電子控制氣體燃料噴射柴油引擎，該船由西班牙船東 Elcano 公司訂購。這些節能、大型、雙行程、低速柴油引擎可與 HFO 和 LNG 一起使用，取決於燃油價格與航行環境等條件。

1.2 中國船廠

中國大陸各大造船廠也正與各相關組織合作，努力開發環保船舶相關技術。例如，2015 年 6 月 26 日，在科技部高新技術中心多位專家的支援下，滬東中華造船公司啟動 LNG 船舶核心技術研究專案。

自 2011 年以來，中國遠洋造船集團（COSCO）一直在開發 LNG 驅動的卡姆薩型（Kamsarmax）散裝貨輪的「清潔天空」設計。Kamsarmax 號被歸類為巴拿馬級散貨船，專為西非幾內亞的卡姆薩爾港進行優化，其為世界最大鋁土礦生產地。

中遠造船集團與 Golden Union 及 Lloyd's Register 等公司共同開發了該設計，於 2013 年啟用。由於可選擇使用柴油、重油及 LNG 燃料，清潔天空船預計將減少大量的 GHG 排放量。

卡姆薩型散裝貨船將巴拿馬極限型貨船的載貨重量，從 7 萬噸增加到 8 萬 2,000 噸。其維持巴拿馬運河航行最大船寬，但將船長從 225 公尺增加到 229 公尺，並在設計上允許煤炭、穀物、鐵礦石等多種貨物裝載，同時提升了運輸效率與通用性。此外，該船型降低了波浪與風阻力，提高了油耗效率。

1.3 歐洲

幾個歐洲國家也正合作建造綠船。荷蘭達門集團（Dutch Damen Group）領導來自 13 國 46 家歐洲造船廠、設備製造商及研究機構，啟動了開發生態友善型船運技術的聯合專案。此專案稱為 LeanShips（低能耗與接近零排放船），致力於提升效率與可靠性。其目標為將船舶油耗與 CO_2 排放至少減少 25%，並達到 SO_x、NO_x、PM 零排放。

LeanShips 專案是 Horizon 2020 的海洋研究計畫之一，這是歐盟從

2014 年至 2020 年實施的歐洲研究與創新架構計畫（European Research and Innovation Framework Program）。EC 提供 1,700 萬歐元，從 2015 年起舉行會議，隨後開展全面活動。LeanShips 專案的研究包括，開發和在歐洲水域航行中小型船隻與郵輪有關的節能和環保技術。其首先將壓縮天然氣（CNG）、LNG 及 MDO，同時應用在雜貨船上。

1.4 美國

美國綠船的一個典型例子，是海軍的船用燃料電池（Ship Service Fuel Cell, SSFC）專案。該專案由海軍研究辦公室（Office of Naval Research, ONR）主持，旨在減少燃料預算，及開發用以提高戰鬥力的環保發電系統。

SSFC 使用 2.5 kW 熔融碳酸鹽燃料電池（Molten Carbonate Fuel Cell, MCFC）作為船舶的主要動力源。此外，美國海事局（The Maritime Administration, MARAD）已審查通過在 434 TEU 貨櫃船上使用燃料電池（柴油 / 電力推進）。水上交通管理局（The Water Transit Authority, WTA），也考慮將其用於高速渡輪。

2. 主要航運公司的環保船

多數生態友善類型船舶的公司，是這些船的實際使用者。大航運公司，例如馬士基（Maersk）、Nippon Yusen Kabushiki Kaisha（NYK）和 Mitsui O.S.K. Lines（MOL），多與政府、造船廠及研究單位合作開發綠船。在歐洲，一些航運公司正參與船用燃料電池的開發與商業化，相關計畫包括零排放船舶（Zemships）、以再生甲醇提供商船輔助動力（METH-APU）及 e4 Ship。

2.1 馬士基集團

2008 年，馬士基公司推動全公司環保政策，稱為「共效」（Co-efficiency），在於鼓勵技術創新，以提高能源效率、減少排放並降低運營成本。藉由性能指標監控系統，馬士基能效優化船舶得以在航行中，大幅減少燃油

使用。其成果包括藉由減速運轉降低油耗、排氣熱再利用系統、連續船體清潔、最小壓載航行及航行規劃優化等。

馬士基並利用替代海事動力（Alternative Maritime Power, AMP）從岸上提供船舶所需電力，追求綠港政策。其採用天然氣運轉岸上發電機。

馬士基透過引擎優化、減少船體摩擦、改進螺槳設計、綠船設計及環保航行，節省了 20% 的燃油。其進一步透過引擎廢熱回收系統，降低 8% 到 10% 燃耗。目前，馬士基已在 30 艘船上引進廢熱回收設備，接著會在 42 艘訂購船舶中採用該系統。可預期，上述作為將使不符綠海運條件船舶的租船與交易，趨於困難。

2.2 中遠集團

中遠集團正進行「超慢航行（Ultra Slow Steaming）」，即以遠低於正常的航速航行。原本貨櫃船的航速 20 節，經此減速，中遠每年可節約燃油 18 萬噸，減少 54 萬噸 CO_2 排放。中遠集團還採行航線優化設計、縮短進塢時間、選擇重點服務點等措施。其並執行「低碳船」計畫，包括詳盡造船實驗、核動力船舶建造及 VLCC 壓載減少等。此外，中遠正與澳大利亞環境保護和導航科技公司合作，在一艘散貨船和油輪上，分別安裝太陽能帆（Solar Sailor）。該帆可配合風與陽光，自動調整角度以協助船舶推進，可節省 20% 到 40% 燃耗。此外，帆上的太陽光電，可提供 5% 船上用電。

2.3 NYK

NYK Line 正設計可能是綠船模式極致的超生態船，預計在 2030 年啟用。該船以 40 兆瓦燃料電池為主動力來源，並以太陽能電池板和帆，分別產生 1-2 兆瓦和 1-3 兆瓦（圖 7.1）。根據 NYK 的數據，若所有技術都按設計完成，則與同型標準船相比，可減少 69% GHG 排放。目前，NYK 正透過開發 MT-FAST、雙反螺槳、空氣潤滑系統及電子控制引擎等技術，力圖將船舶推進效率最大化。同時，NYK 正測試四艘散裝船，並將其與同型標準船進行比較。

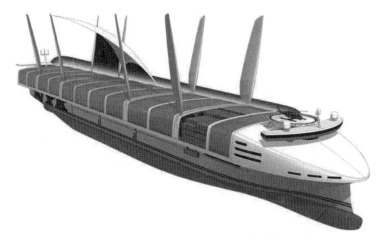

圖 7.1　NYK Line 正設計的超生態船示意

2.4 韓國

　　韓國環保船的發展大多以船廠爲中心。例如，大宇造船與海洋工程（DSME）與 MAN Diesel 合作，於 2013 年推出商業化 LNG 動力船舶。2017 年，三星重工爲仁川港務局建造完成，韓國第一艘 LNG 運輸船 Econ-Nuri。此外，現代重工於 2009 年推出油電混合船「太平洋 9 號」，並於 2012 年開發出，世界第一部船用雙燃料引擎，能在大洋航行時高效使用燃料油，在接近港口時使用 LNG。其於 2014 年 12 月，和 MAN Diesel 與 Wörtsilé 開發完成 ME-GI 引擎。

3. 港口

3.1 美國

　　美國環保署（US EPA）正實施一項名爲「美國清潔港」（Clean Port USA）的綠港政策。其同時推動 SmartWay 運輸夥伴關係計畫，以簡化港口物流並減少 GHG 排放。此外，US EPA 修訂了《清潔空氣法》（Clean Air Act），規定進入美國九成以上港口的船舶的主機與輔引擎，使用硫含量低

於 1000ppm（0.1%）的低硫油作爲燃料。

　　此外，船舶減速措施擴大到 20 至 40 海浬範圍內，並建立替代海事電力（Alternative Maritime Power, AMP）系統設施，對靠泊船舶提供岸電，以同時抑制船舶在航行與靠泊時產生的廢氣排放。

3.2 荷蘭

　　EU 原本的減排目標，是 2020 年比 1990 年的水準低 20%。鹿特丹氣候倡議（Rotterdam Climate Initiative, RCI）的目標，則是到 2025 年將 CO_2 排放量，減少到比 1990 年的少 50%。鹿特丹可持續交通（Rotterdam Sustainable Mobility）提倡使用清潔燃料與替代交通工具，並設了綠獎基金（Green Award Founding）作爲配套。

3.3 日本

　　日本政府制定了《全球變暖導致的氣候變化港口政策》正計畫到 2050 年將 GHG 排放量減少 60% 至 80% 的目標。

3.4 中國

　　中國政府在第十二個五年發展規劃中，確立了資源節約、環境保護和氣候變化的國家政策，交通局依此提出相關政策與制度。其航運部門正採取各種措施，有效減少包括 GHG 在內的海運大氣排。

　　例如，其在珠江三角洲地區設置排放管制區（ECA），並制定了低硫燃料補貼政策，2014 年 1 月至 6 月，對使用低硫燃料船舶提供 75% 的燃油成本差額補貼。此外，深圳港於 2015 年將所有港口拖車從柴油轉爲 LNG，所有輪胎式龍門（Rubber-Tired Gantry, RTG）起重機都改爲電動。

4. 尋求船公司脫碳路徑

　　目前航運界朝向 2030 年與之後目標邁進的路徑，將包括運轉措施、用以增進能源效率的創新設計與技術和替代燃料。可預見，接下來幾年內必

然會有許許多多各種選項的組合，應用在船上，以落實永續海運的脫碳策略。而爲能同時符合公司的經營目標，其中的複雜性可想而知。

　　因此，當務之急在於針對各特定船舶，建立一套對應於其目標的績效基準（performance baseline）。而如今航運業主事者也都認清，這套基準評價（benchmarking）已屬必要的管理工具。其爲用來在變動環境當中，監控競爭力和評估進展，所不可或缺。

　　隨著符合 IMO 的排放目標期限逐漸逼近，用來作上述基準評價的一個關鍵焦點即爲碳密集度，亦即每單位運輸功的 CO_2 排放量。某公司一旦將船隊的基準建立起來了，其根據波賽敦原則，在各種不同情境下的預測軌跡（trajectory）也就得以建立，並進行比較。上述波賽敦原則將在第九章當中，詳細介紹。

　　圖 7.2 所示曲線，爲針對十艘 2010 年（在 IMO 建立 EEDI 之前）建造的巴拿馬型散裝貨輪，追求 IMO 的 2030 年目標的績效預測。從圖中可看出，船隊動態運作狀況（根據船的載重頓的船隊平均值）在未來十年內，對碳密集度的影響，以相對於基準（2019 年，在 2020 年限硫之前）的百分比

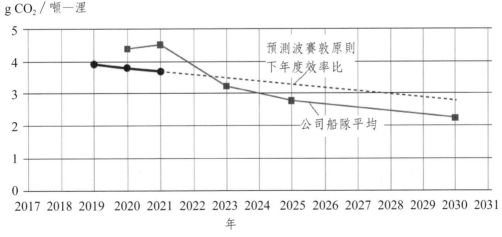

圖 7.2　散裝船隊碳密集度隨時間變化趨勢

資料來源：ABS, 2021

表示，並和波賽敦原則比較。這些船的運轉輪廓設為常數：滿載情況（laden condition）、壓載情況（ballast condition）及停滯（idle）情況，分別占50%、35% 及 15%。

表 7.1 所列為船東可考慮作為針對 IMO 目標的碳密集度績效基準的要素組合。其包括船隊在過去與未來的績效，以及未來十年新造船舶的預測。

表 7.1　針對 IMO 目標的碳密集度績效基準的要素組合下，船隊在過去與未來的績效預測

情境：2010 年之前建造的十艘 80k dwt 散裝船 運轉輪廓：laden 50%，ballast 35%，idle 15%	主機燃料	輔引擎燃料	航速，節	碳密集度計算假設： 1. 船隊平均值 2. 採 dwt 而非實際裝載量進行計算	碳密集度比基線減少
2019 船隊，在 2020 限硫之前	10×80k dwt	HFO	MDO	13	4.4	0%，亦即基線
2020 船隊，在 2020 限硫之前	10×80k dwt	MDO	MDO	12	4.5	+2%
2021 減速一節	10×80k dwt	MDO	MDO	12	3.2	-27%
2025 三艘以 PHASEIII 船取代	7×80k dwt 3×85k dwt	MDO LNG	MDO LNG	12	2.8	-36%
2030 兩艘以 PHASE III 船取代	5×80k dwt 3×85k dwt 2×85k dwt	MDO LNG 生質燃料	MDO LNG 生質燃料	12	2.2	-49%

資料來源：ABS, 2021

由於基準年為 2019 年，是在 2020 年限硫之前，因此假設這些船主機燃燒 HFO，輔引擎燃燒 MDO。到了 2020 年則假設船舶改成使用 MDO，其碳密集度也就略增兩個百分點。

到了 2021 年，船舶航速從 13 節降至 12 節，而碳密集度也因此比基準

年的減少了百分之 27。到了 2025 年，船隊中的三艘（符合 EEDI phase III 要求），在船速維持 12 節的情況下，碳密集度減少了百分之 36。

　　到了 2030 年，另外兩艘船改以新單元燃燒生物燃料。所有新船都假設經過優化的設計，且船殼汙損也可忽略，其餘現成船則仍維持有生物汙損情形。

　　以上以上述參數為基礎的計算，反映出在引進例如減速等運轉措施、船殼設計優化等新能源效率技術以及以 LNG 作為燃料，結果所得到的船隊的平均能源密集度，可符合 2030 年 GHG 目標。然而，若要達成 IMO 的 2050 年目標，若不引進零碳燃料，挑戰將會大得多。

第八章

透過經濟與政治
追求永續海運

　　儘管源自國際海運的 GHG 排放不容忽視，海運，尤其是大型貨輪，相較於其他類型的運輸，無論就能源效率和對全球氣候影響而言，皆屬較佳。就每噸－公里而言，不同大小船舶所造成的不等 CO_2 排放，皆低於其他運輸模式。例如同樣載運液態散裝貨物，經由鐵路所造成的排放，大約是船運的 3 至 4 倍，至於經由公路和空運的，則分別大約比海運要高出 5 至 150 倍及 54 至 150 倍。同樣的，例如一艘相當於 3,700TEU 貨櫃輪每單位運送功能的燃油銷耗，估計要比一架 747 貨機少 77 倍，比大卡車少 7 倍，比火車少 3 倍。

　　以目前發展趨勢，預計到 2050 年之前，全球源自運輸的 CO_2 排放將會倍增。過去幾十年來，海運透過船舶引擎、推進系統、及船殼設計等技術方面的改進，已在降低海運排放上獲致重大成就。追求包括海運在內的永續運輸，應在於了解在運送過程中的總排放究竟為何。未來國際間和各國持續追求永續海運，勢必仰賴超越技術層面的經濟與政治途徑。本章首先整理追求永續海運的國際法規發展脈絡，接著分別討論相關經濟與政治途徑。

1. 國際法規發展脈絡

1.1 氣候變遷對於海運之潛在意涵

　　國際海運對於人為氣候變遷的影響，已被公認是重大議題。聯合國於 1997 年通過的「京都議訂書」，將國際海運的 GHG 排放量劃歸 IMO 管轄，而不計入各已受規範國家的排放量。換言之，一如未受規範的開發中國家，國際海運並未面臨強制 GHG 減量的約束。

　　然而，以目前進展中的研究及政治壓力，可預期在不久的未來，將持續升高此議題的重要性。及早認清海運業所可能受到氣候變遷議題的影響，將有助於降低適應的成本。因此，海運界值得提前設法吸取，已能有效符合環境標準的其他產業的經驗。

　　近年來常常聽到針對節能減碳的一項主張是：停止全球貿易，在地生產貨物，才是避免運輸造成排放的解決之道。但在 Transformative Solution

Leadership 當中 Smart Goods Transport 一節，卻有不同的論述。其建議在政策上，應從原本「如何降低運輸」的觀點，轉而著眼於如何將此滿足社會所需的服務，由具最低 CO_2 排放的方式提供。

以我們不能或缺的糧食為例，到 2050 年估計全球人口將達九十億左右，所需糧食將比目前生產和運送的，都多得多。因為基本上，既然太陽對赤道和低緯度地區照射較多，具較高生產潛力，便當順其自然在此地區提升糧食產量，透過運輸供應到各消費地區。總而言之，關鍵問題應該是，在生產和運送產品過程中的總 CO_2 排放究竟為何，而非該貨物的旅行距離為何。

當今海運可謂能源效率最高的貨運方式。例如，將一雙鞋從中國運送到北歐所排放的 CO_2，大約相當於一輛一般汽車行駛 2 公里所排放的。而若以船取代飛機運送貨物，大約可降低 90% 以上的 CO_2 排放。換言之，隨著未來愈來愈多的海運取代陸路與空運，全球 CO_2 排放可進一步降低。

因此，在政策上與其僅止於狹隘的力圖降低食物里程（food miles），實應同時積極推動，更具效率的運輸型態。自 2010 年 10 月起 Maersk Line 即透過對個別船舶排放的調查，對其客戶提供可靠的 CO_2 排放數據（CO_2 Scorecard），作為比較參考。

1.2 海運減排策略

歐盟議會（European Parliament）要求使用 EU 港口的 5,000 總噸以上船舶的船東，自 2018 年 1 月起，對該船的年度 GHG 排放，進行量測、報告及確認（Measure, Report, and Verify, MRV），期望能在增進加透明度、提高競爭力及提升燃料效率之間，形成一良性循環。2011 年 EU 運輸政策白皮書建議，要在 2050 年之前，將 EU 源自海運的 CO_2 排放，比起 2005 年的至少削減 40%，並於 2013 年提出一套策略。該策略包含三步驟：

第一階段　監測報告並確認造訪 EU 港口大船（5,000 總噸以上）的 CO_2 排放；

第二階段　對海運部門設定 GHG 減量目標，建立一套經過同意的全球能源效率標準，作為規範的一部分；

第三階段　進一步包含市場導向措施在內的中長期措施。認清該能源效率標準可否達到 EU 所要的 CO_2 排放減量絕對值，以及其他可以做的，例如引進各種市場措施（Market-Based Measures, MBM）。

EU 執行上述策略的第一步，便是落實 MRV。依照海運 MRV 規定，除能依法建立船舶排放相關資訊，也寄望 EU 在接下來國際討論中獲致最佳成果。其應用在於：

- 針對總噸數超過 5,000，正在 EU 港口間航行的船舶（有些例外），監測其每航次和每年的 CO_2 排放，及其他如能源效率和運送貨物量等參數；
- 船公司每年須提出前一年活動的排放報告。此外，將包含根據 IMO Resolution MEPC.231（65）的船舶技術效率（EEDI）或估算指標值；
- 如船舶在報告期間進行超過 300 航次，或此期間航次的開始和結束，都是在 EU 會員國所轄港口，則得以免除監測這些資訊的義務。

報告期訂為一日曆年。若航次開始和結束於不同的兩個日曆年，則該監測和報告的數據算做是第一個日曆年的。為簡化排放和其他相關資訊的監測計畫報告及認證，將由 EC 提供標準電子格式。未來歐盟執委會每年的 6 月 30 日會公開各船的排放報告，其中包括該船的燃料消耗、CO_2 排放、技術效率以及其他參數。圖 8.1 所示，為規範的時間表。

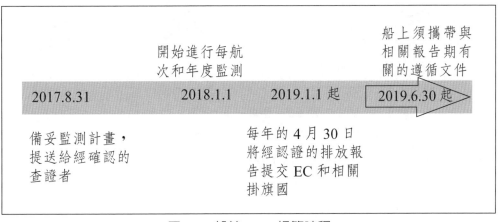

圖 8.1　船舶 MRV 規範時程

1.3 全球貿易及其對海運去碳的影響

　　第六章所討論的替代燃料，可望對於海運的脫碳及海洋環境的永續，帶來顯著的影響。然而，未來船隊在燃料與技術上的發展，仍將取決於全球貿易的進展。根據 IMO 的第三個 GHG 研究，在 2020 年，五種主要船型的排放，占全球總排放百分之 68（623 百萬噸）。以下引述 ABS（2020）研究報告當中，分別針對這些船型，所預測的脫碳路徑。

1.3.1 散裝船（bulk carriers）

　　海運鐵礦海運預計到 2022 至 2023 年間達到尖峰，其在 2050 年之前的脫碳路徑如圖 8.2 所示。

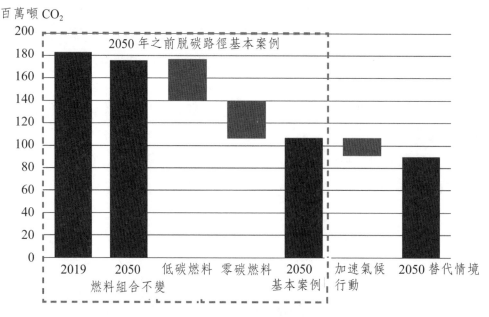

圖 8.2　散裝船脫碳路徑

1.3.2 油輪與化學船（oil and chemical tankers）

　　全球耗油預計在接下來 15 至 20 年內達到尖峰，接著逐漸減少。其在 2050 年之前的脫碳路徑如圖 8.3 所示。

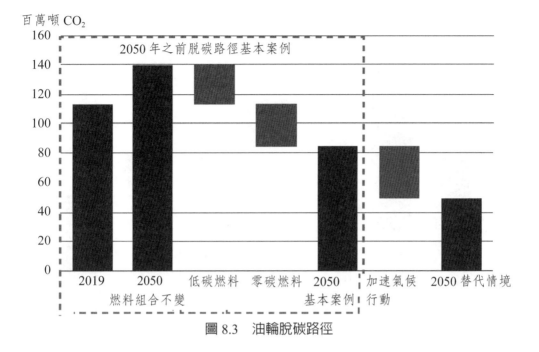

圖 8.3　油輪脫碳路徑

1.3.3 貨櫃船（contrinerships）

　　貨櫃船在 2050 年之前的脫碳路徑如圖 8.4 所示。在 2050 年之前，貨櫃貿易預計每年成長百分之 3.4。2019 年，貨櫃船隊（100 TEU 以上）排放 215 百萬噸 CO_2。若燃料組合如 2019 維持不變（主要為 HFO/MGO/MDO），CO_2 排放將在 2050 年之前，增加百分之 63。然隨著海運逐步轉型到低碳乃至零碳燃料，CO_2 排放可望在 2050 年之前，比 2019 年減少百分之六，來到 202 百萬噸。而隨著超大型貨櫃輪的擴充，此部門的排放成長將會是最快的。

百萬噸 CO_2

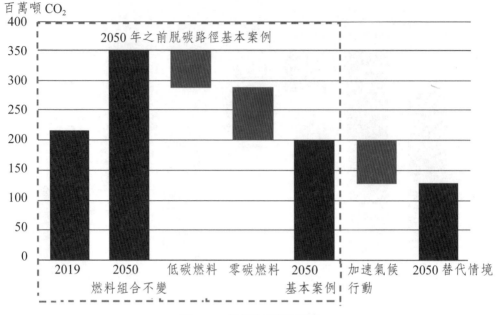

圖 8.4　貨櫃輪脫碳路徑

1.3.4 LNG運送船（LNG carriers）

　　LNG 運送船在 2050 年之前的脫碳路徑如圖 8.5 所示。天然氣為目前燃煤與燃油發電及運輸的主要替代燃料。隨著天然氣的供給與需求位置的變動，加上管路輸送一般在超過 3,500 公里距離及不經濟，LNG 船運需求將持續成長。

　　目前最大的天然氣蘊藏量位於俄羅斯、伊朗及卡達；美國、俄羅斯及中國則為最大耗氣市場。卡達為最大 LNG 生產者，其次是澳大利亞與馬來西亞。受惠於開採頁岩氣（shale gas）的新技術，美國的 LNG 出口量得以增加。

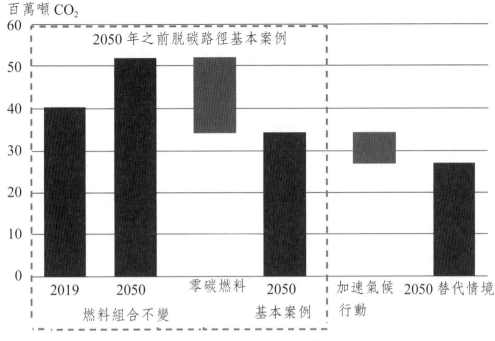

圖 8.5　LNG 運送船脫碳路徑

1.4 海運碳足跡減量趨勢

碳標籤（carbon labeling）的概念，主要源自於瑞典等歐洲國家於 1990 年代，針對於食物里程（foodmiles）議題的探討。其為產品生命週期（從搖籃到墳墓，from cradle to graveyard）GHG 當量排放指標，目的在呈現產品或是服務對於全球化的衝擊，進而作為消費者選購商品或服務時的參考（Brenton 等，2008）。而此一視覺化的標籤資訊，得以使企業主藉以吸引消費者，了解其對於對抗全球暖化所做的努力，進而使企業能普遍透過產品或服務的供應鏈，力求降低 GHG 排放。現行國際間產品碳足跡計算準則，皆以生命週期評估概念作為發展基礎。

在 LCA 層面當中，會進一步研究某產品從原物料的取得，到生產乃至使用以致最終處置，亦即前述「從搖籃到墳墓」的整個生命過程當中，在環境方面的考量與其所帶來的潛在衝擊。其中需考量到的環境衝擊，通常不外

資源的使用、人體健康、以及對生態的影響。

　　LCA 除了有助於鑑別產品與服務在其生命週期當中在各細節上幫助改善環境的機會外，也有助於產業界、政府或非政府組織的決策（例如策略的規劃、優先次序的設定、產品與製程的設計或重新設計等）。此外，在選擇環境績效相關指標及其量測技術上，以及透過例如環境訴求、環保標章、或環保產品宣告等，進行市場行銷等方面，也很有幫助。

2. 經濟手段

2.1 船舶大氣排放減量經濟誘因相關研究

2.1.1 IMO導入經濟誘因機制

　　IMO 的 MEPC 早在 2007 年，即曾將環境稅（如能源稅或碳稅）、排放權交易、自願減量協定等經濟誘因工具和其他 GHG 減量政策工具進行比較，並從質性分析初步評估。當時 IMO 政策方向，只對積極的市場基礎政策工具 MBMs 持保留但開放態度，鼓勵進一步探索與研究（IMO MEPC, 2007）。

　　圖 8.6 所示，為 GHG 減量 MBMs 的整體架構與精神。從圖上可看出，MRV 管理機制為該市場運作的核心要素。由於精準且可靠的 GHG 排放數據是碳交易的根本，因此準確核算並報告 GHG 排放量，也就成了落實碳市場的重點工作。透過 MRV 管理機制的有效落實，可望為接下來的碳市場運作奠定基礎。

　　截至 2010 年底，各會員國或觀察組織曾陸續提交 IMO MEPC 的 MBMs 提案多達 10 項，包括一項燃油捐（levy on bunker fuels），三項屬於排放權交易系統的提案，三項結合能源效率指標與經濟誘因，以及另外三項其他設計。Psaraftis（2012）除介紹 MBMs 的基本概念及採用的機制外，並針對前述十種已提出的政策工具建議案，比較其優劣。

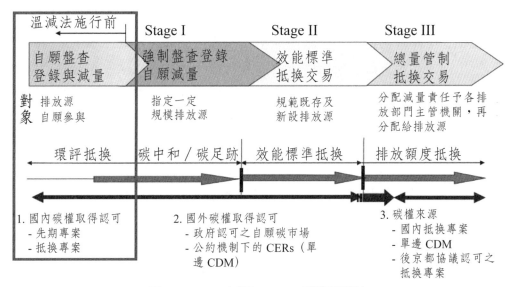

圖 8.6　GHG 減量 MBMs 架構與精神

資料來源：行政院環保署

　　文中並指出此類政策工具推動的困難，主要在於發展中國家與已發展國家的立場截然不同，另外對於市場機制產生的龐大資金的利用方式，亦難獲共識。因此，該文預期國際海運要能確立一個，能獲得國際間共同接受的市場基礎工具，恐仍是漫漫長路。而 IMO 也在 2013 年 MEPC 的第 65 次大會，做成暫時不考慮 MBMs 的決議。

　　配合 IMO 於 2018 年提出的「船舶 GHG 排放減量之初步方針」，2018 年起各會員國與觀察組織，重新興起對於 MBMs 的關注與提案（Lagouvardou 等，2020；Serra and Fancello, 2020）。可發現，近期的提案以徵收稅費為主，且搭配對於收取的基金設定指定用途。

　　2018 年法國的提案主張漸進式碳稅（carbon tax），且依據未達成設定的能源效率目標的差額，隨碳排放量徵收。同年，安地瓜與巴布達（Antigua and Barbuda）等共同提案的七個國家，則主張徵收碳稅或燃油捐（fuel contribution）。至於收取的基金，則應投入於履行「船舶 GHG 排放減量之初步方針」所需的研究發展與規範執行。同時需用以補償受氣候變遷重大衝

擊的氣候難民國家或人民，及執行衝擊緩和機制。

2019 年挪威則提案，主張海運業積極導入低碳或零碳燃料，才有可能達成 2018「初步方針」所定的急進減量目標。因此應以徵收碳費籌措所需資金，成立專用研發基金「IMO GHG R&D Fund」（IMO MEPC 2019；Lagouvardou 等，2020）。2020 年則有 ICS、Bimco 等八個航運業組織共同提案，主張應隨海運燃油購買量，加徵每公噸 2 美元的燃油捐，持續十年，以籌措 50 億美元基金投入船用低碳或零碳燃料研發，以及在 2030 年代初期以前，積極開發出可實際商轉的低碳或零碳船舶（ICS 等，2020）。

從這些提案不難發現，MBMs 不僅被視為抑制碳排的工具，更被期許能導引海運業積極投入低碳或零碳船舶科技發展，並為此籌措所需資金。IMO 接著將 MBMs 視為可考慮的中期對策（candidate mid-term measures），持續開放各國提案，並在期中工作小組會議（Intersessional Work Group on GHG Emissions）中討論，但尚未有具體決議（IMO, 2018；IMO MEPC, 2019）。

文獻中普遍認為，燃油捐有易於執行與成本確定等優點，海運業者得以掌握成本並進而進行積極決策（Gu 等，2019；Chai 等，2019；Kosmas and Acciaro, 2017）。研究也發現，燃油捐確實能帶來航行速度與燃料消耗降低，而提升能源效率（Devanney, 2010；Gkoni and Psaraftis, 2012；Kosmas and Acciaro, 2017）。但也可能導致航商的利潤降低，降低幅度視國際海運市場的狀況而定。

而國際海運市場的狀況，會影響燃油捐的轉嫁可能性，Kosmas 與 Acciaro（2017）發現，當海運市場對海運業者有利時，貨物運輸的需求與收費都高，而貨主將因而需承擔較高百分比的燃油捐轉嫁。Zhao 等（2011）則發現，市場狀況不利時，燃油捐籌措的資金不足，不利於海運業者推動提升效率的措施，以致未能達到 GHG 減排。

文獻中亦不乏針對全球性的海運排放權交易系統（Global Maritime Emission Trading System, METS）的探討。全球性的 METS 普遍被認為，將會對海運業帶來發展碳中和技術的誘因，也將迫使航商調整營運實務，例

如短期下以減速航行降低油耗（Gu 等，2019；Lema 等，2017）。但全球性 METS 有成本（含交易成本）較高、碳成本不確定增加決策風險等缺點，而整體減量幅度又受市場狀況影響而波動（Balcombe 等，2019；Gu 等，2019；Wang 等，2019）。

Gu 等（2019）的研究更提出：當海運燃油價格與代管收費偏低，而排放權價格卻相當高，或是 METS 僅限於區域性而非全球性時，碳排放量可能不降反增。Balcombe 等（2019）和 Tran 等（2020）則皆指出，METS 的另一項缺點是，開發中國家相較於已開發國家，將承擔較多的財務影響，制度設計時有必要對開發中國家與小型島嶼開發中國家（Small Island Developing States, SIDS），另作考量。

另外，碳洩漏（carbon leakage）風險也是這種制度的一個顧慮，必須有完善的制度設計與配套措施防杜，才能達到減量效果（Balcombe 等，2019；Wang 等，2019）。Psaraftis 與 Lagouvardou（2020）觀察既有的 ETS，發現常常有碳權供過於求以至碳價格疲弱的現象，系統中又缺乏調整價格的機制，導致 ETS 無法如預期創造該有的價格訊號，無法誘發低碳投資。

2.1.2 國際海運納入EU ETS相關研究

由於目前 IMO 仍未對 MBMs 有具體結論，EU 已全速展開研議，打算片面將海運碳排，納入其排放權交易體系——EU ETS——中規範。基於 EU 已提出的綠新政（European Green Deal），在 2018 年的 EU ETS Directive 修正案中，EU 已清楚強調針對海運碳排採取行動的必要性（Directive EU 2018/410），並持續且頻繁地對 IMO 施加壓力。EU 要求將國際海運納入 EU ETS 的主張，主要係根據其於 2013 年完成的影響評估報告（EC, 2013）及伴隨的技術報告（Ricardo-ARA 等，2013）。該研究的結果指出，封閉式優於其他的 ETS 選項。封閉式的系統只允許海運業者彼此間交易，而不允許跨出產業範圍和屬於其他產業的企業，進行碳權交易。

然而，學者研究對於將國際海運納入 EU ETS 有不甚一致的看法。首

先，EU ETS 畢竟屬於區域性的規範，以其用以規範全球性的產業可能困難重重，包括碳權的分配、碳洩漏、總量管制分配、個別船舶類型的特定規範、難掌握的交易成本等等都極具挑戰（Miola 等，2011；Lagouvardou 等，2020）。

而船舶可任意敢換隸屬國的特性，也使得以國籍控管實質上不可行，反是由 IMO 負責管轄始為可行。部分學者更主張，由 EU 片面納管是違反國際貿易法的（Koesler 等，2015；Lagouvardou 等，2020；Miola 等，2011）。Wang 等（2019）和 Koesler 等（2015）則從經濟影響的角度進行探討，兩者的研究結果皆發現，由 EU 片面納管將對營運 EU 航線的業者，造成特別不利的經濟影響，甚或導致在進入歐洲水域前轉運的做法。

儘管業界普遍表示寧願接受一套強制性限制體系，該報告認為既然船舶的能源效率設計指標（Energy Efficiency Design Index, EEDI）不受其運轉影響，採此體系可涵蓋航行於世界向任何地方並造訪歐洲的船舶。但即便涵蓋範圍廣泛，卻也很容易規避。業者有可能將 EEDI 超過基線的船舶派遣到歐洲以外地區，而只派遣遵循的船舶到歐洲。如此規避將遷徙（relocate）排放，但卻無法顯著降低排放。

報告同時指出，目前 EEDI 並不能計算像是渡輪濬濼船、及漁船。這些船舶的排放佔了造訪歐盟港口船舶排放的 29%。

經再三考慮該報告認為 cap and trade 架構和排放稅為最能達到降低海運 CO_2 排放目標的初步政策。而且因為能規避 cape and trade 的很有限，而在達成初期減排目標上具較大確定性，因而落實可行。至於含擔保費用排放稅（emission tax with hypothecated revenues）可能較難以落實，因為其不只需要在會員國之間落實稅收且在排放稅上皆屬一致同意的。就社會最適情形而言，由於排放邊際成本及減排邊際效益相關數據的不確定性，海運 CO_2 稅的精算幾乎不可能。當然，究竟由誰來收稅或費用也是個問題。

該報告提出透過國家稽徵機關，或像是海關等地方稅務機關繳稅，而在一定期限內未繳者將導致未遵循船舶，被禁止造訪歐盟港口。依其計算，該稅雖未能獲至船運部門大幅減排，但若將此稅收當中一部分用於減排，卻可

在改善環境上收效。

隨著時間尺規、所作假設及模型技術的不同，針對海運的燃料消耗與其 GHG 排放的估測結果也有所不同。表 8.1 整理 IEA 2005 年的數據和 IMO 2008 年與 2009 年的研究報告（IEA, 2005；IMO, 2008；IMO, 2009），可看出在全世界燃料燃燒所產升的 CO_2 當中，源自國際海運的約佔百分之 1.6 至 4.1。

表 8.1　海運的燃料消耗與其 GHG 排放

資料來源	CO_2 百萬噸	燃耗 百萬噸	佔世界燃料燃燒 %	預計成長
IMO GHG 研究報告	870	277	3.1	2050 年前 2.2 至 3.1 倍
IEA	543	214	2.0	--
Transporti 與 Territorio	1003	無	3.7	--
Endressen 等	634	200	2.3	於 2050 年前 1-2 倍
Eide 等	800	350	2.9	於 2050 年前 1-2 倍
Corbett 等	912	289	3.1	--

IMO 估計在 2007 年至 2050 年之間，源自國際海運的排放，將增加 2.2 至 3.1 倍（IMO, 2009）。海運在運輸部門當中，於 2005 年所造成的排放大約占百分之十（IEA, 2005）。占最多的是公路運輸（73%），其次是空運（12%），其餘為管路（3%）運送及鐵路（2%）（IEA, 2005）。若維持目前發展趨勢，預計到 2050 年之前，整個源自交通的排放將會加倍（WBCSD, 2004）。

2.2 海運 MBMs 前景

針對利用 MBMs 以獲致海運 GHG 的潛力進行評估，可追朔到 2000 年的首次溫室氣體研究（1st GHG Study）。然而，也直到 2010 年 IMO 會員才首次對 MBMs 進行討論。當時在 IMO 的 MEPC 60 會議當中，多個 IMO 會員國和觀察團體，提出了 11 項 MBMs。而儘管這些提議都經過廣泛研

究，針對究竟哪些措施能有效降低 GHG 排放，仍得不到顯著結果。

2.2.1 MBMs類型

可用以導引海運業 GHG 排放減量的 MBMs，主要可區分為下列三大類型（IMO MEPC, 2007；Psaraftis, 2012；Lagouvardou 等，2020）：

- 排放費、排放限額與排放交易並存的混合機制（Charge-cap-and-trade hybrid mechanism）
- 自願減量承諾（Voluntary commitment）
- 排放交易系統（Emission Trading Scheme, ETS）及 / 或清潔發展機制（Clean Development Mechanism, CDM）

排放費、排放限額與排放交易混合機制基本上的設計，在對所有國際海運業者的排放總量限制，而對於個別業者的排放量徵以 GHG 排放費。

此排放費較簡單的作法，即隨油徵收（購買時由燃油供應商代為收取），但也有提議依海運燃油運送量，定時向船東或船舶營運者收取。收取之排放費，回到海運業成立基金，專供減量技術發展或向其他產業購入排放權證等用途。唯運用於國際海運時，須透過一個國際性的機制（如IMO），以利於全球執行。

自願減量承諾，是藉由海運業者或其他經濟部門（如貿易商、造船業者、船舶營運管理業者、及港埠等）與政府（或是 IMO）達成協議，主動進行能降低 GHG 排放的改善措施。政府或主管單位則回饋以特定環境標章，例如「綠獎」（Green Award）或「綠旗」（Green Flag）等。改善措施可以包括提升營運效率、達成一定能源效率指標、自願採行 IMO GHG Index 等。就經濟部門而言，自願減量承諾亦能產生附帶效益，如企業形象或市場競爭力的提升等。

至於 ETS 或清潔發展機制的推動，則必須有完整可靠的排放量盤查會計系統作為基礎，且為能對環境有助益而又成本有效的系統，更須能與其他產業交易。其建置與實施需花費一段時日。因此 MEPC 的 GHG 聯絡小組，將其歸為長期性對策（IMO MEPC, 2007）。

2.2.2 MBMs認證機制

為評估船舶是否符合 MARPOL 73/78、OPRC-HNS、AFS、BWM、船舶回收和 GHG 公約附則壹至附則陸所要求的標準、證書和檢驗證書，需要許多認證專家。因此，有必要培訓相關檢驗與認證專家。

此外，為了防止檢驗和認證專家的知識結果不同，有必要系統地管理檢驗數據、檢驗歷史數據和認證指南數據。特別是，當 MBM 成為《GHG 公約》的一部分時，需要碳交易專家、計算碳排放的專家、收取碳稅等罰款的專家以及決定船舶何時進出的專家。

若未來全面實施 MBMs，將需要歐洲與新加坡的碳交易系統市場專家。而在此期間，2011 年（MEPC 62）卻通過，針對新船，要求符合 EEDI，以及針對 400 總噸以上所有船舶，遵循 SEEMP。

對於船運業而言，此為繼京都議定書通過以來，第一個通過的氣候變遷發定條約。其於 2013 年元旦生效。此外，同年 EU 並針對造訪 EU 港口的 5,000 GT 以上船舶的 MRV 展開討論。2015 年，MRV 隨即成為強制性措施，並設定自 2018 年元旦起提出報告。

2.2.3 氣候目標落實

IMO 於 2016 年推出針對大於 5,000 總噸船舶的數據蒐集系統（Data Collection System, DCS），自第一個報告日設在 2019 年 1 月 1 日。2018 年 4 月的 MEPC 72 則通過了所謂的 IMO 初步策略，以回應《巴黎氣候協定》於 2015 年 12 月提出的全球目標。該協定將全球平均氣溫上升幅度維持在，比工業化前少 2 攝氏度。

具體而言，該策略在於在 2050 年之前，將航運業的年 GHG 排放總量降至，比 2008 年的少至少 50%。該策略並預定，到 2030 年和 2050 年，海運的平均碳強度（average carbon intensity）至少分別降低 40% 和 70%。期同時引入 IMO 的願景、雄心及指導原則，以及一系列落實目標的候選措施。這些措施包括短、中、長期計畫，並接著要在 2023 年之前修訂通過，更嚴格的策略。

短期的物流措施，著眼於提高現有船舶的運行能效，包括使用速度優化、天候航線及船隊管理技術。中期可能包括能落實「汙染者付費」原則的MBM，亦即在於內化 GHG 排放的外部成本。長期技術措施則主要包括，使用諸如生物燃料、氨和氫氣等低碳替代燃料，以及廢氣等能量回收裝置及和風輔助推進。

MBM 可誘發例如減速等短期、基於物流的行動，以及像是對節能技術與／或替代燃料投資的長期行動。在此，MBM 的前景目前還不明朗。

透過執行「汙染者付費」（polluter pay）原則，雖可望減少損及環境的一些措施，然其仍會持續。MBM 可望在最初誘導一些減排措施，但也只有在設計出正確的 MBM，以促進轉向新燃料與推進系統下，才得以達到完全脫碳的情況。MBM 還可藉由獎勵綠航商引發同行公平感。唯若效率目標的標準化不務實，目標終會被忽略。

2.2.4 排放交易架構

EU 於於 2007 年通過在 2020 年之前，讓再生能源佔到 20%。而到了最近，IMO MEPC 認為完整的規範架構應該要：

・有效的納入所有掛旗國；
・符合成本有效性；
・務實；
・透明；
・無弊端；
・易於管理。

其應該要能有微不足道的競爭扭曲，能支持技術更新，提升永續發展並不至於損及貿易。其同時應該要能採納以目標為導向的措施，並能促進能源效率。

目前討論當中的短期可能措施包括建立一套，適用於所有航行於國際航線的船舶的全球性徵費計畫（levy scheme）。其他考慮中的短期措施還包括風力、減速、及岸電。另外可能的長期措施包括船舶設計的技術性措

施、使用替代燃料、強制要求新船採納 EEDI，一套用於港埠設施計費的強制性 CO_2 要素及排放交易計畫。

雖說降低不利排放爲政府與業界的當務之急，問題是不管採行的是碳稅或是 cap and trade，能否解決問題，還端視其實際上是否能獲致可計量的排放減量而定。終究至少有三項因素，會阻礙業界的投入意願：首先是替代燃料的供應，其使用所需要的加改裝（包括技術上和船上儲存）、以及成本。

總之，航運的完全脫碳需要多元化的解方和設計得當且易於執行的 MBMs，以促進朝此方向轉變。歐洲議會（European Parliament, EP）已於 2017 年決定，若 IMO 在 2021 年之前未能通過全球立法，則到 2023 年，航運業將被納入歐盟 ETS。

此一決定遭到例如歐洲共同體船東協會（European Community Ship-owners Associations, ECSA）、國際航運商會（International Chamber of Shipping, ICS）及各國船東公司等業界利益相關者的各種反對。後來才決定，讓 EU 與 IMO 進程一致。然 EC 緊盯 IMO 進程，並拒絕移除 ETS 選項。2019 年 12 月，EC 在馬德里 COP-25 氣候會議上引進「歐洲綠交易」（European Green Deal），使歐洲成爲第一個氣候中和（climate-neutral）的洲，其中包括將航運納入歐盟 ETS 內。

最後，該提案建議，拍賣所得收入中至少 30% 將用於資助 2021 至 2030 年期間的海上脫碳基金（Maritime Decarbonization Fund）。該基金旨在提高船舶的能源效率，支援對創新技術與基礎設施的投資，以使海運脫碳，包括短程海運與港口，並部署永續替代燃料與零排放船舶推進技術。

世界最大的 Maersk 等船運公司已自發性訂出，在 2020 年將其每只貨櫃的 CO_2 排放比 2007 年的降低 25%。諸項減量措施當中以減速最易收效，降低航速 20%，即可減輕燃油消耗達 40%。而爲能彌補此較低的航速，以維持既有的服務頻率，需額外增加一至二艘船數。唯此新設計船舶的燃耗效率，可較原有的設計提升 20%。而在現成船上引進新技術進行改裝，也可望使同時降低燃耗及對環境的衝擊，並進而降低 CO_2 排放。

爲了維持營運，恐怕最簡單的解決之道，還是在財務上過得去的情

況下，儘量限制排放支付碳稅，或就未能遵循的情況從市場上購買碳權証（carbon certificates）。如此得以呈現出遵循規定的樣子。

不過，今天有許多人認為，其實碳稅和總量管制與排放交易（cap and trade）這套工具，對於不論何種產業，降低其不利排放的效果，可謂微乎其微。然而，航運業實際上卻可藉著改用天然氣達到降低碳足跡的效果。如此做當然會有一些問題但卻是做得到且符合成本有效的。

根據 CE Delft 所提出的一份報告——cap and trade scheme，為削減歐洲源自船運的 CO_2 排放的，最合乎環保且最為成本有效的方法。該報告指出用以減排的 27 項政策工具，但以其中四項政策最為有效：cape and trade、專款專用的排放稅、強制性效率限度、以及根據一套效率指標的基線（baseline）與績效（credit）系統。其同時將自發性行動納入考慮最為候補參考。

2.3 MRV 機制

國際間針對企業的 MRV 管理機制依氣候變遷相關政策、行動及措施分為四類：企業報告、減排項目、國家清單及減排成效。在碳市場當中的 MRV 機制，除了監管機構、企業碳交易及核查等機構外，也涉及技術、資金及諮詢支援等參與者。

MRV 工作包含量測、報告與核查，實施的第一步是建立標準化的 GHG 排放數據核算方法與相關指南，以確保 GHG 排放數據的品質。接著在於開發 GHG 報告規則，要求符合規定門檻的企業或場廠加入報告。最後透過定期對上述 GHG 排放數據的蒐集與報告工作進行核查，盡可能協助監管部門提升所得到數據的準確性與可靠性，以期獲致報告結果的可信度。

圖 8.7 所示為 MRV 的推動原則，可量測、可報告、可查證三者之間的關係，其落實於產業的架構如圖 8.8 所示。

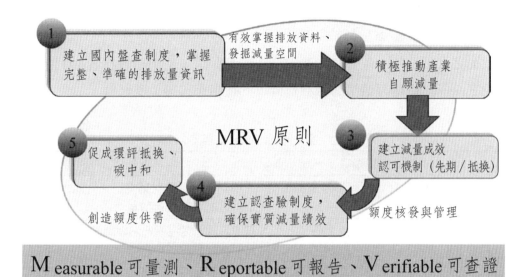

圖 8.7　MRV 的推動原則

資料來源：行政院環保署

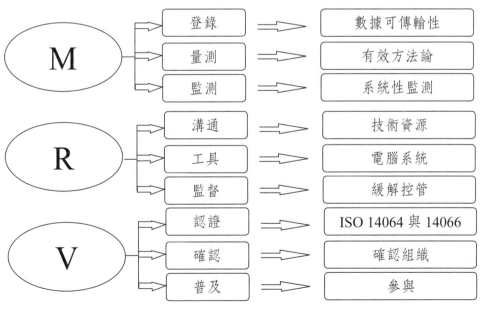

圖 8.8　產界落實 MRV 的架構

2.3.1 歐洲MRV

■監測計畫擬定

如表 8.2 所列，各公司需做出一套監測計畫，用來記錄在各 EU 港口進出及在其間航行所有航次的監測數據，並提出航次與年度報告。

表 8.2　公司配合 MRV 的監測計畫

每航次監測	年度監測
抵達港與離開港，包括抵達與離港的日期與時間	在所有於會員國管轄港口之間航行、離開及抵達的 CO_2 總排放量
各類型燃料總消耗量及其排放因子	在會員國管轄港內停泊期間的 CO_2 排放量
排放的 CO_2	CO_2 總排放量
航行距離	總航行距離
海上歷時	海上與靠泊總時數
載運貨物量與運輸作功數據	平均能源效率

在年度數據揭露方面，萬一某些情況下，當數據的揭露可危及應受保護的商業利益時，公司得要求將數據加以整理以保護該利益。若保護不可得，則 EC 將不會公開此資訊。

■CO_2 監測

CO_2 監測包括船上如主機、輔引擎、燃氣渦輪機、鍋爐及惰氣產生器等船上的排放源，唯該源頭的確切範疇尚未明定。在諮詢完成後，EC 將在更新規範時提供較確切的清單。CO_2 排放量將根據燃料消耗及適用於各類燃料的排放因子計算出。

船在 EU 會員國所管轄的所有港口之間航行的燃料消耗與 CO_2 排放，抵達和離開所轄港口間，及在海上和靠泊時的數據，皆須報告。其他包含航行距離、在海上和靠泊的時間、靠泊時主電力連接範圍、船舶的能源效率及其他船舶性能指標等在內的資訊，皆須報告。數據的報告應以每航次為準，另包含得免報告每航次的數據的所有船舶，亦應報告整年的數據。若採燃料消

耗法，EU MRV 接受的燃耗監測法有四，船公司可以選擇以下四個方法當中之一或一個以上，對各擬監測的燃燒源進行燃料消耗監測：

- 加油單（Bunker Fuel Delivery Notes, BDN）及燃油櫃定期盤點，
- 船上燃油艙櫃監測，
- 適用燃燒過程的流量表，及
- 直接量測排放。

若有利於改進監測準確性，經某確認者同意，船方便可採上述方法的組合。

■ 直接監測排放

除上述方法外，也可直接在煙囪量測。此一選項和前者基本上的差異在於其對氣體（即 CO_2）而非液態燃料進行量測。此船上量測技術已由若干船公司採用。這類系統最初開發時是用來量測傳統的像是 SO_x 與 NO_x 等空氣汙染物。如今市面上大多系統也都針對 CO_2 的量測單獨認證（實際上 SO_x 測值已是根據 SO_x/CO_2 比值得到）。

船上直接量測和連續燃料消耗量監測同樣都能提供營運者可靠且透明的數據，也都可自動向執行機關申報。而直接監測的最大好處在於其可和其他如 SO_x 與 NO_x 等空氣汙染物結合。因此其既可對執法者提供該船的所有大氣排放測值也可最為其表現的指標。

2.3.2 理想的監測架構

監測計畫的認可、排放報告的確認、船公司之間的溝通及發給符合證書，將會由經認可第三方確認者執行。MRV 義務的落實則要靠會員國，可能是在既有 PSC 架構下，由港務當局進行。針對海運 MRV，一套理想的監測架構應符合準確性（accuracy）、可執行性（enforceability）及透明度（transparency）等要求。

■ 準確性

蒐集的數據應盡可能反映出該船的真實任務。數據蒐集與確認的步驟，應遵循清楚且透明的原則，以確保數據最高的一致性。數據應經過確

認，並與港口或掛旗國主管機關所用的相關儀器與文件連貫，以確認其遵循規定的作法進行。

■可執行性

規定通過後的執行是一大關鍵。而以 MRV 作為透過法規減碳的第一步，尤其如此。要能確實有效的執法，便得讓數據的蒐集、檢查和確認都不難。尤其，為能讓船舶在港口滯留和行政（包括私部門和 PSC）負擔都縮到最短，數據的認證應既簡單且快。

■透明度

透明，往往和保密矛盾，特別對一些「敏感」的資訊而言。然而，透明加上數據的可用性，卻是建立作為減碳策略基礎的 MRV 體系的基本要素。透明可帶來決策的改進，並可望提升該部門的能源效率。例如燃料消耗資訊透明了，租船公司便可據以決定要向什麼公司承租什麼船。而社會大眾也應有權利看到排放數據，一如 ETS 所涵蓋針對固定排放源的情形。

2.3.3 量測或推估CO_2排放的方法

燃料耗量與 CO_2 排放直接相關。有了燃料的碳含量，結合燃料耗量與排放因子，即可計算出 CO_2 排放量。另外，也可在船的煙囪直接量測 CO_2（即氣體量測）。上述選項可分成兩類型：從活動數據或相關文件推估，及在船上進行量測。

推估可說是由上而下，需要相當高程度的分析，以提出排放數據。量測則可說是由下而上，並不需要對數據作什麼處理。以下分別討論透過油料紀錄簿與加油單，及透過 AIS 數據推估。

■油料紀錄簿與加油單推估

MARPOL Annex I 規定船上應保有油料紀錄簿（oil record book）、加油單及燃油樣本隨時提供港口國檢查，這些資料在某些情況下可用來決定燃料消耗量及 CO_2 排放量。同時，此法也以用作建立各種全球排放盤查資料（例如 IMO 的第二次 GHG 研究）。

唯若以此法用作決定某航次的排放，則仍屬困難。此外，此法的準確性

取決於 BDN 等資料的品質與準確性，及幾個可對計算結果造成重大影響的假設。例如，假設所有加的油全都消耗了、不同燃油（包括混和的）的確切含碳量為已知、各艙內的確切燃油量已知等等。以上種種皆降低了此法的實用性與透明度。何況，要得到排放數據還需要做一番數據的處理，因此也就必然對主管機關和 PSC 在計算和確認上，帶來相當大的負擔。

■根據 AIS 數據推估

IMO 引進的自動辨識系統（The Automatic Identification System, AIS）原本在於藉以提供更好的船位與航行狀態（例如下錨、航行中等），以提升航行安全。然此系統不僅有船位的數據，其同時包括了船舶的 IMO 身份證字號、船名和大小等靜態資料、以及海上位置、航線、對地船速等動態資料。將船上動力系統資料，例如主機型號、燃料類別等與動態數據結合，則可望推估船舶排放量。若進一步將船在水中的阻力、摩擦力及水流與天候狀況等資訊納入計算，則可改進這些推估值。

此法的最大好處是，目前 AIS 數據涵蓋全世界都所有航行中的船舶，對船東的工作負擔，也因此可降到最輕。然另一方面，對於主管機關與 PSC 而言，所需要的確認與執行負擔仍可能很高。其估算排放量仍需要在數據上作許多處理，而其準確性也因此相當程度，取決於在模型當中所作的假設（例如燃料含碳量及用到的功率等）。假使此法仍不用於直接報告，其仍可望有助於作為補充執行工具，例如辨認造假、評估（像是路徑調整措施與減速等）某效率措施及行為的改變，對整體影響等。

2.3.4 持續燃料消耗監測與量測選項

船上普遍採取燃料消耗監測，用以評估船隊在運轉與環保上的表現。此可藉著像是主機與輔引擎的燃油流量表、仔細的油艙測深等法進行，無論新船或改裝船也都已獲得認證。燃料量測的精確度受所採設備類型的影響很大，而如今的系統也都確實相當準確。當今的儀器甚至都可將燃油年度密度混和彼等納入考量，而更趨準確。此外，這些系統還能持續將即時燃料消耗數字回報給營運者。

因此若要配合建立報告體系，這些數據都可輕易提供給有關機關。而由於這些數據都是自動蒐集且格式也已具備，因此並不需要數據另外處理，對於船員和主管機關造成的負擔也都可減至最輕。總之此系統不僅清楚，其功能也相當簡單。表 8.3 比較各選項的準確度、可執法性及透明度。

表 8.3　各排放監測選項的比較

	準確度	可執法性	透明度
AIS	中	可能偏低	中
油料紀錄 / BDN	可能偏低	低	低
燃料監測	高	高	高
排放監測	高	高	高

2.4 認證

與監測計畫、排放報告和船東與營運者溝通，以及發出符合證書等相關工作，將由經認可的第三方認證者執行。此規範雖提出認證要求的指引，但一般認證相關步驟摘列如下。

1. 確認監測計畫是否確實符合規範所列要求；
2. 確認排放報告是否確實符合規範所列要求，並提出認證報告；
3. 確保排放及其他氣候相關數據是根據監測計畫決定出的；
4. 對如何改進監測計畫作出決定與建議。

一旦認證者確認滿意排放報告，便可發給該公司一份遵循證書（document of compliance）。

EU 的 MRV 規範尚包含加入相關特定細節的空間。這些細節可不需在 EC 中通過，便可納入。EC 表示，一旦針對源自船舶的 GHG 減量在國際間達成協議，其將重審此 EU 規範，以確保一致不悖。

3. 政治途徑

　　近二十年來，歐洲國家在其區域內和國際間積極推動防制源自船舶的大氣排放，對海運相關部門在各層面構成重大衝擊。理由之一在於全世界源自海運的空氣汙染與 GHG 排放當中，在歐洲水域占相當大一部分。以氮氧化物為例，預計到 2020 年之前，歐洲水域源自海運的將持續增加到近乎源自陸地的（EEA, 2012）。至於近年來在台灣社會廣泛討論的細懸浮微粒（$PM_{2.5}$），源自於船運的約占 20-30 %。

　　因此，對源自海運的 GHG 和空氣汙染物進行 MRV，為改善氣候變遷和與其直接相關的空氣品質的當務之急（EEA, 2013）。EU 環保署除致力透過收集足夠的監測數據，以針對船舶排放與空氣品質之間的關係建立較清晰概念外，也可望藉此針對接下來推動的相關政策，所不可或缺的共同利益與取捨等問題，提供較周全的資訊。

3.1 國家與區域性倡議（initiative）

　　除了國際性在各方面的努力之外，在國家與區域性層級也採取了多項行動。這些行動當中，有些針對運輸的國家和低於國家的例如美國加州 2004 年針對車輛的 GHG 排放法規，以及日本針對汽機車的綠稅（green taxation）計畫。另外也有非針對特定部門的，例如英國的氣候變化費、加拿大 2005 年的氣候變化計畫、澳大地亞的 GHG 減量計畫、紐西蘭的碳稅與 GHG 同意書，中國 2005 年的可再生能源法、巴西的生質柴油計畫、美國三十州的 GHG 行動計畫、加州的 GHG 排放設限法等。

　　中國政府提交了《應對氣候變化國家規劃》，呼籲節能減排。藉由此一規劃，中國正在推動發展「資源節約型、環境友好型」的交通運輸業。此外，中國正在根據各航運公司的發展情況，建立適當的市場機制，促進 GHG 的減少和航運業的量化發展。

　　此外，該計畫還把 2010 年和 2020 年海運船舶的平均能耗降低目標，分別比 2005 年降低了 11% 和 20%。因此，運輸方式的調整制約了單位能耗高、環境汙染嚴重的船舶的運行。此外，中國嚴格執行和監督《舊航運管

理條例》，積極推進船舶重組。在這方面，中國正在積極應對低碳經濟的挑戰，追求年輕化和專業化的船隊的增長，穩步淘汰高能耗、高汙染、低穩定的船舶。

自《馬列政治局 73/78 附件》在中國生效以來，政府爲落實附件六要求的國內立法程序，先後發表了一系列強有力的規章制度和各有關機構和市政府的共識聲明。MARPOL 公約附則陸的空間覆蓋範圍也正持續擴大。中國法律法規的頒布，預見到中國海上低碳時代的到來；事實上，中國綠航運發展被認爲是非常緊迫的（Im 等，2005）。

3.2 持續 GHG 減排

儘管迄今尚未採取強制措施，近來 IMO 仍持續加強 GHG 減量相關工作，其主要目標在於建立一套針對船舶 GHG 排放，確切而完整的規範架構。IMO 的 MEPC 同意該架構應該要：一、有效的納入所有掛旗國；二、符合成本有效性；三、務實；四、透明；五、無弊端；同時要六、易於管理。

另外，其造成的競爭扭曲應微不足道，能支持技術更新，提升永續發展，並不至於損及整體貿易。其同時能採納以目標爲導向的措施，並能促進能源效率。這些排放減量絕大部分將表現在新船上。而這又幾乎會隨著世界海運的持續成長，以每年約 1.5% 排放成長抵銷掉。此外，若採取各種不同的船舶運轉措施，例如減速和縮短在港時間等，也會更有助於排放減量。

4. 海運界如何配合

全球快速攀升的燃油價格，加上趨於嚴苛的環境法令，驅使可以讓航運業者既能真正節約成本，同時也朝向完全符合排放標準規範的技術需求，持續擴大。而由於船運業者無法僅依賴造新船，因此針對朝向建立具能源效率並且低排放的全球船隊，改裝與引進能源效率技術的需求，也前所未有。

4.1 船舶節能進展

SEEMP 爲詳述船上用以增進效率以降低燃料消耗，所採行或將實施運

轉與技術措施的文件。其構想在於找出可能節省燃料之處進而落實之,並監測其效果。如此可望在減少燃料消耗上,構成一正向循環。其實屬一柔性規範,意即其中並無強制或誘使船舶經營者落實 SEEMP 當中所列措施的機制,而也僅有限的監測與推行,以單純確認 SEEMP 的存在。然有鑒於 SEEMP 過程,確具透過降低燃料費用的潛力,對於船舶營運者而言,進一步採取遵循措施,亦頗有道理。

增進船舶能源效率的選項有許多,例如船速最佳化、依氣象調整路徑和船殼保養等,而就一艘船而言,其最好的一套增進效率措施,會隨其船型、載貨路徑等因素有很大差異。新增法規要求,針對個別船舶訂定計畫,而也鼓勵船運業者有系統的檢視其所採行的實務,以找出一套最佳平衡情況。

根據 IMO 委辦的研究結果,實施國際海運的強制性能源效率措施,可因為能源效率提升而導致源自船舶的 GHG,尤其是 CO_2 顯著降低。研究發現,在 2020 年之前藉由引進相關措施,平均每年可減少 1.515 億公噸的 CO_2 排放。此數字並可接著在 2030 年之前,提高到每年 3.3 億噸。而對於船運業者本身而言,減碳措施也可導致燃料消耗與成本,皆顯著降低。只不過這些還需要對更有效率的船舶和更複雜的技術,以及一些新的運轉實務,作更大的投資。

而由於 EEDI 的效果,只有在有足夠較老舊、效率較低的船,被效率較高的新船取代後才會顯現,SEEMP 規定所帶來的效果也會比 EEDI 的來得快。

要求採用 EEDI,除了會帶動更具能源效率的船舶設計,並顯現技術創新在降低 CO_2 排放上的潛能外,也會帶動使用低碳或無碳的能源。在目前 IMO 法規的基礎上要求採用 SEEMP,將可提供一套讓船公司認清運轉節能重要性的程序架構。其可顯著提升節能意識,且若實施得當,還可帶動在文化上的正向改變。研究顯示,船舶在流力與主機方面力圖最佳化,將可不需在造船成本上多太多額外成本,就帶來百分之十左右的節能機會。

4.2 經濟工具

根據 IMO 針對 GHG 的研究結果，每年源自海運的 CO_2 排放近一億噸，相當於全球 GHG 排放量的 2.5%（3rd IMO GHG study）。此海運排放預計在 2050 年之前將增加 50% 到 250% 之間，端視未來經濟與能源發展狀況而定。而此顯然無法達成，國際間要讓相較於工業化之前的全球溫升，低於 2°C 的目標。歐洲執委會（EC）因此於 2013 年對此提出政策，要將海運排放逐步整合到歐盟政策當中，以減少其當地的 GHG 排放。此策略於 2014 年 4 月在歐洲議會中通過，成為法律。

根據 IMO 針對船舶 GHG 減量研究結果，船舶若能採取一些運轉措施，並落實既有的技術，便可望省下 75% 的能源消耗和 CO_2 排放（2nd IMO GHG study）。而這些技術當中，有很多都合乎成本有效性且也有利於降低運轉與投資成本。若進一步採用一些創新技術，還可望進一步達到節約的目的。

4.2.1 GHG減量政策工具比較

未來 IMO 所可能採行的 GHG 總量管制（Cap on Emissions）政策當中的合作減量計畫（Clean Development Mechanism, CDM Projects）可行性頗高。其屬於一種排放權交易，由既有減量責任國家與未受限國家或機構合作減量，未受限國家進行減量，取得減量抵減額，售予排放受限的國家。

如今船運公司普遍都已有很強烈的，能同時降低燃料消耗並降低其 CO_2 排放的經濟誘因。畢竟船用燃油成本，在船舶營運支出當中所占比率愈趨重大，光是過去五年內即增加了將近 300%。最近的研究顯示，船運部門因此額外多支付了七百億美元的燃料費用。換言之，這些錢應可藉著對潔淨技術的投資，獲致重大燃料結餘和快速回收，而很快省下。除此潛能，商船在持續低碳成長當中，更潛藏著許多亟待開發的商機。

2014 年的 IMO MEPC 65 會期當中，便針對以 MBMs 進行討論，期望用來補足已通過之一些技術與操作措施。表 8.4 比較各種 GHG 減量政策工具。船運業若進一步採行具市場規模的技術，以改善船殼、引擎與推進器的

設計，可望進一步降低燃料消耗。另外還有一些更積極的技術，包括像是替代燃料，及像是風帆驅動船舶等各類型超低碳概念船舶，已然證明有效，但卻因尚未取信於業者，而未達市場規模。

表 8.4　各類 GHG 減量政策工具之比較

政策工具屬性	技術性與運轉性		形成價格差異	排放上限	
運作基本理念	允許排放量符合既定減量技術水準		排放量愈高，成本負擔愈高	排放須購買許可	
	排放標準	自願減量協定	環境指標	環境稅	排放權交易
制度的複雜性	高	低	低	中等	中等
環保有效性	高	低	中等	中等	高
成本效率	低	高	高	中等	高
動態效率	低	低	中等	高	高
運用層級	全球 / 區域	全球 / 區域	分散	全球 / 區域	全球
與 Annex VI 的一致性	高	中等	中等	低	低

4.2.2 燃料組合調整

目前既有船舶當中，採用的替代燃料的共占 0.3%，包括電池、LNG、甲醇分別占 0.15%、0.14%、0.01%。訂造中船舶採用替代燃料的共占 6.05%，依序包括電池（3.07%）、LNG（2.73%）、LPG（0.13%）、甲醇（0.08%）、氫（0.04%）。可預期海運的燃料組合主要調整方向包括：

- 主要特性為多樣化；
- 目前的政策跟不上 IMO 的雄心目標；
- 替代的政策設計可符合 IMO 的雄心。

4.2.3 MRV和DCS機制比較

針對 EU 已實施的 MRV 機制和 IMO 即將實行的 DCS 之間的流程差異，可在表 8.5 當中明顯比較出。

表 8.5　比較 EU MRV 和 IMO DCS 機制

	EU-MRV	IMO-DCS
主要目的	蒐集船舶排放數據	蒐集燃油消耗數據
適用性	> 5,000 GT（EU 各港口）	≥ 5,000 GT（全球海域）
監測計畫	• 單獨的文件描述了數據蒐集和報告的方法 • 監測計畫須經獨立認可的驗證單位核實 • 提交監測計畫的截止日期為 2017 年 8 月 31 日。 • 首個監測週期開始 2018 年 1 月 1 日至 12 月 31 日 • 在 2019 年 1 月底前向驗證單位報告	• 數據蒐集和報告方法應在 SEEMP 第 II 部分中描述 • 計畫經由 RO 進行審核 • 提交 SEEMP 第 II 部分的截止日期為 2018 年 12 月 31 日 • 首監測週期始於 2019 年 1 月 1 日至 12 月 31 日 • 到 2020 年 3 月底向驗證單位報告
報告細節	• 總計消耗的每種燃料的數量和排放因子 • 排放總量 • EU 各港口的航程 • 停靠於 EU 港口之間的航行 • 總運輸工作 • 於海上和港口的時間 • 運輸貨物 • 平均能源效率	• 提交數據的日曆年 • 航行距離 • 總計消耗的每種燃料的數量 • 船舶在航行推進下的時間 • DWT 作為貨物代理
驗證單位	• EU 授權的驗證單位核實年度報告	• 由船旗國（或 RO）驗證的年度排放報告
回報單位	• 船公司向 EMSA 數據庫報告年度排放量	• 船旗國（或 RO）向 IMO 數據庫 THETIS 提交報告
罰則	• 連續兩年不合格或未依規定備有計畫及未依時程取得合規者，將被禁止進入 EU	• 未依規定取得合規文件者，PSC 滯留
數據透明度	• EU 會公布數據（公開數據庫）	• IMO 將船舶個別數據保密（匿名數據庫）

4.2.4 配合MRV的監測計畫

如表 8.6 所列，各航運公司需做出一套監測計畫，用來記錄在各 EU 港口進出及在其間航行所有航次的監測數據，並提出航次與年度報告。

表 8.6　航運公司配合 MRV 的監測計畫

每航次監測	年度監測
抵達港與離開港，包括抵達與離港的日期與時間	在所有於會員國管轄港口之間航行、離開及抵達的 CO_2 總排放量
各類型燃料總消耗量及其排放因子	在會員國管轄港內停泊期間的 CO_2 排放量
排放的 CO_2	CO_2 總排放量
航行距離	總航行距離
海上歷時	海上與靠泊總時數
載運貨物量與運輸作功數據	平均能源效率

從國際間落實限制源自海運大氣排放相關法規的發展趨勢來看，在船上對燃氣進行自我檢測為趨勢之一。整合空氣汙染偵測裝置，到一無人機上，進行空中監測，可為選項之一。未來船員亦可以此系統，飛到船舶煙囪附近，進行數據蒐集，以執行船上自我排放監測。而藉由此法得到的數據，可和透過燃油消耗計算等方法得到的排放數據進行比對。

第九章

持續追求永續海運

　　一如其他企業，當今海運業在追求利潤的同時，尚需善盡社會責任，以符合社會期待。永續性（sustainability）也因此成為海運業在競爭上的重要考量。

　　海運業的客戶、供應鏈夥伴、投資人、員工，以及其他利害相關者，愈來愈關切業者是否能兼顧環境面、社會面、經濟面的表現，以達到最佳三重利得（triple-bottom-line）。因此，在永續性議題與企業之間的關係愈來愈密切的未來，海運業必須有一個，能持續將永續因子納入考量的分析模式，以協助海運業做出最佳決策。

1. 全球貿易對海運脫碳的影響

1.1 從零售到海運減排

　　一只裝了一般消費產品的貨櫃，可在不到 35 天內從中國大陸的工廠，將該產品送到歐洲客戶手上，所花成本不到其售價的百分之 1。

　　全球每年超過 15 兆美元的零售產業，皆依賴便宜且有效率的貨櫃運輸。其中占八成重量和七成價值的世界貿易貨物，皆藉由船舶運送。國際海運業肩負促進全球貿易往來的重要任務，也為全球經濟活動與成長貢獻。同時在未來，海運業將更難自外於國際間為保護人類健康、經濟利益、及海域環境的環保趨勢。近年海運界面臨的環保議題日趨複雜，相關法令也日趨嚴苛。

　　此時世界經濟當中，在買家的影響之下，跨國廠牌公司愈來愈需要對其銷售全球的商品交代，其產品從何地、何時以及如何生產、運送及銷售。近年來，這些業者陸續宣布其達成，前所未有的零廢（zero waste）、碳中和（carbon neutrality），及百分百能源效率等企業社會責任（corporate social responsibility）目標。而包括海運在內的運輸，也就成為一大目標。

　　2009 年金融衰退高峰期，全球貨櫃運輸劇跌，超過 600 艘貨櫃輪停止營運。五年後儘管復原緩慢，但新訂運送容量卻已呈現，且為了競爭，船舶

趨向大型。航運業界了解，顧及諸如波動燃料價格、保全、港埠擁擠，廢棄物、水及土地與空氣汙染顧慮等議題，都需要新的經營策略與措施，以控管在公司內以及部門間的相關風險並維持獲利。

1.2 GHG 減量

依據氣候變遷跨政府委員會（Intergovernmental Panel on Climate Change, IPCC）針對國家 GHG 清查指南，未來源自船運 CO_2 排放的趨勢，仍將高度取決於世界貿易的整體成長，以及該成長在各不同商品與區域間的分配情形。而此排放成長，亦可能受限於技術上和運轉上的各種措施。然而，船隊的長期更新比率，以及用於現成船的技術措施的長期落實，對於短期間的排放減量卻相當有限。

國際海運業者目前以致力提升能源效率，作為因應 GHG 減量挑戰的主要策略。2018 年 4 月 IMO 通過「船舶溫室氣體排放減量之初步方針（Initial IMO strategy on the reduction of GHG emissions from ships）」，其主要包含了三種不同層級的溫室氣體減排目標：

- 對新船實施更嚴格的下一階段 EEDI 要求；
- 降低國際海運業之碳強度（carbon intensity）；
- 國際海運業每年溫室氣體排放總量儘速達到排放峰值並開始進行減排。

上述三項目標，分別在加強船舶的能效設計要求，逐步針對每種船舶類型分階段提高適用百分比，以降低船舶營運中的碳強度。希望在 2030 年時，與 2008 年的數據相比，國際海運業的平均碳強度能降低至少 40%；然後，到 2050 年時，與 2008 年的數據相比，平均碳強度能降低至少 70%，每年 GHG 總排放量減低至少 50%；並以最終在本世紀結束前停止排放 GHG 為努力方向。而全球海事論壇（Global Maritime Forum）、海洋行動盟友（Friends of Ocean Action）和世界經濟論壇（World Economic Forum）聯合成立零排放聯盟（Getting to Zero Coalition），也陸續投入海運脫碳工作，要在 2030 年前，讓使用零排放燃料的商用零排放船舶投入營運。

　　爲滿足持續上升的國際貿易運送容量需求，便須持續建造新船，以取代報廢、拆解的舊船。全世界整體船隊的更新，在經濟、社會及環境層面的影響都相當重大。一艘商船終其一生的建造、運轉、維修成本，大致由社會吸收。如果進行換裝，由於在設計與尺寸上更新曠日費時，新技術的落實也必然需要好幾年的時間。

　　然而，即便 CO_2 排放減量的直接可用技術不敷使用，仍可同時針對各種不同類型汙染，分別尋求減量工具。在瑞典的「綠獎」之下，GHG 減量可輕易與綠船舶（green ship）的標準整合爲一。而針對各種不同的 SO_x 與 NO_x 排放減量措施，經過完整的計算，也顯現其確屬成本有效。

2. 綠海運大趨勢

　　隨著全球環境優先的趨勢，針對船舶與港口的環境立法，包括地方、區域、國家、及國際等各層次的，預料將持續推展，海運界也因此傾向追求更潔淨、更環保。

2.1 更綠的船

　　在過去幾十年當中，船運每年成長百分之十。貨櫃運輸占海運最大宗（百分之 52 的價值），而品牌公司則爲其最大客戶。儘管這些公司爲了商業利益，都要求便宜、可靠的運送服務，但也都同時愈來愈想改善其在全球環境上的名聲。

　　儘管全球船舶長期供需不平衡，造新船訂單仍持續增加。尤其是在船運下滑的浪潮中，受惠於經濟規模，新訂造的船舶更趨大型化。同時隨著全球環境規範更趨強化，老舊船舶亦加速被對環境友善且高效率的新船取代。

　　船舶每年所消耗的燃料，受海運需求、技術與運轉的改進以及船隊的組成等影響甚鉅。上個世紀中，全世界民用船舶總噸數從 2,200 萬增加到 5 億 5,800 萬，同時船舶還走向大型化，所造成的總燃料消耗與排放，亦大幅成長。

現今世界船舶絕大多數以柴油引擎驅動，一般而言，燃料成本占船舶營運成本近半。因此，能源效率與節約可顯著降低其營運成本。在過去幾十年當中，海運即已透過船舶引擎、推進系統、及船殼設計等改進，在降低有害排放與提高能源效率上，獲致重大成就。船舶趨於大型，加上各船的更加合理利用，更是大幅降低了單位貨運功能的耗能。

長榮海運公司早在 2012 年新造的 L 型貨櫃輪，便較前一代的 S 型船，減少 15% 的 CO_2 排放量。長期（20 年以上）而言，許多其他措施，諸如使用其他燃料（如天 LNG 與 FC），以及其他領域上的技術改良等，都將可能成為新選項。

一般用於防制空氣汙染的法規或誘因，皆著眼於就各個造成最大衝擊或在防制上最為成本有效的來源，進行總排放減量。IMO、EU、及 US EPA 分別要求船舶符合一套規定，所針對的除了主要為 NO_x、SO_x 排放外，亦同時顧及 CO_2 的策略性減量。透過技術（例如減速、隨氣象設計航線）降低燃料的消耗，或者選用替代燃料（例如 LNG）以及替代推進系統（例如燃料電池 FC、風帆），也可降低船舶對大氣的排放。

2.2 非傳統因應思維

以傳統思維面對當今海運的能源與環保議題，往往不堪其擾。但從近年來國外一些實例卻不難看出，由於各議題之間相互牽連的特性，往往積極解決一項問題之後，其他問題也可跟著迎刃而解。

提升船舶能源效率，以及在船上一部分應用風能等潔淨再生能源的可行性等問題的探討，實屬當務之急。DNV 的 Henrik Madsen 2010 年來台時即指出，使用「能源管理計畫」的船舶，約可減少百分之 10 油耗，能在每五、六年內，節省出相當於建造一艘新船的費用，貨櫃輪等定期航線快速船舶的節能空間更高。而改採天然氣等替代燃料，也將成為重要選項。

Madsen 當年即指出，相較於傳統船用燃油，使用天然氣可降低 50% NO_x 及 90% 微粒排放。至於較潔淨的生物燃料的混合燃料，則可降低排放達 10-20%。此外，萬一發生溢油意外，這些生物燃料在環境中的生物分解

性，亦比目前所使用的重燃油高得多，而可望大幅降低對環境造成的傷害。

針對國際海運如何因應環保趨勢與規範，過去的研究多著重於單一議題的探討。然而，如今已相當清楚，海運界必須同時正視多重環保議題與規範，即便是船舶大氣排放減量議題，也涉及多種空氣汙染物與 GHGs。鑑於不同環保議題的解決方案其實存有重疊性，甚或互斥性，國際海運之因應實迫切需要進行整體性的分析，始有助於進行整合性決策。

2.3 創新設計概念

為符合 IMO 的 2030 年及之後的 GHG 目標，各類型船舶的設計概念必然需要持續創新。這些概念有些是既有的，有些是預期到 2030 年之前才會有的。而其中應不乏超越目前公認最先進的特定概念。

2.3.1 概念實例

ABS 在其 2019 年提出的報告 Low Carbon Shipping Outlook 當中，即提出可能利用當前的知識與技術，並延伸到可預見未來發展的觀念。該報告深入探討了當前技術與未來燃料應用的限制，以及這些設計可能對諸如船上配置、載貨能力及推進動力等的標準，所構成的影響。

以當今既有的油輪與散裝貨輪為例，表 9.1 所列，為這類船的一般規格。其中的油輪，續航力 18,000 nm，所需燃料足夠在中東與中國之間 1.5

表 9.1　油輪與散裝輪的一般規格

	油輪	散裝輪
尺寸類型	蘇依士型（Suezmax）	海岬型（Newcastlemax）
載重噸（deadweight）	設計吃水（design draft）下 160k	強度吃水（scantling draft）下 200k
船長（length）	約 275 m	最大 300 m
船寬（beam）	約 48 m	最大 50 m
續航力（endurance）	18,000 nm	25,000 nm
設計吃水下常用航速（service speed）	14.8 knots	14.5 knots

資料來源：ABS, 2019

趟來回；散裝船的 25,000 nm，燃料足夠在最遠的澳洲東岸與中國北方之間兩趟來回。

在此基準線下，該研究進一步納入零碳未來（future zero-carbon）的替代燃料系統，包括：

- 生質燃料內燃機，
- LNG／生質天然氣（BNG）內燃機，
- 氫燃料電池，
- 氨燃料電池，及
- 氨內燃機。

其同時納入一些效率改進措施，包括：

- 船殼形狀優化，
- 前緣延伸螺槳（leading-edge propeller）、反向旋轉螺槳（contra-rotating propellers）、舵改善等，
- 先進塗覆與空氣潤滑等降低船殼摩擦措施，
- 流線化以使風阻最小化，
- 岸電供電系統，
- 降低設計航速。

根據 ABS 的研究報告，藉由納入船殼設計優化、螺槳設計優化及降低主機額定出力等措施，整體效率可增進 4%。和化石燃料相較，LNG 的單位質量熱值略高，但其密度低約 50%。其燃料儲槽可採冷凍 Type 3 或 Type 2 的菱型或薄膜型。選擇氨為燃料，機艙配置大致不變，由於氨的熱值與密度皆低於 HFO 的，其燃料櫃容量比 HFO 的大。以下為幾種船型的設計概念。

■氨 SOFC 油輪

此船的發電與推進系統設定為全電動，採用氨藉由固態氧化物燃料電池（SOFC）發電。整體推進效率為 60%。其輔機與推進 FC 的尺寸設定為符合最大發電容量，分別為 1.0 MW 和 13.9 MW。其推進為一對反向旋轉推進器，一為傳統軸推進器由一 8.5 MW 電動馬達驅動，另一為 5.4 MW 可操縱吊艙式推進系統（steerable pod propulsion system）。

　　此船的最小電池裝置容量約為 169 MWh。其氨儲存在機艙內的一對菱形（prismatic tanks）Type B 儲槽內，但也可儲存在甲板上的 Type C 儲槽內。

■氨 SOFC 貨櫃輪

　　此船設定為全電動，所有電力由採用氨的 SOFC 供應。其 FC 尺寸符合輔助負載與推進的最大電力需求分別為 15 MW 與 43 MW。

　　其推進為一對反向旋轉推進器，一為傳統軸推進器由一 26 MW 電動馬達驅動，另一為 17 MW 可操縱吊艙式推進系統（steerable pod propulsion system）。

　　燃料儲存在一 Type B 薄膜儲槽，或是 Type B 菱型儲槽，氨的儲存容量 11,500 m³，續航力為 12,000 nm。

■氫燃料電池貨櫃輪

　　此船（如圖 9.1 所示）與前述氨 SOFC 貨櫃輪類似，輔助負載與推進的電力容量相同。其可採用質子交換膜燃料電池（PEMFC）或是 SOFC 來發電和推進。然其液態氫儲存量為 31,000 m³，大約比氨的高出三倍。

圖 9.1　氫燃料電池船的燃料儲存與使用示意

■全電動化學船

此船所有電力由兩套鋰電池組供應，需在每趟航程結束時即進行充

電。其中一套安裝在機艙主推進馬達前方,提供 15 MWh 能量。另一套則在單獨電池房內,和貨艙以前後兩個偃艙(cofferdams)隔開。第二套提供 200 MWh 能量,使輕載重從 2,850 MT 增加到 3,850 MT。其獨立電池房加上偃艙,使載貨容量從 7,700 m³ 減至 4,950 m³。在航速 10 節下,電池所提供的最大範圍僅 72 小時,相當於 720 nm。

2.3.2 氨燃料船舶的初步評估

氨為除了氫以外,另一零碳能源載具。和氫不同的是,氨較容易液化(低於零下 34°C),且一般壓縮到將近 18 bar 即可在常溫下以液態攜帶。這類燃料特性,使其可以採用 C 型儲槽或菱形儲槽,且所需在液化能量也比氫或 LNG 的少。此外,氨的易燃範圍窄,不屬爆炸性。

和氫相同,氨可以內燃機燃燒或在 FC 上使用。氨的自動點化溫度高、蒸發熱高、易燃點範圍窄。基於這些特性,氨要在二行程柴油引擎當中燃燒,一般會需要噴入先導燃料。而藉由高壓噴射系統,可幫助讓氨洩漏最小化。此外,其毒性易為重要考量。

然而,由於氨具毒性且反應性高,國際氣體載運規章(International Gas Carrier Code, IGC Code)當中明定用來裝載氨的材質,以及用來將發生場廠爆炸及人員中毒的風險降至最低的要求。

氨的容積能量密度(volumetric-energy density)比氫好許多,接近甲醇的。因此在相同的能量需求下,氨的儲槽體積會比液態氫的小得多,加上絕緣體積的考量,會更小一些。

燃燒氨會形成 NO_x,因此會需要用到 SCR 系統。將氨用在 FC 上,仍處試驗階段,目前正加速發展,應用在大型定態動力場上。

2.4 在設計上顧及船的一生

2.4.1 顧及船舶回收

船舶設計所需顧及的,不僅止眼前的經濟考量,還須顧及該船在整個生命當中的發展,乃至在經濟生命終了,所必須進行的拆解。一艘船壽終後平均約有 96% 得以回收或再利用。然而在當今拆船業的實務當中,卻存在著

社會與環境層面，相當嚴重的負面影響。一艘船在其一生當中，從設計、建造及運轉與維修過程中，會加入各種材料。

香港公約（Hong Kong International Convention for the Safe and Environmentally Sound Recycling of Ships）在於確保船舶在壽終進行回收時，不至於對人員的健康與安全及環境，構成不必要的風險。其力圖解決所有與船舶回收有關的議題，包括擬拆解船舶可能含有的，例如石綿、重金屬、碳氫化合物、臭氧耗蝕物質（Ozone-Depleting Substances, ODS）等對健康與環境有害的物質。

該公約同時在於解決，世界上許多船舶回收場所存在的，工作與環境狀況之疑慮。其同時涵蓋船舶的設計、建造、運轉及準備，在於促進安全且符合環保的回收，而不損及該船的安全與運轉效率。其並建立了結合認證與報告要求的妥適執行機制。

例如，在拆船廠對各類型材料進行回收時，該船的結構複雜性及物料流（material flow），決定了回收過程對於人員健康、安全及環境所構成的威脅。因此，在船舶生命週期當中即建立，從最初到最終階段的關聯性，以提供作為船舶設計階段的參考，實屬當務之急。

此關聯性的建立，可藉著分析船舶實際上如何回收，例如研究回收過程，同時評估如何讓問題，在船舶生命週期的設計與建造階段，即加以解決，而終能獲致最佳回收過程，並降低整體船舶回收成本。

生命週期評估（LCA）可說是探討企業行動的永續性影響的最完整工具，已逐漸成為企業的營運與環境管理上的利器。過去三十年來，LCA 從最早的用為分析產品完整生命週期能源消耗的工具，發展為能整合評估各項環境衝擊，近來則更朝向能評估社會面衝擊擴展。

2.4.2 船運LCA下一步

企業在進行決策分析時，若能將 LCA 與經濟評估工具結合，共同納入成為進行成本效益分析的評估工具，應更有助於將永續性議題直接融入企業的正常經營決策，在每個決策中即考量永續議題，確保決策結果能兼顧三重

利得。國際海運業已然必須同步面對多重複雜環境議題,因此採用這類整合的決策分析模式更屬必要。

目前不乏針對某特定船舶的建造、運轉或維修的個別研究,然將這類方法應用於一艘船進行完整 LCA 的,則仍相當有限。至於針對船舶拆解層面的環境評估則更少。未來還需要針對此議題更完整的環境影響評估相關技術,以滿足針對排放後果的評估以及汙染防治優先排序的需要。

迄今針對船舶 LCA 的挑戰,在於將既有方法有系統的整理成一套簡易且好用的方法。至於其所需要的數據與經驗,則仍有賴更多相關研究補足。未來可能會考慮將意外事故造成的排放,也涵蓋在船舶 LCA 當中。由於這些風險主要取決於一些難以量化的人和組織方面的因子,因此可能暫且不會納入這類因子。儘管過去研究顯示相關方法、軟體工具及與環境相關的數據都可取得,但卻可能因例如不夠詳盡等因素,而不一定適用於船運 LCA。

目前較缺乏數據的,主要在船舶報廢拆解及港口汙染與資源消耗(包括土地使用)等部分。未來仍需進一步針對船運 LCA,建立簡化方法與軟體等分析工具。海運研究在環境層面的績效,愈來愈受到相關團體的重視,未來應針對不同運輸模式的生命週期,進行評估以比較之。

2.5 為回收而設計

國際間開始關切造船工業對環境造成的衝擊,可追朔到 1980 年代初期,當永續概念開始萌芽時(IUCN, 1980)。從最早僅著眼於降低汙染,到近幾年更在於加強從源頭降低汙染,並進而更徹底的將環保思維整合到工業生產架構當中(OECD, 2009)。如此發展終於導致如今,同時在對生產製程進行分析,及在設計時力圖降低,甚至免除船舶對環境造成汙染。

2.5.1 觀念意涵

「為回收而設計」(design for recycling)的基本原理在於透過設計,盡可能讓產品在其壽終時的回收過程安全、有效率且環保。其在設計階段,便先找出回收時所面對的挑戰,並配合調整。此觀念已成功應用在汽車

工業。

　　就船舶而言，其涉及確認諸如毒性塗料等的危害性，或是諸如必須以人工清潔過後才能進行回收的油艙櫃等，既危險又缺乏效率的情形。因此船舶設計者所需考量的基本原則，便在於確保在回收時盡可能的安全、有效率及對環境友善。

　　其不僅止要防止或減少使用諸如石綿、多氯聯苯（Polychlorinated Bi-phenyls, PCB）、重金屬、殘餾油等在船進行拆解時，可能危及工作人員及當地環境的材質，同時也要降低在船舶整個生命週期當中的風險，並降低對造船人員與船員構成的風險。亦即，此觀念主要在於減少船舶一生當中的風險（LR, 2011）。

　　為回收利用而設計的船舶，對於造船者、船員、乘客、買家和回收商而言，由於危險發生機率減少而得以更安全。為回收而設計的概念在業界和監管議題當中已有相當長一段時間。《產業實務守則》（Industry Code of Practice）（Marisec, 2001）、IMO 船舶回收準則（Guidelines on Ship Recycling）（IMO, 2003）以及最近在香港公約（Hong Kong convention）（IMO, 2009）和歐盟船舶回收公約（EU Convention on Ship Recycling）（EU, 2013）當中都提及該準則。此觀念有三個關鍵目標：
- 對有害材質提供精準的盤查，
- 減少或取代有害材質，及
- 讓船舶易於拆解。

　　前述最後一項可藉由採用，諸如將各船上的所有零件與設備標準化，使在船壽終時較易於辨識各部件，而得以提高重複使用及再製與回收的潛力。其他易於拆解的技術還包括，對於必須升高以進行拆解的結構，妥為設計其支撐點，以減少部件墜落事故等。

　　然而，針對落實這些改變，在建造與運轉船舶所可能帶來的影響，難免引發疑慮。這些在替代材料與設計上的改變所帶來的額外成本，皆須詳加計算，以找出最能負擔得起的選項，以達成符合成本有效的綠船回收。

　　根據 IMO 的指導方針，為船舶回收的設計是一套包括設計妥適性、結

構部件、設備、材料及資訊選擇的技巧。其在於以促進船舶清潔且安全的部分／全部拆解，最大限度利用回收產品／零件到船舶生產中，並得以減少船上設備與單元中不可分割部件與零件的數量（IMO, 2003）。Sivaprasad 等人（2012 年）略加修改此定義，特別強調船舶從設計到建造、運營直到回收的整個生命週期。

依此修改後的定義，為回收而設計是一套跨越船舶整個生命週期階段的設計與發展活動，並結合了設計與選擇結構部件、設備、材料和資訊庫的想法。其可促進船舶及其部件，得以清潔且安全的進行回收。為應用此概念，必須找出船舶回收當中有問題的部分，並針對這些部分，在船舶設計階段即投入額外考量。

爾來，不少研究者都針對船舶設計，以建立一套安全且符合環保的船舶回收方法。McKenna 等（2012）從汽車回收，得到將設計融入船舶回收的聯想。其提出幾個可在設計階段，為船舶回收所遭遇特定問題的解方。

Sivaprasad 與 Nandakumar（2013）提出了船舶生命週期的新模型，在傳統的船舶生命週期中增加了幾個階段，以落實為回收而設計的概念。Al-kaner 等（2006）將船舶的回收與生產過程進行比較，以找出此二過程的關鍵效能指標。他們強調，需要應用到諸如為環境而設計，及在海洋技術領域當中為拆解而設計等各種設計概念。其並強調，在船舶設計階段，即應儘早考慮船舶的材料庫存與可重複使用性等問題。

2.5.2 容易拆解

一艘船舶壽終時的價值，某方面來說取決於其拆解的難易程度。在船舶的設計與建造上，若能針對可拆卸性（dismantablity）妥為考量，則可望在某些方面改進船舶回收。針對船舶設計與建造的研究，有幾方面受到重視，例如：

- 標準化每艘船上的所有部件與設備，並導向可更易於掌控報廢部件的識別，以便進行可能的重複利用、再製造或回收利用（McKenna 等，2012）。

- 使用類似廁所模組、艙間模組等模組概念，使便於維護與拆卸。且在適用規則範疇內使用相同類型的結構加強件（stiffeners），並減少絕緣、鑲板等材料種類，以簡化船舶回收（Alkaner 等，2006）。
- 需要納入設計得當的起重支撐，以處理拆卸的結構部件與船上設備，以盡量減少船舶拆卸過程中，因部件墜落而造成的事故。這些關鍵項目，皆可包含在結構設計階段的本身細節當中（Sivaprasad & Nandakumar, 2013）。
- 對位於船舶狹窄區域的空間，如發機艙、泵艙、船艛、甲板及船艏其他儲藏室等，接應顧及拆解需求以進行布局（Sivaprasad & Nandakumar, 2013）。
- 燃油等存在有害液體的系統應設計成，方便進行真空預清潔（vacuum precleaning）。此屬減少拆解過程中危險的創新與有效方法（McKenna 等，2012）。
- 明確說明在船舶建造過程中，如何將原始建造模組進行組裝，以利使回收業者得以採用反向拆解方法，使得以釐清危險材料、潛在危險及和關鍵船舶回收步驟等要素（McKenna 等，2012）。
- 使用蓋子與插銷等取代黏膠以安裝絕緣材料，將使得在回收過程中更容易拆除絕緣層。這將省去在開始氣體切割前，從鋼結構刮膠的繁瑣工作（Rozenveld, 2010）。
- 降低安裝機艙內管路高度或策略性設計管路位置，將可讓回收過程中的墜落等事故減至最少。其並可使更易於使用氣體切割器（Blankestijn, 2012）。

2.5.3 為回收而設計的經濟影響

落實為回收而設計觀念，會對船舶建造投資成本（CAPEX）和船舶運營成本（OPEX）造成什麼影響？此可透過生命週期分析，計算為回收而設計所產生的各方面相關成本。首先，危險品庫存涉及特定成本須由船東承擔，以符合「汙染者付費」原則。

至於取代有害材料及容易拆解，則需根據各不同替代材料與其設計功

能計算 CAPEX 與 OPEX。例如，零件標準化、船舶空間配置改善、管道安裝高度降低等設計變更，可能無任何額外成本。但眞空預清潔系統安裝、採用蓋子與插銷、安裝絕緣材料以及改用非有害材料等，則可能有一定額外成本。然終究，設計一個無有害物質的船舶，必然可使其在整個生命週期當中，更爲安全、健康。

2.6 船舶回收小結

圖 9.2 所示，爲採用 Delft Systems Approach 的船舶回收（Veeke 等，2008）。船舶回收業對於環境和工人的健康與安全的負面影響，已嚴重抵銷了此產業對於主要回收國的永續發展與經濟成的貢獻。此負面影響，主要在於船舶的設計與建造，使用了有害材料。

在開發中國家以非熟練工作人力，採取搶灘（beaching）等草率作法，則爲另一因素。因此，規劃一套符合成本有效的安全且對環境無害的船舶回收利用策略，實有必要。長遠而言，在船舶生命週期的兩端，即回收階段和設計階段之間，必須建立緊密聯繫。

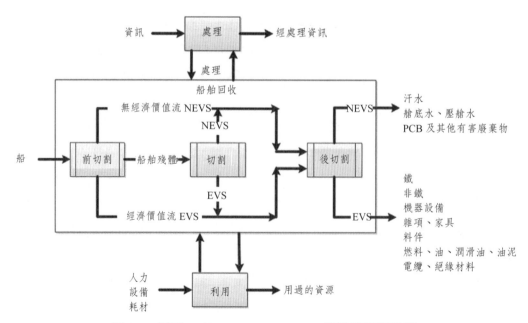

圖 9.2　採用 Delft Systems Approach 的船舶回收系統

　　僅透過監管措施，顯然不足以有效改善船舶回收產業。創新的爲回收而設計，雖已在汽車等其他行業有很大發展，在船運業則仍然處於萌芽階段。因此應確立一套已用於其他產業的最佳作法，應用在海運業，使船舶得以有效回收充分再利用。

3. 海運的能源轉型

　　落實氣候保護措施是當今最大的挑戰，海運業亦不例外。IMO 秘書長 Kitack Lim 說：少了永續，我們，包括海運業，將無法在未來生存。我們必然要循著永續路徑發展海運事業，以促使業者必須找出未來的替代能源。例如國際海運委員會（International Chamber of Shipping, ICS）最近便備妥了十億美元，用來作爲發展替代燃料的經費。

3.1 成功轉型要求

　　任何能源轉型要能夠收效，都須顧及在整個供應鏈當中的影響，並且要從最細微的技術與安全規格，直到最廣泛的社會目標，皆能滿足廣泛的整套要求，其包括：

- 永續性。儘管業界著眼的是降低溫室氣體排放，仍不能忽略更廣的永續必要性（sustainability imperative），且也不允許讓問題移轉到另一部門。
- 政策與市場誘因（policy and market incentives）。爲能被廣泛採納，經濟性必須正確。政策制定者及規範訂定者，必須開創出正確的進（市）場信號並移除任何障礙。
- 能源效率。增進船舶性能可降低燃料消耗及 GHGs 排放。當今使用化石燃料，以及在未來使用零碳能源，在效率上都存在著可觀的改進空間。
- 安全性及技術可行性。要讓構想成眞，首先必然要通過風險與安全評估，證明其在可接受的經濟成本上，能夠技術可行。

　　找出能符合上述所有關鍵標準的,最具競爭力的脫碳路徑,並落實該解方,需要來自科學與工程領域的各方專家。其同時需要作成決策的實務知識,諸如替代船型的特殊要求、路徑及運轉環境,這些全都在決定何種燃料技術,才最能確保該船在能源轉型的進展過程中,仍維持其在競爭力上,扮演一定角色。

　　根據一份全球海事論壇(Global Maritime Forum)於 2020 年出版的研究報告 Getting to Zero Coalition,海運業需在 2030 至 2050 年間,每年投資 700 億,才可望達成 IMO 的 2050 年減排目標。IMO 勢必需要對落後的業者施壓,迫使其跟上已對氣候行動作出承諾的業者。

　　而若要讓業者有可能達成長遠脫碳目標,則必然需要更積極的強制規定。像是 IMO 於十年前通過,適用於新船的 EEDI 等小步伐,並不足以讓業者走上,科學所要求尺度的減排道路。

　　和其他產業相同,未來海運業勢必要走向,採用產自再生能源等零碳燃料的道路。而在這條路上,LNG 並非最終的投資,而是對朝向所有引擎皆以零碳燃料運轉未來的過渡投資。

　　近岸與越洋航運各有其適用的低碳解方。近岸渡輪和拖船,能夠轉型到電池推進。對於越洋貨櫃船,電動可用作優化其燃料效率的解方,但由於電池的能源密度不足,大型貨櫃輪或散輪船,就無法以電力作為主推進能源。

　　開發大型遠洋船舶所用的零碳燃料,將需要同時用到誘因及設限。當今的替代燃料,就算有供應,價格也會比較髒的高碳燃料要貴得多。因此一套透過全球以市場為基礎的工具所建立的價格信號(price signal),以阻止使用碳基燃料,將不可或缺。而長遠而言,海運必然需要進一步由所有利害關係者共同合作與投資。

3.2 海運的未來能源

　　DNV GL 2020 年出版的 Maritime Forecast to 2050 針對海運能源的未來,提供了相當超然的預測,並對能源轉型將如何影響海運,提出分析報告。該報告在於幫助船東,在面對因為脫碳所導致在技術、規範及市場方面

的不確定性時，仍能持續維持競爭力、獲利及價值。該報告在評估船舶設計上提出的情境，涵蓋三種不同的脫碳路徑：

1. 無雄心（no ambitions），沒有進一步脫碳的政策；
2. IMO 雄心（IMO ambitions），循著 IMO GHG 初步策略（Initial IMO GHG Strategy）設定的目標：
3. 在 2040 年之前脫碳（Decarbonization by 2040），代表其他利害關係者將對業海運加強施壓力度，以呼應 IMO 調整其雄心的未來（如圖 9.3 所示）。

此外，該報告還包括了對於未來，一直到 2050 年的船隊組成、能源使用與燃料組合、及 CO_2 排放提出 30 種情境預測。其模擬的 16 種不同的燃料類型及 10 個燃料技術系統。燃料源自三種初級能源：以再生能源發電產生的電燃料（electrofuels）、永續生物燃料生產的生物燃料、及藍色燃料（blue fuels）。該報告強調規範政策與初級能源價格，是促進碳中和燃料與未來燃料組合的關鍵推手。

單位：GHG 排放

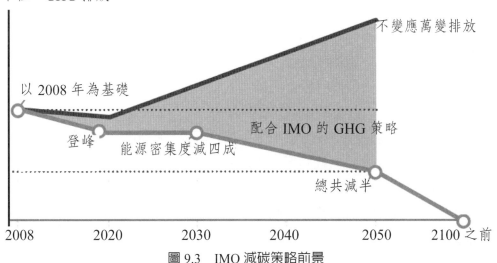

圖 9.3　IMO 減碳策略前景

資料來源：DNV GL, 2020

表 9.2 摘要列舉船舶減碳策略選項。如表中所列，海運脫碳選項分成四方面：

- 物流與數位化（logistics and digitalization），
- 流體力學（hydrodynamics），
- 機械（machinery），
- 燃料與能源（fuels and energy sources）。

表 9.2　船舶減碳策略選項

物流及數位化	流體力學	機械	燃料
• 減速 • 船舶利用 • 船舶尺寸	• 船殼塗料 • 船殼形狀優化 • 空氣潤滑	• 機器改進 • 廢熱回收 • 引擎降低額定出力（derating）	• LNG/LPG • 電動化 • 生物燃料

其中替代燃料如圖 9.4 所示，分成三大群組：以化石燃料為基礎（fossil-based）、以電為基礎（electricity-based）及以生物為基礎（bio-based）。其特性為：類似的燃料可源自不同的能源，但生命週期排放與成本差異甚大；以及採用某能源轉換器（例如燃燒引擎），可用於多種替代燃料。各種燃料之間落差的橋接，在於如圖 9.5 所示的技術與燃料彈性：

- 燃料彈性──能源轉換器；
- 燃料彈性──儲槽與船上系統；
- 燃料彈性──岸上的燃料基礎設施。

橋接技術可促進從傳統燃料，經由相對低碳足跡的燃料，轉型到碳中和燃料。因此，替代燃料也就必須與時俱進，以提高其滲透性。預期在接下來約 20 年當中，LNG 將逐步爬升。至於要達成 IMO 的目標，則須讓碳中和燃料加速趨於成熟。而為符合這些未來需求，則須充分掌握在不同情境下所暴露的碳風險。

未來將有必要開發一種船對船的燃料添加系統（bunkering system），從既有岸上儲存單元接收 LNG，並在海上為船隻加氣。因此需要為 LNG 動

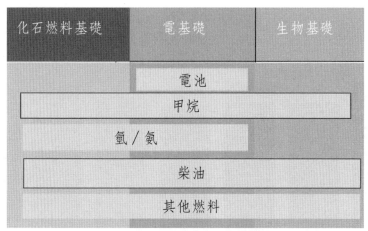

圖 9.4　海運替代燃料三大群組

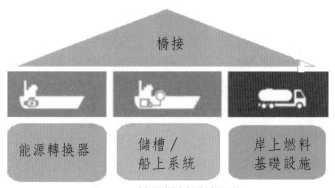

圖 9.5　替代燃料橋接要素

力船制定運轉安全標準。此外，需建立一體制基礎，透過研發，除了技術的開發與商業化，還可將公司的研發與政策整合在一起。

　　從圖 9.6 可看出，各種較綠燃料在未來五十年的成長情形。海運業決定在 2050 年之前將其 CO_2 排放減半，並在 2100 年之前達運轉零排放。達此目標，LNG 被視為朝向達此目標所鋪設道路可行的過度技術。至今已有近半數船東，計畫對 LNG 投資。例如郵輪 AIDAnova 與 Costa Smeralda 即領先採取行動。

　　圖 9.7 所示，為配合 IMO 雄心目標設計的替代燃料發展趨勢。貨櫃輪

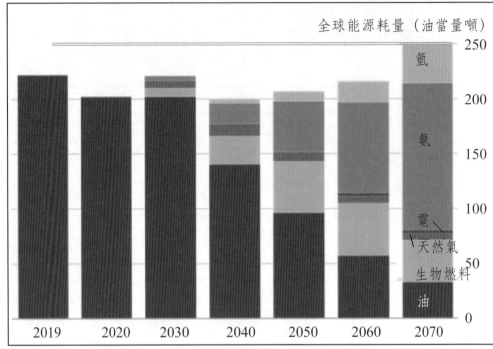

圖 9.6 較綠燃料在未來五十年的成長

資料來源：Energy Technology Perspectives

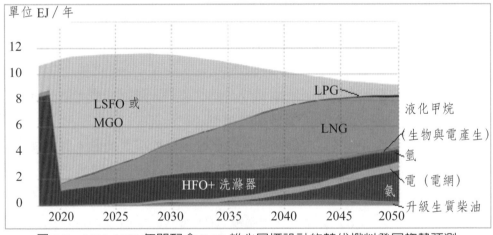

圖 9.7 2018-2050 年間配合 IMO 雄心目標設計的替代燃料發展趨勢預測

業者 CMA CGM 已著手訂造九艘以 LNG 驅動的 23,000 TEU 巨型（mega boxer）貨櫃船。其驅動技術由 Winterthur Gas & Diesel Ltd.（WinGD）提供。CMA CGM 的競爭者 Hapag-Lloyd 則正對在其貨輪 Sajir 上改裝成以 LNG 驅動進行評估。目前船廠總共有近 200 新造船舶，採用能很輕鬆符合 IMO 2020 限硫令（Sulphur Cap）的潔淨推進系統。值得提醒的是：終究 LNG 仍是化石燃料。

許多業者都看好，以源自於天然氣加上碳捕集和再生能源電力的藍氫或綠氫，取代海運燃油抱持希望，並認為其將毫無疑問，在 2050 年代成為海運的能源載具（energy carrier）。但也有些業者不以為然。主要在於這些獨立越洋輪船必然需要攜帶大量燃料，而氫的能源密度又相當低。

許多專家對電池與燃料電池技術寄予厚望。以純電動驅動船舶目前僅短程小船有可能做到。例如 ForSeas 公司正經營兩艘航行於瑞典 Helsingborg 與丹麥 Helsingör 一天兩趟的通勤渡輪。該船一進港，即以瑞士公司 ABB 的自動機器手臂進行充電。

然而，業者對於使用氫與氮的化合物——氨——倒趨於樂觀。雖然既臭且毒，但氨易於液化，能源密度是液態氫將近兩倍，且已在全球廣泛運送。所以，未來最乾淨且最實際可用的運輸燃料，應該是以氫為基礎，包括綠氨（green ammonia）在內的燃料。芬蘭引擎製造商 Wärtsilä 表示，其將在 2022 年擴大可燃燒氨引擎的規模，而德國的 Man Energy Solutions 則計畫在 2024 年交出以氨驅動的油輪。

目前新訂造船舶當中，僅有 11% 以 LNG 作為主要動力來源。最大航商 Maersk 則將其中期脫碳，投入在低碳合成燃料及生物燃料上。其預定在 2023 年讓首艘碳中和船舶（carbon-neutral vessel）下水，主要採用源自廢木料的甲醇或是生產自捕集 CO_2 與綠氫的 e 甲醇（e-methanol）。法國的 CMA CGM 則投資在生物甲烷上。前述兩種燃料皆適用於既有引擎。

然令人質疑的是，生物甲醇所需生物質量來源有限，其生產可能導致例如森林砍伐與水汙染等環境問題。至於合成燃料在生產過程雖可吸收 CO_2，當其燃燒又會排放出來。

　　這些疑問，都會使氫成為以長遠眼光看海運脫碳時的核心。然卻很少能有信心的預測，究竟何時才會發生。然由於這些燃料的大量生產，都會比化石燃料貴，所以關鍵還是在於法規架構。換言之，若要海運脫碳，則是必須要仰賴法規驅使改變。

4. 輕量化節能減碳

　　藉由替代材料追求輕量化（lightweighting），一直是陸上交通工具研發的一項重要課題。其可望促進車輛的燃料經濟性，同時維持安全性與性能。由於較輕的交通工具增速所需能源比較重的少，輕質材料可望大幅提升車輛的運轉效率。據研究，車輛每減輕一成重量，可增進燃料經濟性 6% 至 8 %。而以輕質鋼材、鎂合金、鋁合金、碳纖維及聚合物複合材料取代傳統鋼鐵，更能直接減輕車重達百分之 50。

4.1 船舶輕量化

4.1.1 輕量化的優勢與障礙

　　複合材料上層結構，能同時在重量與成本上提供效益，減輕上層結構可顯著增進船舶運轉效率。其他諸如較高航速、減少燃料成本、較佳穩度、增加貨物與乘客裝載以及降低對環境的衝擊，皆為許多優點當中一部分。總括而言，船舶輕量化的優勢在於：

- 經濟優勢——增加淨載重、減少維修與燃料成本；
- 生態優勢——因減輕燃料與負荷，得以較環境友善；
- 穩定優勢——例如採用輕量上層建築（superstructure），而增加穩定性。

至於船舶輕量結構所需面對的挑戰，則主要在於：

- 技術上——消防安全為最大問題，但可解決；
- 傳統上——既有以鋼材為基礎的 IMO 規範與船級社規定，阻礙採用輕量材料；

・成本——初始成本較高，但可望短期內回收。

原本 SOLAS 的條文規範一直無發突破，複合材料也就無法廣泛用於渡輪與郵輪等船舶。直到 2002 年，《SOLAS II-2 規範》第 17 條（F 部分）通過，情況開始改變。其允許採用基於功能的安全設計，只要能夠達到相同的安全水準即可。

自此，許多相關研究陸續完成，其中最引人矚目的是 2005 年開始的瑞典 LÉSS 專案——海上輕量結構應用（lightweight construction applications at sea）。毫無疑問，若渡輪與郵輪經營者大規模採此概念，將為長纖維複合材料開闢一個新的大量應用領域。

4.1.2 LÉSS計畫

LÉSS 計畫成立於 2005 年，旨在透過開發商船用輕質材料的技術解決方案，重振瑞典造船業。該計畫由造船業 Kockums（全複合 Visby 級護衛艦的建造者）、航運業、歐洲材料製造商 DIAB、消防專家 Thermal Ceramics、瑞典大學、研究機構和船級社的代表組成，總共超過 25 個組織，共同推出了複合上層建築概念（Composite Superstructure Concept, CSC）。此為一個商業化上層建築結構系統，預計將廣泛用於載客渡輪和郵輪。

該專案的資金由參與成員和瑞典政府創新系統機構（Swedish Governmental Agency for Innovation Systems, VINNOVA）提供。其針對包含火災擴大測試方案在內的六種設計方案進行詳盡研發。

瑞典 SP 消防技術公司（SP Fire Technology）進行了大規模的爐膛試驗（furnace trials）。實際測試包括 60 分鐘的甲板、60 分鐘的艙壁、房間角落測試、門窗部分測試以及纖維增強塑膠（FRP）三明治結構（包括客艙和走廊）的大規模測試。這些測試清楚顯示，具有輕質防火保溫層（例如複合上層結構概念）的 FRP 結構，確可用於甲板和艙壁，並符合 SOLAS 法規目標。

LÉSS 還針對各種不同的火災情境，進行了詳盡的火災風險分析，以證明系統符合安全要求。研究結果顯示，三明治複合替代品（包括防火層）比

原來的上層建築輕 60% 以上。這種防火措施旨在為整個上層建築提供完整的「60 分鐘防火完整性與絕緣」級別（相當於 A60）。

此外，生命週期成本（Lifecycle Cost, LCC）分析顯示，採取複合方法的額外初始成本可在不到兩年內收回，而收入增加（假設 25 年服務壽限），以當前價格計算，可超過 6,500 萬美元。由於三明治複合材料幾乎屬「免維護」性質，船舶上層建築的維護成本將大幅降低。而且，詳盡的 LCA 研究顯示，比起鋼或鋁，其每噸／公里對環境影響較佳。

LÉSS 專案將持續進行的研究包括，以三明治複合材料替換一艘 300 米郵輪上的五個甲板。LÉSS 與 DNV 正合作進行 EU 專案 DE-LIGHT Transport 的合作計畫。

4.1.3 複合上層建築概念

複合上層建築是為一種高強度、輕質三明治復合結構系統，由玻璃或碳纖維表層結合工業樹脂工藝牢固黏合的結構核心組成。製造過程的最後階段，是將絕緣材料應用於層壓表面，以提供所需的防火水準。

深入研究顯示，該概念極可行，可取代當今的鋼或鋁結構。由於重量大幅減輕 50% 以上，其貨運量與燃油節省量可提高許。

4.2 輕量貨櫃

IMO 2015 年統計數據顯示，貨櫃船消耗 8,000 萬噸的船用燃料，占全球海運總燃料耗量 25%。2018 年，全世界貨櫃船隊約有 5,600 艘船，雖僅占世界總運輸規模 8%，但以船舶在海上航行的軌跡長度來看，貨櫃船占海運 17%。

貨櫃船的輕量化，可從貨櫃的輕量化著手。假設 20 呎貨櫃重 20 公噸，以一艘 8,000 TEU 貨櫃船為例，船上裝載總重約 160,000 公噸，對於該船在航行中燃料消耗所造成的影響相當可觀。因此，若能以較輕材料取代鋼板作為貨櫃的結構材料，將可望減輕整體貨櫃與船舶重量，進而有效降低運送成本及運轉中的各項排放。

另方面，船舶在海上航行，會受到風浪等海況因子的影響，而產生衡搖

（rolling）、縱搖（pitching）及震動（vibration）等晃動。如果在甲板的上層堆放的是重量較輕的貨櫃，整體船舶重心可望下降，船舶穩度也將隨之提升，進而有利於航行安全與推進效能。

貨櫃須具有一定強度，才能在堆疊存放時，不致因結構強度不夠而造成擠壓受損。傳統的貨櫃以鋼材製成，強度夠，但缺點是很重。

依據 ISO 1496/1 的貨櫃條件規範，其承受負荷基本要求，以 20 呎標準型貨櫃為例，空櫃重（2.27 公噸）裝載貨物的重量為 20 公噸。堆疊在船上的貨櫃，須同時承受向下、橫向及縱向負荷力，其中橫向負荷約為貨櫃的 0.6 倍重力，縱向負荷約為貨櫃 2 倍重力。這些負荷分別施加在貨櫃的側板、端壁（門）上。

Guo（2019）的研究，從託運人和永續性的角度，調查如圖 9.8 所示的可摺疊貨櫃（foldable container）。特別是，其探討了可摺疊貨櫃作為航運業脫碳工具的可行性。其採用影子定價法（Shadow Pricing），以預測可摺疊貨櫃對跨太平洋西行貿易中，回程託運人面臨的運價的影響，並透過基於商務活動的方法估計，使用可摺疊貨櫃產生的碳減排影響。

圖 9.8　摺疊貨櫃示意

研究中顧及內陸聯運、卡車怠速、碼頭裝卸及貨櫃的摺疊與展開。研究

結果顯示，如果可摺疊貨櫃變得普遍，跨太平洋西行貿易的內陸出口商，可能面臨每 FEU 平均增加近 500 美元的路網現貨運費。

此外，在同一路網的往返船班服務中部署時，可摺疊貨櫃對減碳的影響，估計為每年每 FEU 高達 0.4 噸。研究結果並顯示，雖然可摺疊貨櫃將縮小頭拖和回拖貿易之間的運價差距，但內陸回運託運人的情況將較差。此外，使用可摺疊貨櫃的排放量減少幅度不大，這限制了此類貨櫃，在任何擬議中的「限額交易」計畫中的效用。此發現對航運業的綠誘因與計碳治理具有政策意義。

5. 永續海運策略的問題與建議

5.1 綠海運準備工作

目前追求綠海運尚欠缺許多準備工作：

首先，多數航運公司和船廠，皆自行因應綠航運議題，其認知與行動水準皆因規模有所差異。

其次，由於預算受到限制，以致缺乏綠船的開發和採購預算，而且綠船研發多以船廠為中心，並未納入航運公司。此外，由於相關成員間缺乏合作及資訊共用系統，開發與採購綠船的成本乃持續增加。

第三，船廠對綠船的維修能力不足，航運公司別無選擇，只好在外國船廠維修。

第四，國際相關協定方面的專家很少。此由於為 IMO 協議、綠色船舶檢查、認證和基於市場措施，培養專家的相關制度不足。

第五，由於沒有專門組織系統，就管理綠船開發和對 IMO 倡議作出反應，因此很難持續且有系統的，對相關更新作出因應。

針對綠航運準備相關問題，建議採取以下解決辦法：

航運業的單邊負擔需要解決。與對預期感到興奮的造船業不同，航運業往往受到新支出的重擔。儘管全球供過於求導致的貨運率低，但航運業仍面

臨著應對燃料成本上升和遵守環境法規的挑戰的任務。因此，需要建立一個航運和造船協作網路。

透過這一協作網路，可以規劃航運和造船的信息共用和聯合成本削減。還必須建立一個資訊系統，根據航運市場的變化，共用船舶供求資訊，從而制定雙贏的計畫。

造船業應該通過投資環保船舶的研發來應對經濟衰退。由於缺乏全球和國內訂單，韓國造船業正經歷著困難。

5.2 替代燃料會成氣候？

隨著 ECA 和 MARPOL 附則陸的修訂，與 GHG 減排相關的綠航運技術，正引發廣泛關注。在這些技術當中，以 LNG 作為最有效替代燃料，已引發廣泛興趣。顧及環保的外部經濟效應，有必要透過公部門支持促進投資。

為此，有必要發展一套適用的完整系統，在海上為船加氣。因此，首先需要為以 LNG 作為動力的船舶的運轉，制定安全標準，同時建立一套體制基礎。為此，除了開發和商業化技術的研究與政策制定，更亟待在業界和這些研發與政策制定之間，建立密切聯繫管道。其餘有關替代燃料議題的前景，可歸納為：

- 海運隨已開始使用替代燃料，唯尚待在越洋大船上取得突破；
- 除了天然氣，在 2050 年之前尚需有更多其他碳中和燃料（carbon-neutral fuels）；
- 在未來多變的環境中，船舶應超前符合需求，以確保競爭力並減輕碳風險（carbon risk）。

5.3 全面因應永續海運趨勢

全球貿易額在過去十年內增加了一倍多。儘管亞洲為全球貨運量的樞紐，但全球海運的重心，卻集中在少數歐洲船運公司。這是因為這些歐洲公司，今後將大膽投資，並顧及持續強化的環境法規。

5.3.1 綠船財務

因應永續海運趨勢，首先需透過對造船廠、船公司及政府架構內案例的分析，增進對綠海運的整體理解。如此將有助於為國內造船廠、船公司及政府政策制定策略。同時應制定環境友善航運法規標準。目前相關法規和管理標準尚不完備。

2011 年馬士基公司在 DSME 訂購了 20 艘 18,000 TEU 貨櫃「綠船」，自此全球船運業者迅速展開租用或訂造綠船。

綠船技術不僅有助於提振疲弱的造船業，且將成為決定造船業未來競爭力的最重要因素。儘管綠船屬高風險船舶，在技術開發和初始商業化方面，皆需要重大初始投資，然若能在商業化上得到足夠的驗證，台灣可望藉綠船業務重振造船產業。

對綠船技術的研發投資，首先建議船運公司與造船廠建立夥伴關係，將綠船的訂造與技術開發聯結起來。此一夥伴關係，將為國內造船廠提供機會，透過綠船技術拉近與競爭者之間的落差。

同時，政府對於航運的融資，應優先提高綠船相關資金比例。因此，有必要設立一個基金，專門用來補助尚未經證實的綠船商業風險。

《波塞敦原則》（Poseidon Principle）為用以評估與揭露船舶符合氣候目標的融資組合架構，可作為負責海事部門的銀行的基準及運作指導。如此可讓未來的船舶融資組合和對環境負責行為維持一致方向，從而鼓勵國際航運脫碳，迎接航運業和社會共榮未來。

圖 9.9 所示曲線顯示每載重噸浬所排放二氧化碳克數（g/dwt-nm）的發展軌跡。圖中和 IMO 推動到 2050 年（比 2008 年水平減少 70%）相較的兩條曲線，是根據波賽敦原則與 MSI 的預測軌跡。

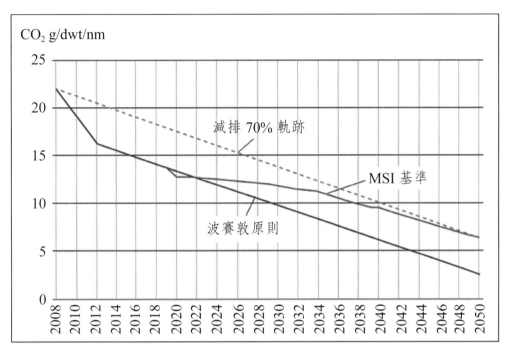

圖 9.9　相對於 IMO 目標的每單位運輸功能 CO_2 排放預測

永續海運小方塊

《波塞敦原則》（Poseidon Principle）——海事綠財務（green finance）

　　根據 SPLASH 於 2021 年 2 月的報導，推廣液化天然氣作為海洋燃料的遊說團體 SEA-LNG 最近的分析表示，一艘船以每 10% 的生物液化天然氣（bio-LNG）與 LNG 混合使用作為海運燃料，可在兩年內符合年度效率比（Annual Efficiency Ratio, AER）曲線，而得以獲得根據《波塞敦原則》的優惠貸款。

　　根據此曲線，未來 30 年的經濟脫碳，可能導致海運商品的貿易量與模式，皆產生根本改變。這些變化將影響整個航運領域的船隊發展，進而在 2050 年之前某些部門的船隊總規模因而減少。雖然低碳燃料（LNG、LPG、甲醇）在短期內可以發揮重要作用，但零碳燃料仍必須在 2030 年之

前開始認真使用。目前尚不清楚生物燃料和合成燃料的碳足跡，以及如何以標準方式衡量。

目前預計的海運燃料使用，可望讓海運業達成在 2050 年之前，將每單位運輸功能二氧化碳排放量（$gCO_2/dwt/nm$）減少 70% 的目標。然而，在此期間減少 50% 二氧化碳絕對排放量（噸），則尚需採取其他措施，例如：藉由使用更多低碳與零碳燃料，使得以在 2050 年前將化石燃料的比例降到 40% 以下；以及全球整體經濟更廣泛脫碳。至於後者，可藉由減少船隊需求，大幅減少碳基燃料的海運。

5.3.2 海運脫碳小結

有關海運脫碳可摘要結論如下：

- 輕氣（light gas）、重氣酒精（heavy gas alcohol）及生物燃料或合成燃料，這三條路徑都可用作既有發電與推進系統的燃料，並已證明具有減少乃至消除 CO_2 與其他列管排放物的潛力。

- 使用低碳與零碳燃料對於減少未來船舶碳足跡至關重要。其選擇取決於根據燃料添加與載貨容量需求，所決定的燃料與推進系統。

- 採用低單位體積能量的低碳與零碳燃料（如甲醇、氨或氫）作為主要燃料，可能需要對船舶進行整體重新設計。

- 預計到 2050 年，石油燃料仍將擁有高達 40% 的市場占比，這使得碳捕集與封存系統的應用，不僅止在岸上而且可能也和船舶相關。

- 新型發電系統（如柴油－電力混合或 FC）將首先應用在某些特定船型，特別是在港口等環境敏感區域運行的船型。接著市場滲透率會持續上升。然要廣泛用於大型船舶，將需要更多的技術創新，以及符合規模經濟的成本削減。

- 全球經濟脫碳可導致未來 30 年各種海運商品的貿易量與模式的根本改變。這些改變將影響船隊的演變，並在 2050 年前減少部分船舶。

- 中期而言，過渡到低碳與零碳燃料，可增加船舶及其運轉成本，一直到燃料的生產、配送、添加及在船上使用的相關技術，都更具成本有

效性爲止。

- 預計採用的替代燃料和發電技術，必然需要擬定新的法規，如此可能影響到未來的貨物運送與貿易量。

- 另外還需要新的安全法規，以確保廣泛採納新的技術與業務架構，其可能尚未涵蓋在現行標準當中。

5.4 追求永續海運建議

隨著全球一致努力追求和碳中目標，海運正面臨一場醞釀中的劇變。綠航運也因此成爲此改變趨勢的關鍵。簡言之，綠航運是有關排放管制、港口管理和設備生命週期（即循環經濟）的潔淨作爲。追求綠航運，需要業界與監管機構、港口當局及社群方向一致，群策群力。

永續海運則已超越初期生命週期思維的從搖籃到墳墓（cradle-to-grave），而進化到從搖籃到搖籃（cradle-to-cradle）的概念。這可從各產業所形成企業社會責任（CSR），的自發性實務概念趨勢當中看出。透過CSR，業者將超越法規要求，揭露其對於社會與環境的責任。

在產業界推展生命週期思維，所可能遭受到的阻礙不難想見，海運業亦不例外。這在當要求業者，在思考其活動對於環境所造成的衝擊，必須超越其傳統組織邊界（organizational boundaries）時，尤其如此。例如對於造船業者而言，其傳統針對環境、氣候變遷及綠成長的邊界，僅止於劃定在修、造船活動的緊鄰周遭，因此無法認同在此邊界之外所造成的影響

如今爲落實綠海運體系，應不斷對包括設備與零、部件在內的技術進行開發。因此，除了支援船運公司與大型造船廠的技術發展之外，亦應支援供應商、貿易夥伴、中小型船廠、學者與研究人員的技術發展。這些支援將帶動國內造船及船舶設備產業的發展。

此外，培訓綠船專家爲當務之急。目前，學習綠船技術短缺，政府應選擇一個能同時提升綠船知識及發展環保海事專業知識的機構，促其發展。其任務包括促進商業模式發展，以解決符合國際綠船標準的檢查與認證問題。此外，其培訓出的人才，應接著對船東、造船商和造船設備公司，提供

綠船相關基本培訓，並持續傳達持續變化的航運模式的相關知識。

　　此外，為評估船舶是否符合 MARPOL 73/78、OPRC-HNS、AFS、BWM、船舶回收及 GHG 公約等所要求的標準、證書及檢驗證書，需要許多認證專家。因此，有必要培訓綠船檢驗與認證專家。

　　在此同時，應有系統地管理船舶檢驗、檢驗歷史及認證指南等數據。尤其，隨著 MBM 被納入《GHG 公約》，必然需要包括：碳交易、碳排放計算、收取碳稅等罰款等的相關專家。

參考資料

第一章　海運永續性

ABS. 2011. Green Passport—Guide for the Class Notation. Houston: American Bureau of Shipping.

Alkaner, S., Das, P.K., Smith, D.L., Dilok, P. 2006. Comparative Analysis of Ship Production and Ship Dismantling. International Conference on Dismantling of Obsolete Vessels. Glasgow, UK.

Anderson, H.R., Atkinson, R.W., Peacock, J.L., Marston, L., Konstantinou, K., Meta-analysis of time-series studies and panel studies of Particulate Matter PM and Ozone O_3, 5042688, World Health Organization, Copenhagen, 2004.

Aspen, D.M., Fet, A.M. 2010. An LCA framework for ships and ship subsystems based on systems engineering principles. Innovation in Global Maritime Production-2020 IGLO-MP2020 working paper 2010.

Benderson, M. 2016. The Maritime Anti-Corruption Network: Tackling corruption through collective action, Journal of Sustainable Mobility, this issue.

Berger, M., M. Finkbeiner. 2010. Water Footprinting: how to address water use in life cycle assessment?

BIMCO. 2016. GHG and Market Based Measures MBMs: BIMCO's Position, https://www.bimco.org/About/Viewpoint/04_Greenhouse_Gases_and%20Market_Based_Measures.aspx, accessed on October 18, 2016.

Bloor, M., Thomas, M., Lane, T. 2000. Health risks in the global shipping industry: an overview. Health, Risk & Society 23, 329-340.

Brodrick, C.J., Lipman, T.E., Farshchi, M., Lutsey, N.P., Dwyer, H.A., Sperling, D.,

Gouse, S.W., Harris, D.B., King, F.G., Evaluation of fuel cell auxiliary power units for heavy-duty diesel trucks. Transportation Research Part D, 7:303-315, 2002.

BSI. 2008. PAS 2050:2008 Specification for the assessment of the life cycle greenhouse gas missions of goods and services.

Cabezas-Basurko, E.M., S.R. Moloney. 2008. Methodology for sustainability analysis of ships. Ships and Offshore Structures 31:1-11.

CARB. 2008. Total fuel cycle analysis for alternative marine fuels: sulfur and CO_2 emissions tradeoffs of California's proposed low-sulfur marine fuel rule, Final Report May 2008.

Chang, Y., Lee, S., Tongzon, J.L. 2008. Port selection factors by shipping lines: different perspectives between trunk liners and feeder service providers. Marine Policy 322008:877-885.

Corbett, J.J., Winebrake, J.J., Green, E.H., Kasibhatla, P., Eyring, V., Lauer, A. 2008. Mortality from ship emissions: a global assessment. Environmental Science & Technology 4124, 8512-8518.

Eide, M. 2009. Cost-effectiveness assessment of CO_2 reduction measures in shipping, Maritime Policy and Management 364, 367-384.

Ellis, N., Bloor, M., Sampson, H. 2010. Patterns of seafarer injuries. Maritime Policy & Management, 372, 121-128.

Engin, T., Ari, V. 2005. Energy auditing and recovery for dry type and cement rotary kiln systems-a case study, Energy Conversion & Management 46(2005), 551-562.

EU. 2013. Regulation EU No 1257/2013 of the European Parliament and of the council of 20 November 2013 on ship recycling and amending Regulation EC No 1013/2006 and Directive 2009/16/EC. Official Journal of the European Union, 56.

Sánchez, E., Newton, O., Pereira, N. 2019. Can ship recycling be a sustainable activity practiced in Brazil? Journal of Cleaner Production, 224(2019), 981-993.

Eyring, V., J.J. Corbett, D.S. Lee, J.J. Winebrake. 2007. Brief summary of the impact of ship emissions on atmospheric composition, climate, and human health, IMO Health and Environment sub-group document.

Fafaliou, I., Lekakou, M, Theotokas, I. 2006. Is the European shipping industry aware of corporate social responsibility? The case of Greek-owned short sea shipping companies. Marine Policy, 304, 412-419.

Fet, A.M., Sørgård, E. 1999. Life Cycle Evaluation of Ship Transportation-Development of Methodology and Testing. DNV research report.

Firestone, J., Corbett, J.J. 2005. Coastal and port environments: international legal and policy responses to reduce ballast water introductions of potentially invasive species, Ocean Development & International Law 36, 291-316.

Galli, A., T. Wiedmann, E. Ercin, D. Knoblauch, B. Ewing, S. Giljum. 2012. Integrating ecological, carbon and water footprint into a footprint family of indicators: Definition and role in tracking human pressure on the planet, Ecological Indicators, 16(2012), 100-112.

Gratsos, G, P. Zachariadis. 2005. The Life Cycle Cost of maintaining the effectiveness of a ship's structure and environmental impact of ship design parameters. Royal Institution of Naval Architects Transaction papers of 18/19 October 2005.

Hayman, B., Dogliani, M., Kvale, I., Fet, A.M. 2000. Technologies for reduced environmental impact from ship building, maintenance and dismantling aspects. Research paper.

Hoekstra, A.Y., Chapagain, A.K., Maite, M.M., Mekonnen, M.M. 2011. The Water Footprint Assessment Manual-Setting the Global Standard. 2011.

Hua, J., Jin, B.F., Wu, Y.H. 2007. Prospects for renewable energy for seaborne transportation-Taiwan example, Renewable Energy, 335,1056-1063, 2007.

Hua, J., Liu, S.M. 2006. Butyltin in Ballast Water of Merchant Ships, Ocean Engineering 34(2006), 1901-1907.

Hua, J., Liu, S.M. 2008. Ballasting outside port to prevent spread of butyltin from merchant ships, Ocean Engineering, 46(2008), 251-259.

Hua, J., Wu, Y., 2003. The Impact of Ship Air Pollution Control on the Harbor Operation. 第十五屆中國造船暨輪機工程研討會，2003.3 高雄。

Hung, T.C., Shai, M.S., Pei, B.S. 2003. Cogeneration approach for near shore internal combustion power plants applied to seawater desalination, Energy Conversion & Management 44(2003):1259-1273.

ILO. 2016. Maritime Labour Convention, http://www.ilo.org/global/standards/maritime-labour-convention/lang--en/index.htm, accessed on October 21, 2016.

IMO. 2016. Our Work: Marine Environment, http://www.imo.org/en/OurWork/Environment/Pages/Default.aspx, Accessed on October 18, 2016.

IMO. 2009. Hong Kong International Convention for the Safe and Environmentally Sound Recycling of Ships, 2009. International Conference on the Safe and Environmentally Sound Recycling of Ships. Hong Kong: IMO.

IMO. 2010. Prevention of air pollution from ships: Proposal to establish a vessel efficiency system submitted by World Shipping Council, London, MEPC60, 2010.

IMO. 2005. Interim guidelines for voluntary ship CO_2 emission indexing for use in trials, MEPC/Circ. 471, 29 July., 2005.

IMO. 2012. MEPC 63 MEPC 63/23 Report of the Marine Environment Protection Committee on its sixty-third session 14 March 2012.

Iqbal, K.M.J., Heidegger, P. 2013. Pakistan Shipbreaking Outlook: The Way Forward for a Green Ship Recycling Industry—Environmental, Health and Safety Conditions. Brussels/Islamabad: Sustainable Development Policy Institute and the NGO Shipbreaking Platform.

Jain, K.P., Pruyn, J.F.P., Hopman, JJ. 2016. Critical analysis of the Hong Kong International Convention on Ship Recycling. International Journal of Environmental, Chemical, Ecological, Geological and Geophysical Engineering, 710, 684-692.

Leonardi, J., M. Browne. 2009. Method for assessing the carbon footprint of maritime freight transport: European case study and results. 14th Annual Logistics Research Network Conference 2009, Cardiff.

LRF. 2008. The environmental impacts of increased international maritime shipping, Global Forum on Transport and Environment in Globalising World, 10-12 Nov. 2008, Guadalajara, Mexico, 2008.

Margrethe, A.D., Fet, A.M. 2010. An LCA framework for ships and ship subsystems based on systems engineering principles. Innovation in Global Maritime Production-2020.

MARINTEK. 2000. Study of Greenhouse Gas Emissions from Ships, Final report to the IMO 2000.

Martinsen, K. 2014. Environmentally sound ship recycling DNV GL. Available: http://www.dnv. com/industry/maritime/publicationsanddownloads/ publications/updates/bulk/2009/2009/environmentallysoundshiprecycling.asp

Mckenna, S.A., Kurt, R.E., Turan, O. 2012. A methodology for a 'design for ship recycling'. Royal Institution of Naval Architects—International Conference on the Environmentally Friendly Ship. London: RINA.

Mudgal, S., Benito, P. 2010. The feasibility of a list of green and safe ship dismantling facilities and of a list of ships likely to go for dismantling. Bio Intelligence Service for European Commission DG ENV.

OECD. 2010. Environmental and Climate Change Issues in the Shipbuilding Industry. OECD Council Working Party on shipbuilding WP6.

Oxera. 2004. CO_2 emissions trading: How will it affect UK industry? report available at www.oxera.com.

Shama, M.A. 2005. Life cycle assessment of ships. Maritime Transportation and Exploitation of Ocean and Coastal Resources-Guedes Soares, Garbatov & Fonseca eds Taylor & Francis Group, London.

Sivaprasad, K., Nandakumar, C.G. 2013. Design for ship recycling. Ships and Offshore

Structures, 8, 214-223.

Sterling, J. 2011. Cradle to Cradle Passport—towards a new industry standard in ship building. OECD Workshop on Green Growth in Ship Building.

Sujauddin, M., Koide, R., Komatsu, T., Hossain, M.M., Tokoro, C. & Murakami, S. 2013. Characterization of ship breaking industry in Bangladesh. Journal of Material Cycles and Waste Management, 1-12.

ARAT, L. 2011. Corporate Social Responsibility in Shipping Companies in the Baltic Sea. Turku: The Center for Maritime Studies-University of Turku, 36p. Available at: http://www.merikotka.fi/julkaisut/CafeCSRraportti_LauraArat.pdf.

CAROLIN, L. 2013. New Actors and the State: Addressing Maritime Security Threats in Southeast Asia. Contemporary Southeast Asia, 352. 141-162.

GOVAN, F. 2013. Prestige oil tanker sinking: Spanish court finds nobody responsible. the Telegraph. Available at: http://www.telegraph.co.uk/news/worldnews/europe/spain/10447185/Prestig e-oil-tanker-sinking-Spanish-court-finds-nobody-responsible.html.

Hamad, B. 2015. Studies of Organisational Management & Sustainability, 3 1, 01-13 Corporate Social Responsibility CSR in the Shipping Industry: A Disturbing Mechanism Between Maritime Security Needs and Seafarers'Welfare. University of Greenwich-London, England.

ILO. 2012. Handbook: Guidance on implementing the Maritime Labor Convention, 2006 and Social Security for seafarers. Geneva: International Labour Organisation.

IMO. 2004. Shore Leave and Access to ships Under the ISPS code: MSC/Circ.1112 of 7 June 2004. London: International Maritime Organization.

ITF. 2005. Substandard shipping should be in the dock, not crew members: London: International Transport Worker's Federation. Available at: http://www.itfseafarers.org/substandard.cfm.

Lister, J. Poulsen, RT., Ponte, S. 2015. Orchestrating transnational environmental governance in maritime shipping. Global Environmental Change, 34, 185-195.

Lloyd's Register. 2011. Ship recycling: Practice and regulation today. Available: http://www.lr.org/Images/ ShipRecycling_040711_tcm155-223320.pdf.

Lund-Thomsen, P. 2004. Towards a Critical Framework on Corporate Social and Environmental Responsibility in the South: The Case of Pakistan. Development, 473, 106-113.

Maersk. 2015. Enabling Trade, Maersk Homepage: http://www.maersk.com/en/the-maersk-group/sustainability/enabling-trade, accessed on 23 July 2015.

NAEEF, D. 2012. Corporate social responsibility comes to maritime shipping. Safety-4Sea: http://www.safety4sea.com/corporate-socialresponsibility-comes-to-maritime-shipping/analysis-6-25.

Nielsen, D. Roberts, S. 1999. Fatalities among the world's merchant seafarers 1990-1994. Marine Policy, 231, 71-80.

OBP. 2014. The State of Maritime Piracy 2014: Assessing the Economic and Human Cost. Colorado: Ocean Beyond Piracy.

Sampson, H. 2016. Seabirds matter more than us!: Understanding the complex exercise of CSR in the global shipping industry. Journal of Sustainable Mobility, this issue.

Sampson, H., Ellis, N. 2015. Elusive corporate social responsibility CSR in global shipping. Journal of Global Responsibility, 61, 80-98.

Sampson, H., Thomas, M. 2002. The social isolation of seafarers: causes, effects, and remedies. International Maritime Health, 541(4), 58-67.

Sequeira, S., Djankov, S. 2013. Corruption and firm behavior: evidence from African ports. Journal of International Economics, 942, 277-294.

Skovgaard, J. 2014. European Union's policy on corporate social responsibility and opportunities for the maritime industry. International Journal of Shipping and Transport Logistics, 65, 513-530.

SSI. 2016. About the SSI, Sustainable Shipping Initiative, http://www.ssi2040.org/

about-the-ssi/, accessed on October 18, 2016.

UNCTAD. 2015. Review of Maritime Transport. [pdf]Geneva: UNCTAD. Available at: http://unctad.org/en/PublicationsLibrary/rmt2015_en.pdf.

Veeke, H.P., Ottjes, J.A., Lodewijks, G. 2008. The Delft systems approach: Analysis and design of industrial systems, Springer.

Vejvar, M., Lai, K.H. Lo, C.K.Y. 2016. An institutional perspective on the diffusion of social sustainability and its discourse in liner shipping operations. Journal of Sustainable Mobility.

Vidal, J. 2009. MPs attack shipping industry's 'irresponsible' inaction on emissions: The Guadian. Available at: Electronic copy. Studies of Organisational Management & Sustainability, 3(1), 01-13.

Voluntary Guidelines on Ship Recyclin, http://www.marinetalk.com/articles-marine-companies/art/Voluntary-Guidelines-on-Ship-Recycling-IMO00191042IN.html.

Wadsworth, E.J., Allen, P.H., McNamara, R.L. Smith, A.P. 2008. Fatigue and health in a seafaring population. Occupational Medicine, 583, 198-204.

Wang, C., Corbett, J.J., Firestone, J. 2008. Improving spatial representation of global ship emissions inventories. Environmental Science & Technology 421, 193-199.

WBCSD. 2010. Controlling Pollution from Ships. Newsletter. World Business Council for Sustainable Development.

WEF. 2013. Enabling Trade-Valuing Growth Opportunities, World Economic Forum in Collaboration with Bain & Co. the World Bank, WEF, Geneva.

Wilhelmsen, W. 2014. Wilhelmsen-Holding-ASA Sustainability Report 2014, Wilhemsen Holding-ASA, Lysaker.

Xu, H.L., Wang, H., Xu, H., Kou, X., Li, C., Yan, H.S., Du, Z.F., Xu, W.H. 2012. Discuss on Green Shipbuilding Technology: Design and Material. Advanced Materials Research, 490, 3296-3300.

Yliskylä-Peuralahti, J., Gritsenko, D. Viertola, J. 2015. Corporate Social Responsibility and Quality Governance in Shipping. Ocean Yearbook Online, 291, 417-440.

Yuen, K.F. Lim, J.M. 2016. Barriers to the Implementation of Strategic Corporate Social Responsibility in Shipping. The Asian Journal of Shipping and Logistics, 321, 49-57.

吳怡萱，華健。2008。國際海運減碳趨勢。船舶科技，第 36 期。

第二章　海運與環境

Aulanier, F., Simard, Y., Roy, N., Gervaise, C., Bandet, M. 2017. Effects of shipping on marine acoustic habitats in Canadian Arctic estimated via probabilistic modeling and mapping. Marine Pollution Bulletin. 1251-2, 115-131.

Abbasov, F. 2019. One Corporation to Pollute Them All. Luxury cruise air emissions in Europe. Transport & Environment.

Jain, K. 2014. Influence of ship design on ship recycling. Conference Paper · October 2014 Delft University of Technology.

UNEP. 2011. Noise Pollution and Ship-Strikes, UN Environment Programme-Convention on Migratory Species, 22 July 2011.

Rahim, M.M., Islam, M.T., Kuruppu, S. 2016. Regulating global shipping corporations' accountability for reducing greenhouse gas emissions in the seas. Marine Policy. 69: 159-170.

Schrooten, L., De Vlieger, I., Panis, L.I., Chiffi, C., Pastori, E. 2009. Emissions of maritime transport: a European reference system. The Science of the Total Environment. 4082, 318-23.

Ward-Geiger, L.I., Silber, G.K., Baumstark, R.D., Pulfer, T.L. 2005. Characterization of Ship Traffic in Right Whale Critical Habitat. Coastal Management. 333, 263-78.

Watson, T. 2004. Ship pollution clouds USA's skies. USA Today. Retrieved 1 November 2006, https://www.usatoday.com/news/nation/2004-08-30-ship-pollution_x.htm.

Xu, J., Wickramarathne, T., Chawla, V., Grey, K., Steinhaeuser, K., Keller, R., Drake, M., Lodge, M. 2014. Improving management of aquatic invasions by integrating shipping network, ecological, and environmental data: 1699-1708.

第三章　綠船技術

Allwood, J. M., M. F. Ashby, T. G. Gutowski, E. Worrell, Material efficiency: A white paper, Resources, Conservation and Recycling 55 2011 362-381.

Lööv, B., J.M. B. Alfoldy, L. F. L. Gast, J. Hjorth, F. Lagler, J. Mellqvist, J. Beecken, N. Berg, J. Duyzer, H. Westrate, D. P. J. Swart, A. J. C. Berkhout, J.-P. Jalkanen, A. J. Prata, G. R. van der Hoff, A. Borowiak. Field test of available methods to measure remotely SOx and NOx emissions from ships.Atmos. Meas. Tech., 78, 2597-2613, 2014.

Balzany Lööv, J.M., Alfoldy, B., Lagler, F. 2011, Why and how to measure remotely ship emissions, Climate Change and Air Quality Unit Seminars—Ispra 2011, Ispra, Italy.

Becagli, S., Sferlazzo, D.M., Pace, G., Sarra, A.d., Bommarito, C., Calzolai, G., Ghedini, C., Lucarelli, F., Meloni, D., Monteleone, F., Severi, M., Traversi, R., Udisti, R., 2012. Evidence for ships emissions in the Central Mediterranean Sea from aerosol chemical analyses at the island of Lampedusa, Atmos. Chem. Phys. Discuss, 11, 29915-29947.

Beecken, J., J. Mellqvist, K. Salo, J. Ekholm, J.-P.Jalkanen. Airborne emission measurements of SO_2, NOx and particles from individual ships using a sniffer technique. Atmos. Meas. Tech., 7, Volume 7, issue 7, 1957-1968, 2014.

Berg, N., Mellqvist, J., Jalkanen, J.P., Balzani, J. 2012. Ship emissions of SO_2 and NO_2: DOAS measurements from airborne platforms. Atmos. Meas. Tech., 55, 1085-1098.

Berkhout, A.J.C., Swart, D.P.J., van der Hoff, G.R., 2012. Sulphur dioxide emissions of oceangoing vessels measured remotely with Lidar, Rapport 609021119/2012, National Institute for Public Health and the Environment, Bilthoven, The Netherlands.

Bessagnet, B., Menut, L., Curci, G., Hodzic, A., Guillaume, B., Liousse, C., Moukhtar, S.,

Pun, B., Seigneur, C. Schulz, M., 2008. Regional modeling of carbonaceous aerosols over Europe— focus on secondary organic aerosols, Journal of Atmospheric Chemistry, 61, 175-202.

Buhaug, Ø., Corbett, J.J., Endresen, Ø., Eyring, V., Faber, J., Hanayama, S., Lee, D.S., Lindstad, H., Mjelde, A., Pålsson, C., Wanquing, W., Winebrake, J.J. Yoshida, K., 2009. Second IMO GHG Study 2009, International Maritime Organization, London, United Kingdom.

Ngô, C., J. Natowitz, Our energy future: resources, alternatives and the environment, volume 16, John Wiley & Sons, 2012.

California State Water Resources Control Board. 2002. Evaluation of ballast water treatment technology for control of nonindigenous aquatic organisms report To the California Legislature. 70 pp.

Campling, P., Janssen, L. Vanherle, K., 2012. Specific evaluation of emissions from shipping including assessment for the establishment of possible new emission control areas in European Seas, VITO, Mol, Belgium, September 2012.

Campling, P., van den Bossche, K., Duerinck, J., 2010. Market-based instruments for reducing air pollution Lot 2: Assessment of Policy Options to reduce Air Pollution from Shipping, Final Report for the European Commission's DG Environment http:// ec.europa.eu/environment/air/transport/pdf/MBI%20Lot%202.pdf.

Central Pollution Control Board. 2017. Ed. Bhawan, P., Nagar, E.A., Delhi-110032 July, 2017 Guidelines for Continuous Emission Monitoring Systems.

Chai, C., D. Zhang, Y. Yu, Y. Feng, M. S. Wong, Carbon footprint analyses of mainstream wastewater treatment technologies under di_erent sludge treatment scenarios in china, Water 7 (2015) 918-938.

Chang, C.C., Jia-Lin Wang,Chih-Yuan Chang,Mao-Chang Liang,Ming-Ren Lin. 2016. Development of a multicopter-carried whole air sampling apparatus and its applications in environmental studies. Chemosphere.Volume 144, 484-492.

Cheng, Y., Xiucheng Li, Ji Jia, Jixian Zhang, Kejia Lin, Xiao Liu, Yilong Li, Xiaofan Jiang. An Autonomous Aerial System for Air-Quality Surveillance and Alarm.China Intel Joint Labs.http://www.hotmobile.org/2014/papers/posters/cheng_autonomous.pdf.

Chong, Y.T., K. M. Teo, L. C. Tang, A lifecycle-based sustainability indicator framework for waste-to-energy systems and a proposed metric of sustainability, Renewable and Sustainable Energy Reviews 56 (2016) 797-809.

Dangelico, R.M., D. Pujari, Mainstreaming green product innovation: Why and how companies integrate environmental sustainability, Journal of Business Ethics 95 (2010) 471-486.

Sheng, D., Meng, Q., Li, Z. 2019. Optimal vessel speed and fleet size for industrial shipping services under the emission control area regulation. Transportation Research Part C: Emerging Technologies. 105 (2019), 37-53.

Dincer, I., Rosen, M. 1998. A worldwide perspective on energy, environment and sustainable development, International Journal of Energy Research 22 1998, 1305-1321.

Ding, G.K. 2008. Sustainable construction-the role of environmental assessment tools, Journal of environmental management 86 (2008), 451-464.

Downton, P. 2011. Building environmental performance assessment: Methods and tools, Environment Design Guide 2011, 8.

Ecorys, IDEA Consult, CE Delft, 2012. Green growth opportunities in the EU shipbuilding sector 152, 2012.

Edwards, G. Christopher Haskin. Measurement of Atmospheric Pollution Profiles using Drones. https://experiment.com/projects/measurement-of-atmospheric-pollution-profiles-using-drones.

EEA. 2012. The contribution of transport to air quality: TERM 2012: transport indicators tracking progress towards environmental targets in Europe, EEA Report No 10/2012, European Environment Agency.

EEA. 2013. Air quality in Europe—2012 report, EEA Report No 4/2012, European Environment Agency.

EIA. 2012. International Energy Statistics, Refined Petroleum Products, US Energy Information Administration EIA.

Energy Efficiency Directive, Directive 2012/27/eu of the European parliament and of the council of 25 October 2012 on energy efficiency, amending directives 2009/125/ec and 2010/30/eu and repealing directives 2004/8/ec and 2006/32, Official Journal, L 315 (2012), 1-56.

Entrop, A.G., H. J. H. Brouwers, Assessing the sustainability of buildings using a framework of triad approaches, Journal of Building Appraisal 5 (2010), 293-310.

European Environment Agency. 2013. The impact of international shipping o European Environment Agency. 2013. The impact of international shipping on European air quality and climate forcing. EEA Technical report No 4/2013. https://www.envirotech-online.com/news/environmental-laboratory/7/breaking_news/italian_conference_showcases_drone_air_monitoring_abilities/38023/.

Fedi, L. 2016. The European ships' Monitoring, Reporting and Verification MRV: Pre-evaluation of a Regional Regulation on Carbon Dioxide Inventory.

Fischer, T. 2014. Environmental Assessment, Critical Concepts in Built Environment Series, Taylor & Francis Group, 201.

Floerl, O. Ingles, G. 2003. Boat harbor design can exacerbate hull fouling. Austral Ecology 28, 116-127. Posted: Dec 07, 2005-08:53:31.

Formentini, M., Taticchi, P. 2016. Corporate sustainability approaches and governance mechanisms in sustainable supply chain management, Journal of Cleaner Production 112 2016 1920-1933.

Forsberg, A., Von Malmborg, F. 2004. Tools for environmental assessment of the built environment, Building and environment 39 2004 223-228.

Gallob, Joel. 2005. Ship breaking issues include invasive species, chemicals December 7,

2005. Newport News-Times. Newport Oregon.

Gilbert, P., Wilson, P., Walsh, C., Hodgson, P. 2016. The role of material effciency to reduce co 2 emissions during ship manufacture: A life cycle approach, Marine Policy 2016.

Globallast. 2001. Stopping the ballast water stowaways! Global Ballast Water Management Programme, Programme Coordination Unit, International Maritime Organization. London, England.

Godwin, Scott. 2005. Marine invasive species transported by vessel hull fouling: potential management approaches. Summary of presentation at Hull-Borne Invasive Species Workshop. May 11, 2005. San Francisco, CA.

Grewal, M.S., Weill, L.R., Andrews, A.P. 2007. Global Positioning Systems, Inertial Navigation, and Integration Second Edition. John Wiley & Sons, Inc., 2007.

Grosholz, Edwin. 2005. Recent biological invasion may hasten invasional meltdown by accelerating historical introductions _ PNAS _ January 25, 2005 _ vol. 102 _ no. 40188-1091.

Harish, C.R., Sunil, S.K. 2015. Energy consumption and conservation in shipbuilding, International Journal of Innovative Research and Development 4 2015.

Hasan, R., Impact of EEDI on Ship Design and Hydrodynamics, M.Sc Thesis, Chalmers University of Technology, Sweden, 2011.

Helsinki Commission Helcom Maritime. 2004. Correspondence group on ballast water, developing a draft proposal for a regional strategic action plan for the Baltic Sea area. Maritime Group Third Meeting Copenhagen, Denmark, 26-28 October 2004.

Hewitt, C., Campbell, M., Thresher, R., Martin, R., Boyd, S., Cohn, B., Currie, D., Goman, M., Keough, M., Lewis, J., Lockett, M., Mays, N., McArthur, M., O'Hara, T., Poore, G., Ross, D., Storey, M., Watson, J., Wilson, R. 2004. Introduced and cryptogenic species in Port Phillip Bay, Victoria, Australia. Marine Biology. 144, 183-202.

Horton, P., Koh, L., Guang, V. 2016. An integrated theoretical framework to enhance resource e_ciency, sustainability and human health in agri-food systems, Journal of Cleaner Production 120 (2016), 164-169.

Hua J. Shiu-Mei Liu. 2007. Butyltin in Ballast Water of Merchant Ships. Ocean Engineering. 3413:1901-1907.

IMO. 2014. Guidelines of the Method of Calculation of the Attained energy Efficiency Design Index EEDI for New Ships, Resolution MEPC. 24566.

International Organization for Standardization, ISO 9004: 2009: Managing for the Sustained Success of an Organisation: A Quality Management Approach, International Organization for Standardization, 2009.

Issa, I.I., D. C. Pigosso, T. C. McAloone, H. Rozenfeld, Leading productrelated environmental performance indicators: A selection guide and database, Journal of Cleaner Production 108 (2015), 321-330.

Ko, N., J. Gantner, Local added value and environmental impacts of ship scrapping in the context of a ship's life cycle, Ocean Engineering 2016.

Kowadlo, G., Russell, R.A. 2008. Robot Odor Localization: A Taxonomy and Survey. Int. J. Rob. Res., 278:869-894.

Krikkle, M., D. Annik, Analysis of the Effect of the New EEDI Requirements on Dutch Build and Flagged Ships, CMTI, July, 2011. Procedia Engineering 194 (2017), 362-369

Lam, J.S.L., K.-h. Lai, Developing environmental sustainability byanp-qfd approach: the case of shipping operations, Journal of Cleaner Production 105 (2015), 275-284.

Latino, A., D. Dreyer, Energy master planning toward net zero energy installation-portsmouth naval shipyard, ASHRAE Transactions 121 (2015), 160.

Wu, L., Wang, S. 2020. The shore power deployment problem for maritime transportation. Transportation Research Part E: Logistics and Transportation Review.

Lloyd's Register. 2017. Guidance on the EU MRV Regulation and the IMO DCS for Shipowners and Operators.

MEPC. 2016. Amendments to The Annex of The Protocol of 1997 to Amend The International Convention for The Prevention of Pollution from Ships, 1973, As modified by The Protocol of 1978 Relating Thereto Amendments to Marpol Annex VI Data collection system for fuel oil consumption of ships

Midilli, A., I. Dincer, M. Ay, Green energy strategies for sustainable development, Energy Policy 34 (2006), 3623-3633.

Ministry of Environment, Japan Government, Environmental performance indicators guideline for organizations 65 2003.

Misra, S., Sustainable development and ship life cycle, International Journal of Innovative Research and Development 1 (2012), 112-120.

Moldanová, J., E. Fridell, H. Winnes, S. Holmin-Fridell, J. Boman, A. Jedynska, V. Tishkova, B. Demirdjian, S. Joulie, H. Bladt, N. P. Ivleva, R. Niessner. Physical and chemical characterisation of PM emissions from two ships operating in European Emission Control Areas.Atmos. Meas. Tech., 612, 3577-3596, 2013.

Mwasha, A., R. G. Williams, J. Iwaro, Modeling the performance of residential building envelope: The role of sustainable energy performance indicators, Energy and buildings 43 (2011), 2108-2117.

N.R.C.U.C. on Industrial Environmental Performance Metrics, Industrial Environmental Performance Metrics: Challenges and Opportunities, National Academy Press, 1999.

Nelissen, D., Faber, J. 2014. Economic impacts of MRV of fuel and emissions in maritime transport. https://www.transportenvironment.org/sites/te/files/publications/CE_Delft_7B83_Economic_impacts_of_MRV_Def%20%281%29.pdf.

Paul, I., Bhole, G., Chaudhari, J. 2014. A review on green manufacturing: It's important, methodology and its application, Procedia Materials Science 6 (2014), 1644-1649.

Pirjola, L.A., Pajunoja, J., Walden, J.P., Jalkanen, T., Rönkkö, A., Kousa, T. 2014. Mobile measurements of ship emissions in two harbour areas in FinlandAtmos. Meas. Tech., 71, 149-161, 2014.

Prata, A.J. Measuring SO_2 ship emissions with an ultraviolet imaging camera. Atmos. Meas. Tech., 7, Volume 7, issue 5 1213-1229, 2014.

Pulli, J., Jonna, L., Kosomaa, H. 2013. Designing an environmental performance indicator for shipbuilding and ship dismantling 55(2013).

PWSRCAC Prince William Sound Regional Citizens' Advisory Council. 2005. Ballast Water Treatment Methods-Shore-Based Treatment, Options for Prince William Sound, Alaska. 1/29/05. 3 pp.

Ruiz, Greg and George Smith. 2005. Biological Study of Container Vessels at the Port of Oakland. A report submitted to the Port of Oakland Oakland, California by the Smithsonian Environmental Research Center, Edgewater, Maryland. 155 pp.

Schluter, B.A., M. B. Rosano, A holistic approach to energy e_ciency assessment in plastic processing, Journal of Cleaner Production 118 (2016), 19-28.

Simic, A., Energy Efficiency of Inland Waterway Self-Propelled Cargo Ships, Conference on Influence of EEDI on Ship Design, London, UK, 24-25 September, 2014.

Singh, S., E. U. Olugu, S. N. Musa, Development of sustainable manufacturing performance evaluation expert system for small and medium enterprises, Procedia CIRP 40 (2016), 609-614.

Song, Y.J., J. H. Woo, New shipyard layout design for the preliminary phase & case study for the green _eld project, International Journal of Naval Architecture and Ocean Engineering 5 (2013), 132-146.

Sousa, I., D. Wallace, Product classi_cation to support approximate life-cycle assessment of design concepts, Technological Forecasting and Social Change 73 (2006), 228-249.

Phillips, S. 2006. Management Technologies Shore Based Treatment Hull Fouling and NOBOBs Regulations Legislation. Ballast Water Issue Paper. Pacific States Marine Fisheries Commission.

Sun, Y.W. Liu, C., Chan, K.L., Xie, P.H., Liu, W.Q., Zeng, Y., Wang, S.M., Huang, S.H.,

Chen, J., Wang, Y.P., Si, F.Q. 2013. Stack emission monitoring using non-dispersive infrared spectroscopy with an optimized nonlinear absorption cross interference correction algorithm. Atmos. Meas. Tech., 68, 1993-2005.

Thurner, T.W., V. 2016. Roud, Greening strategies in Russia's manufacturing from compliance to opportunity, Journal of Cleaner Production 112 (2016), 2851-2860.

United Nations Climate Change, 2014, Handbook on Measurement, Reporting and Verification for Developing Country Parties.

US EPA. 2008. Bunker fuel information report, Global Trade and Fuels Assessment—Future Trends and Effects of Requiring Clean Fuels in the Marine Sector.

Warburton, P.R., Pagano, M.P., Hoover, R., Logman, M., Crytzer, K., Jin, Y. 1998. Amperometric Gas Sensor Response Times. Analytical Chemistry, 705: 998-1006.

Zamagni, A., Life cycle sustainability assessment, The International Journal of Life Cycle Assessment 17 (2012), 373-376.

Ziout, A., A. Azab, S. Altarazi, W. ElMaraghy, Multi-criteria decision support for sustainability assessment of manufacturing system reuse, CIRP Journal of Manufacturing Science and Technology 6 (2013), 59-69.

第四章　綠港

Athanasios, A., Pallis, G., Vaggelas, K. 2019. Inland and Seaside Sustainable Transportation Strategies. 2019, 255-273.

Lee, P., Chang, Y., Lai, K., Lun, Y., Cheng, T. 2018. Green shipping and port operations. Transportation Research Part D: Transport and Environment. 61(Part B), 231-233.

Liu, H., Meng, Z., Shang, Y., Lv, Z., Jin, X., Fu, M., He, K. 2018. Shipping emission forecasts and cost-benefit analysis of China ports and key regions'control, Environmental Pollution. 236, 49-59.

McNaught, F. 2005. Effectiveness of the International Ship and Port Facility Security ISPS code in addressing the maritime security threat. GEDDES, pp. 89-100.

Vakili, S.V., Ölçer, A.I., Ballini, F. 2020. The development of a policy framework to mitigate underwater noise pollution from commercial vessels: The role of ports. Marine Policy 120.

第五章　關鍵公約與法規

Becagli, S., Sferlazzo, D.M., Pace, G., Sarra, A.d., Bommarito, C., Calzolai, G., Ghedini, C., Lucarelli, F., Meloni, D., Monteleone, F., Severi, M., Traversi, R., Udisti, R., 2012. Evidence for ships emissions in the Central Mediterranean Sea from aerosol chemical analyses at the island of Lampedusa, Atmos. Chem. Phys. Discuss, 11, 29915-29947.

Beecken, J., J. Mellqvist, K. Salo, J. Ekholm, JP. Jalkanen. Airborne emission measurements of SO_2, NOx and particles from individual ships using a sniffer technique. Atmos. Meas. Tech., 7, Volume 7, issue 7 1957-1968, 2014.

Berg, N., Mellqvist, J., Jalkanen, J.P. 2012. Ship emissions of SO_2 and NO_2: DOAS measurements from airborne platforms, Atmospheric Measurement Techniques, 55, 1085-1098.

Berkhout, A.J.C., Swart, D.P.J., van der Hoff, G.R., 2012. Sulphur dioxide emissions of oceangoing vessels measured remotely with Lidar, Rapport 609021119/2012, National Institute for Public Health and the Environment, Bilthoven, The Netherlands.

Bessagnet, B., Menut, L., Curci, G., Hodzic, A., Guillaume, B., Liousse, C., Moukhtar, S., Pun, B., Seigneur, C. Schulz, M., 2008. Regional modeling of carbonaceous aerosols over Europe— focus on secondary organic aerosols, Journal of Atmospheric Chemistry, 61 175-202.

Buhaug, Ø., Corbett, J.J., Endresen, Ø., Eyring, V., Faber, J., Hanayama, S., Lee, D.S., Lindstad, H., Mjelde, A., Pålsson, C., Wanquing, W., Winebrake, J.J. Yoshida, K., 2009. Second IMO GHG Study 2009, International Maritime Organization, London, United Kingdom.

Campling, P., Janssen, L. Vanherle, K., 2012. Specific evaluation of emissions from shipping including assessment for the establishment of possible new emission control areas in European Seas, VITO, Mol, Belgium, September 2012.

Campling, P., van den Bossche, K., Duerinck, J., 2010. Market-based instruments for reducing air pollution Lot 2: Assessment of Policy Options to reduce Air Pollution from Shipping, Final Report for the European Commission's DG Environment http://ec.europa.eu/environment/air/transport/pdf/MBI%20Lot%202.pdf.

Chang, C.C., Jia-Lin Wang, Chih-Yuan Chang, Mao-Chang Liang, Ming-Ren Lin. 2016. Development of a multicopter-carried whole air sampling apparatus and its applications in environmental studies. Chemosphere. 144, 484-492.

Cheng, Y., Xiucheng Li, Ji Jia, Jixian Zhang, Kejia Lin, Xiao Liu, Yilong Li, Xiaofan Jiang. An Autonomous Aerial System for Air-Quality Surveillance and Alarm.China Intel Joint Labs. http://www.hotmobile.org/2014/papers/posters/cheng_autonomous.pdf

EEA. 2012. The contribution of transport to air quality: TERM 2012: transport indicators tracking progress towards environmental targets in Europe, EEA Report No 10/2012, European Environment Agency.

EIA. 2012. International Energy Statistics, Refined Petroleum Products, US Energy Information Administration EIA.

European Environment Agency. 2013. The impact of international shipping on European air quality and climate forcing. EEA Technical report No 4/2013.

Gritsenko, D. 2017. Regulating GHG Emissions from shipping: Local, global, or polycentric approach? Marine Policy. 842017, 130-133.

Jiang, X., J. Jia, G. Wu, and J. Z. Fang. Low-cost personal air-quality monitor. In Proceeding of the 11th Annual International Conference on Mobile Systems, Applications, and Services, Mobi Sys 2013, pages 491-492.

Kragesand, E., Hanna, H., Rasmussen, B., Lützen, M. 2020. Making shipping more carbon-friendly? Exploring ship energy efficiency management plans in legislation and practice. Energy Research & Social Science. Volume 65, July 2020, 101459.

Lööv, B., Alfoldy, B., Lagler, F. 2011, Why and how to measure remotely ship emissions, Climate Change and Air Quality Unit Seminars—Ispra 2011, Ispra, Italy.

Lööv, B., Alfoldy, L., Gast, J., Hjorth, F., Lagler, J., Mellqvist, J., Beecken, N., Berg, J., Duyzer, H., Westrate, D., Swart, A., Berkhout, J., Jalkanen, A., Prata, G., van der Hoff, A. 2014. Field test of available methods to measure remotely SOx and NOx emissions from ships. Atmos. Meas. Tech., 78, 2597-2613.

Moldanová, J., E. Fridell, H. Winnes, S. Holmin-Fridell, J. Boman, A. Jedynska, V. Tishkova, B. Demirdjian, S. Joulie, H. Bladt, N. P. Ivleva, R. Niessner. Physical and chemical characterisation of PM emissions from two ships operating in European Emission Control Areas.Atmos. Meas. Tech., 612, 3577-3596, 2013.

Pirjola, L. A. Pajunoja, J. Walden, JP. Jalkanen, T. Rönkkö, A. Kousa, T. Koskentalo. Mobile measurements of ship emissions in two harbour areas in FinlandAtmos. Meas. Tech., 71, 149-161, 2014.

Prata, A.J. Measuring SO_2 ship emissions with an ultraviolet imaging camera. Atmos. Meas. Tech., 7, Volume 7, issue 5 1213-1229, 2014.

UNCTAD. 2011. Review of Maritime Transport, 2011 edition, United Nations Conference on Trade And Development.

US EPA. 2008. Bunker fuel information report, Global Trade and Fuels Assessment—Future Trends and Effects of Requiring Clean Fuels in the Marine Sector

華健。1996。船運綠化之趨勢。船舶科技，第十八期，pp.14-27。

華健。2003。控管壓艙水中之有害水生物。船舶科技。第三十期，pp.13-27。

華健。2006。茱蚵和它的偷渡夥伴。中國時報。95.10.30

第六章　海運替代能源

Aakko-Saksaa, P.T., C. Cook, J. Kiviaho, T. Repo. 2018, Liquid organic hydrogen carriers for transportation and storing of renewable energy, Journal of Power Sources, Volume 396, 31 August 2018.

Afgan, N.H., P.A. Pilavachi, M. G. Carvalho. 2007. Multi-criteria evaluation of natural gas resources. Energy Policy, Volume 35, Issue 1, 01 2007: 704-713.

Altmann, M., M. Weinberger, W. Weindorf. 2004. Life Cycle Analysis Results of Fuel Cell Ships. Recommendations for improving cost effectiveness and reducing environmental impacts.

Ammonia Energy, Bunker Ammonia: carbon-free liquid fuel for ships, https://www. ammoniaenergy.org/bunker-ammonia-carbon-free-liquid-fuel-for-ships/. Accessed in 2019.

Anderson, M., Salo, K., Fridell, E. Particle-and Gaseous Emissions from an LNG Powered Ship. Environ. Sci. Technol. 2015, 49, 12568-12575. Sustainability 2020, 12, 3265 20 of 20.

Arteconi, A., Brandoni, C., Evangelista, D., Polonara, F. Life-cycle greenhouse gas analysis of LNG as a heavy vehicle fuel in Europe. Appl. Energy 2010, 87, 2005-2013.

Asche, F., P. Osmundsen, R. Tveterås. 2000. Market Integration for Natural Gas in Europe. Bergen: SNF-Report No. 45/00, 2000.

Ash, N., Scarbrough, T. Sailing on Solar: Could Green Ammonia Decarbonise International Shipping, Environmental Defense Fund: London, UK, 2019.

Astbury, G.R., 2008. A review of the properties and hazards of some alternative fuels. Process Safety and Environment Protection Journal, 866, 397-414.

Balcombe, P., Brierley, J., Lewis, C., Skatvedt, L., Speirs, J., Hawkes, A., Staffell, I. How to decarbonise international shipping: Options for fuels, technologies and policies. Energy Convers. Manag. 2019, 182, 72-88.

Banawan, A.A., Morsy El Gohary, M., Sadek, I.S., 2010. Environmental and economical benefits of changing from marine diesel oil to natural-gas fuel for short-voyage high-power passenger ships. Journal of Engineering for the Mari-time Environment, 2242,

103-113.

Ben Brahim, T., Wiese, F., Münster, M. Pathways to climate-neutral shipping: A Danish case study. Energy 2019, 188.

Bengtsson, S., Andersson, K., Fridell, E. A comparative life cycle assessment of marine fuels: Liquefied natural gas and three other fossil fuels. Proc. Inst. Mech. Eng. Part M J. Eng. Marit. Environ. 2011, 225, 97-110.

Bengtsson, S.A.K., Ellis, J., Haraldsson, L., Ramne, B., Stefenson, P. Criteria for Future Marine Fuels. In Proceedings of the IAME 2012 Conference, Taipei, Taiwan, 6-8 September 2012.

Bicer, Y., Dincer, I. Environmental impact categories of hydrogen and ammonia driven transoceanic maritime vehicles: A comparative evaluation. Int. J. Hydrogen Energy 2018, 43, 4583-4596.

Boretti, A. Advances in hydrogen compression ignition internal combustion engines. Int. J. Hydrogen Energy 2011, 36, 12601-12606.

Boretti, A. Advances in Turbocharged Racing Engines, Product Code PT-199, SAE International: Warrendale, PA, USA, 2019, p. 236.

Boretti, A. Advantages and Disadvantages of Diesel Single and Dual-Fuel Engines. Front. Mech. Eng. 2019, 5, 64.

Boretti, A. Advantages of converting diesel engines to run as dual fuel ethanol-diesel. Appl. Therm. Eng. 2012, 47, 1-9.

Boretti, A. Novel dual fuel diesel-ammonia combustion system in advanced TDI engines. Int. J. Hydrogen Energy 2017, 42, 7071-7076.

Boretti, A. Numerical study of the substitutional diesel fuel energy in a dual fuel diesel-LPG engine with two direct injectors per cylinder. Fuel Process. Technol. 2017, 161, 41-51.

Boretti, A. Perspectives of production of hydrogen for export from wind and solar energy, natural gas, and coal in Australia. Int. J. Hydrogen Energy 2020.

Boretti, A. Super turbocharging the direct injection diesel engine. Nonlinear Eng. 2018, 7, 17-27.

Boretti, A., Nayfeh, J., Al-Kouz, W. Computation of storage power and energy to stabilize a wind-and-solar-only Australian National Electricity Market grid. Energy Storage 2020.

Bouman, E.A., Lindstad, E., Rialland, A.I., Strømman, A.H. State-of-the-art technologies, measures, and potential for reducing GHG emissions from shipping—A review. Transp. Res. Part D Transp. Environ. 2017, 52, 408-421.

Brinks, H., C. Chryssakis. 2017. LPG as a marine fuel, Group technology & research, position paper 2017.

Brown, T. Green Ammonia: Haldor Topsoe's Solid Oxide Electrolyzer, Ammonia Industry: Brooklyn, NY, USA, 2019, Volume 2020.

Brynolf, S. 2017. Cost-effective choices of marine fuels in a carbon-constrained world: Insights from the Global Energy Transition GET model.

Brynolf, S., Fridell, E., Andersson, K. Environmental assessment of marine fuels: Liquefied natural gas, liquefied biogas, methanol and bio-methanol. J. Clean. Prod. 2014, 74, 86-95.

Chen, H., He, J., Zhong, X. 2019. Engine combustion and emission fuelled with natural gas: A review. Journal of the Energy Institute. Volume 92, Issue 4, August 2019, Pages 1123-1136.

Chryssakis, C., H. Brinks, T. King. 2015. The fuel trilemma: Next generation of marine fuels, DNV GL strategic research & innovation position paper 03-2015.

Chryssakis, C., O Balland, H.A. Tvete, and A. Brandsæter. 2014. Alternative Fuels for Shipping DNV GL strategic research & innovation position paper 1-2014.

Chryssakis, C., S. Stahl. 2013. Well-To-Propeller Analysis of Alternative Fuels for Maritime Applications paper no. 265, CIMAC.

Corbett, J.J., J.J. Winebrake 2018, Life cycle analysis of the use of methanol for marine transportation, prepared for U.S. Department of Transportation, Maritime Administration.

Corbett, J.J., Winebrake, J.J., Green, E.H., Kasibhatla, P., Eyring, V., Lauer, A., Mortality from ship emissions: a global assessment. Environmental Science & Technology 4124:8512-8518, 2008.

CSR Netherlands. Ship 2040: Pioneers of the Maritime Sector, MVO Nederland: Utrecht, the Netherlands, 2017.

Dalsøren, S. Eide, M., Endresen, Ø., Mjelde, A., Gravir, G., Isaksen, I.S.A. 2009. Update on emissions and environmental impacts from the international fleet: The contribution from major ship types and ports, Atmospheric Chemistry and Physics, 9, 2171-2194.

Danish Maritime Authority. North European LNG Infrastructure Project—A Feasibility Study for an LNG Filling Station Infrastructure and Test of Recommendations, The Danish Maritime Authority: Copenhagen, Denmark, 2012.

De Vries, N. 2019. Safe and Effective Application of Ammonia as a Marine Fuel, Delft University of Technology: Delft, The Netherlands, 2019.

Deniz, C., Zincir, B. 2016. Environmental and economical assessment of alternative marine fuels. J. Clean. Prod. 2016, 113, 438-449.

Dincer, I. 2008. Hydrogen and fuel cell technology for sustainable future. Journal of Mechanical and Industrial Engineering, 21, pp.1-14.

DNV GL. 2012. Alternative fuels for maritime applications, DNV Internal Report No. 2011-1449, 2012.

DNV GL. 2017. Study on the use of fuel cells in shipping, for European Maritime Safety Agency EMSA.

DNV GL. 2018. Alternative fuels in shipping-Position paper.

DNV GL. 2018. Alternative Fuels whitepaper.

DNV GL. 2018. Assessment of selected alternative fuels and technologies, DNV GL position paper.

DNV GL. 2018. Maritime Forecast to 2050. Energy transition outlook 2018, Past and Present Shipping, https://eto.dnvgl.com/2018/maritime.

DNV GL. 2019. Comparison of Alternative Marine Fuels, DNV GL AS Maritime: Høvik, Norway, 2019.

Eason, C. 2014. Gas-powered shipping rules agreed at IMO. http://worldmaritimenews. com/archives/163680/imo-adopts-new-code-for-gas-fuelled-ships/

Ecofys. 2012. Potential of biofuel for shipping.

Ecofys. 2015. Potential for Shore side electricity in Europe.

Einang, P.M. 2009. LNG as a fuel for ships in Short Sea Shipping. Marintek Review. http://www.sintef.no/upload/MARINTEK/Review%202-2009/MR-2_2009.pdf accessed 03 23, 2010.

El Hannach, M., Ahmadi, P., Guzman, L., Pickup, S., Kjeang, E. Life cycle assessment of hydrogen and diesel dual-fuel class 8 heavy duty trucks. Int. J. Hydrogen Energy 2019, 44, 8575-8584.

Faghani, E., Kheirkhah, P., Mabson, C., McTaggart-Cowan, G., Kirchen, P., Rogak, S. Effect of Injection Strategies on Emissions from a Pilot-Ignited Direct-Injection Natural-Gas Engine—Part I: Late Post Injection, SAE Technical Paper 2017-01-0774, SAE: Warrendale, PA, USA, 2017.

Fevre, C.N.L. 2018, A review of demand prospects for LNG as a marine transport fuel, Oxford Institute for Energy Studies, ISBN 978-1-78467-114-3.

Florea, R., Neely, G., Abidin, Z., Miwa, J. Efficiency and Emissions Characteristics of Partially Premixed Dual-Fuel Combustion by Co-Direct Injection of NG and Diesel Fuel DI2, SAE Technical Paper 2016-01-0779, SAE: Warrendale, PA, USA, 2016.

Georgeff, E., Mao, X., Rutherford, D. Osipova, L. 2020. Liquid hydrogen refueling infrastructure to support a zero-emission U.S.-China container shipping. INTERNATIONAL COUNCIL ON CLEAN TRANSPORTATION. Working Paper 2020-2024.

Giddey, S., Badwal, S.P.S., Munnings, C., Dolan, M. Ammonia as a Renewable Energy Transportation Media. ACS Sustain. Chem. Eng. 2017, 5, 10231-10239.

Gilbert, P., Walsh, C., Traut, M., Kesieme, U., Pazouki, K., Murphy, A. Assessment of full life-cycle air emissions of alternative shipping fuels. J. Clean. Prod. 2018, 172, 855-866.

Grahn, M., M. Taljegård, S. Bengtsson, K.ersson, H. Johnson. 2013. Cost-effective choices of marine fuels under stringent carbon dioxide targets.

Gross, C.W., Kong, S.C. Performance characteristics of a compression-ignition engine using direct-injection ammonia-DME mixtures. Fuel 2013, 103, 1069-1079.

Haifeng Wang. 2014. The end of the era of heavy fuel oil in maritime shipping. The International Council on Clean Transportation.

Halim, R., Kirstein, L., Merk, O., Martinez, L. Decarbonization Pathways for International Maritime Transport: A Model-Based Policy Impact Assessment. Sustainability 2018, 10, 2243.

Hansson, J., M. Grahn, and S. Månsson. 2017. Assessment of the possibilities for selected alternative fuels for the maritime sector, conference proceedings, Shipping in Changing Climates SCC, London, September 2017.

Hansson, J., Månsson, S., Brynolf, S., Grahn, M. 2019. Alternative marine fuels: Prospects based on multi-criteria decision analysis involving Swedish stakeholders. Biomass and Bioenergy. Volume 126, July 2019, Pages 159-173.

Hansson, J.F.E., Brynolf, S. On the Potential of Ammonia as Fuel for Shipping—A Synthesis of Knowledge, Lighthouse—Hållbar Sjöfart: Gothenburg, Sweden, 2020.

Heywood, J. Internal Combustion Engine Fundamentals 2E, McGraw Hill Professional: New York, NY, USA, 2018, p. 1056.

Hochman, G.G.A., Felder, F.A., Mayer, J., Miller, A., Holland, P.L. The Potential Economic Feasibility of Direct Electrochemical Nitrogen Reduction as a Route to Ammonia, ChemRxiv: New Jersey, NJ, USA, 2019.

Hsieh, C.C., C. Felby. 2017. Biofuels for the marine shipping sector, IEA Bioenergy.

Hu, B., Akehurst, S., Lewis, A.G., Lu, P., Millwood, D., Copeland, C., Chappell, E., De Freitas, A., Shawe, J., Burtt, D. Experimental analysis of the V-Charge variable drive supercharger system on a 1.0 L GTDI engine. Proc. Inst. Mech. Eng. Part D: J. Automob. Eng. 2018, 232, 449-465.

ICCT. Reducing Greenhouse Gas Emissions from Ships—Cost Effectiveness of Available Options, White Paper Number 11, International Council on Clean Transportation: Washington DC, WA, USA, 2011.

IEA. 2018. World Energy Prices, An Overview. DNV GL-Report No. 2019-0567, Rev. 3-www.dnvgl.com Page 57.

IMO MEPC. 2009. Prevention of air pollutants from ships, Second IMO GHG Study 2009.

IMO. 2007. Report on the outcome of the comprehensive study undertaken by the informal cross government/industry scientific group of experts established to evaluate the effects of the different fuel options proposed under the revision of MARPOL Annex VI. BLG 12/6/1, 20 December, 2007.

IMO. 2013. Energy efficiency and the the reduction of GHG emissions from ships. http://www.imo.org/MediaCentre/HotTopics/GHG/Pages/default.aspx

IMO. 2018. Adoption of the Initial IMO Strategy on Reduction of GHG Emissions from Ships and Existing IMO Activity Related to Reducing GHG Emissions in the Shipping Sector, Note by the International Maritime Organization to the UNFCCC Talanoa Dialogue, International Maritime Organization: London, UK, 2018, pp. 1-27.

International Council on Clean transportation ICCT 2017, Greenhouse gas emissions from global shipping, 2013-2015.

International Gas Union IGU 2018, 2018 World LNG Report. 27th World Gas Conference Edition.

IRENA. 2018, Hydrogen from renewable power-Technology outlook for the energy transition.

Jiménez, F., Espadafora M.Torres GarcíaaJ.Becerra VillanuevaaJ.Moreno Gutiérrezb. The viability of pure vegetable oil as an alternative fuel for large ships. Transportation Research Part D: Transport and Environment. Volume 14, Issue 7, October 2009, Pages 461-469

Kang, D.W., Holbrook, J.H. Use of NH_3 fuel to achieve deep greenhouse gas reductions from US transportation. Energy Rep. 2015, 1, 164-168.

Kirstein, L., Halim, R., Merk, O. Decarbonising Maritime Transport─Pathways to Zero-Carbon Shipping by 2035, OECD International Transport Forum: Paris, France, 2018.

Klüssmann, J.N., Ekknud, L.R., Ivarsson, A., Schramm, J. The Potential for Ammonia as a Transportation Fuel─A Literature Review, The Technical University of Denmark DTU: Lyngby, Denmark, 2019.

Lan, R., Tao, S. Ammonia as a Suitable Fuel for Fuel Cells. Front. Energy Res. 2014, 2.

Le Fevre, C.N. 2018. A review of demand prospects for LNG as a marine transport fuel. The Oxford Institue for Energy Studies. OIES PAPER: NG 133.

Lloyd's Register 2014, Global Marine Fuel Trends 2030.

Lloyd's Register and University Maritime Advisory Services UMAS. Zero-Emission Vessels 2030. How Do We Get There, Lloyd's Register Group Limited: London, UK, 2017.

LMG Marin, CMR Prototech, Norsk Energi 2016, Potensialstudie-Energieffektiv og klimavennlig passasjerbåtdrift.

Lövdahl, J., Magnusson, M. Evaluation of Ammonia as a Potential Marine Fuel, Department of Mechanics and Maritime Technology, Chalmers University of Technology: Gothenburg, Sweden, 2019.

Lowell, D.W., Lutsey, N. Assessment of the Fuels Cycle Impacts of Liquefied Natural Gas as Used in International Shipping, The International Council on Clean Transportation: Washington DC, WA, USA, 2013.

MAN 2013. Costs and Benefits of LNG as a Ship Fuel for Container Vessels. MAN & GL joint study.

MAN 2016. Costs and Benefits of Alternative Fuels for an LR1 Product Tanker. Key results from a DNV GL and MAN Diesel & Turbo joint study.

MAN B&W 2018. MAN B&W ME-LGIP dual-fuel engines.

MAN Energy Solutions. Engineering the Future Two-Stroke Green-Ammonia Engine, MAN Energy Solutions: Copenhagen, Denmark, 2019.

MariGreen. 2018. Perspectives for the Use of Hydrogen as Fuel in Inland Shipping. A Feasibility Study.

MARINTEK, Study of Greenhouse Gas Emissions from Ships, Final report to the IMO 2000, 2000.

Svanberga, M. Renewable methanol as a fuel for the shipping industry, Renewable and Sustainable Energy Reviews. Volume 94, October 2018, Pages 1217-1228.

Nelissen, D., Faber, J., Veen, R.v.d., Grinsven, A.v., Shanthi, H., Toorn, E.v.d. Availability and Costs of Liquefied Bio-and Synthetic Methane—The Maritime Shipping Perspective, CE Delft: Delft, The Netherlands, 2020.

Neste. 2016 Renewable Diesel Handbook, https://www.neste.com/sites/default/files/attachments/neste_renewable_diesel_handbook.pdf

NGV Global. Current Natural Gas Vehicle Statistics. 2019. Available online: www.iangv.org/current-ngvstats/ accessed on 16 December 2019.

OECD/IEA 2011, Technology Roadmap. Biofuels for transport.

OECD/IEA 2015, Technology Roadmap. Hydrogen and Fuel Cells.

OECD/ITF 2018, Decarbonising Maritime Transport. Pathways to zero-carbon shipping by 2035.

Olmer, N.C., Roy, B., Mao, X., Rutherford, D. Greenhouse Gas Emissions from Global Shipping, 2013-2015, International Council on Clean Transportation: Washington, DC, USA, 2017.

Osorio-Tejada, J., Llera, E., Scarpellini, S. LNG: An alternative fuel for road freight transport in Europe. WIT Trans. Built Environ. 2015, 168, 235-246.

Pavlenko, N., Comer, B., Zhou, Y., Clark, N., Rutherford, D. 2020. The climate implications of using LNG as a marine fuel. International Council on Clean Transporation Working paper.

Pochet, M., Truedsson, I., Foucher, F., Jeanmart, H., Contino, F. Ammonia-Hydrogen Blends in Homogeneous-Charge Compression-Ignition Engine. SAE Tech. Pap. 2017.

Psaraftis, H.N. Ship routing and scheduling: The cart before the horse conjecture. Marit. Econ. Logist. 2017, 21, 111-124.

Ren, J., Liang, H. Measuring the sustainability of marine fuels: A fuzzy group multi-criteria decision making approach. Transp. Res. Part D Transp. Environ. 2017, 54, 12-29.

Ren, J., Lützen, M. Selection of sustainable alternative energy source for shipping: Multi-criteria decision making under incomplete information. Renew. Sustain. Energy Rev. 2017, 74, 1003-1019.

Sharafian, A., P. Blomerus, and W. Mérida. 2019. Natural gas as a ship fuel: Assessment of greenhouse gas and pollution reduction potential, Energy Policy, under review.

Sharples, J. 2019. LNG Supply Chains and the Development of LNG as a Shipping Fuel in Northern Europe.

Shell 2019, Shell LNG Outlook 2019.

Shell/Wuppertal Institut 2017, Shell Hydrogen Study. Energy of the Future? Sustainable Mobility through Fuel Cells and H2.

Sheng-chao, R., Yi-huai, H. Technical Features of LNG Dual-Fuel Diesel Engine on Inland Ships. Ship Stand. Eng. 2014, 3.

Shipman, M.A., Symes, M.D. Recent progress towards the electrosynthesis of ammonia from sustainable resources. Catal. Today 2017, 286, 57-68.

Smajla, I., Karasalihovi c Sedlar, D., Drlja˘ca, B., Juki c, L. Fuel Switch to LNG in

Heavy Truck Traffic. Energies 2019, 12, 515.

Soloveichik, G. Electrochemical synthesis of ammonia as a potential alternative to the Haber-Bosch process. Nat. Catal. 2019, 2, 377-380.

Song, H., Ou, X., Yuan, J., Yu, M., Wang, C. Energy consumption and greenhouse gas emissions of diesel/LNG heavy-duty vehicle fleets in China based on a bottom-up model analysis. Energy 2017, 140, 966-978.

Speirs, J., P. Balcombe, P. Blomerus, M. Stettler, N. Brandon, and A. Hawkes. 2019. Can Natural Gas Reduce Emissions From Transport?.

Standard ISO 8217:2012, 5th Edition, ISO, Revised specification of marine fuels.

Stefana, E., Marciano, F., Alberti, M. Qualitative risk assessment of a Dual Fuel LNG-Diesel system for heavy-duty trucks. J. Loss Prev. Process Ind. 2016, 39, 39-58.

Stenersen, D., O. Thonstad. 2017. GHG and NOx Emissions from Gas-fuelled Engines: Mapping, Verification, Reduction Technologies.

Stephen H. Crolius. 2020. Ammonia, Hydrogen P2X2P Demonstrations Slated for Europe. https://www.ammoniaenergy.org/articles/ammonia-hydrogen-p2x2p-demonstrations-slated-for-europe/

Taljegård, M., S. Brynolf, J. Hansson, R. Hackl, M. Grahn, K.ersson. 2015. Electrofuels-A possibility for shipping in a low carbon future?.

Taljegard, M., Brynolf, S., Grahn, M., Andersson, K., Johnson, H. Cost-Effective Choices of Marine Fuels in a Carbon-Constrained World: Results from a Global Energy Model. Environ. Sci. Technol. 2014, 48, 12986-12993. [PubMed]

Fiat MultiJet II-The Next Generation Green Diesel Engine Technology. 2011. Available online: www.techlineinfo.com/fiat-multijet-ii-the-next-generation-green-diesel-enginetechnology/ accessed on 16 December 2019.

Thinkstep AG. 2019. Life Cycle GHG Emission Study on the Use of LNG as Marine Fuel.

Transport and Environment 2018. Roadmap to decarbonizing European shipping. /79/

UMAS 2018, LNG as a Marine Fuel in the EU, Market, Bunkering Infrastructure Investments and Risks in the Context of GHG Reductions.

Traut, M., Larkin, A., Anderson, K., McGlade, C., Sharmina, M., Smith, T. CO_2 abatement goals for international shipping. Clim. Policy 2018, 18, 1066-1075.

Tronstad, T., Ø. Endresen, 2006. Modelling Economic Break-Even Conditions for Fuel Cells in Merchant Ships.WHEC, June 2006.

Tronstad, T., Åstrand, H.H., Haugom, G.P., Langfeldt, L. Study on the Use of Fuel Cells in Shipping, European Maritime Safety Agency EMSA, DNV GL Maritime: Hamburg, Germany, 2017.

Unseki, T. Environmentally superior LNG-Fueled vessels. Mitsubishi Heavy Ind. Tech. Rev. 2013, 50, 37-43.

Valera-Medina, A., Xiao, H., Owen-Jones, M., David, W.I.F., Bowen, P.J. Ammonia for power. Progress Energy Combust. Sci. 2018, 69, 63-102.

Van Biert, L., Godjevac, M., Visser, K., Aravind, P.V. A review of fuel cell systems for maritime applications. J. Power Sources 2016, 327, 345-364.

Veldhuis, I.J.S., Richardson, R.N. Ston, H.B.J., 2007. Hydrogen fuel in a marine environment. International Journal of Hydrogen Energy, 3213, pp.2553-2566.

Verbeek, R., G. Kadijk, P. Van Mensch, C. Wulffers, B. Van den Beemt, F. Fraga. 2011. Environmental and economic aspects of using LNG as a fuel for shipping in the Netherlands. TNO Report-2011-00166.48 pp.

Wan, C., Yan, X., Zhang, D., Shi, J., Fu, S., Ng, A.K. Emerging LNG-fueled ships in the Chinese shipping industry: A hybrid analysis on its prospects. WMU J. Marit. Aff. 2015, 14, 43-59.

Wang, C., Corbett, J.J., Firestone, J., 2008. Improving spatial representation of global ship emissions inventories. Environmental Science & Technology 421:193-199, 2008.

Wang, S.X., Huang, X.H., Jiang, S.Y. The experimental study on diesel-LNG dual fuel marine diesel engine. Ship Sci. Technol. 2011, 33, 79-81.

Wang, S.X., Zhang, J., Jiang, S.Y. Experimental Study on the Load Characteristics of Diesel-LNG Hybrid Diesel Engines. Adv. Mater. Res. 2012, 356, 1375-1378.

Welaya, Y.A., Morsy El Gohary, M. Ammar, N.R., 2011. A comparison between fuel cells and other alternatives for marine electric power generation. International Journal of Naval Architecture and Ocean Engineering, 32, pp.141-149.

Westport HPDI 2.0 on Track for Commercial Production. 2015. Available online: www.westport.com/news/2015/westport-hpdi-2.0-on-track-for-commercial-production accessed on 16 December 2019. Appl. Sci. 2020, 10, 1296 27 of 28

WLPGA 2016, Annual Report 2016.

WLPGA 2017, LPG for Marine Engines-The Marine Alternative Fuel.

Wood, S., Cowie, A. A Review of Greenhouse Gas Emission Factors for Fertilizer Production, Cooperative Research Centre for Greenhouse Accounting: Research and Development Division, State Forests of New South Wales, NSW Department of Primary Industries: Armidale, Australia, 2004.

Yinsheng, P., Yimin, Z., Dongbo, C., Xuling, W., Guowei, H., Hongchuan, H. Investigation on Improvement of Exhaust Emission from Diesel Engines with EGR. Chin. Intern. Combust. Engine Eng. 2000, 1, 122-129.

Yousefi, A., Guo, H., Birouk, M. Effect of diesel injection timing on the combustion of natural gas/diesel dual-fuel engine at low-high load and low-high speed conditions. Fuel 2019, 235, 838-846.

Yuquan, D., Qiushuang, C., Xiongwen, Q., Lei, L. Richard, Y.K., 2011. Berth considering fuel consumption and vessel emissions. Transportation Research Part E: Logistics and Transportation Review, 476, pp.1021-1037.

Zamfirescu, C., Dincer, I. Ammonia as a green fuel and hydrogen source for vehicular applications. Fuel Process. Technol. 2009, 90, 729-737.

Zhang, B., Mazlan, S., Jiang, S., Boretti, A. Numerical Investigation of Dual Fuel Diesel-CNG Combustion on Engine Performance and Emission, SAE Technical Paper

2015-01-0009, SAE: Warrendale, PA, USA, 2015.

Zhang, C., Zhou, A., Shen, Y., Li, Y., Shi, Q. Effects of combustion duration characteristic on the brake thermal efficiency and NOx emission of a turbocharged diesel engine fueled with diesel-LNG dual-fuel. Appl. Therm. Eng. 2017, 127, 312-318.

Zheng, J., Wang, J., Zhao, Z., Wang, D., Huang, Z. Effect of equivalence ratio on combustion and emissions of a dual-fuel natural gas engine ignited with diesel. Appl. Therm. Eng. 2019, 146, 738-751.

Zhou, Y., Pavlenko, N., Rutherford, D., Osipova, L., Comer, B. 2020. The potential of liquid biofuels in reducing ship emissions. The International Council on Clean Transportation ICCT Working Paper.

第七章 綠造船廠與綠船公司

Kim, H. 2015. Eco-friendly Ship Eco-Ship, Korea's Future! Industry and Commerce Committee. KIM, S. 2015 Korea's shipbuilding industry goes into eco-friendly ship research. Available at: http://www.greenplatform.re.kr/frt/center/news/wzinFocus.do?pageMode=V iew&nttId=22318.

Lee, T., Namb, H. 2017. A Study on Green Shipping in Major Countries: In the View of Shipyards, Shipping Companies, Ports, and Policies. The Asian Journal of Shipping and Logistics 334 2017 253-262.

Yang, C. S. 2017 An analysis of institutional pressures, green supply chain management, and green performance in the container shipping context. Transportation Research Part D: Transport and Environment.

Yuen, K. F. Lim, J. M. 2016. Barriers to the implementation of strategic corporate social responsibility in shipping, The Asian Journal of Shipping and Logistics, Vol. 32, No. 1, pp. 49-57.

Yuen, K. F., Wang, X., Wong, Y. D. Zhou, Q. 2017. Antecedents and outcomes of sustainable shipping practices: The integration of stakeholder and behavioural theories,

Transportation Research Part E: Logistics and Transportation Review, No. 108, pp. 18-35.

Park, C. 2016-2020 Ship fuel regulation, shipping, shipbuilding business?. Available at: http://m.moneys.mt.co.kr/view.html?no=2016110321268081228#cb

第八章 透過經濟與政治追求永續海運

Abbasov, F. EU Shipping's Climate Record. Available online: https://www.trans-portenvironment.org/sites/te/ files/publications/Study-EU_shippings_climate_re-cord_20191209_final.pdf accessed on 25 March 2020.

Action Plan for Implementing the IMO GHG Strategy and Candidate Measures Sub-mitted by Antigua and Barbuda, Kenya, Marshall Islands, Palau, Solomon Islands, Tonga, Tuvalu ISWG-GHG 4/2/3, IMO: London, UK, 2018. 45.

Balcombe, P., Brierley, J., Lewis, C., Skatvedt, L., Speirs, J., Hawkes, A., Staffell, I. How to decarbonise international shipping: Options for fuels, technologies and poli-cies. Energy Convers. Manag. 2019, 182, 72-88.

BHP Group, Limited BW Group, DNB, DNV GL-Maritime. Carbon Levy Evaluation-Could a Carbon Levy in Shipping be an Effective Way to Help, Global Maritime Fo-rum: Singapore, 2019.

Buhaug, Ø., Corbett, J.J., Endresen, Ø., Eyring, V., Faber, J., Hanayama, S., Lee, D.S., Lee, D., Lindstad, H., Markowska, A.Z., et al. Second IMO GHG Study 2009. Avail-able online: http://www.imo.org/en/OurWork/Environment/PollutionPrevention/Air-Pollution/Documents/ SecondIMOGHGStudy2009.pdf accessed on 25 March 2020.

Cariou, P. Is slow steaming a sustainable means of reducing CO_2 emissions from con-tainer shipping? Transp. Res. Part D 2011, 16, 260-264.

Cariou, P., Cheaitou, A. The effectiveness of a European speed limit versus an interna-tional bunker-levy to reduce CO_2 emissions from container shipping. Transp. Res. Part D 2012, 17, 116-123.

Chai, K.-H., Lee, X.N., Gaudin, A. A Systems Perspective to Market-Based Mechanisms MBM Comparison for International Shipping. Ssrn Electron. J. 2019.

Christodoulou, A., Gonzalez-Aregall, M., Linde, T., Vierth, I., Cullinane, K. Targeting the reduction of shipping emissions to air. Marit. Bus. Rev. 2019, 4, 16-30.

Corbett, J.J., Wang, H., Winebrake, J.J. The effectiveness and costs of speed reductions on emissions from international shipping. Transp. Res. Part D 2009, 14, 593-598.

Devanney, J.W. The Impact of EEDI on VLCC Design and CO_2 Emissions. Center for Tankship Excellence, USA, 2010. Available online: www.c4tx.org accessed on 25 March 2020.

DNV GL. Maritime Forecast to 2050 Energy Transition Outlook 2019. Available online: https: //eto.dnvgl.com/2019/Maritime/forecast accessed on 25 March 2020.

EC. 2013. Proposal from the Commission to the European Parliament and Council for the Inclusion of GHG Emissions from Maritime Transport in the EU's Reduction Commitments Impact Assessment Parts I II. Available online: https://doi.org/10.1017/CBO9781107415324.004 accessed on 25 March 2020.

Ehlers, S., Asbjørnslett, B.E., Rødseth, Ø.J., Berg, T.E. Maritime-Port Technology and Development, CRC Press/ Balkema: EH Leiden, The Netherlands, 2014.

Eide, M.S., Endresen, Ø., Skjong, R., Longva, T., Alvik, S. Cost-effectiveness assessment of CO_2 reducing measures in shipping. Marit. Policy Manag. 2009, 36, 367-384.

EU. The European Green Deal EN. In Proceedings of the Communication from the Commission to the European Parliament, the European Council, the Council, the European Economic and Social Committee and the Committee of the Regions, London, UK, 30 March 2019.

Faber, J., Huigen, T., Nelissen, D. Regulating Speed: A Short-term Measure to Reduce Maritime GHG Emissions. 2017. Available online: www.cedelft.eu accessed on 25 March 2020.

Faber, J., Wang, H., Nelissen, D., Russel, B., St Amand, D. Marginal Abatement Costs and Cost Effectiveness of Energy-Efficiency Measures Submitted, IMO: London, UK, 2011, Volume 61.

Gilbert, P. From reductionism to systems thinking: How the shipping sector can address sulphur regulation and tackle climate change. Mar. Policy 2014, 43, 376-378.

Gkonis, K.G., Psaraftis, H.N. Modeling tankers' optimal speed and emissions. Sname Trans. 2012, 120, 90-115.

Global Emissions Trading System ETS for International Shipping Proposal by the United Kingdom, IMO doc. MEPC 60/4/26, IMO: London, UK, 2010.

Gu, Y., Wallace, S.W., Wang, X. Can an Emission Trading Scheme really reduce CO_2 emissions in the short term? Evidence from a maritime fleet composition and deployment model. Transp. Res. Part D. 2019, 74, 318-338.

Halim, R.A., Smith, T., Englert, D. Understanding the Economic Impacts of Greenhouse Gas Mitigation Policies on Shipping-What Is the State of the Art of Current Modeling Approaches? 2019. Available online: http://tiny.cc/econ-model-ship-exec-sum accessed on 25 March 2020.

Hermeling, C. Sailing into a Dilemma. Transp. Res. Part A. 2015, 78, 34-53.

Hoffman, J., Rydbergh, T., Stevenson, A. Decarbonizing Shipping: What Role for Flag States? UNCTAD: Geneva, Switzerland, 2020. Available online: https://unctad.org/en/pages/newsdetails.aspx?OriginalVersionID=2309 accessed on 1 May 2020.

Hoffmann, J. Decarbonizing Maritime Transport: Estimating Fleet Renewal Trends Based on Ship Scrapping Patterns, UNCTAD: Geneva, Switzerland, 2020. Available online: https://unctad.org/en/pages/newsdetails.aspx? OriginalVersionID=2288 accessed on 1 May 2020.

ICS, Bimco, Clia, Intercargo, Interferry, Intertanko, IPTA, and WSC. 2020. Proposal to Establish an International Maritime Research and Development Board IMRB by MEPC 75/7/4, IMO: London, UK, 2020.

IMO. 2010. Achieving a Reduction in Greenhouse Gas Emissions from Ships through

Port State Arrangements Utilizing the Ship Traffic, Energy and Environment Model, STEEM PSL Proposal by Jamaica, IMO doc. MEPC 60/4/40, IMO: London, UK, 2010.

IMO. 2010. Full Report of the Work Undertaken by the Expert Group on the Feasibility Study and Impact Assessment of Possible Market-Based Measures, IMO doc. MEPC 61/INF.2, IMO: London, UK, 2010.

IMO. 2010. Further Elements for the Development of an Emissions Trading System ETS for International Shipping Proposal by France, IMO doc. MEPC 60/4/41, IMO: London, UK, 2010.

IMO. 2010. Market-Based Instruments: A Penalty on Trade and Development, Proposal by the Bahamas, IMO doc. MEPC 60/4/10, IMO: London, UK, 2010.

IMO. 2010. The Energy Efficiency Design Index EEDI and Underpowered Ships, IMO doc, MEPC 60/4/17, IMO: London, UK, 2010.

IMO. 2010. The Global Emission Trading System ETS for International Shipping Proposal by Norway, IMO doc. MEPC 60/4/22, IMO: London, UK, 2010.

IMO. 2010. The International Fund for Greenhouse Gas Emissions from Ships GHG Fund Proposed by Cyprus, Denmark, the Marshall Islands, Nigeria, and IPTA, IMO doc. MEPC 60/4/8, IMO: London, UK, 2010.

IMO. 2010. The Leveraged Incentive Scheme LIS to Improve the Energy Efficiency of Ships Based on the International GHG Fund Proposed by Japan, IMO doc. MEPC 60/4/37, IMO: London, UK, 2010.

IMO. 2010. The United States Proposal to Reduce Greenhouse Gas Emissions from International Shipping, the Ship Efficiency, and Credit Trading SECT, IMO doc. MEPC 60/4/12, IMO: London, UK, 2010.

IMO. 2010. Vessel Efficiency System VES Proposal by the World Shipping Council, IMO doc. MEPC 60/4/39, IMO: London, UK, 2010.

IMO. 2011. Consolidated Proposal of Efficiency Incentive Scheme Based on the Leveraged Incentive Scheme and the Vessel Efficiency System, IMO doc. GHG-WG 3/3/2, IMO: London, UK, 2011.

IMO. 2011. Design and Implementation of a Worldwide Maritime Emission Trading Scheme. Results of a Scientific Study, IMO doc. MEPC 63/5/9, IMO: London, UK, 2011.

IMO. 2018. Initial IMO Strategy on Reduction of GHG Emissions from Ships, MEPC. 30472, IMO: London, UK, 2018.

IMO. 2018. Proposal to Include Work on Market-Based Measures in the Program of Follow-up Actions of the Initial IMO GHG Strategy Submitted by France, IMO: London, UK, 2018.

IMO. 2020. How Technical and Operational Measures are the Only Direct and Effective Means to Deliver Cuts in CO_2 Emissions, IMO doc. GHG-WG 3/2, IMO: London, UK, 2011. Sustainability 2020, 12, 3953 22 of 23.

Kachi, A., Mooldijk, S., Warnecke, C. Carbon Pricing Options for International Carbon Pricing Options for International Maritime Emissions. 2019. Available online: https://newclimate.org/2019/03/19/carbon-pricingoptions-for-international-maritime- accessed on 25 March 2020.

Koesler, S., Achtnicht, M., Köhler, J. Course set for a cap? A case study among ship operators on a maritime ETS. Transp. Policy. 2015, 37, 20-30.

Kosmas, V., Acciaro, M. Bunker levy schemes for greenhouse gas GHG emission reduction in international shipping. Transp. Res. Part D. 2017, 57, 195-206.

Lema, E., Karaganis, A., Papageorgiou, E. A Fuzzy Logic Modeling of Measures Addressing Shipping CO_2 Emissions. J. Intell. Syst. 2017, 26, 439-455.

Lema, E., Papaioanou, D. Policy instruments and recent advances of the greenhouse gas regulating framework in shipping. Interdiscip. Environ. Rev. 2013, 14, 238.

Lindstad, H., Asbjørnslett, B.E., Strømman, A.H. Reductions in greenhouse gas emissions and cost by shipping at lower speeds. Energy Policy 2011, 39, 3456-3464.

Lindstad, H.E. Hydrogen the next maritime fuel. In Proceedings of the Shipping in Changing Climates Conference 2015, Glasgow, UK, 10-11 November 2015.

Miola, A., Marra, M., Ciuffo, B. Designing a climate change policy for the international maritime transport sector: Market-based measures and technological options for global and regional policy actions. Energy Policy. 2011, 39, 5490-5498.

Okada, A. Benefit, cost, and size of an emission control area: A simulation approach for spatial relationships. Marit. Policy Manag. 2019, 46, 565-584.

Parry, I., Heine, D., Kizzier, K., Smith, T. Carbon Taxation for International Maritime Fuels: Assessing the Options. Imf Work. Pap. 2018, 18.

Psaraftis, H.N. Decarbonization of maritime transport: To be or not to be? Marit. Econ. Logist. 2019, 21, 353-371.

Psaraftis, H.N. Market-based measures for greenhouse gas emissions from ships: A review. Wmu J. Marit. Aff. 2012, 11, 211-232.

Psaraftis, H.N., Lagouvardou, S. Market Based Measures for the reduction of Green House Gas Emissions from ships: A possible way forward. Samfundsoekonomen 2020, 4, 60-70.

Psaraftis, H.N., Woodall, P. Reducing GHGs: The MBM and MRV Agendas. Sustain. Shipp. 2019, 375-405.

Ricardo-AEA, Milieu, IHS, AMEC, Marintek. Support for the Impact Assessment of a Proposal to Address Maritime Transport Greenhouse Gas Emissions, Report for European Commission-DG Climate Action. 2013. Available online: http://ec.europa.eu/clima/policies/transport/shipping/studies_en.htm accessed on 25 March 2020.

Shi, W., Xiao, Y., Chen, Z., McLaughlin, H., Li, K.X. Evolution of green shipping research: Themes and methods. Marit. Policy Manag. 2018, 45, 863-876.

Shi, Y. Reducing greenhouse gas emissions from international shipping: Is it time to consider market-based measures? Mar. Policy 2016, 64, 123-134.

Shi, Y., Gullett, W. International Regulation on Low-Carbon Shipping for Climate

Change Mitigation: Development, Challenges, and Prospects. Ocean Dev. Int. Law 2018, 49, 134-156.

Skjolsvik, K., Andersen, A., Corbett, J., Skjelvik, J. Study of Greenhouse Gas Emissions from Ships Final Report to the International Maritime Organization. 2000. Available online: http://citeseerx.ist.psu.edu/ viewdoc/download? accessed on 25 March 2020.

Smith, T., Raucci, C., Haji Hosseinloo, S., Rojon, I., Calleya, J., De La Fuente, S., Wu, P., Palmer, K. CO_2 Emissions from International Shipping Possible Reduction Targets and Appendix and Operational Intervention Assumptions. 2016. Available online: https://u-mas.co.uk/LinkClick.aspx?fileticket= na3ZeJ8Vp1Y%3D&portalid=0 accessed on 25 March 2020.

Sotiria Lagouvardou, Harilaos N. Psaraftis and Thalis Zis. 2020. A Literature Survey on Market-Based Measures for the Decarbonization of Shipping Department of Technology, Management, and Economics, Technical University of Denmark, Sustainability 2020, 12, 3953MDPI

Tanaka, H., Okada, A. Effects of market-based measures on a shipping company: Using an optimal control approach for long-term modeling. Res. Transp. Econ. 2019, 73, 63-71.

Tran, T.M.T., Yuen, K.F., Li, K.X., Balci, G., Ma, F. A theory-driven identification and ranking of the critical success factors of sustainable shipping management. J. Clean. Prod. 2020, 243.

Wang, K., Fu, X., Luo, M. Modeling the impacts of alternative emission trading schemes on international shipping. Transp. Res. Part A. 2015, 77, 35-49.

Wang, X., Norstad, I., Fagerholt, K., Christiansen, M. Green Tramp Shipping Routing and Scheduling: Effects of Market-Based Measures on CO_2 Reduction. Sustain. Shipp. 2019, 285-305.

Wang, X., Yuen, K.F., Wong, Y.D., Li, K.X. How can the maritime industry meet Sustainable Development Goals? Transp. Res. Part D. 2020, 78, 102173.

Yuen, F.K. 2016. Barriers to the Implementation of Strategic Corporate Social Respon-
sibility in Shipping. The Asian Journal of Shipping and Logistics. Volume 32, Issue 1,
March 2016, Pages 49-57.

Zhao, J. Analytical Review of Market-Based Measures for Reducing Marine GHG
Emissions and the Impacts on the Chinese Shipping Sector. Ph.D. Thesis, World Mar-
itime University, Malmö, Sweden, 2011.

Zhu, M., Yuen, K.F., Ge, J.W., Li, K.X. Impact of maritime emissions trading system on
fleet deployment and mitigation of CO_2 emission. Transp. Res. Part D. 2018, 62, 474-
488.

Zis, T., Psaraftis, H.N. Operational measures to mitigate and reverse the potential modal
shifts due to environmental legislation. Marit. Policy Manag. 2019, 46, 117-132.

第九章　持續追求永續海運

Antigua and Barbuda, Kenya, Marshall Islands, Palau, Solomon Islands, Tonga, and
Tuvalu. 2018. Action Plan for Implementing the IMO GHG Strategy and Candidate
Measures, ISWG-GHG 4/2/3, IMO: London, UK.

Arctic shipping: A systematic literature review of comparative studies. Journal of Trans-
port Geography. Volume 69, May 2018, Pages 112-128.

Balcombe, P., Brierley, J., Lewis, C., Skatvedt, L., Speirs, J., Hawkes, A., Sta_ell, I.
2019. How to decarbonize international shipping: Options for fuels, technologies and
policies. Energy Convers. Manag. 182, 72-88.

Bertram K.M., Saricks C.L. 1981. Summary of international maritime fuel-conservation
measures, US DOE Report No. ANL/CNSV-TM-88.

Bode, S., Isensee, J., Krause, K., Michaelowa, A., 2002. Climate Policy: Analysis of
ecological, technical and economic implications for international maritime transport.
International Journal of Maritime Economics, 42002:164-184.

Bouman, E.A., E. Lindstad, A.I. Rialland, and A.H. Strømman, 2017. State-of-the-art technologies, measures, and potential for reducing GHG emissions from shipping-A review. Transportation Research Part D, 52 2017 408-421.

CARB. 2008. Total fuel cycle analysis for alternative marine fuels: sulfur and CO_2 emissions tradeoffs of California's proposed low-sulfur marine fuel rule, Final Report May 2008.

Chai, K.-H., Lee, X.N., Gaudin, A. 2019. A Systems Perspective to Market-Based Mechanisms MBM Comparison for International Shipping. SSRN Electron. J.

Chang, Y., Lee, S., Tongzon, J.L., 2008. Port selection factors by shipping lines: different perspectives between trunk liners and feeder service providers. Marine Policy 322008:877-885.

Corbett, J.J., Fischbeck, P.S., Pandis, S.N. 1999. Global nitrogen and sulfur inventories for oceangoing ships. Journal of Geophysical Research, 104 D3:3457-3470.

Corbett, J.J., Köhler, H.W. 2003. Updated Emissions from Ocean Shipping. J. Geophys. Res., D: Atmos., 108D20, 4650-4666.

Corbett, J.J., Winebrake, J.J., Green, E.H., Kasibhatla, P., Eyring, V., Lauer, A., 2008. Mortality from ship emissions: a global assessment. Environmental Science & Technology 4124:8512-8518.

Corbett, James J. David S. Chapman. 2003. Decision framework for emission control technology selection, Final report submitted to United Statnes Maritime Administration, Phase II deliverable under marine chemist & environmental consultants contract, UD contract award LTR 20020212.

Devanney, J.W., 2010. The Impact of EEDI on VLCC Design and CO_2 Emissions. Center for Tankship Excellence, USA. Available online: www.c4tx.org accessed on 25 March 2020.

EC. 2013. Proposal from the Commission to the European Parliament and Council for the Inclusion of GHG Emissions from Maritime Transport in the EU's Reduction Commitments Impact Assessment Parts I II. Available online: https://doi.org/10.1017/

CBO9781107415324.004 accessed on Dec. 28, 2020.

Eyring V., et al. 2005. Emissions from international shipping: 1. The last 50 years, Journal of Geophysical Research 110.

Eyring, V., Corbett, J.J., Lee, D.S., Winebrake, J.J., 2007. Brief summary of the impact of ship emissions on atmospheric composition, climate, and human health, IMO Health and Environment sub-group document.

Fairuz, M., Jasmi, A., Fernando, Y. Drivers of maritime green supply chain management. Sustainable Cities and Society. Volume 43, November 2018, Pages 366-383.

France. 2018. Proposal to Include Work on Market-Based Measures in the Program of Follow-up Actions of the Initial IMO GHG Strategy, ISWG-GHG 4/2/21, IMO: London, UK.

Goh, S.H. 2019. The impact of foldable ocean containers on back haul shippers and carbon emissions. Transportation Research Part D: Transport and Environment 672019, 514-527

Goldman Sachs. 2018. The IMO 2020: Global Shipping's Blue Sky Moment. Singapore: Goldman Sachs.

Gu, Y., Wallace, S.W., Wang, X. 2019. Can an Emission Trading Scheme really reduce CO_2 emissions in the short term? Evidence from a maritime fleet composition and deployment model. Transp. Res. Part D, 74, 318-338.

Hamidul Islam Guomin Zhang Sujeeva Setunge Muhammed A. Bhuiyan. Life cycle assessment of shipping container home: A sustainable construction. Energy and Buildings. Volume 128, 15 September 2016, Pages 673-685.

Hellenic Shipping News Worldwide. 2019. Beware of local restrictions before discharging washwater from exhaust gas scrubbing, in: Marine Insurance P&I Club News, August 31, 2019. Available from: https://www.hellenicshippingnews.com/beware-of-local-restrictions-before-discharging-washwater-from-exhaust-gas-scrubbing-2/.

Hua J., B.F. Jin, and Y. Wu. 2007. Prospects for renewable energy for seaborne transportation-Taiwan example, Renewable Energy, 335:1056-1063.

Hua, J., Y. Wu, H. Chen. 2017. Alternative fuel for sustainable shipping across the Taiwan Strait, Transportation Research Part D: Transport and Environment, vol. 52, pp. 254-276, 2017/05/01.

ICS, Bimco, Clia, Intercargo, Interferry, Intertanko, IPTA, and WSC. 2020. Proposal to Establish an International Maritime Research and Development Board IMRB, MEPC 75/7/4, IMO: London, UK.

IMO MEPC. 2007. Prevention of air pollution from ships. Report of the Intersessional Correspondence Group on GHG Related Issues, submitted by Australia and the Netherlands. MEPC 57/4/5.

IMO MEPC. 2008. Prevention of air pollution from ships. Report of the Working Group on GHG Emissions from Ships. MEPC 57/WP.8.

IMO MEPC. 2019. Report of the sixth meeting of the Intersessional Working Group on Reduction of GHG Emissions from Ships ISWG-GHG 6, MEPC 75/7/2, IMO: London UK.

IMO. 2007. Review of MARPOL Annex VI and the NO_x Technical Code, Report on the outcome of the comprehensive study undertaken by the informal cross government/ industry scientific group of experts established to evaluate the effects of the different fuel options proposed under the revision of MARPOL Annex VI. BLG 12/6/1, 20 December, 2007.

IMO. 2008. Resolution MEPC.17658: Amendments to the Annex of the Protocol of 1997 to amend the International Convention For The Prevention Of Pollution From Ships, 1973, as modified by the protocol of 1978 relating thereto Revised MARPOL Annex VI, adopted on 10 October 2008. MEPC 58/23/Add.1.

IMO. 2010. Further details on the United States proposal to reduce greenhouse gas emissions from international shipping submitted by United States. London, MEPC60, 2010.

IMO. 2010. Prevention of air pollution from ships: Proposal to establish a vessel efficiency system submitted by World Shipping Council, London, MEPC60, 2010.

IMO. 2011. Resolution MEPC.20362: Amendments to the Annex of the protocol of 1997 to amend the International Convention for the Prevention of Pollution from Ships, 1973, as modified by the protocol of 1978 relating thereto Inclusion of regulations on energy efficiency for ships in MARPOL Annex VI, adopted on 15 July 2011. MEPC 62/24/Add.1 Annex 19.

IMO. 2018. Initial IMO Strategy on reduction of GHG emissions from ships. London: The International Maritime Organization. IMO Resolution MEPC.30472, adopted on 13 April 2018. IMO: London. https://www.imo.org/en/KnowledgeCentre/IndexofIMOResolutions/Pages/MEPC-2018-19.aspx, accessed on December 31, 2020.

Jain, K.P., Pruyn, J.F.J. & Hopman, J.J. 2014. Influence of ship design on ship recycling. In: Maritime Technology and Engineering.

Jiang, L., J. Kronbak, and L.P. Christensen. 2014. The costs and benefits of sulphur reduction measures: Sulphur crubbers versus marine gas oil, Transportation Research Part D, 28 2014 19-27.

Joung, T.-H., S.-G. Kang, J.-K. Lee & J. Ahn. 2020. The IMO initial strategy for reducing Greenhouse Gas GHG emissions, and its follow-up actions towards 2050, Journal of International Maritime Safety, Environmental Affairs, and Shipping, 4:1, 1-7.

Koesler, S., Achtnicht, M., Köhler. 2015. J. Course set for a cap? A case study among ship operators on a maritime ETS. Transp. Policy, 37, 20-30.

Kosmas, V., Acciaro, M. 2017. Bunker levy schemes for greenhouse gas GHG emission reduction in international shipping. Transp. Res. Part D, 57, 195-206.

Lagouvardou, S., Psaraftis, H.N., Zis, T. A Literature Survey on Market-Based Measures for the Decarbonization of Shipping. Sustainability 2020, 12, 3953.

Lema, E., Karaganis, A., Papageorgiou, E. 2017. A Fuzzy Logic Modeling of Measures Addressing Shipping CO_2 Emissions. J. Intell. Syst., 26, 439-455.

Lema, E., Papaioanou, D. 2013. Policy instruments and recent advances of the greenhouse gas regulating framework in shipping. Interdiscip. Environ. Rev. 14, 238.

Lindstad, H., B.E. Asbjørnslett, and A.H. Strømman. 2011. Reductions in greenhouse gas emissions and cost by shipping at lower speeds. Energy Policy Volume 39, Issue 6, June 2011, Pages 34563464.

Lindstad, H., B.E. Asbjørnslett, and A.H. Strømman. 2016. Opportunities for increased profit and reduced cost and emissions by service differentiation within container liner shipping, Maritime Policy & Management, 43 3, 280-294.

Lindstad, H., B.E. Asbjørnslett, and E. Jullumstrø. 2013. Assessment of profit, cost and emissions by varying speed as a function of sea conditions and freight market. Transportation Research Part D: Transport and Environment, Volume 19, March 2013, Pages 512.

MARINTEK, 2000. Study of Greenhouse Gas Emissions from Ships, Final report to the IMO.

Maritime Energy Transition: SMM Presents Green Agenda February 4, 2020. https:// assafinaonline.com/magazine-archives/maritime-energy-transition-smm-presents-green-agenda/.

Miola, A., Marra, M., Ciu_o, B. 2011. Designing a climate change policy for the international maritime transport sector: Market-based measures and technological options for global and regional policy actions. Energy Policy, 39, 5490-5498.

Norway Government, 2019. The Need for a Flexible Compliance Mechanism Submitted by Norway, IMO doc. ISWG-GHG 6/7, IMO: London, UK.

Psaraftis, H.N. 2012. Market-based measures for greenhouse gas emissions from ships: a review. WMU J Marit Affairs 2012 11:211-232.

Psaraftis, H.N. 2019. Decarbonization of maritime transport: To be or not to be? Marit. Econ. Logist. 21, 353-371.

Psaraftis, H.N., Lagouvardou, S. 2020. Market Based Measures for the reduction of

Green House Gas Emissions from ships: A possible way forward. Samfundsoeko-nomen, 4, 60-70.

Ren, J. M. Lützen. 2015. Fuzzy multicriteria decisionmaking method for technology selection for emissions reduction from shipping under uncertainties. Transportation Research Part D: Transport and Environment, Volume 40, October 2015, Pages 4360.

Ricardo-AEA, Milieu, IHS, AMEC, Marintek. 2013. Support for the Impact Assessment of a Proposal to Address Maritime Transport Greenhouse Gas Emissions, Report for European Commission-DG Climate Action. Available online: http://ec.europa.eu/clima/policies/transport/shipping/studies_en.htm accessed on Dec.1, 2020.

Safety4Sea, 2019. Overview of scrubber discharges bans in ports: Update. Available from: https://safety4sea.com/overview-of-scrubber-discharges-bans-in-ports-update/.

Serra, P., Fancello, G. 2020. Towards the IMO's GHG Goals: A Critical Overview of the Perspectives and Challenges of the Main Options for Decarbonizing International Shipping. Sustainability 12, 3220.

Shao HungGoh. The impact of foldable ocean containers on back haul shippers and carbon emissions. Transportation Research Part D: Transport and Environment. Volume 67, February 2019, Pages 514-527.

Sun, W., Duan, M. 2019. Analysis and Forecasting of the Carbon Price in China's Regional Carbon Markets Based on Fast Ensemble Empirical Mode Decomposition, Phase Space Reconstruction, and an Improved Extreme Learning Machine. Energies, 122, 277.

Tran, T.M.T., Yuen, K.F., Li, K.X., Balci, G., Ma, F. 2020. A theory-driven identification and ranking of the critical success factors of sustainable shipping management. J. Clean. Prod. 2020, 243.

Turner, D. R., Hassellöv, I. M., Ytreberg, E., & Rutgersson, A., 2017. Shipping and the environment: smokestack emissions, scrubbers and unregulated oceanic consequences. Elementa-Science of the Antropocene.

UNCTAD, Review of Maritime Transport. Geneva, United Nations Publication, 2009.

Wang, C., Corbett, J.J., 2007. The costs and benefits of reducing SO$_2$ emissions from ships in the US West Coastal Waters, Transportation Research Part D, 12, pp.577-588.

Wang, C., Corbett, J.J., Firestone, J., 2008. Improving spatial representation of global ship emissions inventories. Environmental Science & Technology 421:193-199.

Wang, K., Fu, X., Luo, M. 2015. Modeling the impacts of alternative emission trading schemes on international shipping. Transp. Res. Part A, 77, 35-49.

Wang, X., Norstad, I., Fagerholt, K., Christiansen, M. 2019. Green Tramp Shipping Routing and Scheduling: E_ects of Market-Based Measures on CO$_2$ Reduction. Sustain. Shipp. 285-305.

Wright, A.A., 2000. Exhaust emissions from combustion machinery. MEP Series, Volume 3, Part 20.

Yang, Z.L., D. Zhang, O. Caglayan, I.D. Jenkinson, S. Bonsall, J. Wang, M. Huang, and X.P. Yan. 2012. Selection of techniques for reducing shipping NOx and SOx emissions. Transportation Research Part D: Transport and Environment, Volume 17, Issue 6, August, Pages 478486.

Zhao, J., 2011. Analytical Review of Market-Based Measures for Reducing Marine GHG Emissions and the Impacts on the Chinese Shipping Sector. Ph.D. Thesis, World Maritime University, Malmö, Sweden.

華健，1999。防制船舶空氣汙染立法後之燃油品質，船舶科技，第二十四期，30-48頁。

華健，吳怡萱，1999。防制船舶NO$_x$排放之經濟性與技術性，船舶科技，第二十五期，54-74頁。

華健，吳怡萱，1999。國際海運燃油市場之趨勢，海運研究學刊，第七期，73-87頁。

華健、巫祖皓、張濬哲、蘇弘毅，2019。船上廢氣洗滌與替代燃料前景，船舶科技。

陽明海運，2019。2019年企業社會責任報告書，2019年6月30日。陽明海運
　　CSR專屬網站，網址：https://www.yangming.com/investor_relations/Corporate_
　　Governance/CorporateSocialReportList.aspx。

陽明海運，2019。2019法人說明會資料，2019年12月13日。陽明海運公司投
　　資人服務網頁，網址：https://www.yangming.com/investor_relations/TwShare-
　　holder_Services/investor_conference.aspx。

國家圖書館出版品預行編目資料

永續海運／華健作. ――初版. ――臺北市：
　五南圖書出版股份有限公司，2022.08
　面；　公分
　ISBN 978-626-317-962-2（平裝）

1.CST: 航運

557.4　　　　　　　　　　111009302

5I62

永續海運

作　　　者 ― 華健（498）

發 行 人 ― 楊榮川

總 經 理 ― 楊士清

總 編 輯 ― 楊秀麗

主　　　編 ― 高至廷

責任編輯 ― 張維文

封面設計 ― 王麗娟

出 版 者 ― 五南圖書出版股份有限公司

地　　　址：106台北市大安區和平東路二段339號4樓

電　　　話：(02)2705-5066　　傳　　　真：(02)2706-6100

網　　　址：https://www.wunan.com.tw

電子郵件：wunan@wunan.com.tw

劃撥帳號：01068953

戶　　　名：五南圖書出版股份有限公司

法律顧問　林勝安律師事務所　林勝安律師

出版日期　2022年8月初版一刷

定　　　價　新臺幣630元

經典永恆・名著常在

五十週年的獻禮——經典名著文庫

五南，五十年了，半個世紀，人生旅程的一大半，走過來了。

思索著，邁向百年的未來歷程，能為知識界、文化學術界作些什麼？

在速食文化的生態下，有什麼值得讓人雋永品味的？

歷代經典・當今名著，經過時間的洗禮，千錘百鍊，流傳至今，光芒耀人；

不僅使我們能領悟前人的智慧，同時也增深加廣我們思考的深度與視野。

我們決心投入巨資，有計畫的系統梳選，成立「經典名著文庫」，

希望收入古今中外思想性的、充滿睿智與獨見的經典、名著。

這是一項理想性的、永續性的巨大出版工程。

不在意讀者的眾寡，只考慮它的學術價值，力求完整展現先哲思想的軌跡；

為知識界開啟一片智慧之窗，營造一座百花綻放的世界文明公園，

任君遨遊、取菁吸蜜、嘉惠學子！